第5届金经昌中国青年规划师创新论坛

统筹城市发展和规划创新

Integrated Urban Development and Planning Innovation

金经昌中国青年规划师论坛组委会 编

第 5 届金经昌中国青年规划师创新论坛

主办单位

中国城市规划学会
同济大学
金经昌城市规划教育基金

承办单位

同济大学建筑与城市规划学院
上海同济城市规划设计研究院

协办单位

长三角城市群智能规划协同创新中心
《城市规划学刊》编辑部
《城市规划》编辑部
中国城市规划学会学术工作委员会
中国城市规划学会青年工作委员会

前 言

我国城镇化发展已经进入新的历史时期，城乡规划工作面对的城市发展环境正在发生深刻变革，从理念到实践的创新成为学科发展的重要任务。2015 年 12 月中央城市工作会议时隔 37 年再度召开，系统性提出了“一个尊重”和“五大统筹”的基本思想，明确了当前的城市发展模式转型和城市工作的的重点，也对城乡规划工作提出了新的要求。

第 5 届金经昌中国青年规划师创新论坛于 2016 年 5 月 21 日在同济大学校庆期间举办。本届论坛主题为“统筹城市发展和规划创新”。在主论坛环节，邀请诸大建教授、张国华院长、陈旭博士后和赵民教授、朱子瑜副总规划师，分别以城市绿色发展模式、产业交通空间规划的融合、供给侧改革与规划创新、城市设计与城市风貌管理为题作了主旨发言。并设立了城乡统筹和规划变革、城市设计与文化传承、城市更新与社区治理、研究方法与技术创新四个分论坛，邀请国内学术权威与青年规划师们共同探讨、深入交流规划理念与创新实践。共有 28 位青年规划师在分论坛发言，近 20 位邀请嘉宾参与了谈论。

《第 5 届金经昌中国青年规划师创新论坛论文集》是在本届论坛征稿基础上汇编出版的。在报名阶段共征集到 95 份稿件，论坛组委会组织同济大学建筑与城市规划学院教授围绕各议题对所有提交材料进行了评议，共有 79 篇稿件收录在本论文集中。

“金经昌中国青年规划师创新论坛”以“倡导规划实践的前沿探索、搭建规划创新的交流平台，彰显青年规划师的社会责任”为宗旨，由中国城市规划学会、同济大学、金经昌城市规划教育基金联合主办，同济大学建筑与城市规划学院、上海同济城市规划设计研究院联合承办，长三角城市群智能规划协同创新中心（原名：高密度区域智能城镇化协同创新中心）、《城市规划学刊》编辑部、《城市规划》编辑部、中国城市规划学会学术工作委员会、中国城市规划学会青年工作委员会参与协办。作为常设论坛，论坛每年 5 月中旬在同济大学校庆期间举办。在此特别感谢所有参与论坛的专家学者、单位以及青年规划师对本次论坛的大力支持，并欢迎对论坛提出宝贵意见和建议。

第 5 届“金经昌中国青年规划师创新论坛”组委会

目　录

研究方法与技术创新 136

创新
论坛

统筹城市发展和规划创新

Integrated Urban Development and Planning Innovation

城市绿色发展的效率问题

诸大建　同济大学经济与管理学院教授

报告站在生态与可持续发展的视角对中国未来城市发展的创新思考，提出两个关于绿色发展的效率问题的探讨。

什么是绿色发展？从资源生产率和生态发展绩效的角度，提出“脱钩”发展概念，即经济社会发展与自然资本消耗脱钩。所谓“脱钩”，包括提高生产过程中的资源生产率，以较少的资源环境代价实现经济增长；提高消费过程中的服务效率，即城市发展到一定水平后要注意让经济增长成果更多地转化为社会福利。城市绿色发展水平可以表达为资源生产率（单位自然投入的经济产出）和服务效率（单位经济产出产生的社会福利或生活质量提高）两个变量的函数。绿色发展视角下，未来的世界不是平的，而应该是尖的，即在单位城市空间上人口集聚（劳动与就业机会）、经济产出、科技成果和人才创新更集聚，资源生产率更高，更具有竞争力。

怎么实现绿色创新？经济创新有四种路径：过程改进、产品改进、产品替代、系统革新。对城市发展而言，绿色创新不限于微观意义上技术层面的产品与生产过程，更重要的是非技术层面的系统化绿色创新，即社会行为和制度结构的绿色创新，降低经济社会发展对资源环境的影响。提高资源生产率，而不仅仅是提高传统劳动生产率与资本生产率。以上海能源消费为例，由于能耗技术改进的巨大作用，工业总产值能耗自从 1990 年到现在大幅降低。然而，由于反弹效应，能源总消耗和碳排放是上升的。对中国而言，基本物质需求尚未满足，往往节省材料和减少污染的每一小步的努力，都会被尾随而来的数量扩展所淹没。而城市低碳发展根本就是控制城市二氧化碳总排放，因此不能仅仅关注微观效率改进。更要关注宏观的总量控制。

最后，借用卡尔索普《气候变化之际的城市主义》中的理念，做了四个情景推演。一是传统发展，城市蔓延但没有技术改进，无绿色技术政策也没有空间规模控制；二是绿色蔓延，只是做简单绿色改进，但没有空间控制；三是简单紧凑，有空间规模控制，但没有绿色技术改进，四是绿色紧凑，即有对城市蔓延的空间规模控制，也有绿色技术改进。规划领域恰恰是空间、土地的结构问题，亟需加强空间结构中的绿色创新和宏观调控，然后再考虑微观的绿色汽车和建筑等内容。

国家新型城镇化与协同创新规划——产业·交通·空间

张国华　国家发改委城市中心综合交通院院长

提出关于交通规划和城市规划、与产业经济相结合的发展道路的思考。首先提出关于国家新型城镇化背景下创新协同发展的三个转变。第一个转变是新视野，尊重城市发展规律，认识城市的市场经济本质、工商文明属性、自由、平等、开放的特质，才能使得城市成为创业乐园和创新摇篮。第二个转变是从土地城镇化到以人为本，其核心是就业和住所。中国过去 30 年的低成本竞争的产业模式，要过渡到投资驱动和创新驱动模式，实现城市人口收入水平的提高。第三个转变是产城融合，城镇化的本质是不同经济条件下、不同交通运输条件下人口及产业在空间上迁移的过程，把握交通问题和土地问题，才是未来的城市规划的创新所在。

关于交通·产业·空间 (TIS) 协同理论，主要来自经济学相关研究。一个地区的竞争力关键是全要素生产率，其关键在于产业和空间的组织效率。因此，从发展历史来看，产业类型、城市空间和交通系统是相伴而生的。由于产业不断分化，产业集聚与产业运输成本之间的关系存在很大的不确定性，总体上可以分为三种类型：一类是资源型产业，如钢铁重化工业等，必须选择沿海、沿港布局，实现低成本运输；第二类是资本运行型产业，如经济开发区、工业园区都是沿高速公路设立，而主要交通工具就是汽车；第三类是信息产业，不仅要快速流通，交换过程中还需面对面的交流，这就需要解决人和信息的快速转化方式，主要交通选择是高铁和航空。

关于 TIS 协同创新规划与实践探索，城市规划应从当前计划经济体制走向市场经济体制，实现两个层面的转型。一是在城市群层面上，要加大对外交通设施和产业布局、城镇体系空间结构的关系，对空间价值分析研究，识别出面向国际、国内和地区服务的产业区位，从而确定交通基础设施网络配合。二是在城市层面上要掌握好交通网络形态和功能布局的关系。通过构建新的空间分析方法，将客运体系和产业体系、和城市中心体系结合起来。特别要考虑城市的生产型服务业、生活型服务业和规模型服务业三大典型产业如何与轨道网络的结合。此外，从世界产业格局和全球互联互通的视角来看，中国的低端制造业分工难以为继，“一带一路”战略需要重新梳理我国的体系化通道结构，支撑国家生产力布局和城镇体系格局。通过构建高铁站点选址评价指标体系，站点协同线位选址研究，实现高铁站点及线路与城市产业经济、空间布局、综合交通的协调，为交通土地一体化开发奠定坚实基础。因此，未来的城市发展，交通、产业、空间都不再是某个专业的配套，而是一种协同关系，通过交通基础设施网络使生产空间集约高效、生活空间宜居适度、生态空间山清水秀，实现产业的可持续发展竞争优势。

供给侧改革与规划创新

陈　旭　同济大学建筑与城市规划学院博士
赵　民　同济大学建筑与城市规划学院教授

报告为同济大学建筑与城市规划学院赵民教授与陈旭博士近期对城镇化变化及规划创新的相关研究成果。

首先，系统梳理“供给侧”“需求侧”两者内涵和关系。从经济理论角度来看，消费、投资、净出口的“三架马车”拉动经济增长的理论，都是从需求角度对 GDP 的解读。而“供给侧”则讨论供给能力，即经济增长的生产能力、生产效率，指一个国家或者地区在各种资源得到充分和最优配制条件下可能会达到最大经济增长率。供给侧改革如何促进潜在 GDP 提高，就是要提高资本、劳动力、土地等全要素生产效率提高，路径就是追求更高的科技创新水平、要素在空间的更为合理的流动和分布、更科学的社会分工。

其次，探讨中国经济“供给侧改革的”必要性和改革的内容指向。信贷条件下经济发展周期存在短经济周期（即商业周期 business cycle）与长经济周期（long wave）交织现象，短周期内政府刺激经济的方法，在长期来看则难以见效。从我国历次中央会议，也可以看到国家决策层面对经济发展阶段和政策思路的不断转变，“需求侧”政策随着新常态到日渐式微。决策层也逐渐明确国家经济工作重点也必须从强调投资，转变为强调内需和强调供给方向上来。2015 年中央工作会议提出“三去（去产能、去杠杆，去库存）一降（降成本）一补（补短板）”的供给侧改革内容框架。其中，尤其要注意的是地方政府的决策机制。1994 年的分税制作为一个分界点，地方政府事权不变而财力相对减少，为实现增长必须依靠自身力量解决基础设施建设与投资环境改善的问题。地方政府形成一条以土地换投资，以廉价的工业用地和廉价的劳动力谋得产业资本的积累，进而以商业和居住用地的出让来快速提升政府的财政能力的行为策略。因此，本轮“供给侧改革”的最终指向应当是“制度改革”本身，即通过合理的制度安排促使多因素形成增长的良性内生作用，透过“激励约束”引导要素的合理流动和配置，提高“供给侧”能力。

最后，提出供给侧改革背景下的城镇化发展思路转向。城镇化模式和经济增长方式具有相同的制度背景，在微观本质上具有一致性，都是人口、资本、土地等要素在空间、时间维度上重新配置的过程，风险高度相关。以土地金融支撑的城镇化模式，核心问题是忽略“人”的发展。人口城镇化与土地城镇化严重脱节，面临土地价格绑架地方政府及金融体系的系统性风险。因此，供给侧改革背景之下，应注重“人”的城镇化发展，切实缩小城乡居民福利差异，注重新的城镇化融资体系，确立良性的地方收入支出循环模式。城乡规划要服务于“人”和“创新”，通过机制设计跃迁入新的发展路径，实现规划的物质转向和制度转向，机制转向结合，改变市场主体行为逻辑。这绝非是引入某项规划编制就能奏效的。

城市设计与城市风貌管理

朱子瑜　中国城市规划设计研究院副总规划师

通过解读城市风貌内涵、梳理感知要素（山水环境、公共空间、建筑风貌）、感知途径（景观可视、文脉可读、场所可体验），提出规划、建设、管理等实施风貌管理的框架设计，希望通过城市设计，构建中国特色人居环境，推进美丽中国建设。

“风”和“貌”是互为表里、互为前后、互为因果关系两层内涵。城市是人类文明的载体，城市风貌表达了城市的价值取向和文化追求。风貌的形成和改变具有一定规律，一是整体性，个体风格并不能代表整体风貌；二是长期性，风貌是历史人文传承慢慢积累形成的稳定状态；三是审美性，能使人身心愉悦、健康向上、得到美的共鸣和启发。城市设计工作中，经常会遇到景观风貌定位的问题，就需要对进行一定的规律性特征分析和总结。以《北京市总体城市设计战略》为例，它归纳了北京市总体景观风貌定位为“首都味、东方韵、国际范”，充分体现了北京的城市特征。

关于风貌的感知要素，包括山水环境、开敞空间、建筑表现三个方面。山水环境是城市风貌感知的基调；开敞空间是城市风貌感知的场所，包括广场、街道、绿地、公园等要素；建筑表现是风貌感知的焦点，包括秩序、比例、结构、色彩、质感构成等内容。事实上，从城市风貌角度而言，规划对建筑表现的要求就是建筑应当在城市中具有得体的表现，即形式符合功能、形象符合角色、形态融于环境。关于风貌的感知途径，可以归纳为景观可视、文脉可读、场所可悟、特色可辨四个路径。景观可视，城市应保留重要的景观通廊和景观面；文脉可读，城市形态及格局的变化应避免断裂式、跳崖式、革命性的改变；场所可悟，城市应注重场所精神的营造，使使用者可以产生对风貌的感悟；特色可辨，城市应当如习总书记所说的反映地域特征，表现民族特色，体现时代特性。城市风貌特色不是一味求特，否则就会出现奇奇怪怪的现象。

关于城市设计的管控方面，我国城市风貌出现了两个极端问题，从建筑设计角度来讲是贪大崇洋、求怪媚俗；从城市风貌角度来讲是杂乱无章、千篇一律。住建部强调提高城市设计水平，全面开展城市设计工作，就是要运用城市设计这个工具进行管控，管控城市的感知要素，山水环境、开敞空间和建筑表现，通过景观可视、文脉可读、场所可悟、特色可辨的四个路径进行管控。景观可视方面，如温哥华保护风景的眺望控制，以建筑高度能否看到山水风景作为要素控制；如伦敦在城市形态的管控上，把能不能看到圣保罗教堂作为一项重要判断要素进行战略性眺望景观系统。文脉可读方面，如奥地利格拉茨市中心的美术馆超现实主义的形象，强调城市肌理的延续，被当地人称为“友善的外星人”；如上海将 144 条道路定为风貌道路，其中 64 条历史风貌道路永不拓宽，也是文脉可读的管控方法。场所可悟，如北川抗震纪念园，多位建筑师创作各自体验的不同空间组合。特色可辨，如巴厘岛规定所有建筑高度不能超过椰树，很简单地就保住了旅游小岛的特色。

城市设计是管理景观风貌的有效工具，通过管理办法和技术导则将城市设计纳入城市规划体系，可以发挥更大的作用。

创新论坛

城乡统筹与规划变革

观点聚焦

[主要观点]

1　广州市城市规划设计研究院上海分院桑劲规划师的演讲题目是“拨开运动的迷雾：现行体制下的‘多规合一’特征与方法”围绕“多规合一”展开五个方面的探讨。“多规合一”规划的形成离不开中央和地方的双向推动机制；“多规合一”规划的本质并非“规划”而是一项多部门参与的政府空间协调工作；“多规合一”规划都可通过“一本规划”“一张蓝图”“一个平台”来进行协调；“多规合一”规划应当遵循空间协调和工作组织两个层面来进行方法和机制设计；“多规合一”规划应当通过规划联动修改机制、项目库建设机制、信息平台建设机制推动其有效的实施。

2　陕西省城乡规划设计研究院唐龙规划师的演讲题目是“总体规划空间的约束与传导体系初探——以西咸新区为例”。总体规划面临着空间约束不清，传导方式不明等问题，其本质是由空间事权划分缺失、博弈机制失灵造成。以西咸新区总规编制为例，在传导内容上要约束瘦身、突出重点；在传导对象上要梳理体系，纲要一致；在传导方式上要增强图表，分区指引；在传导反馈上，要建立平台，动态评估，使得总规“刚性更刚”“弹性更弹”，实现约束内容的精准化与系统化。

3　苏州科技大学建筑与城市规划学院范凌云规划师的演讲题目是“利益主体视角下乡村居住空间重构与优化策略研究”。以苏南地区为研究对象，围绕城乡统筹过程中，乡村居住空间由分散到集聚的重构过程。由于“空间－利益”内在机制，形成了蜕变型和整合型两种类型重构方式。强势利益主体往往通过政策制定来影响重构方式造成其他利益主体的失衡。提出要通过规划的层层落实，保障用地指标，合理安排空间，科学选址和开发，满足弱势利益主体使用需求等策略，来实现对乡村空间重构中利益主体调控。

4　浙江省城乡规划设计研究院赵佩佩规划师的演讲题目是“全域化、网络化、扁平化——创新驱动下杭州大都市转型发展的空间趋势特征和规划战略应对”。以杭州大都市为例，在大都市城镇空间扁平化、网络化趋势下，提出战略应对，一是确定杭州建设具有全球特色的区域中心的发展目标；二是形成全域化、网络化的中心体系布局；三是形成特色制造、科技创新、创意产业和电商物联网金融四大产业空间；四是强化战略性生态空间体系构筑环境竞争力。

5　无锡市城市规划编制研究中心王波规划师的演讲题目是“基于区域规划调整背景下的无锡市城中三区规划整合策略的研究”。以无锡市“撤三建一”区划调整为背景，系统梳理三区的土地、文化设施、社会设施、空间景观等资源，提出城区发展方式转型的三大规划策略，产业发展多元化、产业更新高端化、产业分布集群化；推动“一轴两核、四心九节点”空间布局的联动发展；促进用地结构的优化调整；完善社会设施布局均衡。

6　江苏省城市规划设计研究院梁印龙规划师的演讲题目是“后发地区高铁沿线城镇空间发展应对与思考”。以沪昆高铁贵州境内玉屏—贵阳段为例，分析高铁对沿线贵阳、凯里、铜仁地区的空间影响，显著提升沿线城镇的交通条件；以高铁站为核心重构三大空间分区；加速跨城跨区一体化过程；引发沿线城镇空间“极化”现象。在此基础上，提出现阶段后发地区的“强核”空间战略，寻找区域战略支撑点，发挥高铁效应，带动沿线地区发展。

7　上海同济城市规划设计研究院姚凯规划师的演讲题目是“底线与协同：区域规划的创新实践——‘奎独乌’区域协调发展规划案例”。作为我国重要的石化基地，新疆“奎独乌”地区由于特殊的行政区划和多头管理体系，面临粗放扩张、同质竞争、生态威胁发展瓶颈。因此，“奎独乌”区域规划突出底线思维，划定共同的污染物排放底线、水和土地等资源底线；突出协同思维，明确三地四方协同减量、转型、优化的规划方向，建立区域协同机制给予实施保障。“奎独乌”规划实现了区域规划从增益到止损、从单一到协同、从事前到事后、从技术回归政策的创新探索。

[分析与点评]

1 同济大学建筑与城市规划学院陈秉钊教授肯定了演讲者成果，也强调了分析问题要看本质、结论要重视逻辑的要求。认同“多规合一”的成功往往取决于一个强有力的领导小组，对建立“多规合一”后续的联动修改机制表示关注，这是一个临时机制是否转为常态机制的关键；面对城镇扁平化、网络化特征，建议深度解剖城镇集聚和分散的原因，透过现象寻找本质；对于三区整合过程，建议研究三区合并与多元发展的动因，规模和管理并不支撑合并的必要性；对梁印龙提出要解释高铁站乘客比工作人员少的问题是选址还是运营的问题，可增加日本等案例的比较，研究高铁建设的发展阶段和城市背景，判断高铁站建设效果；对姚凯的演讲应加强从技术层面分析“奎独乌”三地四方分与合的正负效应，提高规划的说服力。

2 上海同济城市规划设计研究院裴新生所长认为，两东、两西的案例集中体现了中国城镇化的特点。建议“多规合一”之后清楚城乡规划部门工作抓手，围绕落实公共服务、基础服务、绿化环境等民生建设工作，对长远空间谋划进行全局性安排。建议唐龙思考传统总规是否太粗放、深度是否太随意，明确各层面关键要素，才能管得住。建议赵佩佩进一步对比研究杭州和上海的区域发展特征。建议王波抓住三区合并的问题所在，提升资源整合效力，发挥中心功能等。对梁印龙提出的马太效应问题，需要进一步探讨其对城镇结构的影响。对姚凯提到跨地区博弈问题，规划就要抓住民生问题来说话。

3 东南大学建筑学院段进教授认为，规划师们演讲过于全面，应注意要提出问题，而不是总结报告。对范凌云提出的乡村重构问题，其实最主要的因素是政策方面压制了其他诉求，才造成今天的情况，结论应当是加强各种诉求有序组织推动重构，而不是“加强政策”。赵佩佩的杭州项目是一个很好的案例，建议在深度、方法上寻求现象背后内在机制。建议大家关注杭州，关注创新经济不同于传统经济的特征偏好，通过营造良好的人居环境吸引人才，适应当下阶段人民对城市的新要求。建议王波补充三区合并对规划和城市发展带来什么机遇和规划应对，要注意老城新城的价值不同，谨慎建设。建议梁印龙关于高铁的分析不能简单概括为马太效应，而是要看到交通成本降低后对社会分工的促进，强化高铁沿线城市避免同质化坚持特色化发展，尤其是贵州地区不能简单照搬工业化模式。姚凯提供了一个整合发展的好案例，区域协同关键是底线和协同，这是密集地区城市群处理矛盾的思路和方向。

4 中国城市规划设计研究院杨保军副院长通过一副对联“删繁就简三秋树，领异标新二月花”，鼓励青年规划多提新思想、新观点、新视角。“多规合一”问题由来已久，确实是一个沟通平台、协商平台、议事机制，但更重要的是体制机制上改革，避免国家利益部门化、过程政策化和管理规划化。对农民利益问题，建议深入思考以节约土地角度出发的农村拆除整合对社会人文历史带来的毁灭。建议赵佩佩和王波注重新条件下的问题本质的剖析和规划应对。建议梁印龙应重点研究如何促进后发地区从不好转好的规划策略。建议姚凯可以结合区域整合规划，多做一些经验提炼。

5 甘肃省住房和城乡建设厅陈志强处长从一个政府管理者角度谈“多规合一”落实，应当积极争取有所作为。一方面是顶层设计、体制机制改革推行行政层面工作，如厦门市多规合一起到公开信息平台建设，提高行政效率，协调重大项目空间决策的作用；另一方面从学界视角应当了解相关规划和城乡规划关系，通过梳理各项规划职能和清理各类空间边界，试点“全域规划”替代总体规划，并通过联席会议加强后续管理。对于行政合并，规划关注较多的是用地整合，建议针对人居环境多做研究。姚凯规划师关于跨区域的园区整合工作中，建议关注工业园区的清退问题，人地关系比例问题和生态环境脆弱问题。产业会周期性衰退而城镇需要存在下去，期待后续规划落地。

拨开运动的迷雾

——现行体制下的“多规合一”特征与方法

桑　劲
广州市城市规划勘测设计研究院上海分院

近年来，在顶层和地方的双向的推动下，各地大规模推进“多规合一”工作。显然，将长期分而治之的多个部门的规划乃至审批“合一”，存在着巨大的体制障碍。但机制改革不是一蹴而就的，蓬勃开展“多规合一”工作仍需要在现有的体制下前行，本文的目的即试图探讨在现行体制下“多规合一”工作的特征和工作方法。

本文所指的现行体制是“多规合一”视角下的现行体制，即城市规划、国土规划、国民经济与社会发展规划等各部门编制的规划的审批体制和项目管理体制，如表 1 所示。

表 1　几个主要部门的规划审批体制和项目管理体制

部门	主体规划	规划审批权限设置	项目审批权限设置	管理方式
城市规划部门	总体规划	上级政府/中央		空间管理
	控规	本级政府	本级政府	
国土部门	土地利用总体规划	省级政府/中央	省级政府	指标管理
发改部门	国民经济与社会发展规划	本级政府	本级政府	项目管理
环保部门	生态环境保护规划/生态建设规划/生态红线	本级政府	本级政府	指标管理/空间管理

我国大部分地区的多规合一工作都在这一体制框架下展开。也有少数地区，在多规合一工作中旗帜鲜明地提出空间规划体系的大改革，设立新的规划类型——“县域空间发展总体规划”，将城市总体规划和土地利用总体规划定义为“专项规划”，这种“大改款”不在本文讨论之列。

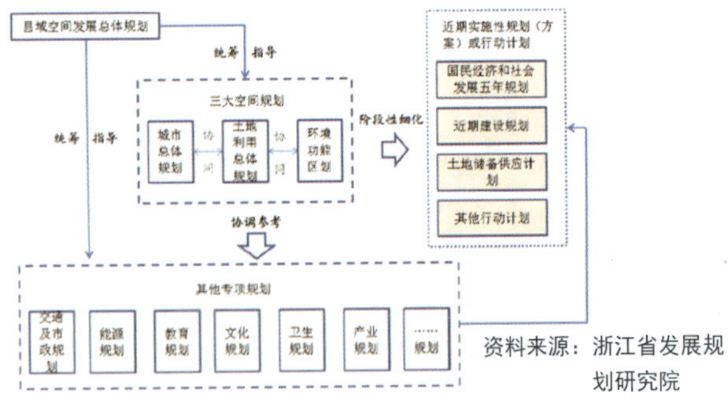

资料来源：浙江省发展规划研究院

图 1 浙江省开化县“多规合一”中规划体系改革的设想

1 为什么要开展“多规合一”

现行体制存在如下特征：①国土规划和项目审批的层级最高，国土部门高度垂直的管理体系，体现着中央对地方空间发展权的强势支配作用，简而言之，国土很“强”。②城规（特别是控规）则代表着地方发展诉求，所以城规特质是往往较“大”。“多规合一”中最为突出的问题是城市规划的建设用地规模大于国土规划的建设用地规模。③发改部门主要关注项目的类型和投资，而不关注空间，在空间上偏“虚”。④环保部门长期以来缺乏核心规划，在空间管理上发言权“弱”。四部门“强、大、虚、弱”的关系，造成城市发展过程中土地指标缺乏、图斑差异突出、生态环境受威胁、建设项目难落地等问题。

2 “多规合一”的本质特征是什么

“多规合一” 的本质并非“规划”，而是一项多部门参与的政府空间协调工作，其目标是在现行体制下形成一种新的部门共识（多规合一规划）和部门议事规则（多规合一审批流程）。在这种“共识”下，“强”的让一点，“大”的小一点，“虚”的“实”一点，“弱”的“强一点”，去解决城市中存在的诸多问题。但“共识”和“议事规则”作为一种方法，并不能改变各个部门自有的管理体制，“多规合一”目前只是“工作”，不是“法”连“规划”都不是，所以具有很强的临时性。根据《地方各级人民政府机构设置和编制管理条例》（国务院令第 486 号，自 2007 年 5 月 1 日起施行）现行体制下，“议事协调机构”（领导小组、办公室等）是“多规合一” 可借助的载体。

即便具有这样的临时性，建立了有效的协定和议事方式的城市，也能取得极大的成效。如广州市采用“挖潜”、“腾挪”等方式，以及争取到国土部门的一些试点政策，为城市发展争取原来不具备的空间，如厦门市通过建立“一张表”重整审批流程，提高审批效率。

3 “多规合一”的内容框架

“一本规划讲关系”——讲述规划与规划之间的内容、指标、目标、空间格局的关系。“一张蓝图控空间”——约定不同规划共同遵守的空间规则，实际上也约定了不同部门的空间权利范围。“一个平台理流程”——采用信息技术，协调不同规划的空间管理工作，信息共享和协同管理是平台的两个层次。

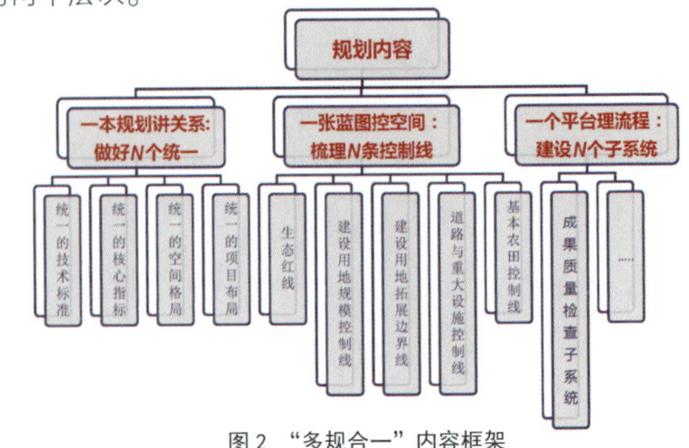

图 2 “多规合一”内容框架

4 “多规合一”的方法

（1）工作方法

“多规合一”规划的主要特征是协调已有的规划，这意味着“多规合一”规划过程中，如何有效的组织政府各个部门参与其中，在熟悉各个部门的规划编制和管理的技术流程的基础上，尊重部门的现有工作框架，把握可以相互协调的内容显得十分重要。

工作组织方法方面，“多规合一”规划涉及与国土、规划、发改、环保以及各个发展主体的反复沟通，必须建设有效的组织和沟通机制。广州的经验是“三上三下”工作机制，各地应该根据自身实际进行详细的工作机制设计。

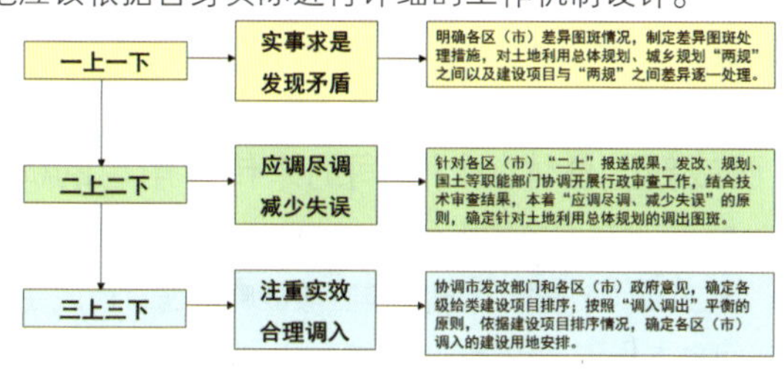

图 3 “多规合一”工作方法

（2）空间协调方法

从空间协调方法上看，有三大方法具体协调各个规划的空间冲突。底线保障，强调环境保护规划的“定底线”的作用，保障城市生态资源与生态空间，这一部分环境管理部门具有主要的发言权。行动协调，对城市近期正在开展和即将开展的建设项目进行仔细的摸查，保障合理的建设用地空间需求，这一部分由发改、国土、规划部门共同协调确定。战略引导，以现有的规划为基础，对城市的空间发展趋势进行综合分析，保障对城市发展具有战略意义的空间，这一部分规划部门占有较大的发言权。

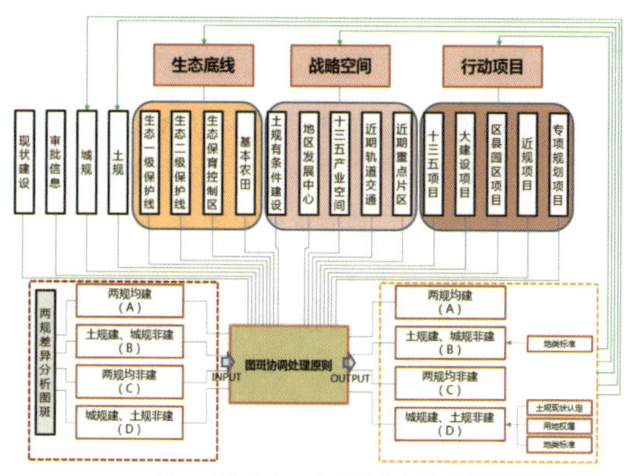

图 4 “多规合一”差异图斑协调方法

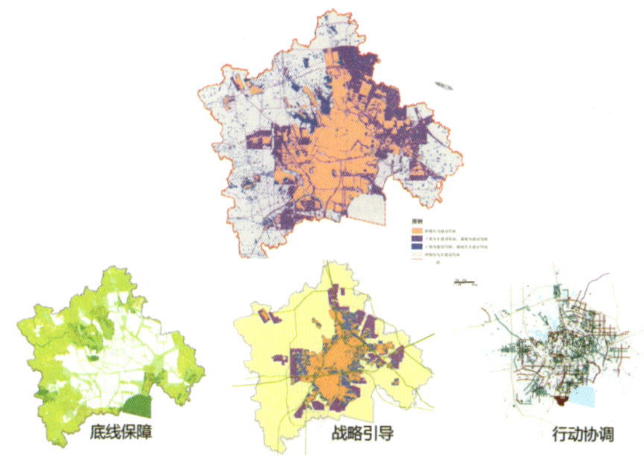

图 5 “多规合一”空间协调方法

5 “多规合一”实施路径

（1）规划联动修改机制，“多规合一”规划的实施，依然有赖发改、城规、国土、环保等部门的具体规划实施流程完成。土规、城规等空间规划以“多规合一”为依据进行规划调整（这是有机遇和条件的）；另一方面，认可“多规合一”的“共识”和“议事机制”各个部门在审批项目时，对“多规合一”认可的项目，在审批上予以放行。

（2）项目库建设机制，综合协调各个行动主体的拟建设的项目，落实空间，促进项目顺利实施。

（3）信息平台建设机制，目前的经验可以分为两个深度，基于服务的信息平台——各部门可以共享、在线调用相互的空间数据，但这种数据往往是静态的；基于协同的信息平台——以协同办公为目标，各个部门进行管理流再造。

在现行体制下，“多规合一”法律地位不明确，具有临时性质，而且这种临时机制的成本极高，肯定不是长久之计。从长远看，要“多规合一”必须进行空间规划体系的改革，但在中央层面上存在着主导部门不明确的现实。国土部门以基本农田国策为尚方宝剑，任“多规合一”风风雨雨，我自岿然不动，在基本农田划定的过程中，采取了极为强硬的方式。一旦划定，“多规合一”的协商空间便极为有限。发改委意识到其核心规划“十三五”规划空间性弱和时限短的问题，提出新的规划类型《市县经济社会发展总体规划》，企图“一统天下”。在“多规合一”主导权的争夺中，城规部门没有抓手，城市开发边界的“刚度”明显不如基本农田。如果现行体制发生改变，发改和国土在空间规划体系中的地位，恐怕要高于城市规划。

总体规划空间约束与传导体系初探

——以西咸新区为例

唐　龙　王晓涛　耿楠森　陈　健
陕西省城乡规划设计研究院

1 背景

总体规划的空间约束与传导是空间规划体系建构过程中的重要内容，主要表现为空间规划的实施与约束，但其实质上则是城市空间上事权与监管之间的博弈。在当下的发展背景下，完善空间规划体系与空间治理的要点体现在空间规划约束性的强化，目标为实现约束内容的精准化与系统化。基于此，本文以西咸新区为例，初步探讨总体规划约束内容及其传导体系。

2 认知

2.1 西咸新区认知

西咸新区是国家批复的首个以创新发展方式为主题的国家级新区，以“现代田园城市”为发展理念，旨在实现西安、咸阳的一体化发展。西咸新区内遗址众多、水系丰富，生态保护与发展压力并存，同时由于西咸新区“一个新区 + 五个新城组团”的层级模式，对新区总体规划空间约束内容及其传导内容展开研究变得尤为重要。

图 1 西咸新区分区图

2.2 传统总体规划空间约束及传导机制问题认知

（1）空间约束内容过于庞杂全面

传统总体规划空间约束内容涵盖宏观与微观，是一种全域覆盖式的总体设计，具有“大而全”的特征，因而空间约束内容往往“牵一发而动全身”，约束内容的完全传导难以实现，规划约束效果往往有所折扣。

（2）刚弹不明，弹性通道缺失

总体规划约束内容的强制性与技术性内容难以分割，约束内容刚性弹性界限不明，在多级行政事权的体系下，弹性调整传导通道往往缺失，容易出现“一刚到底”的现象。

（3）传导方式不明晰

约束内容往往需要文本图集相互印证而确定，传导精准性不足，规划层面与下级传导层面的约束内容难以精确衡量比对，容易造成事权上级与下级控制内容的不对称现象。

（4）动态维护和实施监督不便

缺少相关检索与维护平台，总体规划的动态评估与实施监督不便，随着空间约束强制性内容在总体规划中不断由模糊走向清晰，对其动态性、开放性的要求也不断提高，构建系统平台的需求也日趋增大。

3 探索

3.1 西咸新区总体规划空间约束传导角色的梳理

（1）区域战略落实中的约束传导者

“十三五“的开端从国家与区域战略层面对西咸新区提出了空间重点指引，包括区域框架、生态廊道、开发边界等内容需要在城市空间中予以落实，厘清宏观战略在中观层面变得尤为重要，总体规划承担着约束传导者的角色。

（2）发展理念指引下的约束执行者

西咸新区发展理念旨在突出核心板块、快捷交通、优美小镇、都市农业相融合的空间格局，理念的坚守需量身定度。结合新区基础特征框定发展总量与限定容量，总体规划承担着约束执行者的角色 。

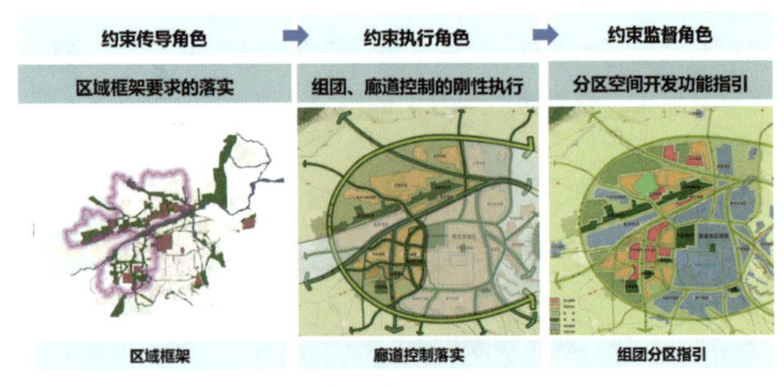

图 2 总体规划空间约束传导角色的梳理

（3）释放自由裁量下的约束监督者。

五个新城组团构成新区发展建设的实施主体，传统总体规划空间约束过于微观，新城组团裁量权不足，约束效果淡化，强制性反而被削弱。因此，考虑到对总体规划对“定量”的约束强化与“裁量”的约束释放，在此过程中总体规划承担约束监督者的角色。

3.2 西咸新区城市总体规划空间约束传导体系探索

（1）传导内容——约束瘦身，突出重点

通过“控总量、定底线、守框架”，瘦身空间约束内容。控总量旨在从规模总量、设施总量、生态总量等方面落实宏观战略要求，保障区域发展必要的空间、配套、环境等条件的充足，体现总量的约束；定底线是指划定历史保护、生态红线、增长边界，保障区域范围内固定基质的确定性，体现边界的约束；守框架则是指拉开交通、空间、生态体系骨架，体现格局的约束。

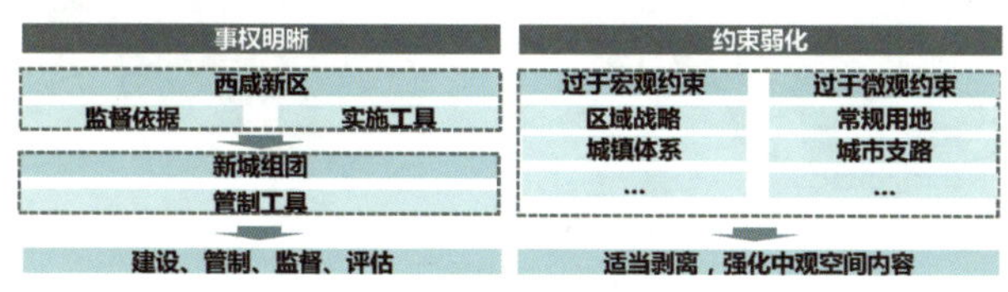

图 3 事权明晰与约束弱化

通过明晰事权与剥离内容，弱化非必要约束内容。明晰总体规划空间约束在新区、新城两级所属事权的区别，达到强化空间约束在城市管制、监督、评估等方面所起作用的目的。

（2）传导对象——梳理体系，纲要一致

建立“总体规划—分区规划”“总体规划—详细规划”双向约束传导体系，并确保总体规划刚性约束传导纲要内容的一致性。在此基础上，为分区规划的编制预留自由裁量部分，并增强分区规划自由裁量部分对详细规划的刚性约束。

（3）传导方式——增强图表，分区指引

增加“图表”作为总体规划实施约束依据，即将刚性约束内容依据事权主体范围予以拆分，采用“三图三表”形式予以体现，将控制总量、底线与框架通过图示与表格形式落实，并采用实线控制、指标控制与设施控制等方式增强约束内容的精准性。

（4）传导反馈——建立平台，动态评估

借助 GIS 数据管理手段建立总规强制性约束内容数据库，作为规划实施管理的刚性参照数据，实现总规成果实际指导作用。同时建立总规实施数据查询数据库，动态监测总规实施状况，并以年报的形式对总规进行动态评估，明确总规动态调整机制。

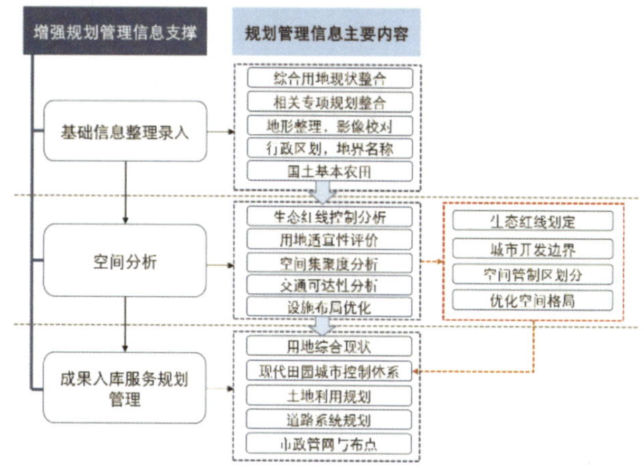

图 5 传导反馈

4 结语

西咸新区总体规划的编制旨在谋求规划、实施及管理的系统性，也是空间约束传导研究的主要出发点，同时也不失为一种发展方式创新的尝试。而当下更加强调尊重城市发展规律，决定了总体规划对城市空间的约束“刚性更刚”且“弹性更弹”，也需要通过机制的不断完善以保障约束的传导。

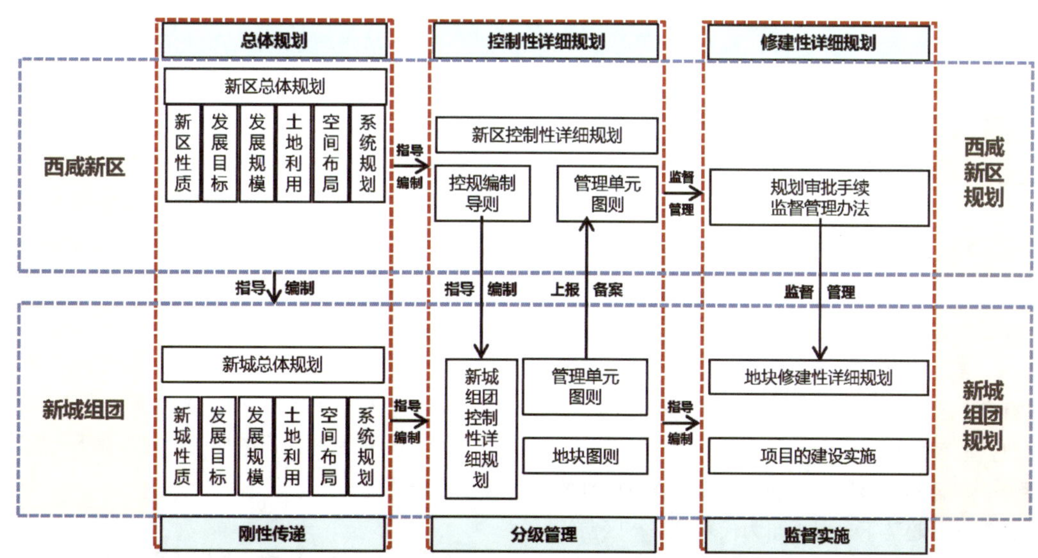

图 4 总体规划约束传到体系梳理

全域化、网络化、扁平化

——创新驱动下杭州大都市转型发展的空间趋势特征和规划战略应对

赵佩佩
浙江省城乡规划设计研究院

1 发展背景变化

目前以杭州市规划形成“一主三副六组团”的城市空间结构和“核心—紧密—外围”的都市区组织结构。但在信息化、网络化、全球化的背景下，传统基于行政区划的等级城镇体系已不适应目前杭州网络化都市的发展现实。

1.1 创新驱动下发展动力的转变

在经济发展进入新常态的背景下，支持经济增长的传统要素正在减弱，原有增长方式面临挑战。目前，杭州经济发展正转向以创新为核心的动力支撑体系，并由人口红利向人才红利转变。

1.2“三生融合”下发展理念的转变

生态作为发展的组成部分和应有之义，从被动的生态保育转向主动的自然资产投资，从简单的生态保护转向对生态资源的综合利用，实现经济资本和自然资本“双增长”的新模式。

1.3 全球化语境下发展地位的转变

从全球城市研究的动向来看，呈现出从全球城市节点研究到全球城市网络研究的趋势，更加关注支撑全球城市之间联系的各种“流”，如人流、物流、资金流、信息流等。

2 杭州大都市转型发展的空间趋势特征——城镇空间的扁平化与网络化

2.1 杭州大都市转型发展的动力机制

全球创新网络和全球生产网络的叠加效应将重塑城市与产业的关系，表现为智能化、融合化和平台化。

移动互联网、高铁网带来“流”的变化，使得城镇联系更加紧密，城镇成为区域网络中的一个节点，服务范围更大，层级更加扁平化，联系更加网络化。

在信息经济、“互联网 +”、创新驱动以及城乡要素的双向流动等新经济、新趋势下，以杭州为代表的都市区空间组织、市域空间组织面临新的变化。这表现为经济活动的扩散化趋势更加明显，市域扁平化、网络化空间形态特征更为突出（图 1）。

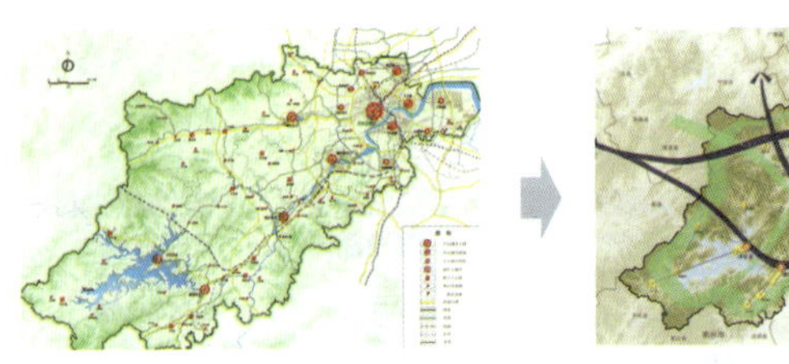

图 1 城镇空间的扁平化与网络化

2.2 杭州大都市转型发展的空间趋势特征

（1）城市——乡村的人口双向流动加强

产业的分散化布局将打破人口向中心城区单向流动的趋势，同时中心城区的养生、养老人口向农村地区流动，带来中小城市常住人口的额外增长和人口向中小城市的进一步集聚，从而形成更为扁平和均衡的人口分布格局。

（2）产业空间及创新活动呈现出“中心集聚 + 分散化”的双重趋势

中心城区的创新活动更加集中和频繁，另一方面某些专门化功能的分散化趋势更加明显，“不同的群体，匹配不同的空间、产生不同的效应”；区域网络中的节点都有其功能，等级秩序相对弱化，经济活动的组织更加扁平化和网络化。城市的新经济、新功能如科技创新、文化创意、旅游休闲、电子商务、互联网 + 等功能不局限于在中心城区集聚，也不局限于垂直的等级分工，而是在整个市域内更为随机和灵活的出现。

（3）杭州产业地景的变化已经印证上述判断

最近杭州出现园区与社区融合、园区与景区融合、适合初创企业、被称之为“特色小镇”的创新空间组织模式，得到省政府的大力支持和创业者的热烈响应。特色小镇的出现说明，凭借自然禀赋、优越的生态环境和人流、信息流更为自由的流动，区域网络中小的节点均有可能凭借自身专门化的特色和优势，承担大的功能，从而出现后福特阶段的经济组织方式。

在这样的背景下，需要重新认识杭州未来发展转型的目标、路径，并寻求与之相匹配的规划战略，寻求适应新经济、新变化的市域空间组织的形式，并搭建下一步市域空间组织的基本架构。

3 新一轮杭州市域发展战略规划研究的关注重点与创新点

3.1 更加关注城市在全球网络中的作用

在杭州的区域定位中，根据杭州的产业优势和发展趋势，我们首次提出建设具有全球特色的区域中心这一全新目标。全球特色：强化具有全球特色的核心功能与支撑功能。核心功能包括国际化创意中心、国际电子商务与互联网金融中心；支撑功能包括国际性旅游与会展目的地、高质量人居环境、信息与交通枢纽。区域中心：发挥区域中心的链接与辐射作用，包括国家高新技术产业基地、区域生产力服务中心与金融中心等。

并在此基础上确定国际创新智慧之地、世界游居美丽之地、绿色生态养生之地、东方神韵文化之地四大发展目标，以及实现上述目标的路径体系。

3.2 更加关注城镇空间发展的扁平化与网络化趋势

（1）功能定位的全域化与网络化组织

更加注重从经济板块而不是行政区划角度谋划整体空间格局，在杭州市域战略规划研究中，我们提出在全域范围内组织具有“全球特色区域中心”地位的专业化功能，经济活动在空间上广泛布局，并形成“全球性—区域性—地方性”的功能组织体系。城市发展重心下移，西部县市全域化、全要素一起承担杭州区域性甚至全球性的专业化分工（图2）。

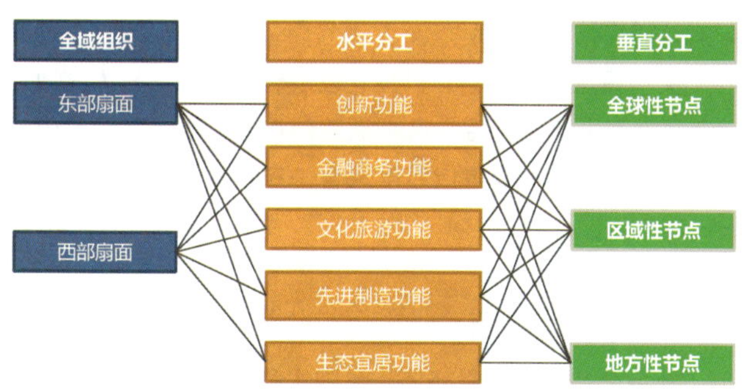

图2 功能定位的全域化与网络化组织

（2）城镇空间体系：相对集中的多中心网络

以“1+4+3+4+X”相对集中的多中心网络化城镇空间体系来应对产业空间及创新活动所呈现出的“中心集聚＋分散化”双重趋势。

东部：“1+4”都市区核心区。根据轨道交通的通勤时距分析确定大都市区范围，强调组团化与多中心，突出特大都市区域的综合作用。

西部：“3+4+X”，更均衡的布局，突出现代化小城镇的带动作用和专业化功能，作为链接乡村和城市的纽带型城镇，带动整个市域西部地区的发展。

（3）中心体系：跨越等级体系组织功能中心

不是所有的高等级功能都布置于中心城区、而是基于地方资源禀赋，多元互补、城乡融合的功能结构。

（4）网络体系：构筑“三网”，支撑扁平化与网络化的空间架构

包括“客运专线＋城际轨道网”“都市区快轨＋城市轨道网”“高快速路网＋国省道网”、强调网络与廊道在组织市域空间布局中的支撑作用，构筑畅达区域内外、承载城乡双向流动的空间网络架构

3.3 更加关注创新活动的空间组织特征与未来发展需求

特色制造空间：大江东板块＋城区五大平台＋西部四个区域级平台＋若干特色制造节点；

科技创新空间：城西科创走廊＋云栖－富春硅谷云计算与大数据板块＋西部四个区域级平台＋科创小镇与乡村电商节点；

创意产业空间：主城综合创意板块＋之江－富阳文创大走廊＋西部区域级平台＋若干地方性节点；

电商＋互联网金融产业空间：全球互联网金融及电子商务板块＋区域性金融商务板块＋地方性金融商务板块＋乡村电子商务节点（图3）。

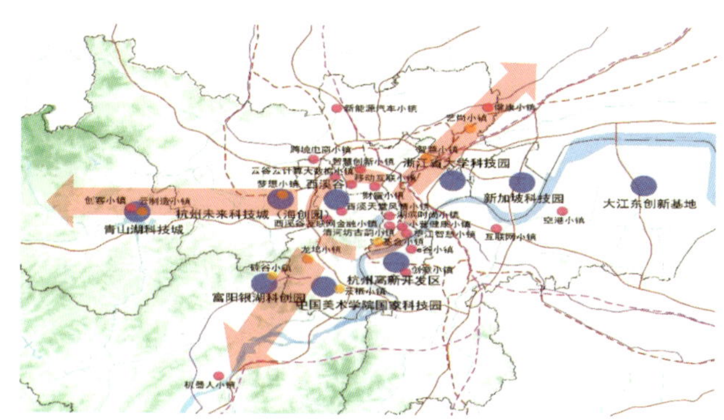

图3 创新空间分布的格局与趋势

3.4 更加关注区域生态环境的价值

从简单的生态保护转向对生态资源的综合利用，通过战略性生态空间体系构筑可持续的环境竞争力，实现经济资本和自然资本“双增长”的新模式。

本次研究采用绿色基础设施评价模型（GIA）——依托RS、GIS、大数据等空间技术方法快速辨识生态核心区域、对区域生态特性进行评价和分级划定。

划定杭州市域建设用地增长的刚性边界。将高生态模式与紧凑发展模式之间的生态用地作为“三生融合”的主要空间。从而形成保用结合的生态网架基底和市域总体生态空间格局。

4 结语

杭州的网络化都市模式是都市区经济和创新活动发展到一定阶段的产物，可以视作市域城镇空间体系发展的高级形态，不一定具有可复制性。但创新经济活动扩散和城乡要素双向流动带来的都市区空间组织的网络化、扁平化特征值得我们研究、关注。

基于区划调整背景下的无锡市城中三区规划整合策略的研究

王　波
无锡市城市规划编研中心

1 对无锡“撤三建一”的多重背景分析

1.1 无锡市转型发展

区级层面：“撤三建一”后的新城区作为无锡市重要的核心区，同样面临着转型发展的压力。随着十三五时期推进“强富美高”新无锡建设的战略定位的明确以及十三五时期的深入影响，未来5年将是梁溪区服务无锡发展大局，实现“三区融合、一体发展”的关键时期。要实现1+1+1>3整合效应，三区合并后的新城区必须致力于整合提升、创新发展。

1.2 区划调整

区划调整后，三区合并，新城区不仅区域面积、人口、生产总值、财政收入等各项要素有所扩大，更重要的是利于产业整合，便于统筹规划，减少协调成本。总体而言，非单纯的区域扩展，而是功能性的突破（图1）。

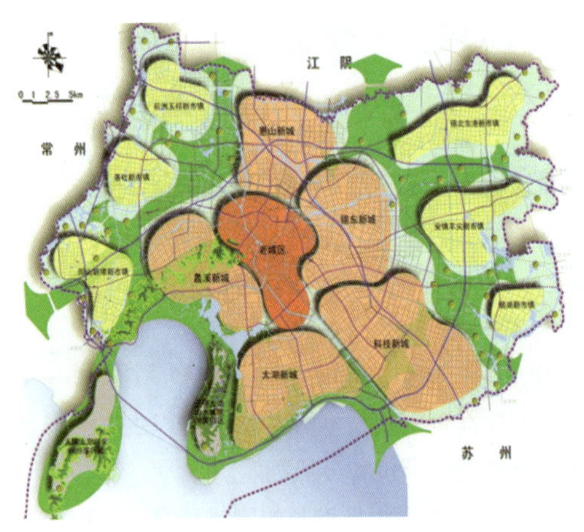

图1 三区合并所处无锡市的区域位置

1.3 聚焦发展

整合，包括各项资源的汇总和要素的提炼。原三区的各项资源需予以梳理汇总，认清发展机遇和未来发展优势。转型，包括结构的调整和能级的提升。三区资源的整合并非简单的梳理汇总，更是在原有资源要素基础上的统筹和提升，并针对区域发展的劣势和未来挑战提出对策。创新，包括发展的深化和影响的拓展。创新是推动城区发展的强大动力，除对原有发展面临的难点、重点问题有所突破外，还需发挥自身特色，立足长远，设立发展目标。

2 规划整合——三区各项资源要素整合

2.1 土地资源整合

土地资源仍然有限，用地结构有待调整，集约化利用要求高。三区合并后，城乡用地总面积为78.19平方公里，城区占91.71%，就人口密度而言，三区合并后，新城区人口密度为1.33万人/平方公里，居全市第一。狭小的区域面积加上较高的人口密度，使得土地资源更显稀缺。

其中，现状建设用地面积约71.71平方公里，占合并后区域总面积的91.71%。就开发动态来看，可开发用地总量相对更少，且开发成本较高。因此，合并后的未来发展需要突破土地资源瓶颈，促进土地集约化利用，提高土地利用效能仍至关重要。

2.2 文化设施资源

文化设施资源丰富，产业化发展较快，分布较为零散，后续发展潜力仍需挖掘。区划调整使得原三区的文化底蕴、文化设施、文化产业得以高度融合，三区文化资源总和在无锡是最丰富的。

2.3 社会公共资源

社会公共资源总量充沛，品牌优势突出，但布局失衡、功效不足问题仍然存在。

2.4 空间景观资源

空间景观资源丰富，点线面要素齐备，市区共管范围较大，规划控制严格。滨水景观资源、历史风貌保护区多集中在三区内。上述两类既是三区合并后新城区的优势资源，又是发展受限因素，属市级规划行政主管部门管理区域，景观要求高，规划控制严格。

3 规划促发展——城区发展方式转型

3.1 产业发展导向优化

原三区中，其中崇安区、南长区产业结构总体较为类似，产业类型也较为多样，零售商业、商务服务业、休闲旅游业、楼宇业均较为发达。但主导产业各略有侧重，产业发展成熟度有所差异。

三区合并，未来促转型着力点主要包括以下三方面：

一是产业发展多元化。从内涵来看，发展重点向外向型产业转变，立足服务江苏和全国，主要为金融和商务服务业、文化创意产业、休闲旅游业和相关的零售商业等。从层次来看，由商务和金融服务业为主导向商务和金融服务业、文化创意产业、休闲旅游业等多产业并进的经济多元化格局的转变。

二是产业更新高端化。不仅包括传统商业、商务服务业、休闲旅游业的档次与能级的提升。而且包括产业结构的优化和升级，不再以生产制造业为中心，更强调创意、营销等概念，引进价值链高端部门，引进跨国、跨区域高端客户（总部经济）。

三是产业分布集群化。现代服务业集群发展特征明显，即产业中相互关联的、在地理位置上相对集中的若干企业和机构的集合，具有较强的群体竞争优势和集聚发展规模效益，比如金融服务业、文化创意产业等。因此，此类产业发展更需集聚化发展，形成高端产业集群，不仅空间上集聚分布，而且产业上联动发展。

3.2 功能布局统筹

原三区总体空间布局略有差异，原南长区以“一圈、两城、三街、四业、五特色”重点功能布局。其特征为，主要聚焦重点功能区；原崇安区采用的是“一核多节点”功能布局方式。划分口径不太统一。作为无锡市转型发展的核心区域，规划总体布局上围绕运河和北中南四个规划片区，推动“一轴”“两核”“四心”和“九节点”联动发展（图2）。三区合并后，重点功能区布局包括：

“一轴”：运河发展轴，基于原古运河风光带规划的基础，将十里古运河沿岸建成文化景观长廊、生态旅游长廊和高端服务产业长廊，打造无锡一张最具特色的城市名片。

“两核”：老城商贸核，努力成为无锡最繁荣繁华的都市综合商圈，其未来发展的主导产业包括精品商业、文化产业、餐饮业等产业。太湖广场商务核，推进商业商务功能向太湖广场延伸拓展，形成在国内有重要影响力的时尚商圈，其未来发展的主导产业包括现代商业、金融、贸易和专业服务等高端服务业，同时打造休闲旅游等功能。

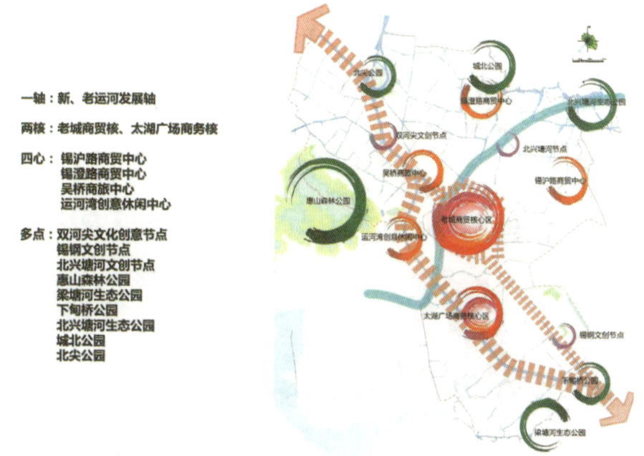

图2 三区整合空间功能布局

“四心”：锡沪路商贸中心、锡澄路商贸中心、吴桥商旅中心、运河湾创意中心，主导产业包括专业服务、商贸业、创意产业。

“多点”：双河尖文化创意节点、锡钢文创节点、北兴塘河文创节点、惠山森林公园、梁塘河生态公园节点、下甸桥公园节点、城北公园、北尖公园，主导产业包括文化创意、休闲旅游业等。

3.3 用地结构调整

促转型主要为优化用地结构，包括：①提升公共设施用地，提升城市功能；②减少居住用地，提高居住品质；③增加绿化用地，改善城市景观，规划适当增加大型公共绿地，完善集中绿地的布局；④增加道路用地，满足出行要求。

3.4 社会设施完善

区划调整后，设施总量更加充沛、种类更加齐全、品牌优势较为突出，但总体布局失衡、功效不足等问题仍然存在。同时，社会设施空间分布的不均衡、功效发挥的局限性，以及出现的服务不到位的问题，其自身供需矛盾仍然存在。

4 规划谋创新——新城区发展策略创新

4.1 理念创新

由“中央商务区（CBD）”向“中央活动区（CAZ）”迈进。“撤三建一”一方面增加区域面积，集聚资源要素，使无锡的梁溪区在发展规模上更接近国内超大城市中央活动区（CAZ）的规模；另一方面“撤三建一”提升整个区域产业功能的多样性，产业要素更加齐备，有机会成为无锡市的中央活动中心，成为将梁溪区打造成引领性、标志性、创新性的中央活动区的重大契机。

4.2 策略创新

策略创新一：提升供给层面，立足两大核心功能产业，优化功能空间布局。一是集聚无锡老城商贸区核心地带，集中商贸商务服务创新。二是推进文化创意产业发展，打造无锡文化创意产业核心。策略创新二：刺激需求层面，突破相关政策瓶颈，有序推进旧区改造。

4.3 机制创新

以规划引导调控为核心，积极探索完善土地开发、土地供应、资金平衡等相关机制。在土地开发机制中，为加快地块的动拆迁，在现有货币化安置办法的基础上，建议探索多途径动拆迁安置办法；在土地供应机制中落实深化带方案招标机制；面对融资艰难、房源短缺等问题，研究资金平衡机制，比如向市级层面争取相关配套设施建设专项资金及市留部分出让金返还，弥补建设资金缺口；由中标单位负责带建部分公共设施，降低地块前期开发成本等。

后发地区高铁沿线城镇空间发展应对与思考

梁印龙
江苏省城市规划设计研究院

1 引言

2008 年，我国第一条高铁线路京津城际开通。2016 的今天，中国高铁里程达到 2 万公里，成为世界高铁第一大国。面对日益铺开的高铁时代，被我们亲切地叫作“区域公交车”的高铁正在深刻改变着我们的生活，同时也影响着区域和城市的发展。从我国高铁建设情况来看，可以大致分为发达地区的顺势而为和后发地区的造势而兴两大类。东部沿海发达地区的高铁建设是在经济社会高度发展的情况下的顺势而为，与城镇发展紧密结合。而后发地区的高铁建设则被赋予了更多的政治含义和期望，希望通过高铁的投资建设带动后发地区的经济社会发展。那么，“后发落后地区 + 高铁”的组合，到底能产生怎样的化学反应？这也是本次演讲的核心问题，将以空间为研究对象，以沪昆高铁贵州境内玉屏 – 贵阳段（图 1）为例展开研究。

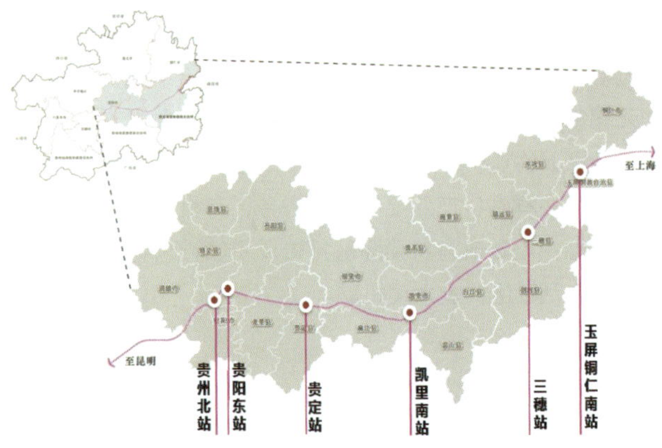

图 1 沪昆高铁玉屏 – 贵阳段

2 研究思路与内容

（1）多尺度研判区域后发困境。沪昆高铁线“并行式微”，其所负载的要素要弱于沪汉蓉等其他东西向高铁大动脉；区域格局“高地围合”，周边珠三角、成渝城市群、长株潭、滇中城镇群四大区域对贵州发展机会的袭夺；黔东地区“顺势不利”，面临生态环境脆弱、发展资源匮乏、贫困密集、发展势能“洼地”等挑战；高铁沿线“困顿前行”，优势资源匮乏、产业基础薄弱、城镇发育不足、劳动力大量外流。因此，高铁效应下后发地区的发展的核心诉求应该是建立与高铁相适应的城镇空间发展战略，在最佳区位配置有限的发展资源。

（2）分析高铁的正负效应。国内外案例表明，高铁的正面影响包括完善区域综合交通系统、促进交通经济地带的形成、优化城镇群内在组织结构、促进产业升级与结构优化、推动商务商贸零售等第三产业迅速发展，带来大量旅游人流，推动旅游业快速发展等。负面影响包括对欠发达地区的“虹吸效应”、造成非沿线城市的衰落、制约中小城市发展等。中微观层面，借助 GIS 平台，通过基于可达性的高铁站点交通

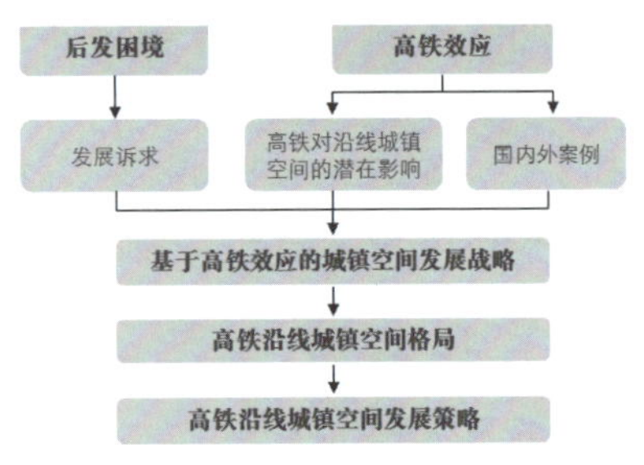

图 2 研究思路

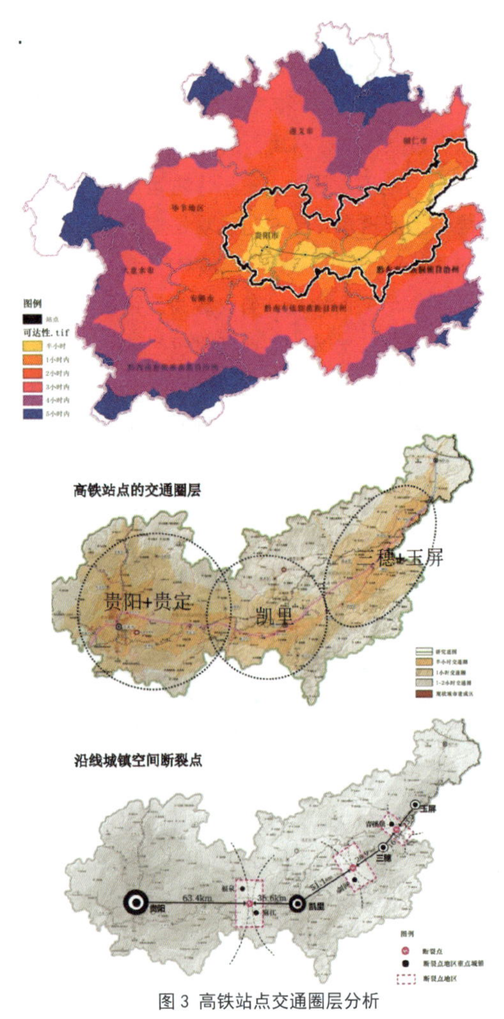

图 3 高铁站点交通圈层分析

时间圈层分析，研究了确定高铁对沿线地区的四大空间影响：

①显著提升沿线城镇的交通条件，形成半小时交通圈（核心圈层）、1小时交通圈（直接影响）、2小时交通圈（间接影响）；②以高铁站点为核心，重构三大空间分区：贵阳片区、凯里片区、三穗和玉屏片区；③加速了同城化（一体化）进程。压缩站点城市之间的时空距离，从高速时代“≥1小时”缩减到高铁时代的“≤半小时”；④引发沿线城镇空间的“极化”与“衰退”。发展基础较好、规模较大的核心城市城镇空间极化，并要积极应对城镇空间断裂点地区。

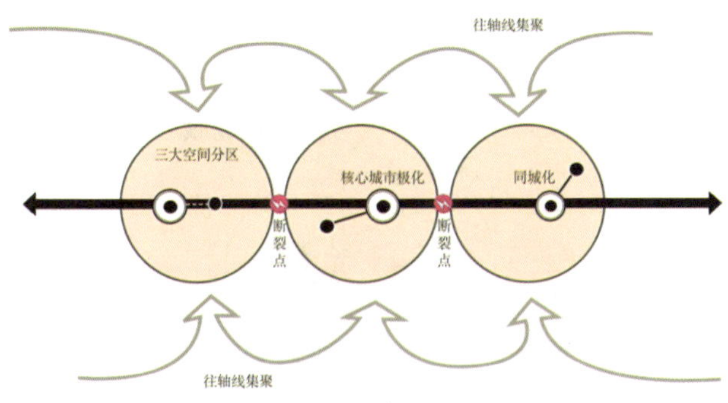

图4 沪昆沿线城镇空间变化趋势示意图

（3）提出空间优化发展战略。研究先发地区（沪宁线为例）高铁与城镇空间发展的关系，结果发现呈现出“强核—溢出—布局—整合”四阶段发展特征，目前已经处于布局、整合阶段。而对于沪昆高铁贵州段而言，目前仍然处于强核阶段，因此，对于区域空间发展而言，现阶段的核心战略为寻找区域战略支撑点，以此来发挥高铁效应，带动沿线地区发展。

通过高铁对沿线空间的影响分析，选择出贵阳、凯里、铜仁三大战略支撑点，并相应提出空间优化策略。大贵阳中心极化突破，提出“构筑圈层，极化贵阳，辐射带动周边”的整体空间发展策略。大凯里集群抱团发展，提出“都凯一体，抱团发展，纵横联合，带动中部隆起”的整体空间发展策略。构筑凯里、都匀双核，成长为区域性中心城市，带动黔东中部地区发展。大铜仁“带形”区域协同推进，提出“调整玉屏，铜玉同城，一体发展，拱卫门户崛起”的空间发展策略。在三大战略指引下提出了“一轴、三区、三中心”的城镇空间格局，“一轴”为高铁沿线城镇发展轴；“三核”为贵阳（含龙里）、凯里（含麻江）、铜仁（含玉屏）；“三区”为大贵阳、大凯里、大铜仁三大城镇协调区。在此基础上，分别针对三大分区提出相应的空间发展思路。

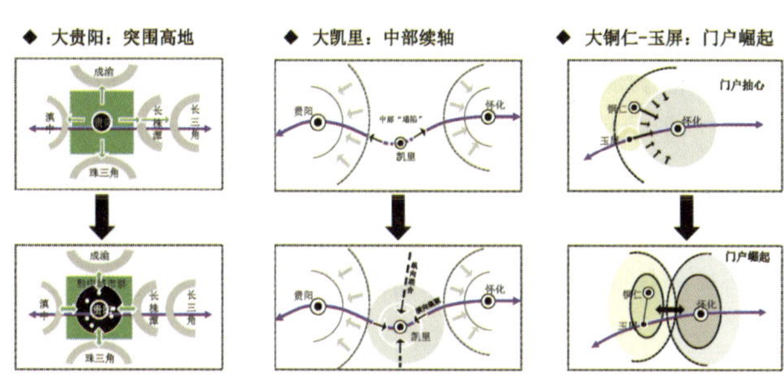

图5 战略支撑点分析图

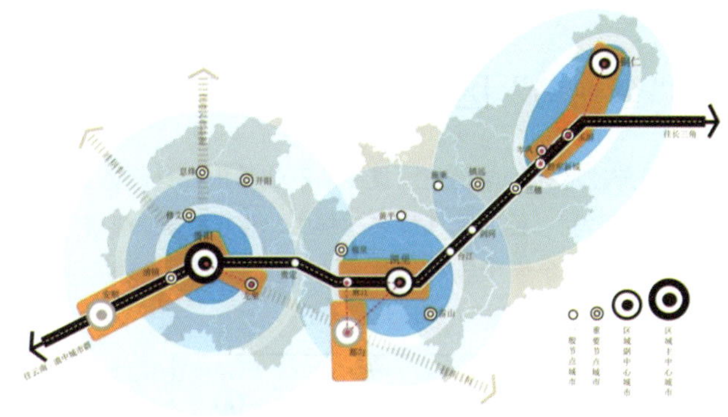

图6 高铁沿线城镇空间格局：一轴三区三核心

3 后续思考

后发地区“高铁效应”的再认识。首先，后发地区的高铁效应会体现得比发达地区更加“淋漓尽致”。因为后发地区交通相对不发达，交通通道往往单一且复合高铁、普铁、高速、国省道等等，要素流动选择性少、指向性明确，“线性集聚”“极化”“衰退”等现象将比发达地区更加显著。其次，高铁效应的发挥与城市能级、城市性质、日均客流量紧密相关，城市有无高铁站点并非绝对的“生死”之别。第三，要充分识别高铁带来的“阶段性阵痛”与“永久性锁定”，如高铁新城建设带来的“鬼城”现象，对于大城市来说可能是阶段性现象，而在中小城市这种影响可能是永久性的。

再来回答“后发地区＋高铁＝？”的问题。高铁来了，摆在后发地区面前的两条发展路径：若走传统制造业道路，承接发达地区产业转移，仅有高铁还不足以突破传统制造业区位劣势，需要积极构建“高铁＋高速”的交通体系，形成客货运的“乘数效应”；若走特色发展道路，仅有高铁也不够，需要以高铁为触媒，结合“互联网＋”、精准扶贫、特色旅游等众多利好，将多种优势条件综合，实现后发地区的特色发展之路。

底线与协同：区域规划的创新实践

——"奎独乌"区域协调发展规划案例

姚　凯
上海同济城市规划设计研究院

1 新形势下的区域规划创新

随着资源环境约束日益增加、产业转型压力日益增长、社会利益主体日趋多元，"新常态"下区域规划面临创新发展要求：在规划导向上，从提升正外部性的扩张规划转向规避负外部性的底线规划；在规划诉求方面，从以调整行政区划为目的转向不调整行政区划推进区域协同；在规划模式方面，则从"一张白纸"状态的"事前规划"转向既有规划层叠的"事后规划"；而在规划内容方面，则从面面俱到的愿景式规划转向聚焦特定问题的行动规划。

2 "奎独乌"区域协调规划创新

"奎独乌"区域是我国重要的石化基地，是新疆经济发展的"金三角"，但在高速发展过程中，地方壁垒、粗放扩张、同质竞争等现象逐步显现，对区域环境造成严重威胁，已经处于发展的"临界点"之上。

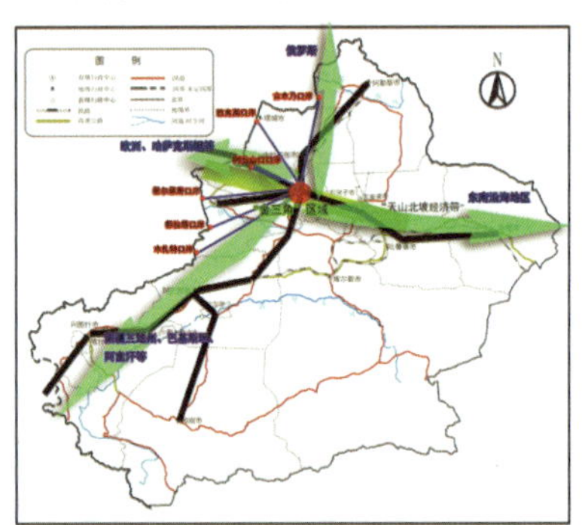

图 1 "奎独乌"区位

图 2 "奎独乌"区域空间现状

2.1 "奎独乌"面临的问题

复杂的行政区划和多头管理："奎独乌"区域包括奎屯、独山子和乌苏三个相邻城市，它们分别隶属于伊犁哈萨克自治州、克拉玛依市和塔城地区，加上新疆生产建设兵团七师，形成了"一河一路之隔，三地四方"的特殊行政管理格局。

单一产业与过剩产能：由于央企中石油对石化初级产品的垄断以及地方壁垒，该区域石化上游产业一业独大，同质化竞争现象非常突出：区域内规划的石油炼化产能已达 2 000 万吨左右。

生态敏感，不利于污染扩散：区域南部紧邻天山山脉，北部为古尔班通古特沙漠，存在山谷风交替现象，冬季存在逆温层，逆增率 3℃～5℃ / 1 000m，全年静风频率高达 33% 以上，不利于大气污染物的扩散。

2009 年以来，该区域空气质量严重下降，采暖期的主要污染物浓度氮氧化物、SO_2、PM10 和 VOCs 浓度全面超标。

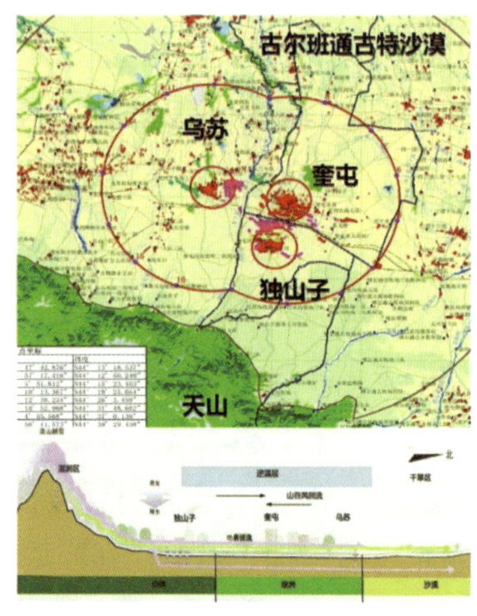

图 3 "奎独乌"区域自然环境特征

2.2 "奎独乌"的规划诉求

"奎独乌"是经济增长没有支付相应的环境和社会成本的典型案例，即增长成本外部化。三地四方都编制过规划，但都是以经济利益为主导，重效率轻公平，都是以愿景蓝图为导向，底线管控缺失；都是基于各自行政区划，引发合成谬误（相关规划和环评均合理，且经上级批复，但叠加起来问题突出）。可见复杂行政区划和多头管理体系下相互博弈，存在囚徒困境，该地区已没有帕累托改进的余地，各自为政的传统规划亟待在区域层面进行规划协同创新。

2.3 "奎独乌"区域规划的创新实践

按照中共中央政治局委员、新疆维吾尔自治区党委书记张春贤同志指示，根据自治区城乡规划顾问工作上海专家组的意见：由住建厅牵头，发改委、环保厅参与"'奎独乌'

三地四方”形成规划编制领导小组，由上海同济城市规划设计研究院与自治区相关单位联合编制《“奎独乌”区域城镇协调发展规划》。

规划突出底线思维：划定共同的污染物排放底线、水和土地等资源底线；规划突出了协同思维：基于卡尔多－希克斯改进要求，明确三地四方协同减量、转型、优化的规划方向。

为了实现底线管控与协调行动，本规划与三地四方《“‘十三五’规划”》以及《“奎独乌”地区大气污染联防联控工作方案》同步编制，由自治区人民政府批准，具有法律效力。在自治区住建厅牵头下，委托自治区经济研究院与自治区环境工程评估中心前期开展了有关产业发展和环境保护的两大专题研究，为规划提供了技术支撑。

2.4 底线规划的创新实践

（1）区域大气污染物排放底线控制

基于 CALPUFF 系统大气污染模拟结果，结合《奎独乌地区大气污染联防联控工作方案》，明确到2017年，“奎独乌”可吸入颗粒物年均浓度基本接近国家环境空气质量新标准二级限值。通过环保手段：提升环保技术，治理污染源；通过产业手段：调整产业结构，减少污染源；通过空间手段：优化产业布局，转移污染源。

（2）区域水资源底线控制

全面落实新疆水资源开发利用“三条红线”，提高用水效率，逐年减少地下水开采量（按自治区下达指标控制），2020 年前将地下水年开采量减少至 7 500 万立方米以下。

区域土地资源底线控制：

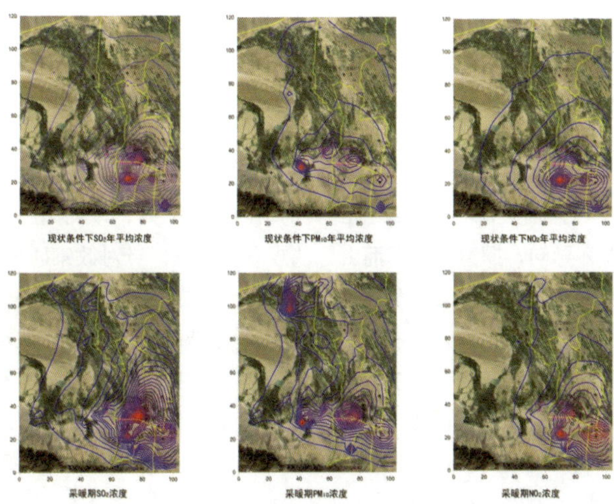

图 4 主要大气污染物 CALPUFF 系统模拟

包括基本农田保护边界、生态红线和城市开放边界的划定。

2.5 协同规划的创新实践

通过多情景的方案模拟：情景一，全面转型发展、污染全面清退；情景二，优化发展、污染适度清退；情景三，现状发展延续，控制新增污染，可以发现只有情景二兼顾发展目标和规划实施性，能够实现卡尔多—希克斯改进，即在在三地中通过独山子相对较大，奎屯次之，乌苏相对较小的调整和优化，实现区域整体利益的提升，进而通过把握丝绸之路经济带发展机遇，寻求多元化产业的新兴发展方向，弥补各方因转型所作出的牺牲。基于以上协调原则，规划落实了各方的基于环境容量底线的各方污染减排方案、产能减量方案和用地减量方案。

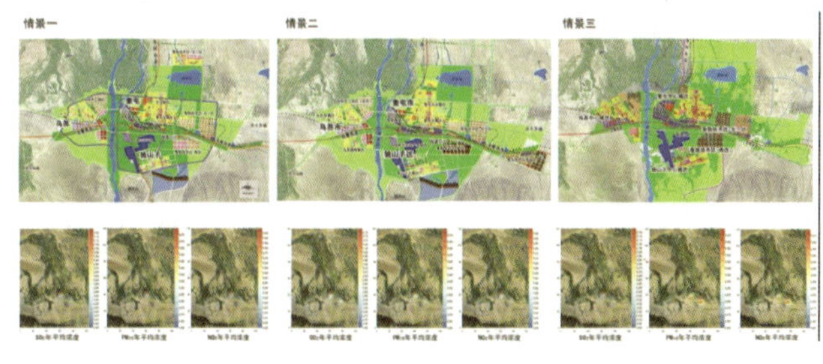

图 5 三种情景方案模拟

区域协同机制构建：包括建立“奎独乌”区域联席会议制度；推进区域环境联防联控，奎屯河流域综合治理；改革石化原料价格形成机制，促进工业园区合理分工等。

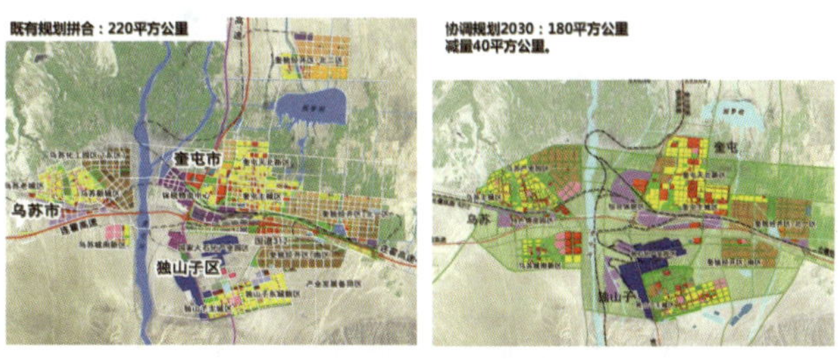

图 6 用地减量方案

3 总结

“奎独乌”规划实现了区域规划从增益到止损、从单一到协同、从事前到事后、从技术回归政策的创新探索。

从空间扩张到内涵发展的规划新思维与实践

——以重庆市九龙坡区八大功能板块规划研究为例

许　骏
重庆市规划研究中心

1 重庆发展概况及九龙坡区的典型性

（1）重庆的发展定位及现状特点

重庆地处国家“一带一路”战略和长江经济带的战略交汇点，是我国中西部地区唯一的直辖市和国家中心城市，也是新丝绸之路经济带的重要战略支点、长江经济带的西部中心枢纽和海上丝绸之路的产业腹地，是城乡统筹的国家中心城市，在新的历史时期，肩负着引领区域发展、助推内陆开放、参与国际竞争的国家使命。

重庆市域面积 8.2 万平方公里，是省域架构的直辖市，2015 年，全市常住人口 3 016.6 万人，城镇化率 60.9%，进入快速城镇化发展后期。主城区到 2020 年规划城市建设用地 1 200 平方公里，1 200 万人，是全市发展的核心载体。随着国家战略重点的投放以及东部沿海地区产业的转移，重庆的经济社会得到长足的发展。2015 年，全市 GDP 增长 11.0%，位居全国第一，工业及现代服务业增长强劲，人口回流显著。作为西部城市，随着对人口和产业的聚集能力不断增强，重庆在土地利用方面呈现出“增量扩张”与“存量优化”并存的特征。

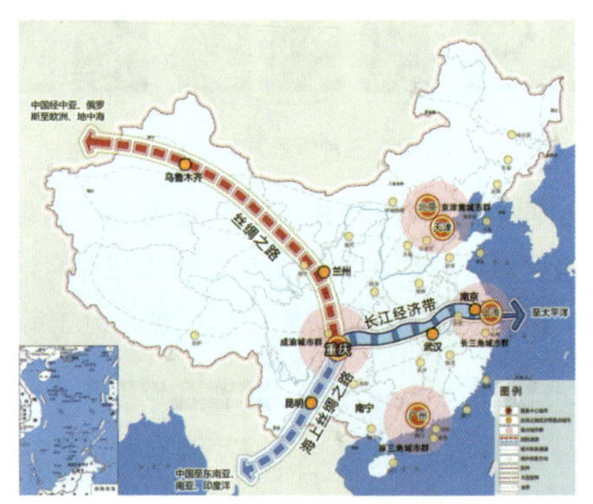

图 1 重庆在“一带一路”和长江经济带战略中的空间区位

（2）九龙坡区基本特点及典型性

九龙坡区位于主城区的西南部，以中梁山为界分为东西两个槽谷。西部槽谷地带现状城市建设用地 32.66 平方千米，地势平坦，生态环境、交通物流等基础条件较好，是新城拓展的主要空间；东部现状城市建设用地 49.21 平方千米，现代都市和城中村混杂，以旧城更新和产业“退二进三”为主。九龙坡区是重庆市首个统筹城乡发展综合配套改革先行示范区，同时拥有公、铁、水、空综合交通优势，既是经济基础雄厚的传统老工业城区，又是国家级高新区所在地。2015 年全区常住人口 118.65 万人，城镇化率 91.8%。

九龙坡区是重庆市主城区的典型代表，规划以该区为研究对象，探索了西部地区城市发展“做优增量、提高质量”以及“盘活存量、内涵式发展”的路径和策略。

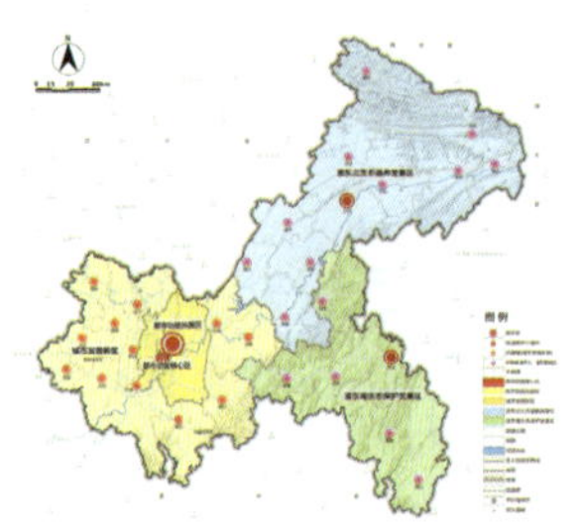

图 2 重庆市域空间格局

图 3 九龙坡区在重庆市主城区的区位

2 九龙坡区八大功能板块规划研究：以发展问题和规划诉求为目标和出发点，因地制宜提出发展策略

为统筹全区转型发展，九龙坡区提出建设八大功能板块的构想，并以板块为管理单元推进各项工作，八个板块之间既有互补合作的联系，又有各自发展的优势和问题。

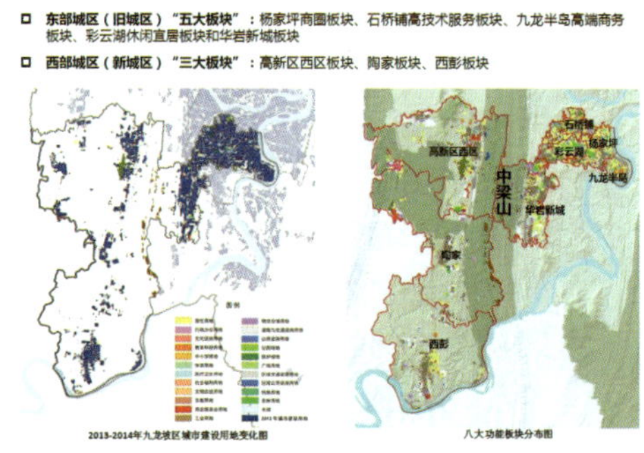

图 4 2013-2014 年九龙坡区 H11 类用地变化图

3 规划创新点 1：创新规划编制新模式，建立“全局统筹，尊重特色”的规划新范本

（1）跳出传统规划思维，创新规划编制模式

区别于传统规划编制的类别、内容和方法，以问题和需求为导向，探索“自下而上”的规划新实践。针对政策研究、土地开发模式等基层实际发展需求，对城市现状发展情况进行调研和评估，对各板块的核心功能塑造、产业发展、城市山水绿地系统建设、交通路网优化、公共服务设施配给、开发建设时序等方面提出有针对性的规划策略。对于旧城更新区和城市拓展区的不同发展阶段和特点，创新规划指标，因地制宜地提出规划策略。

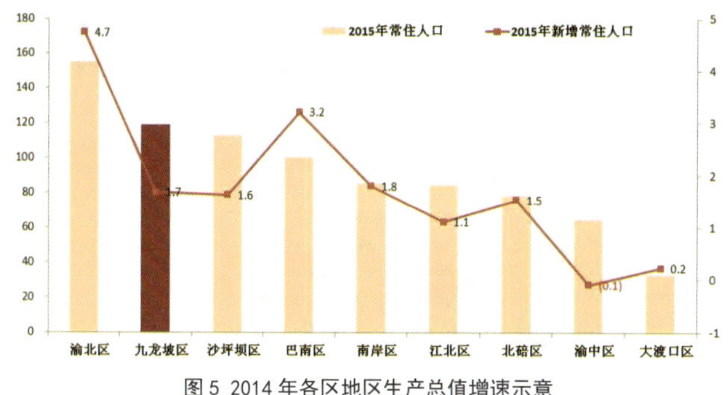

图5 2014年各区地区生产总值增速示意

（2）“全局统筹”——九龙坡区城市发展状况评估

规划首先开展九龙坡区城市空间发展年度评估工作，在分析全区人口、经济、用地、特色资源、交通运行、行政许可等现状基础上，通过对海量数据的研究，整理分析各个板块的结构、发展态势、动力，总结出城市发展的特征和问题，奠定“在重点上求突破”的基础。

（3）“尊重特色”——区别对待“内涵”与“外延”发展的规划诉求

东城：一是以公共政策制定为抓手，探索老城区“遗产保护”“退二进三”、“旧城更新”的土地利用和开发模式；二是以人口结构、生活习惯、实际需求为导向，研究公共服务设施配给的标准；三是“以人为本”，开展精细化研究，优化环境，全面提升旧城品质。

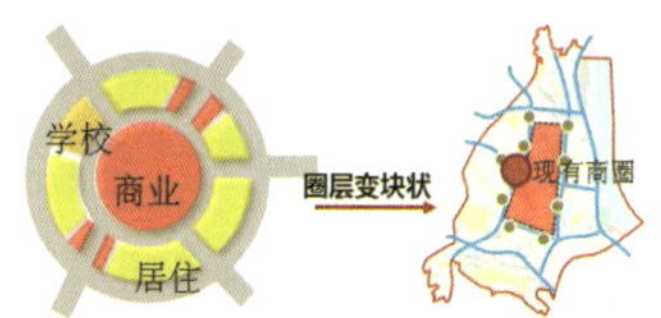

图6 发展模式转变示意图

西城：一是遵循城市发展的客观规律，在宏观的城市框架、基础设施、公共服务设施布局的基础上，探索地块利用的弹性，以更好的适应市场需求；二是突破传统商圈建设模式，从生产性服务业引入、重大项目打造、重大交通改善、美丽山水城市塑造等方面提出生产性服务业主导型新型商圈建设模式；三是注重“外延式”增长的质量，梳理西城各板块的山、水、旅游文化资源，划定生态控制红线，探索城乡统筹、农业旅游发展模式。

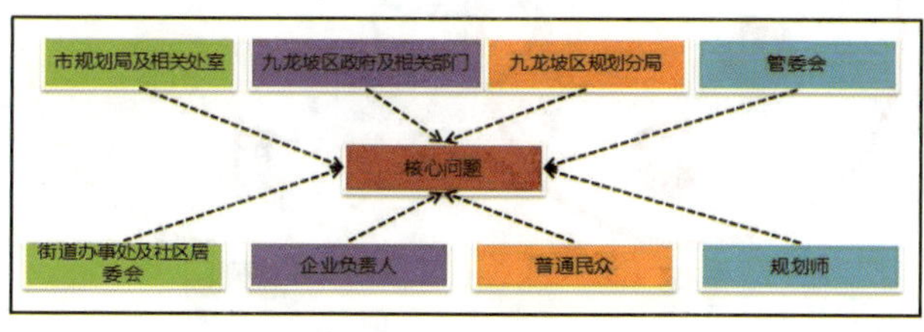

图7 规划技术服务模式示意

4 创新点2：开创规划技术服务工作新模式

（1）“精英规划”转向“合众规划”的新实践

在规划技术服务模式方面，规划打破“空间扩张、政府—开发商、规划图纸”的单一模式，从问题入手，深入了解基层诉求，对八大功能板块的规划编制、管理、建设等情况进行调研，并与区政府（管委会）领导、重点项目的企业负责人、普通民众等进行座谈；及时反馈国家及市级相关政策要求，实现规划信息全方位、无障碍沟通，切实指导和服务了基层规划工作。

（2）政策定制与行政管理辅助的新模式

在规划管理技术服务方面，规划结合九龙坡区发展要求，对八大功能板块从规划实施和管理层面开展重大项目选址、项目落地空间保障、用地发展策划、编制成果法定化等专项规划工作，为九龙坡区提供规划技术支撑。研究成果转化为政府文件，通过公共政策的形式，成为规划行政管理的重要辅助力量。

图8 政策定制与行政管理辅助的新模式

（3）部门协同、无缝衔接的新模式

在工作组织架构方面，项目组充分发挥市级规划服务平台优势，由重庆市规划研究中心、重庆市规划局详规处、九龙坡区规划分局、重庆市地理信息中心、重庆市规划信息服务中心以及相关区级职能部分共同组建专家技术服务组，形成部门协作机制，采取周例会制，项目组全程参与研究各功能板块规划工作推进情况，协助板块设定阶段工作内容及目标。

土地政策视角下的上海边缘区空间形态演变特征与机制研究

——以闵行区莘庄镇为例

冷方兴
同济大学建筑与城市规划学院

上海城市边缘区范围逐渐向外推移。以闵行区莘庄镇为代表的上海边缘区空间形态发生了巨大变化（图1）。与此同时，土地政策也在发生演变，这为从土地政策视角对城市空间形态演变展开研究提供了充分研究基础。从土地政策视角对空间演变现象和成因机制进行研究，是城市规划学科的一项基础研究。本研究致力于从中国实际案例中提炼本土理论、概念和分析框架，并以之来解释中国的空间现象。

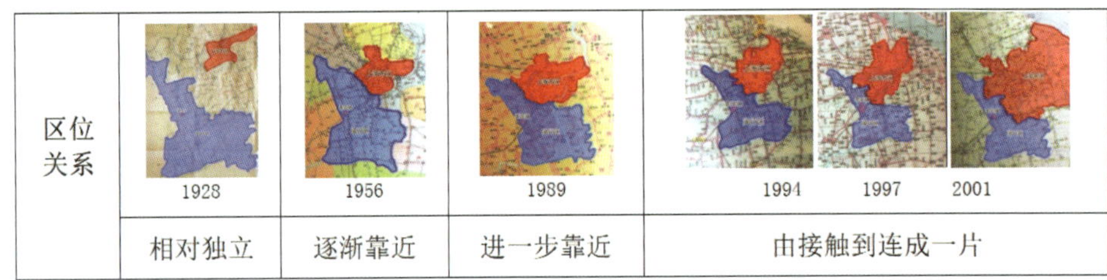

图1 边缘区（上海县/闵行区）空间关系变迁示意图

研究从土地政策的视角入手，将土地政策视为空间形态演变的背景与影响因素，并从底层研究与农民的视角出发，运用社会学研究方法，通过对上海市闵行区莘庄镇及若干村庄典型案例的实地调查及理论分析，对上海城市边缘区的土地利用演变进行了梳理，将土地发展权运用于对边缘区空间形态演变过程及特征、机制的深入研究。

（1）研究发现上海边缘区空间形态演变经过杂碎化、去杂碎化与新杂碎化的阶段性过程，体现国有土地与集体土地上空间形态差异化的二元特征，以此为基础建立杂碎化空间形态演变的模型（图2）。

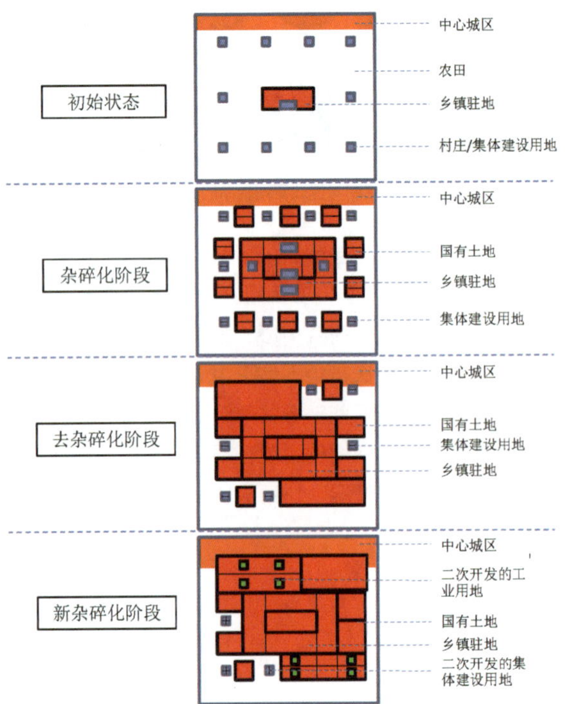

图2 边缘区空间形态演变模型示意图

（2）在空间形态演变研究基础上提出以“争夺和实现土地发展权”为核心内容的“争地”的概念，用于概括相关主体对土地发展权的争夺与实现的行为，并分析争地的内容、过程与策略。

（3）在国家—社会关系的基础上，结合边缘区的实际情况与特殊性，提出国家—集体—市场关系（图3）的理论命题，用于分析空间权威运作过程中的权威者与服从者即争地过程中的相关主体之间的行动与互动关系。

（4）在争地与国家、集体、市场关系的基础上，提出了空间权威的核心概念，并建立起相应的分析框架，用于解释边缘区空间形态演变的特征与机制。从中发现，边缘区空间形态演变的历史是国家、集体与市场争夺土地发展权即争地的历史，国家、集体与市场之间基于空间权威的运作过程决定了争地的胜负。

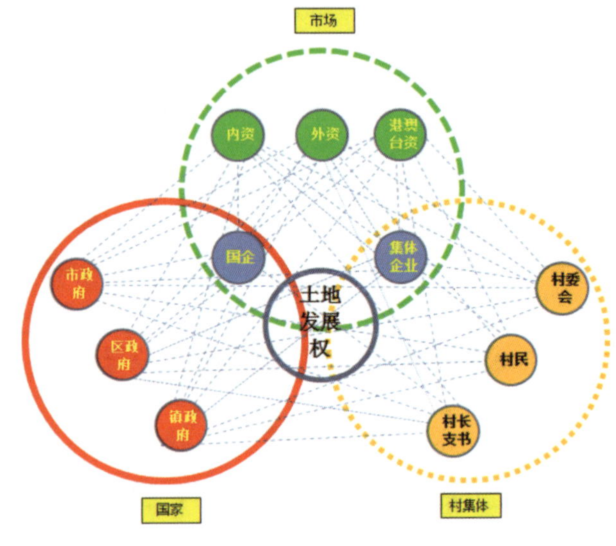

图3 国家、集体、市场关系示意图

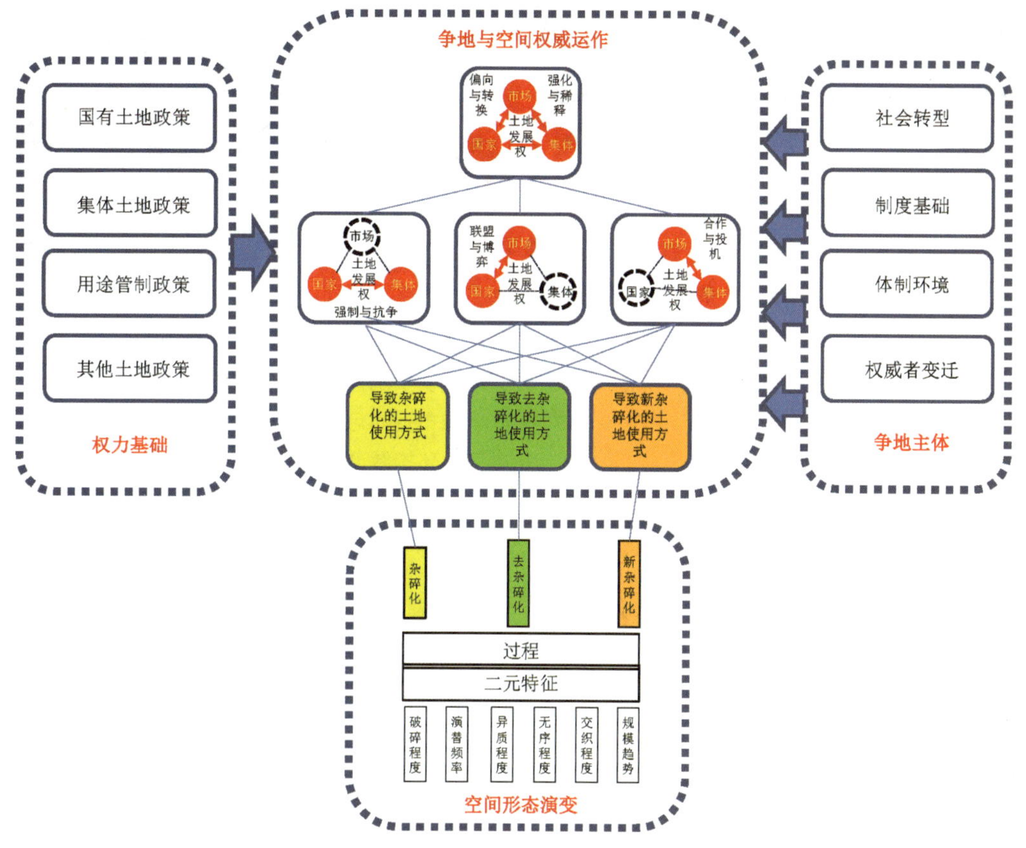

图 4 边缘区空间形态演变机制示意图

其具体机制（图 4）表现为：在社会转型的背景下，在创新的政治体制、二元土地制度以及区—镇—村行政管理体制的共同作用下，边缘区的争地主体即权威者的代理人也发生了重大变迁，并成为具体争地行动的执行者，他们之间的关系网络构成彼此空间权威运作的场域，并通过国家和集体之间的的强制—抗争机制、国家和市场之间的联盟—博弈机制与集体和市场之间的合作—投机机制以及国家、集体、市场三者之间的偏向—转换机制、强化—稀释机制左右争地的胜负和空间权威运作的结果。这些机制并非单独发生作用，而是交织在一起，共同在争地中发挥作用，并最终导致了空间形态出现杂碎化、去杂碎化、新杂碎化等演变过程及二元化的空间特征。由于集体空间权威的存在，国家空间权威虽然占据主导地位，也不能像在市区里面那样全面主宰边缘区的空间状况，还要为集体留出适当的发展空间。市场空间权威虽然发挥了重要作用，但由于其很强的依附性，并不能主导边缘区的空间演变。

（5）拓展对城市生长规律的认识。中国的城市扩张并非在各个方向上齐头并进，而是有先有后，通过杂碎化、去杂碎化、新杂碎化等过程，将边缘区空间逐步纳入城市空间，直至旧的边缘区消失并转化为新城区，新的边缘区产生并向外扩展，如此波浪式扩展，城市逐渐生长。对此现象提出了一个新的解释——空间权威运作的产物。

从“园城分置”到“集合城市”

——《珠江三角洲全域空间规划》空间优化实例

陈 洋
广东省城乡规划设计研究院

1 引言：珠三角巨型城市连绵地区

珠江三角洲在改革开放以来的高速城镇化进程中，城乡空间不断连绵融合。世界银行的报告《东亚城镇图景》将珠三角列为东亚地区最大的城镇连绵体（World Bank Group，2015），这个城镇连绵体连同其间自然斑块构成的总面积达到约 1.5 万平方公里。

珠三角城镇连绵体呈现出跨行政边界的空间一体形态（魏立华等，2004），城与乡、工业与农业活动高度混杂。在最近编制的《珠江三角洲全域空间规划》中，项目组通过遥感影像分析识别的城乡混杂地区约 960 平方公里，约占整个珠三角九市建设用地总面积的 1/10。

1980 年代，加拿大学者麦基（T.G.McGee）提出 Desakota 的概念，描述这种出现在东亚、东南亚地区的不同与西方工业化的典型空间形态（史育龙，1998）。在麦基的认识中，城市间相互作用的力量要大于城市与自身周边地区相互作用的力量，由此在城市的扩张过程中逐渐出现城乡混杂的 desakota 现象。然而，珠三角空间演变的实际机制与此并不相符——城市中心地区与城市辖区边缘地区之间的相互作用是导致城乡空间混杂的主要推动因素（图 1）。

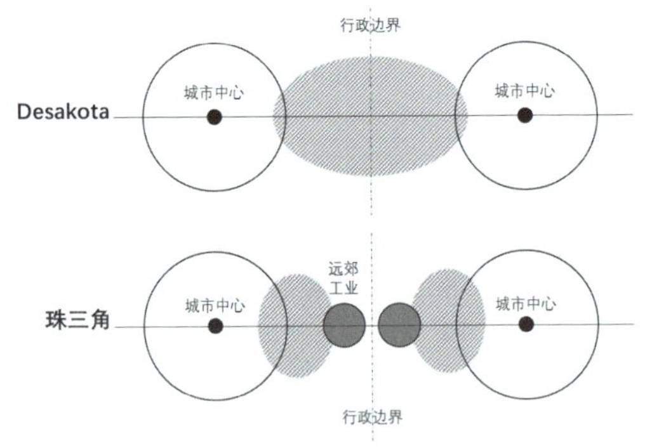

图 1 Desakota 与珠三角城乡混杂动力模式差异

2 “园城分置”现象及其机制

仔细观察珠三角的城市功能分布格局，可以看到显著的生产空间与生活空间相分离的现象，城市主要的服务业集聚区与工业化地区之间的典型距离在 30~40 公里（图 2）。

实际上，从珠三角改革开放以来各时期主要的工业园区开发来看，几乎所有的工业区都设置在远离城市中心、接近城市行政辖区边界且靠近主要公路的区域，这样的布局模式是由珠三角工业的外源性所决定的，符合低成本工业发展逻辑。

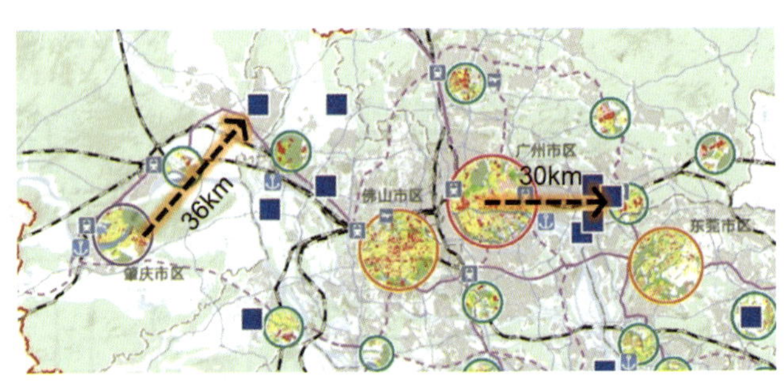

图 2 珠三角典型的城市服务业集聚区与工业化地区分布

另一方面，珠三角各城市的新城新区开发，绝大部分位于城市近郊可达性高、土地资源充裕的地带，紧邻城市建成区向外扩散蔓延，这种郊区化趋势符合城市的土地财政逻辑。

远离城市中心的工业园区在低成本逻辑下难以配置高水准的服务设施，而近郊的新城新区开发所提供的居住和服务配套难以惠及工业园区的就业人群，由此形成城市中心与边缘特殊的松散关系，我们称之为“园城分置”。与北美、日本等地城市的对比，可以明显看到城市扩张模式的差异，相比之下，珠三角的城镇化在外源型经济驱动下呈现出一种“早熟”状态，即城市建成区的扩张速度远快于城市服务功能的配置（图 3）。

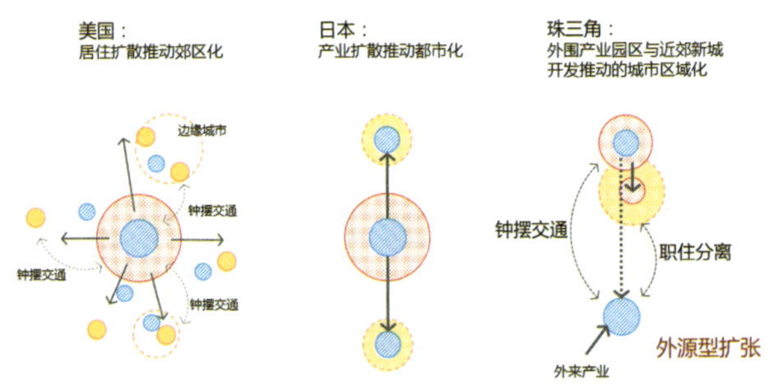

图 3 珠三角与美、日城市扩张模式对比

“园城分置”现象带来一系列空间联动反应，包括出现大量服务配套不足的工业专业镇；工业区与城市中心形成潮汐交通；主要公路沿线的乡村出现快速工业化并产生城乡混杂现象；远离工业发展廊道的外围乡村人口流失，持续衰败等。

针对以上任何单一问题的应对措施都难以取得实效，迫切需要寻找一揽子系统性的解决方案。

3 “集合城市”：珠三角空间秩序转型

当前的产业转型趋势为我们提供了实施创造性解决方案

的条件。

珠三角的产业转型导致了社会、空间关系以及空间需求等方面一系列的转型，由此也正在颠覆过去低成本的产业空间发展逻辑和单一的土地财政逻辑。产业的转型必然迫使空间秩序发生相应的转型，以适应和支撑新的社会经济发展趋势。

因此，《珠江三角洲全域空间规划》提出“集合城市”的模型，探索以公共引领的方式重塑珠三角半城市化的工业地区的空间秩序，以期从根本上改变当前延续已久的空间发展路径依赖。在镇的自主性较高的珠三角地区，这种“集合城市”模式具有较高的实现可能性。

核心做法包括：在产业园区附近配置基本服务，形成新的服务节点；在主城与产业新城中心之间建立便捷的公交快线联系；严格管控园城中间地带，保护生态开敞空间，挖掘村落历史文脉，为新经济成长创造空间条件；开展市地重划，重整半城市化地区空间；重组城镇组团，结合交通枢纽及已有城镇功能节点，将临近城镇节点组合为“集合城市”(图4)。

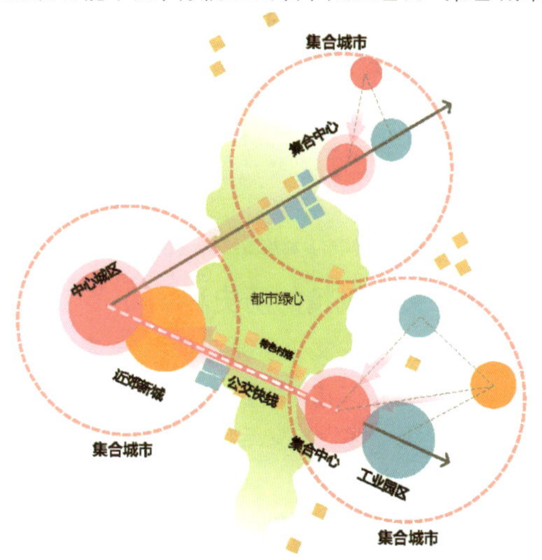

图4 “集合城市”作为系统性的解决方案示意

按照识别出的城乡混杂地区范围，结合镇区的连片程度，《珠江三角洲全域空间规划》中一共规划14个“集合城市”，其中11个位于佛山、东莞、中山等工业化较为成熟的连片城镇地区，3个位于城镇规模尚小但有潜力实现组合的地区(图5)。

我们选取东莞市的东北组团(包括以常平镇为核心的7个镇)进行了较为详细的实证研究，通过优先确保镇际间直达公交、围绕轨道站点整合工业空间、配置共享式服务设施等方式，促进松散的镇际关联向高度一体的“集合城市”空间秩序转型。

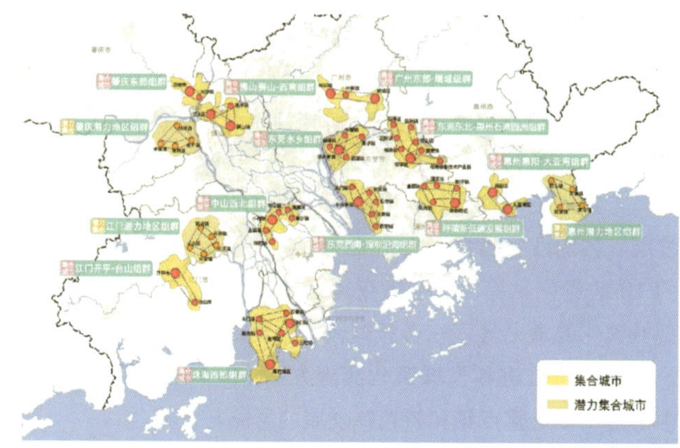

图5 珠三角14个规划“集合城市”

图6 东莞东北组团“集合城市”规划

4 小结

“集合城市”并非传统意义上简单的组团式规划，而是在经济社会转型的大背景下，在“园城分置”同时又高度连绵的城乡混杂地区进行的一种探索，即通过公共交通、公共空间、公共服务的重组，重塑空间秩序，扭转路径依赖，引导全新的城乡空间拓展模式。

目前，江门市的鹤山、新会等5个城镇已经在最新的城市总体规划编制中开始“集合城市”建设尝试。

沈阳市建设特色小镇的规划思路与策略

盛晓雪　高鹤鹏　李晓宇　刘楅星
沈阳市规划设计研究院

1 特色小镇建设的政策背景

党的十八大以来，城镇化工作受到中央政府的高度重视，陆续出台一系列的重要政策导向文件，其中“村镇规划与建设”占据重要的位置。各省也响应出台政策，促进特色小镇发展。如浙江省出台《关于加快 100 个示范小城镇改革发展的 10 条意见》等，辽宁省在《辽宁省人民政府关于推进新型城镇化的意见》《辽宁省新型城镇化规划(2015—2020 年)》及《沈阳市推进新型城镇化实施方案（2015—2020 年）》中都提出促进重点镇和特色镇发展的思路与策略。

2 国内特色小镇发展的经验借鉴

主要借鉴四川、浙江、贵州、广东等省市的特色小镇在产业发展、空间承接、体制创新、统筹城乡等方面的实践经验，总结特色小镇在禀赋、政策、人才、土地、资本五方面的发展优势。

3 沈阳市发展特色小镇的基础分析

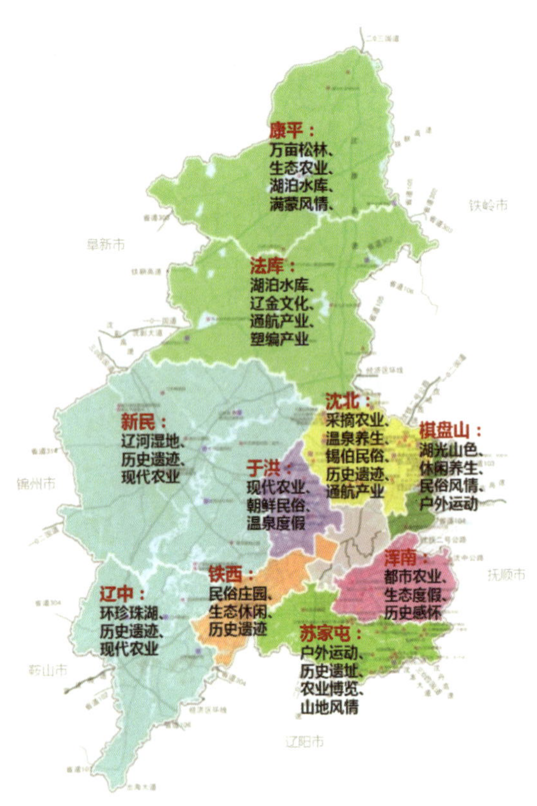

图 1 沈阳市各区发展特色小镇的特色资源图

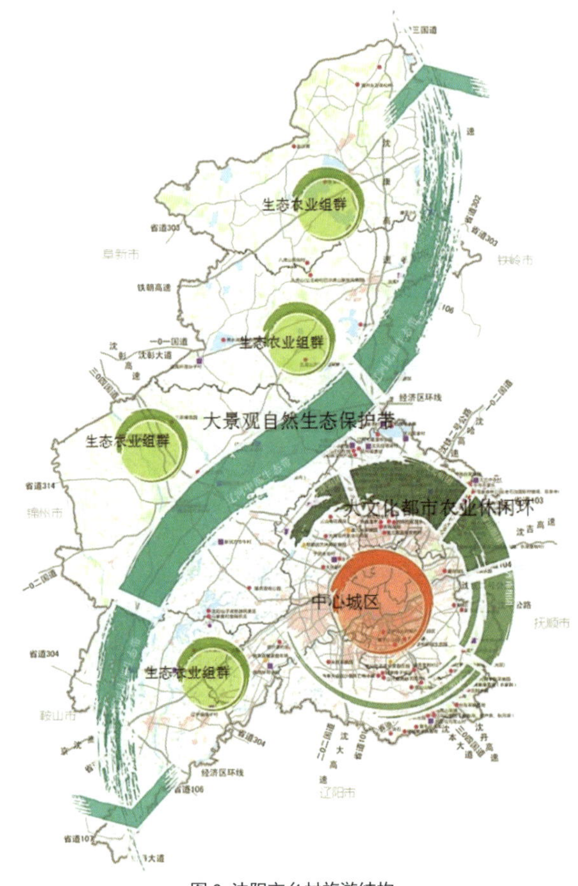

图 2 沈阳市乡村旅游结构

3.1 辽金文化、关东风情的历史积淀

沈阳市具有丰富的历史文化层级沉淀，突出表现为“新乐文化、辽金文化、清前文化、民国文化和工业文化”，其中广大村镇地区长期处于多民族交汇状态。

3.2 自然资源禀赋丰厚、特色突出

生态本底条件较好，大多数乡镇均分布在河流与湖泊周边，如辽、蒲河沿线就串联数十个乡镇，正在逐渐形成生态、旅游、城镇化三位一体的“沿河城镇发展带”，如卧龙湖和珍珠湖周边的小城镇群也正在逐渐形成“环湖生态经济圈”。各区城镇发展均有自身特色（图 1）。

3.3 旅游资源丰富、潜力巨大

沈阳市旅游发展状况总体良好。预计到 2020 年，沈阳市旅游总量的平均增长率将达到 12%，将实现当年游客接待量达 1.6 亿人次，其中乡村旅游将达到 5 600 万人次，占总量 35%~40%。

结合沈阳地理气候、人文风俗、山水格局特点，沈阳市乡村旅游形成“一带一环四组群”的空间结构（图2）。

4 沈阳市发展特色小镇的规划策略

4.1 三生融合，四化同步

打破一二三产业之间的门类界线，打破建设用地与非建设用地的空间界线，打破镇村的行政界线——促进生产、生活、生态“三生融合”，促进农业现代化、新型城镇化、新型工业化与信息化“四化同步”，实现特色小镇全域、全面发展。

4.2 多规合一，先行先试

坚持规划先行、多规融合，综合规划、国土、发改、环保等多部门，联动编制产业、文化、旅游“三位一体”，项目、资金、用地“三方落实”的建设规划，为特色小镇营造良好的空间载体。

4.3 因地制宜，分类指导

产业定位突出“特而强”，不能“百镇一面”、同质竞争，必须紧扣产业升级趋势，锁定产业主攻方向，构筑产业创新高地。挖掘特色小镇的特色与亮点，根据不同的区位、规模、产业类型和资源禀赋因地制宜、分类指导。

4.4 生态优先，文脉延续

坚持城镇建设与生态环境建设同步，加强环境保护和生态修复，推动绿色发展、循环发展、低碳发展的生产生活方式和建设模式。挖掘沈阳自然历史和文化禀赋，加强对历史文化遗产保护，传承非物质文化遗产和优秀传统文化，提升城市文化软实力。

4.5 示范突破，以点带面

对沈阳市各乡镇的“区位条件、特色要素、产业基础、规划预期”四方面评价，特色小镇选址主要围绕一带与一环，即辽河自然生态保护带和城郊都市农业游憩休闲环，共计42个。

5 沈阳市建设特色小镇的实施机制

5.1 建立顶层体制设计

充分学习浙江与四川等地经验，建立市级乃至省级顶层设计机制，以此为基础逐步形成“政府搭台、部门联合、专家指导、市场主导、民众参与”的特色小镇建设机制。

5.2 引入PPP开发模式

应充分借助大型国企，上市公司、风投、民间资本等市场力量，建立政府、企业、民众联合开发模式，如中冶集团、泛华集团、华夏幸福基业等。

5.3 促进产学研一体化

建议乡镇地方政府结合自身特色禀赋，加强与沈阳农业大学等高校与科研院所的联系，充分发挥农学、环保、水利、建筑、规划、旅游等学科的优势，借助科技力量，促进产业、学校、研究一体化发展。

5.4 强化规划统筹引领

建委汇同规划局等相关部门，明确规划组织、编制要求、审批流程、修改程序的基本要求。制定沈阳市特色小镇建设申请要求，选取并公布沈阳市首批特色小镇建设名单，尽快开展相关规划编制工作。

5.5 搭建特色镇数据库

可与旅游局、规划局、招商局等部门联合推出面向市场的特色小镇客户端平台，全方位展示特色小镇的产业、人文、生态、旅游、娱乐等资源与产品，吸引投资、旅游与消费。

绿色发展理念下城市与河流共生研究

——以辽宁“大浑太”生态流域城市连绵区建设实践为例

金锋淑　沈阳市规划设计研究院
朱京海　辽宁省环境保护厅
李　岩　辽宁远天城市规划有限公司
盛晓雪　林秀明　沈阳市规划设计研究院

“绿色发展”是党的十八届五中全会提出的指导我国“十三五”时期发展甚至是更为长远发展的科学的五大发展理念之一。绿色发展的提出，体现的是从“效率第一”到“生态环境第一”的规划价值取向的转变。本文通过阐述河流治理与城市再生之间的关系，引出与河流共生是城市绿色发展的必然选择。并通过对辽宁“大浑太”流域为实证研究对象，提出流域城市连绵区与“大浑太”流域城市连绵区统筹发展策略，为城市可持续发展提供新的思路。

绿色发展是对整个城市发展理念、发展方式的转变，是从“效率第一”到“生态环境第一”的规划价值取向的转变。城市的发生、发展与河流息息相关，河流作为城市生态、环境、经济发展重要的载体，与河流共生是城市绿色发展的重中之重。

1 河流治理与城市再生

河流是人类文明的摇篮，是生态文明的基础；是从古至今人类赖以生存与城镇依托发展的重要自然资源。工业化和城市化进程的加速推进，让河流等水体水质污染问题日益突出，影响着城市生产生活，制约着城市可持续发展进程，也使得河流的治理迫在眉睫。城市的发展不应再以牺牲河流、水渠和绿地等重要的城市空间为代价。韩国清溪川、伦敦泰晤士河及中国台湾高雄地区的爱河等河流治理案例表明，河流治理与流域生态空间建设，推进水和绿色的城市再生，让城市回归自然。

图 1 首尔清溪川复原前后对比

2 流域城市连绵区的提出

以河流为纽带，将河流的生态引导作用融入城乡发展中，紧密联系流域内水资源、土地资源、生物生态等自然要素与流域经济社会发展、城镇空间布局、人文景观建设等城镇发展要素，构成生态环境－经济复合系统，是城市连绵区在流域空间的体现。

“大浑太”流域是辽河流域的重要组成部分，流域内包含辽宁中部沈阳、鞍山、抚顺、本溪、辽阳、盘锦、营口等七座城市。流域面积占全省总面积的 18.45%，占全省总人口的 48.64%，经济总量占全省的 62.64%。流域内资源丰富、城镇密集、文化积淀丰富，产业发展基础雄厚。沈阳经济区、辽宁中部城市群、沿海经济带等相关城市群战略规划的提出，已确定“大浑太”流域内城镇具备形成城市连绵区的条件。

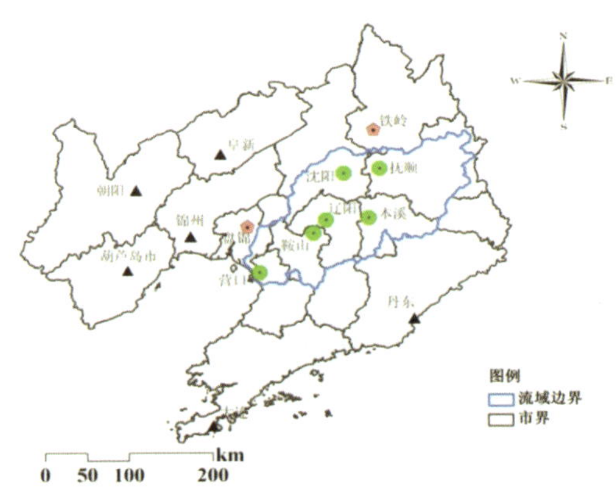

图 2 “大浑太”流域在辽宁省的位置

3 “大浑太”生态流域城市连绵区统筹发展战略

图 3 生态环境建设空间结构——两地・三缸・三脉・五园

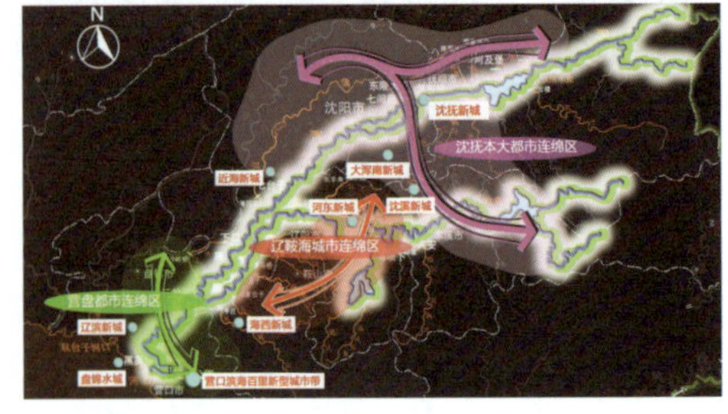

图 4 城镇发展规划空间结构——两廊・一道・三区・九城

“大浑太”流域以河流治理为契机，秉承“规划同一、生态同保、环境同治、资源共享、设施同建、旅游同线”的理念，以“共饮一方水，共建大浑太”的目的，形成流域内城镇发展、生态资源与环境协调发展的，与河流共生的生态流域城市连绵区。

3.1 生态环境发展策略

以保护流域水资源与河流治理为基本，突出湿地的自然生态特征和地域景观特色，促进“大浑太”流域生态景观廊道建设。

（1）水源地保护与河流治理

重点保护浑河和太子河两个源头水源地，以及大伙房水库、观音阁水库和汤河水库三个湖库型饮用水水源水质安全。

根据流域主要河流水功能区划，针对不同水功能、水质条件等情况制定相应的水质治理措施，有效的维护河流水质。

（2）流域生态恢复与景观生态廊道建设

切实加强生态环境保护建设，开展生态保育、生态恢复、青山工程以及湿地自然公园建设以及生态环境专项综合整治工程。

以维护湿地系统生态平衡、保护湿地功能和湿地生物多样性、充分发挥湿地自然公园在辽宁“大浑太”生态流域建设中的生态、经济和社会效益。

连接浑河、太子河两大生态湿地廊道与大辽河生态湿地廊道，形成一道绿色生态屏障，净化水质的同时打造独具流域特色的“大浑太”天然湿地景观。

3.2 城镇发展策略

“大浑太”流域城市连绵区城镇发展主要通过发展生态经济、产业转型，一体化基础设施建设；人文景观建设，构建完善的城市连绵区城镇发展系统。

（1）生态经济与产业转型

沿河建设生态廊道系统，划定生态产业带示范区，对其土地开发、利用、产业布局进行严格的生态管控，不致对流域主生态廊道的生态系统完整性、河道景观造成破坏和影响。全力打造辽宁七个千亿元级绿色产业集群，作为流域城市连绵区统筹发展的加速器。针对“流域”内的各大钢铁、水泥、再生产业等“老顽固”重工业、化工企业，进行一体化转型发展。

（2）一体化基础设施工程规划

流域内统筹考虑重大交通基础设施布局、交通线路规划；

图 5 一体化基础设施工程规划图

市政基础设施按照“全省规划、区域布局、跨市经营”的原则，打破以行政区划为界限进行城市基础设施的规划，打造一体化供排水网络，实现一体化供热供气。

（3）历史文脉保护与传承策略

强调建设与生态环境保护并重的方针，科学系统的展开对流域内旅游环境承载力的研究，充分利用原始自然景观，开发生态旅游项目。根据大浑太流域生态环境特点，调整旅游产品结构，形成主要的三条文脉，即一是满清文脉；二是燕高文脉；三是海洋文脉。

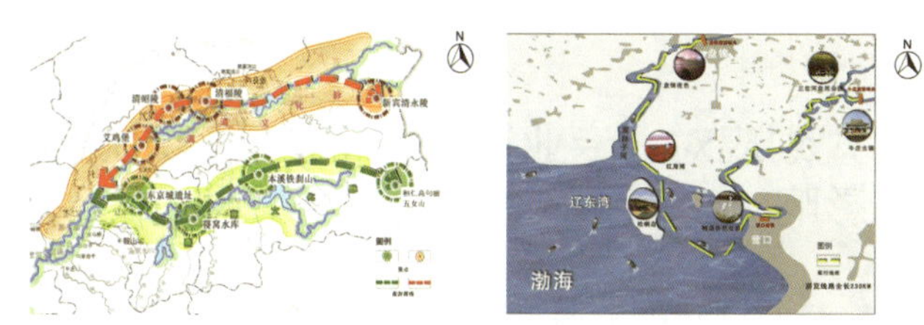

图 6 浑河满清—太子河燕高—海洋文化脉示意图

4 结论

河流流域是城乡最有魅力的空间，在城乡绿色发展理念下，与河流共生的城镇发展是城乡可持续发展的必然选择。流域城市连绵区统筹发展是流域上、中、下游流域生态环境、经济社会、城乡统筹发展、推动流域可持续发展与流域经济社会资源的最优化空间形态。统筹发展流域水环境、生态环境、城乡发展及流域人文景观是生态文明建设最美诠释。

1. “大浑太”流域是指大辽河、浑河、太子河，三河流域。简称“大浑太”流域。

“分层规划 - 片区协同 - 事权下沉”三部曲助推珠三角专业镇群统筹发展

——以中山市西北副中心发展总体规划为例

李建学
广东省城乡规划设计研究院

1 问题缘起：新常态下专业镇的发展困局

2013 年，珠三角 9 市共有专业镇 142 个，占全省专业镇总数的 41%。专业镇在经济发展中扮演重要角色，以中山市为例，全市 67% 的镇区为省级专业镇，产值占全市比重达 72%，上缴税收达 65%。专业镇代表自下而上、村镇为主体的工业化和城镇化所取得的成就，但其在新常态下主要面临以下问题：

各自为政的发展模式是专业镇转型的最大障碍。区位相邻的专业镇形成特有的产业集聚区，本文聚焦于专业镇集群转型发展的规划应对探索。

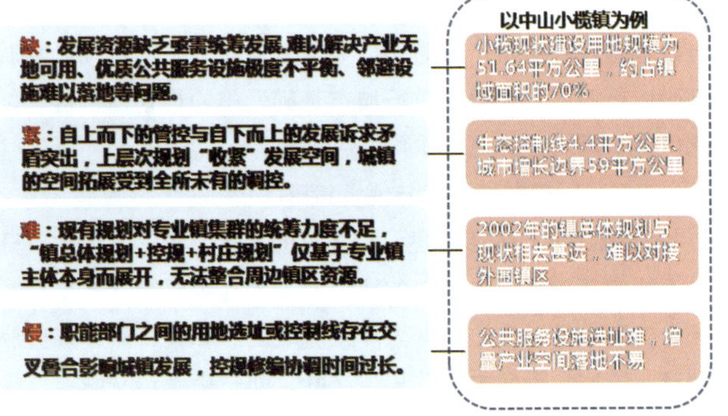

图 1 专业镇发展所面临的主要问题（以中山市小榄镇为例）

2 规划应对：专业镇转型特征及其对规划的影响

2.1 专业镇转型的基本特征

发展速度减缓：从高速增长转为中高速增长；产业结构及功能结构调整：生产功能为主的专业镇的城市公共服务功能逐步加强；发展动力改变：原来依托廉价土地、人力成本及便利交通条件实现快速发展，转为依托创新平台、展贸平台等创新主体实现增长。

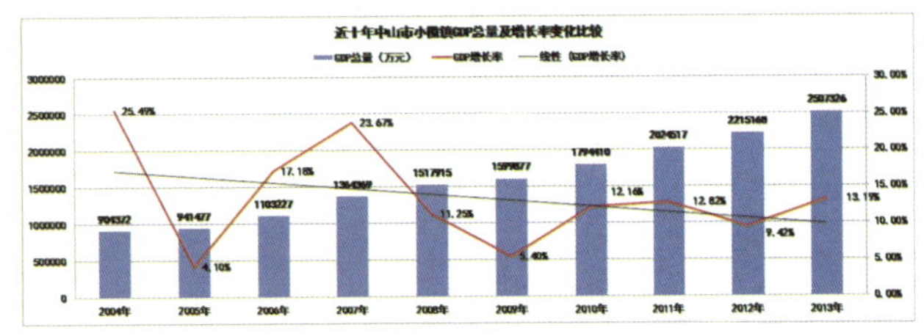

图 2 中山小榄镇（五金专业镇）历年生产总值及增速比较

2.2 新形势对规划编制及管理实施的影响

（1）纵向视角：协调市 – 镇之间的管控与发展诉求。主要协调城市生态控制线、市政及公共服务设施等控制要求与专业镇发展意愿的矛盾。

（2）横向视角：协调镇与镇之间的发展需求。各镇均面临由于行政壁垒，无法调动区域资源解决的问题，如交通廊道对接、边界土地整合开发等。

（3）镇域内部视角：存量土地再开发及精细化管理需求。从增量用地开发转为以存量用地再开发为主，规划须协调土地权属人、周边居民等利益相关者的诉求。规划、交通、教育、医疗等部门须避免因缺乏多规合一而出现的交叉矛盾情况。

可知，专业镇集群需突破镇一级行政管辖范围，建构市域规划与镇域规划之间的“填充层”，并配套相关实施机制。

3 他山之石：规划如何引导地方实现统筹发展？

3.1 纵向统筹：荷兰分层规划奠定区域统筹发展的基础

《第五个国家空间规划政策：营造空间，共享空间》提出空间规划包括三大层面，分别是基础层、网络层、应用层。基础层包括水系、地貌等；网络层包括交通网络、基础设施廊道等；应用层包括城市的主要功能构筑物。

3.2 横向统筹：顺德实行“片区管理”，下放事权保障规划实施

顺德区发展和规划统计局下设东部规划管理局（大良、容桂、伦教）、北部规划管理局（北滘、陈村、乐从、龙江）、西南部规划管理局（杏坛、均安、勒流）。管理局负责编制规划，核发一书两证，与镇（街）、区其他职能部门共同协商确保上层次规划控制性条款得到落实；街道及社区（村）确定土地利用性质、公共服务设施选址等；区局负责技术审查及审批流程。把土地利用利益分配决定权下放至镇（街）内部，提高规划编审的效率及可实施性。

4 中山的探索：以副中心统筹专业镇集群发展

工业化初期，中山市“市—镇”二级行政体制充分调动各镇的积极性，造就强大的专业镇。在转型期，专业镇发展

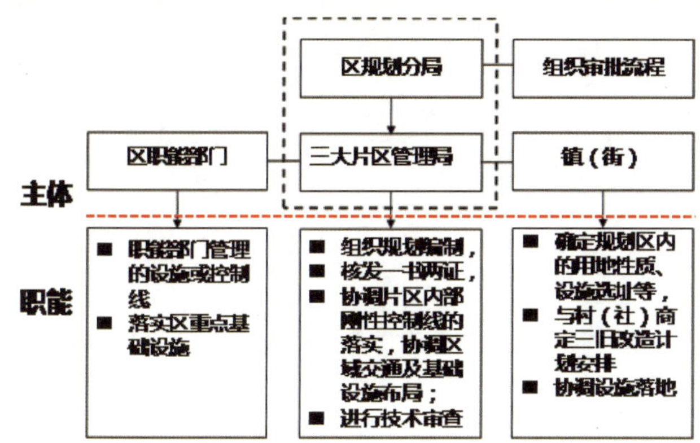

图 3 顺德区规划管理职能分配机制

面临经济水平与用地资源倒挂、基础设施重复建设等问题。

为了突破各自为政发展的瓶颈，中山市政府 2012 年提出建设西北城市副中心，设置处于“市—镇”两级之间的片区单元。副中心包括小榄镇、古镇镇、东凤镇及东升镇，总面积 253 平方公里。规划主要抓手如下。

4.1 三部曲之一：分层规划

生态基底前置：控制区域生态控制线、河流水系等；

道路交通设施前置：区域主次干道路网系统、轨道交通系统等；

基础设施前置：包括供电、污水、给水、燃气、防洪等区域性基础设施，引导共建共享，降低重复建设。

图 4 生态控制线图斑　　图 5 水系网络　　图 6 城市增长边界

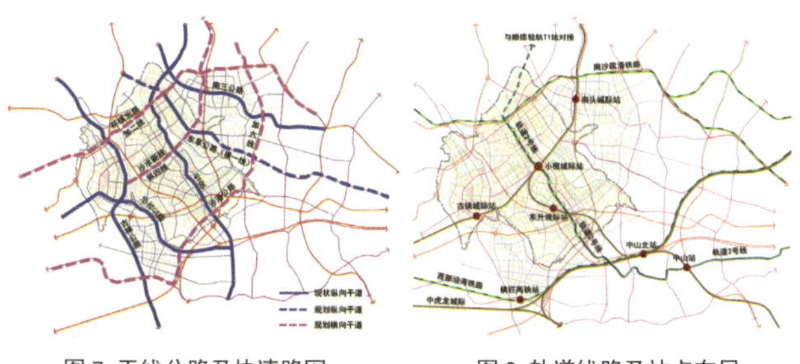

图 7 干线公路及快速路网　　图 8 轨道线路及站点布局

4.2 三部曲之二：区域协调

包括副中心内部各主体之间的协调以及副中心与外部的协调。解决不同发展主体无法单独解决的问题。主要措施包括：

协调公共服务设施配置：加快优质公共服务资源的共建共享，减少公共服务的恶性竞争；

统筹边界地区的用地布局：改变边界地区的“行政切割”问题，减少边角地、插花地的浪费，共建一河两岸地区及产业园区；

协调重大产业设施配置：整合产业资源与土地资源，避免同质化竞争；

协调环境治理：控制区域生态廊道，制定上下游污染治理机制。

图 9 用地布局　　图 10 生态网络及公园规划

4.3 三部曲之三：事权下沉

基于事权下放，建构副中心发展委员会，进行内部事务统筹，把规划组织编制、规划的技术审核及规划的利益分配权分开。

基于事权，设立规划实施机制。设立片区规划管理机构，组织规划编制及核发一书两证；保障区域设施及廊道等管控性要素的落实或调整；统筹内部用地指标分配；协调重大生产性服务设施的配置；协调环境治理。

利益分配权下沉，通过副中心—镇—村社多主体的商议确定土地利益的分配，保障规划的可实施性。

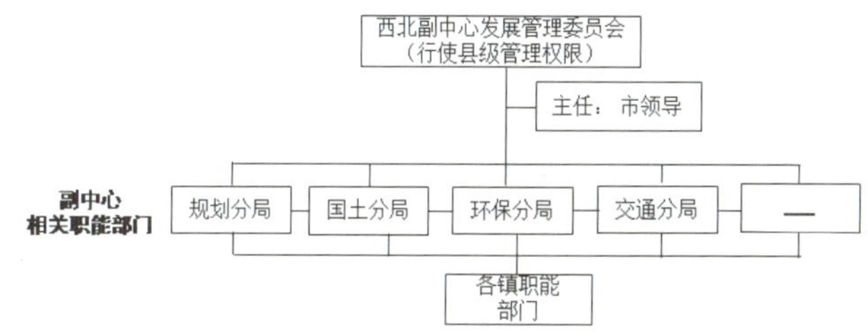

图 11 副中心管理架构设计

5 结论

规划引领专业镇集群统筹发展应回归三大方面：分层规划实现生态本底保护、交通网络及基础设施等建设，保障区域公共利益最大化；片区协调有效解决各发展主体未能独立解决的问题，协调不同主体的利益分配；在机制上，事权下沉把组织规划编制权限及管控条件落实下放至片区管理机构，把土地利益的协调下放至镇街，保障规划的可实施性。

撤制镇必然会走向衰落吗？

——来自浦东新区的观察与思考

罗　翔
上海市浦东新区规划设计研究院

1 研究背景

撤制镇，又称非建制镇，是指撤并镇级建制后，原建制镇城镇化地区所遗留的城镇功能服务区，属于集镇的范畴，不含原建制镇的农村地区。法律地位视同一般居民委员会，基础设施和公共服务机构基本健全。

撤制原因各不相同：中西部地区，农村税费改革特别是取消农业税之后，乡镇财力难以为继；东部地区："做大做强"，合并打包跻身全国百强镇的激励。

2000 年以来，上海在全市实施"三个集中"：产业向园区集中，人口向城镇集中，土地向规模经营集中。1996 年，上海郊区共有 214 个乡镇，间距约 5 km 平均镇域面积约 22 km^2，人口 1.7 万人；其中镇区面积 2.01 km^2，镇区人口 5 569 人；通过撤乡建镇、乡镇合并和镇镇合并等行政区划调整，2003 年，郊区乡镇调减为 121 个，平均镇域面积增至 48.41 km^2，人口增至 4.57 万人，有 4 个镇的面积在 100km^2 以上，有 11 个镇在 8 万人以上。

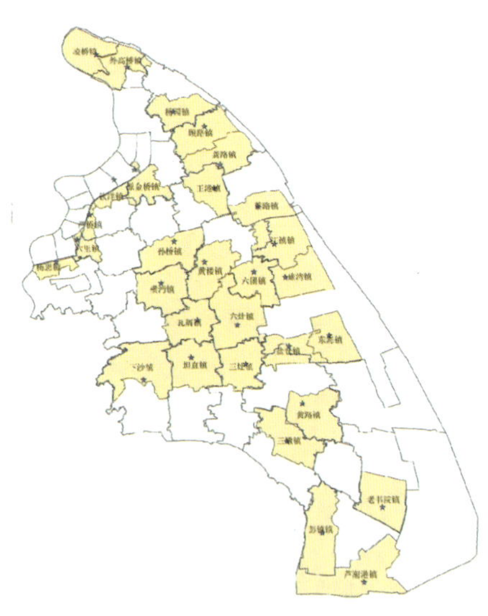

图 1　浦东新区范围内的撤制镇

2 撤并（沿革）历程

以浦东新区为例：从 1993 年正式建区以来，浦东新区范围内总共发生 28 次撤并，共撤掉 32 个镇，最终形成 21 个镇。

2.1 按撤并时间分类

2000 年之前：零星撤并（3 次）；2000—2003 年：实施"三个集中"，大范围撤并潮（22 次）；2003 年之后：受浦东南汇两区合并以及临港新城大型项目驱动，零星撤并（3 次），分别形成川沙新镇、祝桥新镇、南汇新城镇。

2.2 按撤并方式分类

一镇合并其他镇（23 次）：如唐镇合并王港形成新的唐镇（驻地）；而书院镇和新港镇合并为新的书院镇（驻地原新港）；两镇合并为新镇（2 次）：龚路镇和顾路镇合并为曹路镇（驻地新址），施湾镇和江镇合并为机场镇（驻原江镇）；其他（3 次）：比如川沙、祝桥、六灶撤三建二最为典型

3 发展现状

3.1 人口现状

人口总量：2012—2014 年数据显示，大多数撤制镇人口先增后减，与全区变化趋势相同；与 1999 年数据比较，增长最快是横沔（并入康桥），下降最多是下沙、坦直、三墩，撤制镇的人口变化与并入镇发展紧密相关。

外来人口：外来人口数量反映产业结构及吸引力，大多数撤制镇外来人口较多，如横沔（8.7 倍）；少数本地人口较多，如三墩镇。空间格局上，外环线内外差异，还表现出明显的南北分异。

占主镇区人口比例：大多数撤制镇人口占主镇比例 40% 以上，对于主镇发展依然影响很大；近年来比例相对下降，撤制镇内人口正在逐步转移。

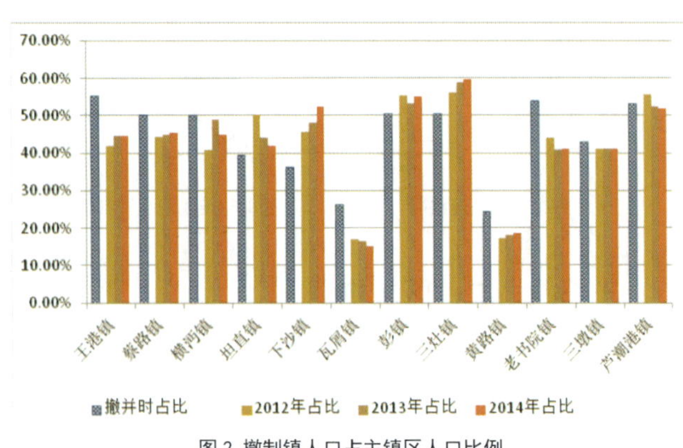

图 2　撤制镇人口占主镇区人口比例

3.2 用地分析

当前上海用地总量锁定和以拆定增背景下，撤制镇内建设用地情况以及集中建设区范围，对于撤制镇本身乃至主镇

发展，均有较大影响。

建设用地：外环线以外撤制镇城市建设用地占33.27%，低于新区平均（46.43%），更低于外环线以内撤制镇（72.04%）。从用地比例可看到，外环线以内撤制镇基本与主镇融为一体。

集建区：约全区1/4的集建区是落在外环线以外的撤制镇内，211.98 km^2（占26.04%）；外环线以内撤制镇的建设用地基本都在集建区内，外环线以外撤制镇集建区建设用地占比为71.30%

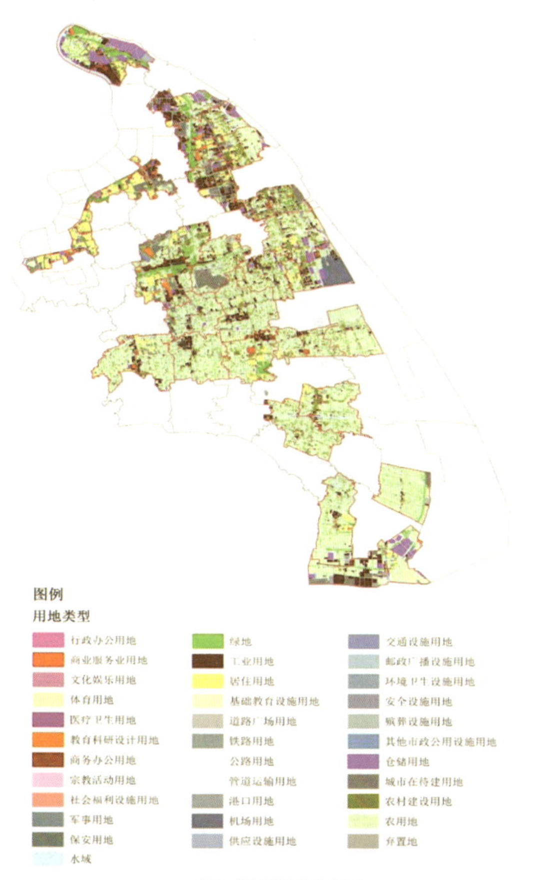

图3 撤制镇用地情况

3.3 经济发展：

总量：外环线以内和外环线以外撤制镇GDP并没有表现出明显的差距，外环线以内撤制镇GDP平均值为2.64亿元，外环线以内为2.41亿元，整体平均值为2.47亿元。GDP较大的是外环线以内的原金桥镇，外环线以外的六灶镇、下沙镇等。GDP排名较靠后的是三墩镇、施湾镇、江镇等。

地均与人均：地均GDP，外环线以内的六里和杨思表现较为突出。三墩、施湾、江镇排名靠后；人均GDP，原金桥镇最高，最低的依旧是三墩镇、施湾镇和江镇；GDP总量虽然没有表现出明显的外环内外差异，但是地均GDP则表现出明显的外环内外差异，显示出及效率的显著差异。

4 存在问题与成因分析

撤制后，原镇区被当做“社区”管理。一方面节约行政成本，但另一方面，随着行政办公场所变更，发展重心转移，原镇区产业发展受到限制、基础设施建设投入减少，文化教育等社会事业出现停滞甚至衰落迹象。

重心转移：撤并后，行政管理、公共服务、建设开发的重心转移至合并后的新镇驻地。随着优势资源向主镇区集中，撤制集镇呈现出空心化的特征。

设施不足：外来常住人口快速增长，加剧了公共资源配置的压力。以康桥镇为例，户籍人口约3.5万，但外来人口却有约20万，外来人口基本围绕在工业园区周围，违章搭建、城中村、群租等现象普遍存在，非正规就业与服务野蛮生长。

空间受限：两规合一后，撤制集镇的相当面积划为基本农田，建设用地受到了严格的限制。撤制小集镇的基本建设都会受到较大的限制，与主镇区的差距或进一步扩大 。

环境污染：河道水系等公共空间环境问题治理乏力。

新兴力量：澡堂（外来人员）和教堂（宗教）在撤制镇的兴起 。

5 思考和讨论

（1）撤制镇的定位：与主镇是“皮和毛”的依附关系吗？被动地成为镇管社区，或主动明确自身定位和与主镇区、周边地区的关系；新型城乡体系中缺失的一个环节？抑或是关键的一环（失地农民进城的落脚地）？

（2）新活力从何而来：财政转移支付和PPP模式？哪一个更适合撤制镇？引入“基本管理单元”：城市化区域非行政层级的管理服务资源的承载和配置单位；城市化区域集中连片、边界范围相对清晰、人口达到一定规模、管理服务能相对自成系统的城市人口集聚区。

（3）既有资源如何盘活：从公共中心，影剧院到台球、滑冰、游戏、舞厅、浴场的蜕化史；引入设计力量更新改造既有空间，注入新业态、新机制、新活力。

（4）既是城市边缘，也是创新的空间：郊野单元编制中统筹撤制镇设施规划需求；盘活存量集体建设用地资源；进一步创新基层社会管理模式。

西北地区川道城市门户空间“共融性”发展模式探讨

——以延安南门户片区为例

刘 亮 王月英 杨 侃 韩 挺 王 景 苏子航
陕西省城乡规划设计研究院

门户空间一般位于城市与非城市的过渡地带，承担着入境交通与过境交通的过渡和衔接功能，是城市化的意象设计和自然的山水田园景观融合展示的场所，同时也是开启城市印象之旅的序曲。

延安南门户片区位于延安中心城区三大川道的南川川道境内，北至城南客运站，南至南三十里铺村。

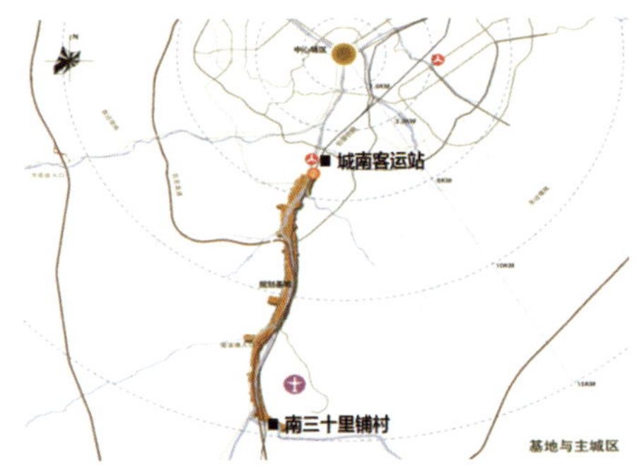

图 1 延安南门户区位示意图

1 研究背景

本研究基于当前有关门户空间理论分析后，发现目前理论主要集中于空间节点、景观塑造、空间体系构建等方面，缺乏针对广义门户空间的研究。因此，本文选定西北地区川道这一特定的地域范畴，选取广义的城市门户空间（包含若干相关联的门户空间所形成的城市功能组团）这一视角，以延安南门户片区为例，探索西北川道地区门户空间共融性空间发展模式。

2 特征识别

研究总结出西北地区川道城市门户空间（下文统称为该区域）存在的四大空间特征，并结合延安南门户片区进行验证。

2.1 生态敏感，山水割据

该区域存在生态敏感度较高、水资源缺乏、地质灾害频发等诸多问题。“两山夹一川（一河）”的特质空间形态注定了“山、水、林、田、城”之间错综复杂的联系，各要素之间存在割据性的特点。

2.2 用地局限，节点无序

由于川道受地形限制，区域空间骨架较长，可分为城市建成区、生态防护廊道、村庄建成区片以及基本农田保护区四种用地属性。

此外，该区域分布着火车站站场、客运站、高速路下线口、公路收费站、飞机场入口空间等多个子系统门户节点，各自为政，空间体系尚未构建。

2.3 地域凸显，风貌多样

该区域呈现出山地窑洞风貌、川道都市风貌、川道乡村风貌、生态田园风貌多样性特征，城乡二元，特色分明。其中，窑洞建筑群落为该区域特有的风貌展示类型。

2.4 廊道交错，特色不明

该区域的封闭性和用地局限性注定高速、铁路、国道、省道、河流、基础设施等廊道衔接错综复杂，争抢用地现象十分明显。同时，为区域特色彰显带来全新的挑战。

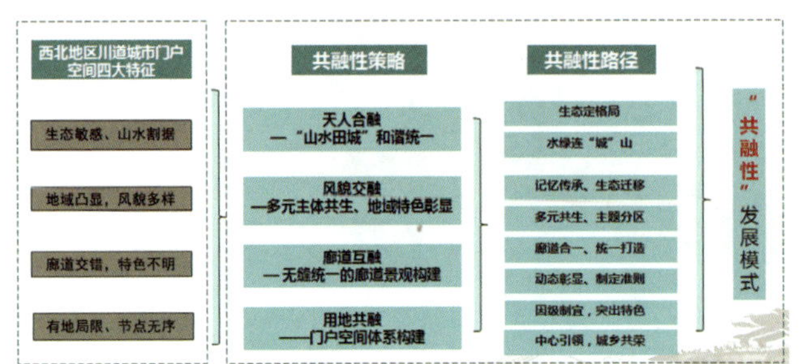

图 2 “共融性”发展模式流程图

3 模式构建

针对以上四大特征，提出“共融性”发展模式（图 2）。涵盖四点共融性策略和对应八条共融性路径。

策略一：天人合融 ——“山水田城”和谐统一

路径一：生态定格局

以山脉、水脉作为区域生态基质，依托现状良好的农田肌理，预留城市生态廊道。通过现状条件良好的生态斑块，重点打造区域内的绿化、景观核心。最终形成“基质 + 廊道 + 斑块”生态共融的生态安全格局。

路径二：水绿连城山

依托现有山水格局，打造滨水休闲景观带、山体特色文化休闲体验带等服务区域居民的公共空间，最终实现城与山水田的和谐统一的生态景观格局。

策略二：风貌交融 —— 多元主体共生、地域特色彰显

路径一：记忆传承、生态迁移

基于两侧山地区的“窑洞建筑群”具有“依山而建、建筑

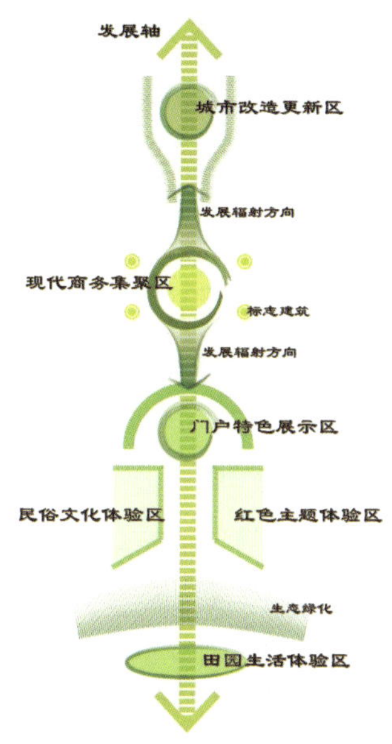

图 3 风貌主题分区示意图

破败、生态环境差、地质灾害危害大”等特点，建议在川道区集中安置人口，对遗留的窑洞建筑群实行立体绿化，依托遗留窑洞群落及山体绿道整体打造文化主题山体休闲景观带。

路径二：多元共生、主题分区

依托中央大道形成贯穿南北的发展主轴，由北向南依次形成北部都市更新改造区、现代商务集聚区、生态门户展示区、田园风光体验区四大主题风貌片区，分片区、分主题重点打造（图 3）。

策略三：廊道互融 —— 无缝统一的廊道景观构建

路径一：多廊合一、统一打造

生态廊道、交通廊道、基础设施廊道、城市绿化廊道多廊合一。做到统一防护绿道宽度，统一规划目标，统一提升标准，统一景观主题、统一绿化配置。

路径二：动态彰显、制定准则

针对快速通过门户空间时远距离、粗线条的景观欣赏方式，制定 “动态准则”：即一种是把景观的形象进行夸张，尺度放大并通过空间交替来获得视觉持续时间；另一种是使景物有一定的重复量，通过时间的积累来记忆和识别更多信息。

策略四：用地共融 —— 门户空间体系构建

路径一：因级制宜、突出特色

依托对接区域性质、辐射范围、对外交通条件、区位发展条件、空间拓展可能等因子划分门户区域、门户形象展示带、门户空间、门户节点四级门户体系。此外，空间设计应凸显其地域性和识别性，促使人们在视觉景观和心理体验上产生共鸣感和认同感（图 4）。

图 4 “印象延安”门户节点示意图

路径二：中心引领、城乡共荣

以“城乡资源互补性”为切入点，在城乡交界地带打造辐射“城”、“乡”的公共服务中心，即“城乡互动区”，辐射两侧。两侧城乡各取所需，最终实现城乡共荣。

4 结语

本文以西北地区川道城市门户空间为研究对象，在提炼其四大特征的基础上，尝试构建共融性发展模式，总结 “天人合融” “风貌交融” “廊道互融” “用地共融” 四大共融性策略及相对应的八种共融性措施，以期为类似城市门户空间提供借鉴（图 5）。

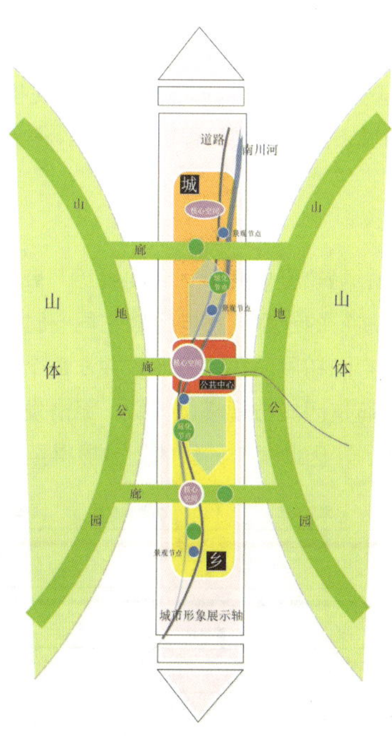

图 5 “共融性”门户空间发展模式图

浅析陕北黄土丘陵沟壑区城市空间拓展策略

李　佳　王月英　杨　侃　刘　亮
陕西省城乡规划设计研究院

1 陕北黄土丘陵沟壑区城市空间拓展矛盾提出

陕北黄土丘陵沟壑区是我国黄土地貌发育最典型的区域，范围涉及 16 个县市，主要表现出水土流失严重、地形破碎、沟壑纵横、煤油气能源资源富集等特征。

近年来，大规模能源资源开发带动城市用地快速轴向扩张。然而，无论是内部城市问题的出现，还是外部政策环境的变化都要求该区域从根本上提出合理的城市空间拓展策略，以实现城市与地形地貌的有机结合，与自然生态的和谐发展。

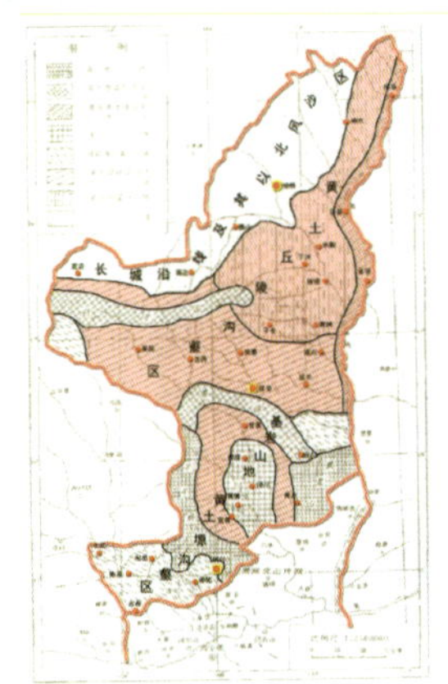

图 1 陕北黄土丘陵沟壑区城市分布

2 陕北黄土丘陵沟壑区城市空间拓展规律总结

通过对延安、神木、米脂 3 个在城市规模和城市形态各具代表性的城市空间拓展历程进行梳理，得出以下规律。

2.1 规律一

纵向比较，城市空间拓展大致要经历“聚集块状—带状延伸—组团发展”的过程；横向比较，同一时间点，不同城市处于不同的空间拓展阶段。然而，并非每个城市都必须完成整个过程，而是因城市规模、等级，经济发展情况以及川道宽度等而定的，因此每个阶段的划分显得至关重要。

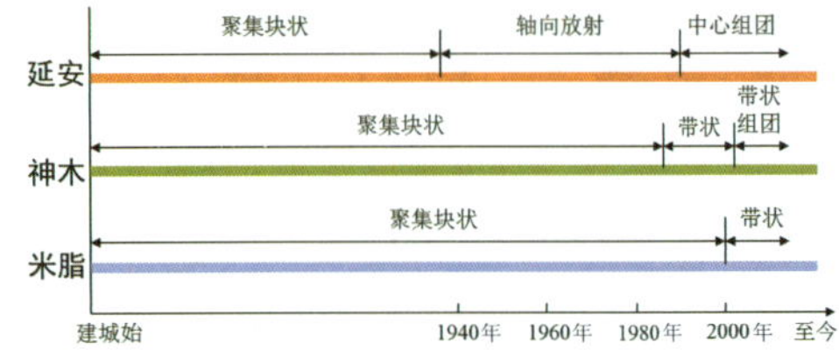

图 2 城市空间演变历程梳理

2.2 规律二

经济发展决定城市空间拓展阶段；

地形地貌引导城市空间拓展方向；

交通建设影响城市空间拓展距离。

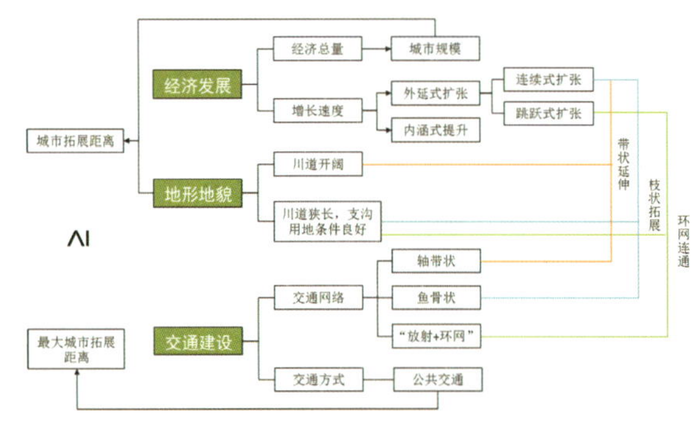

图 3 城市空间演变规律

其中，为避免城市用地布局狭长、分散所带来的用地成本、运行效率、生态环境等方面的发展壁垒，需限定并严格控制城市用地的纵向拓展距离，即城市中心与边缘区的距离，一般计算公式为：

城市拓展距离 = 居民平均出行时间 × 交通工具运行速度

通过对延安市居民出行意愿的问卷调查，对国内部分城市居民平均出行时耗的统计分析以及对《城市道路交通规划设计规范》中关于不同规模城市最大出行时耗的要求解读，最终确定陕北黄土丘陵沟壑区城市居民的平均出行时间为 30min。“精明增长”提倡 TOD 模式，因此利用公共交通工具的运行速度确定城市最终的拓展距离，计算公式为：

城市拓展距离 =0.5（h）× 公共交通运行速度 (km/h)

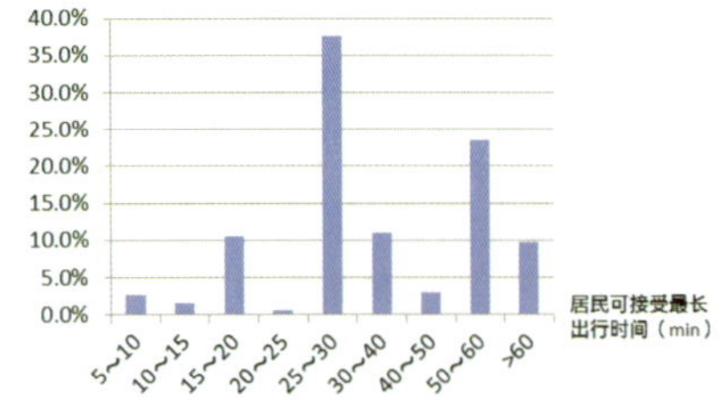

图 4 延安市居民可接受最长出行时间百分比

表 1　国内部分城市平均出行时耗统计表

城市规模	城市名称	城区常住人口（万人）	城市个数	平均时耗（min）
II 类小城市	邵东、华阴	<20	2	17.23
I 类小城市	太仓、安宁	20-50	2	18.21
中等城市	张家港、吴江、新沂	50-100	3	19.92
大城市	厦门、常州、昆山、长沙、常德、益阳、蚌埠	100-500	7	26.12
特大城市	济南、青岛、沈阳、杭州、大连、南京	500-1000	6	28.5
超大城市	上海、重庆、北京、广州	>1000	4	42.05

表 2 《城市道路交通规划设计规范》中不同规模城市的最大出行时耗

城市规模	最大出行时耗（min）
>200 万人	60
100~200 万人	50
<100 万人	40
20~50 万人	35
<20 万人	25

3 陕北黄土丘陵沟壑区城市空间拓展策略浅析

3.1 策略一：自然状态下的连续式扩张

（1）带状延伸

对于川道开阔且规模较小的县城以及县级市，可顺应地形，在轴带状道路骨架的引导下沿川道带状延伸发展。以公共汽车（平均运行速度为 20km/h）作为主要的公共交通方式，城市拓展距离为 10 公里。

（2）枝状拓展

对于川道狭长且沟道用地条件较好的城市而言，可考虑在鱼骨状道路骨架的引导下分别向川道及沟道枝状拓展。仍以公共汽车作为主要的公共交通方式，城市沿主川道及支沟的拓展距离均不宜超过 10 公里。

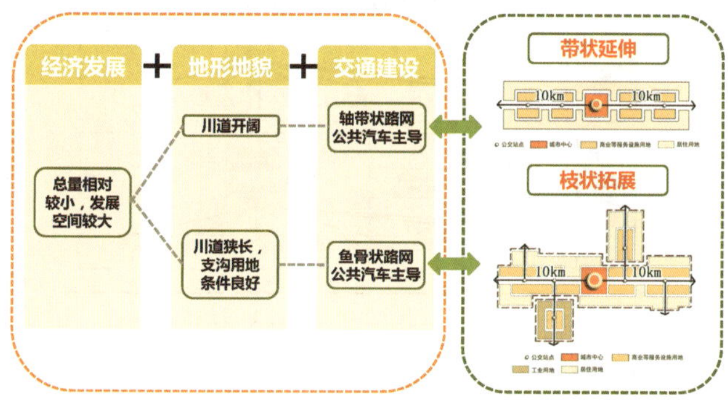

图 5 连续式空间拓展示意图

3.2 策略二：突破瓶颈的跳跃式扩张——环网连通

当城市向川道、沟道轴向拓展到给城市高效运行造成压力的时候，可在“放射 + 环线”道路骨架的引导下向分隔川道与沟道之间用地条件较好的潜山区拓展，同时伴随城市副中心的出现。当城市具备发展更高效交通工具的需求与可能时，可在其主要发展轴推行轨道交通（平均运行速度为 40km/h），其他区域进一步完善公交线网。因此，主川道拓展距离为 20 公里，而支沟边缘距城市主中心或副中心至少有一个距离不超过 10 公里。

3.3 策略三：内涵式提升

将城市空间拓展的重点由平面式扩张转化为立体化发展。地下空间可结合“海绵城市”提出的综合管廊、轨道交通以及地上商业中心的开发进行合理利用。地上空间针对城中村、旧工业区、旧居住区（商住区）实施不同的更新策略。

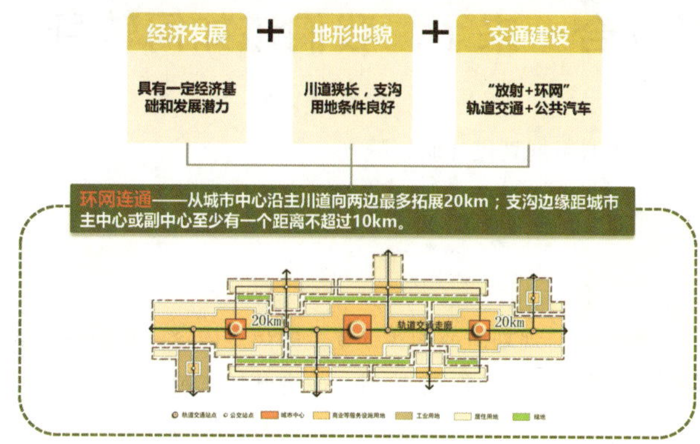

图 6 跳跃式空间拓展示意图

4 案例验证

4.1 《神木县县城总体规划（2014—2030）》

神木现状带状布局，南北狭长；单一中心，辐射有限。总规中，一方面为保证城市运行效率，城市没有一味南北向轴向拓展，而是向西组团式发展；另一方面，通过两个城市中心的打造，保证城市边缘距城市中心的距离不超过 10 公里。

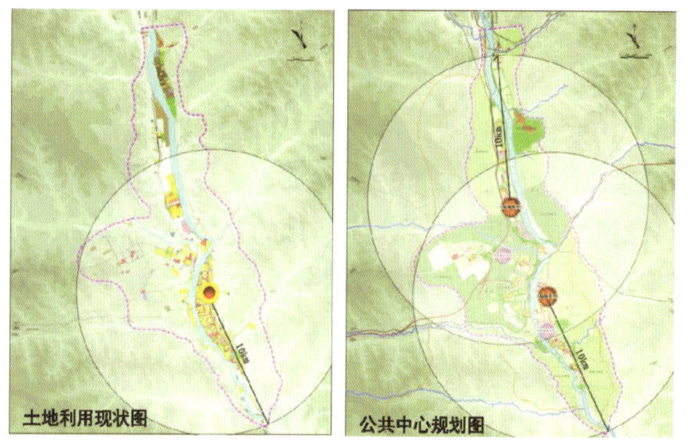

图 7 神木县城市空间发展选择

4.2 《延安市城市总体规划（2011—2030）》

延安现状南川和西北川已扩展到距中心区 10 公里以外，而东川距中心区距离已达 20 公里。总规中，城市用地没有选择继续轴向扩张，而是向川道与沟道间的山区拓展，通过环路连通；同时，提出在主川道发展轨道交通，以提高城市运行效率，将城市中心合理的辐射范围扩大到 20 公里。

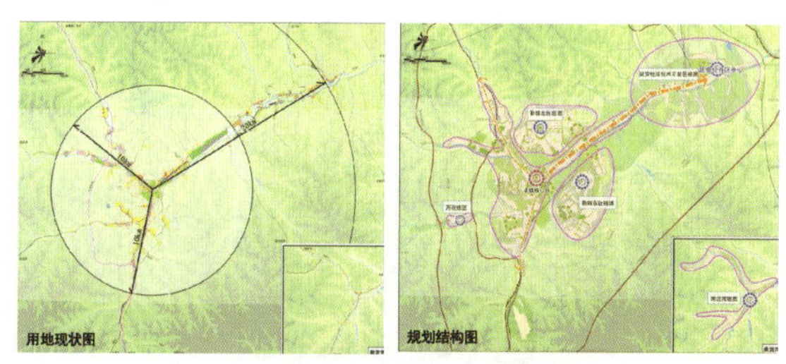

图 8 延安市城市空间发展选择

多规合一来了，我们该如何转身

王　阳
上海同济城市规划设计研究院

作为目前规划研究和实践领域的热点内容，多规合一的探索其实由来已久。自2003年发改委开始部署“城规”与“土规”的两规合一试点工作以来，有关多规的研究就一直方兴未艾，到最近几年，其研究报告与实践经验更是呈井喷之势。本次演讲，我从规划编制单位（尤其是同济院本身）的角度，尝试谈一谈，在多规合一的背景下，面对地方县市的规划编制任务时，我们在自身定位、编制内容、编制方式以及对手等四个方面所需要做的变化。

对多规合一，首先做一个简单的介绍。多规合一，其本质在于“简政放权”（总理李克强语）。因此，在相应地打破“上下对齐、职责同构”的我国政府治理体系的情况下，地方政府在规划编制时，将获得更多的事权，以在地方的各部门横向协调上，发挥更多的主动性，进而编制出上下协调、左右协同的规划。在目前的多规合一的运作机制中，有多种方式。如厦门市采取的“一张图”管理模式；云浮市采取的“规划的规划”模式（编制《云浮市资源环境城乡统筹发展规划》）；广州市采取的“6+2+1”模式（统筹各类规划的指导文件）；开化县、贺州市采用的以经规为基础的“发展总体规划”模式。本文拟采用，以经规为基础，对各类规划进行统筹的模式进行解读。规划编制单位面对这样的情景，也需要相应作出改变。

国家规划机构与规划体系示意简图

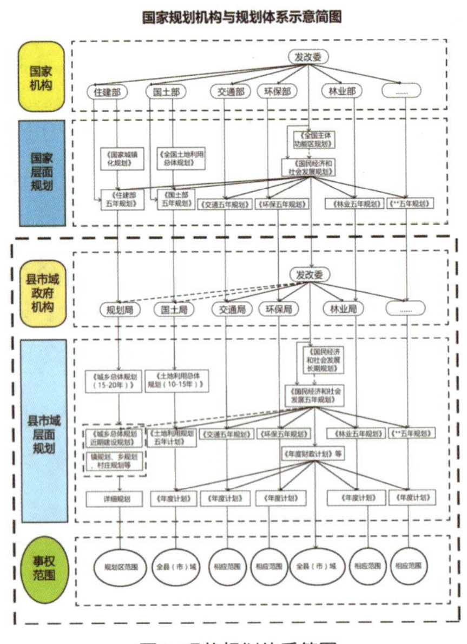

图1 现状规划体系简图

第一，在规划编制单位的自身定位方面。可以看到两个方面的变化。首先是城市规划产品的用户变化，城市规划成果的用户，就其终极的意义上来看，其用户当然是当地的居民、开发商等人。但是对于目前的规划编制情况来说，我们首先面对的用户仍然是规划局。而在多规合一之后，由于地方政府的各个部门需要进行全方位的协同，编制规划时，也就需要谋得各个部门的认同与合作。因此，我们的用户从规划局变成了地方政府整体，而通过这样的改变，产品到达最终用户（当地市民）这一条路也会更加通畅。其次，是甲方对于规划需求的变化，以往对于规话的需求，仅从法定规划来看，其需求基本可以概括为引导和控制两方面，而在多规合一之后，由于城乡规划成为“政策的平台”，因此它需要更多地发挥协调的作用。因此对于规划的需求变成“引导、控制和协调”。综合上述两个层面，规划编制单位的定位就变成了“在配合当地的规划体系运作的前提下，有效协调当地政府各个部门之间的需求，同时提供知识和技术支持”。

国家规划机构与规划体系示意简图

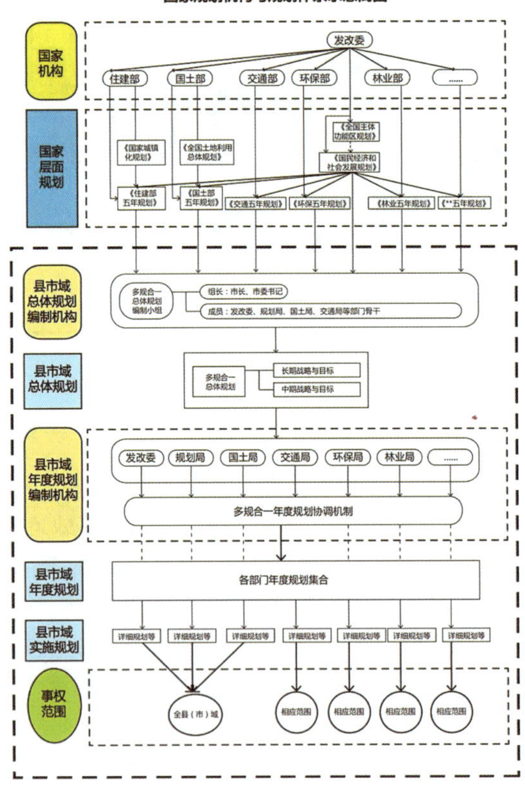

图2 变革后的规划体系简

第二，在规划的编制方式上。我们从时间和空间两个维度去看。时间方面，以总规编制为例，我们去当地的时间点，基本是“前期调研、初中末期汇报”等时间点，但是在多规合一之后，规划由于彻底地融入政府的日常运作体系，我们去往当地的时间于是会更加频繁。甚至，假设由于多规合一而推广了规划的年度建设计划后，在规划编制完成到下一次修编之前，每一年都需要去当地进行协商。而这也相当于完成了售前—销售—售后这样一个完整的过程。空间方面，这里的空间指的不是规划的覆盖范围，而是说，在政府的各个部门层面，需要我们去更多地进行协商，因此与其他部门的交流会更加紧密。总的来说，在规划编制方式上，将出现的变化是，时间上更频繁、空间上更密集地与各个部门的合作。

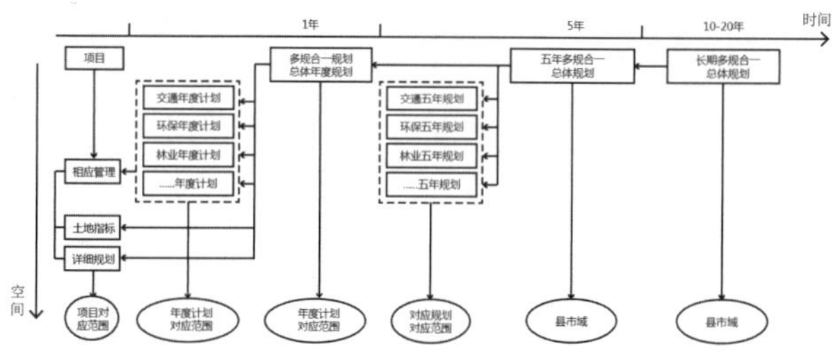

图 3 变革后的规划体系图

第三，在规划的编制内容上。其中会涉及的变化非常多。首先是规划区的变化，前几年如火如荼的城乡规划推行过程中，城乡规划部门的事权与城乡全域这一范围是不对等的。而对于全域的控制，又是规划部门的实际需要。在多规合一的背景下，城乡规划部门由于其对全局的影响，其定位应该是空间政策的平台，因此必须覆盖到全域，也就是说，城乡规划的实际事权，在其职责转向多方位协调的背景下，就会扩大到全域。其次，我们对于空间的安排会有什么变化。空间安排和土地利用依然是学科与规划政策的核心内容，但是规划将摆脱“空心化”，其产业内容、城市发展性质等内容将得到发改部门、产业部门的有力支撑，规划将更加专注于科学的空间引导。

第四，在规划编制时的对手方面。以往规划编制时，我们的对手基本是全国各大院，如中规院、深规院、清华同衡等，但是在多规合一之后，由于地方天然的优势，它们将作为更加有力的竞争对手出现在我们面前。

总的来说，多规合一推动的城市规划分权将是一个趋势。我们也需要不断地反思我们的处境。尽管环境在变，但是我们在知识、技术上的追求是不会变的，而这也是决定我们在规划领域是否能够不断创造新的价值的基础。

创新论坛

城市设计与文化传承

[主要观点]

1 深圳市规划国土发展研究中心陈敦鹏规划师的演讲题目是“城市用地分类——从深圳实践到理论构想”。简要回顾深圳城市用地分类历经 1990、1997、2004 和 2013 版四次修订的过程，总体判断用地分类总体上趋于简化，分类因素更侧重强调公益、减少外部负效应，分类内涵更体现土地开发权利，分类框架更强化与开发控制规则的衔接等基本特征，提出未来城市用地分类体系应当进一步从技术工具向制度体系转化，鼓励在国家标准基础上制定地方标准，强化用地分类和建筑分类体系的管理衔接。

2 深圳市规划国土发展研究中心孙蕾规划师的演讲题目是“基于城市承载力综合评估的深圳市密度分区规划修编”。针对深圳高度建成、高强规划和高密人口的城市建设状态，在既有城市密度分区与容积率规定基础上，以基础数据平台的多轮评估与修正为技术路线，对全市2600个统计单元进行对现行密度分区规划完善和细化。研究为规划管控提供更为合理有效的支撑，暴露出城市综合承载力面临的严重问题，研究的难点则在于多专业规则的制定和衔接，以及对城市远期发展总量预测和承载力评估之间的不断修正的过程。

3 中国城市规划设计研究院深圳分院邱凯付规划师的演讲题目是“人性化导向的中心区营造——基于前海新区业态需求调查的思考”。通过对国内主要 CBD 建设的反思，提出规划设计要从关注功能形态的经验模式向关注人的需求和行为特征的角度进行回归，强化城市配套支撑，一是要促进多种城市行为方式的交混；二是建立适宜人步行的城市尺度；三是推动人性化交通的行为需求。从建设管理角度，一是要加强“完整社区”培育和单元平衡的开发模式；二是要探索综合性开发的市场化实施机制，三是建立以“负面清单”为核心的管制体系。

4 重庆大学建筑城规学院杨震规划师的演讲题目是“范式 • 困境 • 方向：迈向新常态的城市设计”。在中国“增长主义”主导的城市建设范式指引下，城市设计实践往往被作为一种促进城市空间总量推进及计算空间效益的经济工具，用以促进新城扩张和旧城更新，带来空间分异和同质化等问题。城市发展新常态下，城市设计面临几个新的方向，一是从愿景式宏大空间描绘转向大量中 – 微观层面的空间优化和重整；二是不仅仅局限于空间设计层面，更关注土地产权层面的机制设计；三是在土地和空间城市化之外，强调生态和人的城市化的评价维度。

5 华中科技大学建筑与城市规划学院邓巍规划师的演讲题目是“后名城时期的历史城区整体保护探索——以宁波为例”。梳理了历史文化名城从“破城”到“护城、守城、救城”的过程，进入了历史城区破碎化和零散化的“后名城”时期。作者提出两个重要保护思路，一是在时间中认识城市——重拾城市记忆；二是在行走中包容城市——重视灰色地带，并以宁波为例，提出“从集聚到扩散”的整合理念，集聚模糊化、零散化的历史资源，通过街区“面”的重组联合，实现历史城区的空间完整性和体验系统性。

6 沈阳市规划设计研究院李晓宇规划师的演讲题目是“沈阳基于‘站城一体化’理念的沈阳地铁二期工程沿线优化规划探索”。轨道交通建设为城市带来“触媒与整合”作用，以“站城一体化”发展为导向，探索协同规划管理和编制的新方法。一是协同规划，统筹轨道交通与土地利用两大领域；二是因站制宜，尝试 TOD 理念的适应性和本土化；三是对接控详，落实 3 大类 20 项指标体系；四是耦合分析，通过政府信息和市场数据寻找症结；五是以量定型，对标典型站点及周边关键指标优化参照；六是聚类分层，形成“5 类型 +2 层次”的规划编制技术体系；七是面向存量，探索新常态下的规划编制与管理路径。

7 上海同济城市规划设计研究院邢箴规划师的演讲题目是“浅议小城市开发边界划定的思路和方法”，围绕增长规划为主导的小城市，提出两种城市开发边界划定方法。一是“远景包络法”，强调用地方案前分析评估，用地方案后划定，由于远景方案的形态决定了开发边界，可能带来规划调整的较大不确定性；二是“刚性底线法”，以刚性底线为基础，综合预判城区发展，先于用地方案进行划定，相对而言可能满足规划调整后的长远发展适应，较为符合宏观政策文件中城市开发边界作为增长边界的刚性要求，推荐作为小城市开发边界划定的基本规则。

[分析与点评]

1　北京大学城市与区域规划系吕斌教授对深圳城市规划先行先试表示认可，建议深圳应当进一步梳理经验加以推广，应注意工业用地和研发用地分类管理。建议承载力研究可以进一步明确基础设施、道路交通，还是历史保护因素。邱凯付的空间调研很有价值，调查对象可以不仅仅集中在区内企业，也可以适当调查周边使用者，增加规划研究视角。杨震对于传统范式的反思和批评很准确。邓巍的后名城的概念内涵可以继续探讨。建议李晓宇可以进一步对实施机制和实施过程进行跟踪研究。认同刚性底线的开发边界划定观点，建议研究大城市有何区别，此外和生态红线有何区别，这个当中就涉及国土部门、环保部门和城建部门的协调。

2　厦门市城市规划委员会秘书长马武定教授对于深圳的探索性研究性规划成果表示肯定。市场经济是规则经济，城市规划其实是为市场制定规则，包括用地如何发挥效用，增加活力，都是在市场经济配置下政府的调控治理的体现。陈敦鹏规划师所介绍的深圳用地分类的经验成果，可以纳入国家标准中进行借鉴和补充。承载力和容积率问题，其实是政府对土地经营的一个监管作用的体现，以厦门厦禾路改造为例，容积率要根据实际空间效果来确定。邱凯付规划师提出的空间活力问题具有供给侧改革的意味，但是供给不是虚的，而是要从需求调查得来的。城市规划供应土地和空间，也要考虑如何使用满足市场需求和社会需求。认同杨震关于城市设计的反思，城市设计其实没有范式，建议加强城市设计对于城市风貌的引导管控，进行一个理性的规范化过程。认为邓巍的后名城规划感觉是保护的退却，现实的名城很多东西已经被破坏，因此必须有一个保护坚守的底线。李晓宇规划师的“站城一体化”的概念要讲清楚。关于开发边界问题，对大城市用地管控可能很重要，对小城市可能还要思考解决发展问题。

3　同济大学建筑与城市规划学院张松教授提醒大家，深圳市为中国特别的案例，作为特区发展而来，面临新的经济发展压力，对于土地资源的再梳理。密度分区研究的目标似乎是为了增加强度用地强度，谈的是存量规划，做的是增量规划，城市发展不等于城市建设，不完全是经济建设，一要满足人的需求；二要保障环境。邱凯付可以增加日本等后工业时代新区案例，有一个关于经济发展支撑、环境和特色的基本目标。建议邓巍规划师进一步把后名城的特征要总结出来。李晓宇的案例是真题，规划方案在技术层面处理很好，充分借鉴日本的经验，希望对规划实施的协调层面问题进一步阐述。邢箴关于小城市边界划定有特殊性，刚性边界和远景方案都要兼顾。

4　上海同济城市规划设计研究院匡晓明所长特别关注城市设计中的混合功能问题，深圳混合用地研究可进一步明确深圳在推行混合用地过程中和市场如何衔接，以及对于国家严格调控的住宅功能混合的上下限问题。针对城市开发强度，提出城市更新不能只是增加强度，迁就开发商。认为杨震提出的从市长统领的城市发展时代到更新转向的结论很准确。但对于深圳村镇改造容积率达到6.0是否可以探索其他改造方法。名城保护中的灰色地带确实是值得关注的地区。“站城一体化”可以进一步思考以地养铁，土地出让和地铁建设的关系，体制机制上的探索创新。

5　上海同济城市规划设计研究院王新哲副院长指出，规划师应当提出自己观点，而不仅是介绍一项成果。深圳城市建设做了很多探索，但是示范效应不明显。用地分类和密度分区本质上还是一个工具和平台，通过规划手段即用地性质和容积率的调整，释放出一些利益，促进整个城市有效运转。政府手上的这样一个工具，如何使用地更合理，更精确，是没有穷尽的。现状分类可以细一些便于统计，规划分类可以粗一些便于管理。邱付凯探讨业态问题中，认为政府部门应当提出负面清单管理，但对历史文化等政府还是应该介入保障。杨震关于城市设计范式问题很准确，应该进一步反思如何进行改良和挽回。关于地铁的综合开发做得很细，可以进一步细化阐述后续的导则内容。邢箴注意区别国土提出的城市开发边界和建设提出的城市增长边界的异同，以及如何分层级管理和落实。

城市用地分类

——从深圳实践到理论构想

陈敦鹏
深圳市规划国土发展研究中心

城市用地分类是城市规划的基础、核心工具，在《国标》的基础上，多个地方城市用地分类标准进行了探索与实践，作为特区城市、市场经济发展的前沿城市，深圳城市用地分类历经 1990、1997、2004 和 2013 版四次修订，逐步形成具有一定特色的地方城市用地分类体系，其修订历程不仅构成了用地分类标准修订的完整序列，也反映了城市规划体系适应市场经济不断优化调整的过程。

1 历程

1.1 1990 版：伴随市场化建设模式而产生

1987 年土地使用权拍卖、1989 年实行住房制度改革，标志着城市开发建设进入市场经济阶段，城市用地分类成为必不可少的规划工具。城市用地分类是伴随着市场经济发展的开始而开始，是市场化城市建设模式下城市规划的基础工具和必需品。在国家标准尚未出台、毫无经验基础的情况下，深圳照搬香港规划经验，以高度土地混合使用、宽松规划管制为主导思想，出台了 1990 版城市（镇）建设用地分类，将城市（镇）建设用地分类分为 13 大类 35 中类 32 小类。

1.2 1997 版：适应规范化规划编制与管理需求

1990 年代中后期，深圳进入城市高速发展时期，特区内外进入全面发展时期，年均城市建设用地增长达到 34 平方公里。1990 年国家《城市规划法》颁布实施，深圳大规模推行称控规。1997 版深圳城市用地分类标准大幅度转变了用地分类思路，按照 1990 版国标的严谨、完整、细分的分类原则和技术方法，以土地使用功能为主的基础上、综合考虑了土地出让方式、城乡分区、产业发展、政策管制区域等诸多因素，删除了商住混合用地、乡村式发展用地、其他指定用途、绿带、未确定用途用地等香港规划用地类别，并对所有的中类用地进行细分，城市用地分成 11 大类 65 中类 76 小类。

1.3 2004 版：城市规划原理的逐步回归

1998 年《深圳城市规划条例》施行，深圳城市规划迈入标准化、规范化、法制化阶段："三阶段五层次"规划体系和法定图则制度开始推行，一系列的技术规范与管理机制开始制定与执行。2004 版对城市用地分类的分类因素进行了简化，删除开发建设模式、政策管制分区、村城分制等因素，重新回归城市规划的基本原理，以土地使用功能为主要分类因素，兼顾环境影响等因素，并且坚持 1990 版以来对公益设施与经营型用地进行区分的原则，重点对中类用地类别进行优化，将全市城市用地共分成 11 大类、53 中类、80 小类，中类用地类别比 1997 版缩减约 20%。

1.4 2013 版：用地开发控制机制的初步构建

深圳逐步进入城市发展转型的重要时期，沿用历版修订思路继续优化、调整用地分类因素和分类规模，难以解深圳面临的现实问题，必须从单一的规划技术用地分类走向制度化的用地开发控制体系，逐步建立"用地分类 + 开发规则"的城市用地分类体系：以土地混合使用为基础，对城市用地分类的等级进行简化、对分类进行优化与缩减，增强城市规划的弹性与适应性；建立土地开发控制的规则，对土地开发建设使用的功能范围、比例进行规范与指引，赋予市场更大的自主开发权利，并明确和规范政府管制的相关要求与机制。

2 剖析

2.1 分类、分级规模逐步缩减

除了完全借鉴香港思路的 1990 版以外，历版的分类、分级规模逐步缩减。1997 版是最复杂一版，共分成 11 大类、65 中类、76 小类，中类大概是 1990 版的 2 倍，甚至比 1990 版国标的分类还要详细（1990 版国标分为 10 大类、46 中类、73 小类）。2004 版、2013 版均在上述基础上逐步缩减，2004 版中类减少 10 类，2013 版的大类缩减 2 类、中类缩减 34 类（缩减达 52%）。前三版坚持"大、中、小"三级，在 2013 版中删除了小类、缩减为"大、中"两级。可以说，分类分级的不断简化与"粗分"是城市用地分类的基本趋势。

表 1 历版深圳城市用地分类的分类因素与规模汇总表

版本	分类主导因素	大类	中类	小类	备注（所有类别规模总和）	
1	1990 版	土地使用用途 + 用地开发控制	13	35	32	80
2	1997 版	土地使用用途 + 土地开发方式 + 政策管制 + 环境影响 + 城村二元化	11	65	76	152
3	2004 版	土地使用用途 + 环境影响	11	53	80	144
4	2013 版	土地使用用途 + 用地开发控制	9	31	—	40

2.2 分类因素不断优化

1997 版综合考虑开发建设模式、城乡区分、政策管制等诸多因素，2004 版用地分类兼顾环境影响、用地的使用目的、出让方式和所有权属等因素，2013 版实际上恢复到 1990 版（也即香港的规划思路）综合考虑用地开发控制的因素。可以看出，分类因素由复杂向简单发展，由规划管理、土地管理、政策管制、环境影响等多因素向城市规划原理——保护公益、减少土地使用外部负效应、提高土地使用效益等回归。

2.3 作用和内涵逐步明晰

似于 1990 版《国标》，1997 版类明确主要适用于规划编制，由于规划编制与管理的紧密联系，实际上也用于规划管理。到了 2004 版，其功能逐步复杂，包括现状用地调查统计、规划编制和规划管理三项作用，功能定位的模糊和作用的多重性导致上述两版城市用地分类逻辑与适应性问题。2013 版逐步认识到城市用地分类主要用于地区层次法定规划（即控规，总规层次的作用仅限于大类功能分区）的编制与管理，其核心作用是对土地用途的开发控制进行管理与规范。每一项用地类别不仅仅表示为一种土地使用用途，实质上代表着一种土地开发权利以及相应的规划管制要求。城市用地分类作用和内涵的逐步明晰，对于分类因素的优化、框架体系的构建具有至关重要的意义。

2.4 框架体系逐步构建

前三版深圳城市用地分类一直是在对于分类本身的调整与优化，随着市场逐步成为土地资源配置的主导作用，在遵守城市总体空间结构的前提下，市场对于微观土地使用具有越来越强烈的诉求——弹性、混合、灵活调整，同时城市规划管理也向规范化、制度化、法制化的方向逐步发展，纯粹的技术分类难以满足市场经济发展总体需求，制度体系建设成为客观选择和必然趋势。2013 版在对用地分类进行优化的基础上，开始尝试与探索“用地分类 + 开发控制规则”的用地开发管理体系，期望通过弹性的技术分类与刚性的管理规则相结合，来保障城市规划的灵活性与适应性，并支撑市场经济发展所需要的规范性和公平性。

表 2 历版深圳城市用地分类核心要点汇总表

	版本	城市发展阶段特征	作用	框架体系
1	1990 版	原特区内建设初期，控规开始编制	—	用地分类
2	1997 版	特区内外“二元化”发展，法定图则制度开始实行	规划编制	用地分类
3	2004 版	特区内外一体化发展，规划国土职权分离	规划编制、管理和用地统计	用地分类
4	2013 版	城市发展转型，存量土地开发，规划国土职权合并	规划编制和规划管理	规划用地分类 + 开发控制规则
			用地调查统计	现状用地分类

3 理论

3.1 市场及市场机制是主导因素

深圳城市用地分类标准因应市场化建设模式产生而产生，随市场化深入发展的不同程度而不断调整：市场化建设模式是产生 1990 版的起因；公益性用地与经营性用地的分化，也是市场发展的要求；分类规模的缩减、分类因素的优化，也是市场动力不断增长的结果；开发控制规则的出现，也是“市场经济就是规则经济、制度经济”在城市规划的反映。

3.2 城市规划管制机制不断逐步调整

市场对于微观土地的使用具有决定性作用，市场并不是简单按照城市规划进行开发建设，规划编制方案并不直接导向开发建设结果，从规划编制到开发建设中间存在一个十分复杂的过程——规划管理。城市规划不是通过编制来确定每一宗土地的具体使用功能，只是确定每一种用地的开发建设范围，而是在规划管理过程中将市场纳入规划管理的决策当中，在统一的开发控制规则的规范下，让市场发挥最大限度的经济效益。

3.3 用地分类的本质：开发权利与控制规则

城市用地分类本质相当于于土地使用分区，也是土地开发建设的权利，更是一套控制管理的规则。在保障城市公共利益的基础上，支持市场作为资源配置的决定性作用，用地规划分类是在落实城市发展总体结构在前提下、环境相融的土地使用用途的范围。

4 构想

4.1 从技术工具到制度体系（横向体系）

城市用地分类体系的发展方向是从技术向制度的转化，逐步构建技术灵活、制度完善的城市规划用地分类体系：“城市用地分类体系 = 城市用地现状分类 + 城市用地规划分类 + 开发控制规则”，分别对应于城市用地分类体系的三个主要作用，现状用地调查统计、规划编制和规划管理。

4.2 国家标准 + 地方标准（纵向体系）

从建筑气候来看，全国分为 7 个主气候分区 20 个子气候分区；按照城市规模来看，全国城市分成 5 类 7 档；从发展阶段与发达程度来看，分成一线、二线、三线、四线、五线、六线城市（民间分类）……不同城市具有不同的发展特征、问题与需求，因此在国家标准的基础上，应鼓励地方城市制定适应地方的用地分类标准，国标重点解决大类划分以及与土地分类的衔接问题，地方标准重点对中类进行划分并建立开发控制规则。

4.3 用地分类 + 建筑分类（配套体系）

随着土地混合使用、城市立体化开发的趋势逐步加强，多种建筑功能在同一宗用地上的立体空间高度重叠，采用用地性质的形式已难以描述、界定其土地使用用途，同时从规划国土一体化、精细化规划管理等趋势出发，必须衔接规划编制、规划管理、建筑管理、土地管理和产权管理等规划国土管理环节，建筑与设施用途是恰当、通用的基础平台。

人性化导向的中心区营造

——基于前海新区业态需求调查的思考

邱凯付
中国城市规划设计研究院深圳分院

1 反思与回归：国内外主要 CBD 规划建设的经验与启示

当前国内主要 CBD 在城市空间品质和使用方面出现诸多问题而深受诟病，一个重要原因在于传统 CBD 规划往往自上而下地进行，缺乏公众、市场主体广泛参与，偏离市场预期，结果往往出现“效率有余、活力不足”、“白天闹城、晚上鬼城”的特征，与现代服务业人群对于人性化空间组织愈发强烈的需求相背离。

香港中环和西九龙的案例进一步证实这一点。作为香港新兴的中心区之一，西九龙拥有超一流的商务品质和服务配套，但其吸引力却始终不如中环。调查发现，金融商务从业人员的出行习惯和消费半径大约为 15 分钟，即需在 15 分钟半径范围内实现工作、生活、休闲娱乐等需求的有效组织，而西九龙在这一方面却无法很好地解决这一问题，成为西九龙吸引力不如中环的重要原因。可见，CBD 的规划建设应尽可能地满足和适应现代服务业从业人群的空间需求特征和行为模式。

从国际经验来看，国外中心区的商务金融功能一般以高层建筑群的形式高度集聚于很小的区域，形成金融城（约 0.5~1km^2），而在金融城周边则配套金融从业人员工作、生活、居住所必需的设施，实现各类配套的有效组织，形成一个充满活力的区域。

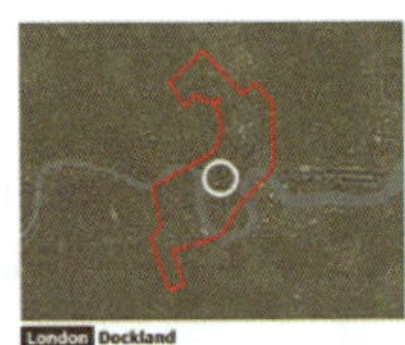

来源：《前海地区概念规划国际咨询》

图 1 前海与世界主要金融城空间尺度对比

2 国际经验：人性化中心区营造的三个维度

基于人性化行为特征的城市中心区主要从行为方式、行为尺度和行为交往三个方面进行调整和优化。

2.1 促进多种城市行为方式的交混

强调中心区功能的混合，融入居住、教育、保健等多元功能，从而实现多种城市生活方式和行为方式在中心区有效交混，是吸引更多活动、提升人气的重要保障。

2.2 建立适宜人步行的城市尺度

国际经验一般认为，城市中心区的尺度和人的出行范围具有“15 分钟法则”和“1km^2 市中心面积公式”两个特征。“15 分钟法则”，即商务从业人员的出行习惯和消费半径大约为 15 分钟，需在 15 分钟范围内实现工作、生活、休闲娱乐等需求的有效组织。二是“1km^2 市中心面积公式”。与“15 分钟法则”相对应的是，丹麦的建筑师扬・盖尔发现，国外大多数城市市中心面积都在 1km^2 左右，也就是只需走不超过 1km 的距离，就能够达到大多数的城市设施；像伦敦、纽约这样的大城市，也有类似的模式，因为这些城市可划分为多个“市中心”及其他区域，可接受的步行距离并不会因城市大而变化。

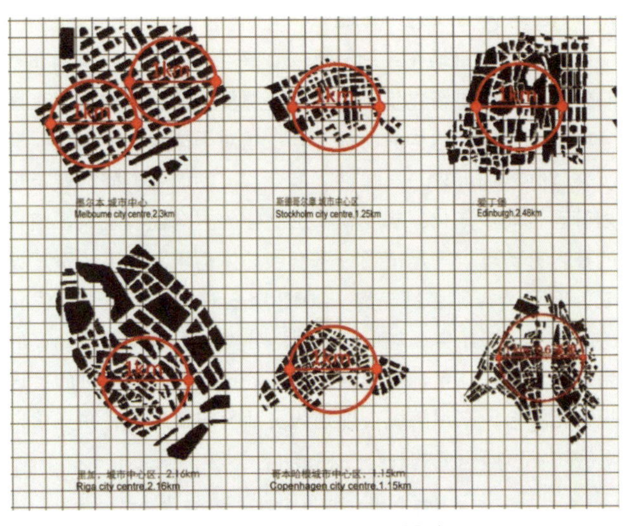

来源：杨・盖尔，《人性化的城市》，欧阳文、徐哲文译

图 2 国际主要城市中心区空间尺度

2.3 推动人性化交往的行为需求

要在信息化过程中保持 CBD 的吸引力，关键在于为人提供人性化交往的条件，如空中连廊和地下步行系统。同时，还需要强调广场、街道、公园等城市公共空间，建立相互关联的城市公共空间体系，并整合多元化城市功能（王一、卢济威，2008）。

3 探索：人性化导向的中心区规划建设与管理

3.1 开发模式：“完整社区”培育与单元平衡

考虑到 15 分钟及 1km 的“可接受步行距离”特征，我们提出以这一尺度为基础构建“完整社区”，形成一个与其他社区相互独立且内部相对平衡的发展单元。以前海为例，前海“完整社区”可分成以生活为主导和以生产为主导两类。其中，生活单元以半径 1km（15 分钟出行）为范围整合相关配套设施，以步行、自行车系统连接核心公共设施、开放空间和公交站点，塑造生活领域圈。生产单元以前海四大产业为主导，形成创新金融城、信息智能城、国际智慧城、现代物流城等四座商务主题城，在每个生产单元内，重点配置适合于该类产业发展的生产环境和配套设施。

来源：《前海合作区业态需求专题调查》

图 3 前海合作区“大社区”与单元平衡示意

3.2 实施机制：探索综合性开发的市场化实施机制

一方面，中小型公共空间对于提高城市的人性化和宜居性具有重要作用，需转变计划经济思路，引导私人资本进行公共空间的投资生产，实现公共空间开发和管理的社会化、市场化；另一方面，在土地出让和开发管理方面，为加强开发的灵活性，达到业态理想的组合效果，建议经营性用地在土地出让和开发管理阶段应用大类进行表达。此外，中心区协议用地也不应太多，尽可能地提高用地出让的比例，即交由市场确定业态类型，通过多元化市场主体的引入，实现中心区土地利用从单一功能到多元化混合使用的目标。

3.3 管理体系：建立以“负面清单”为核心的管制体系

在推行相对灵活、综合性的市场化实施机制中，为防止市场失灵，需要在自由的基础上加强管制，对中心区各类功能的“不准入业态”进行负面清单管理。如对于商务办公功能，应适度限制以单一地块为主的独立开发模式，倡导成片综合性开发；对于零售商业功能，应避免发展摊位制批发、农贸市场，以及仓储式会员店、大型家居店等占地规模较大的业态类型；对于酒店会展功能，应尽可能地选择在酒店、办公综合体中寻找会议会展空间；对于居住配套，则应限制大户型住宅和其他低密度、单一化的居住形式。

【参考文献】

[1] 王一，卢济威 . 基于行为特征的 CBD 形态——杭州运河江河交汇处城市设计 [J]. 城市规划学刊，2008(2):39–44.

[2] 扬•盖尔 . 人性化的城市 [M]. 欧阳文、徐哲文，译 . 北京：中国建筑工业出版社，2010.

[3] 张庭伟，王兰 . 从 CBD 到 CAZ：城市多元经济发展的空间需求与规划 [M]. 北京：中国建筑工业出版社，2011.

[4] 张若冰 . 城市空间组织秩序的人性化反思 [C].2011 年中国城市规划年会论文集 .

基于城市承载力综合评估的深圳市密度分区规划修编

孙　蕾
深圳市规划国土发展研究中心

1 项目背景

深圳市历经 30 多年的高速发展，形成“高度建成、高强规划、高密人口”的城市建设状态，规划编制与管理发生了根本性的转变，图则局部修编、城市更新规划、土地整备规划等“存量型规划”成为主要形式。2013《深圳市城市规划标准与准则》修订提出了“密度分区与容积率”的相关规定，将用地开发强度与密度分区规划挂钩，是应对新条件下的城市规划管控手段的重大革新，其作用日益凸显并受到多方面的关注。

深圳市现行密度分区规划脱胎于城市总体规划结构，其控制意图相对理想与粗放，在实践过程中暴露了不少问题，主要表现在：①密度分区规定容积率与实际审批差异较大；②工业用地管控过于宽泛、形成管控上的真空地带；③与交通、市政、配套承载力挂钩不够紧密，局部地区出现超载情况。

现行密度分区规划无法在实操层面支撑规划管理工作，导致容积率审批过程中人为因素多、程序反复、耗时耗力，为落实规划管理体系的全面深化改革，研究建立相对科学合理且适应性强的容积率确定机制，减少人为因素影响，提高管理效率，降低行政风险，加快规划管理工作的制度化、法制化建设进程，规划主管部门于 2014 年启动密度分区规划的修编工作。

2 工作方法

2.1 基本原则

本次密度分区规划修编，一方面要大力支持城市重点、热点地区的发展需求；另一方面要充分考虑城市存量发展时期的规划建设特征，要以规则建规则，以明晰具体的条款确定密度分区与基准容积率的划定。

2.2 技术路线

基于数据平台的多轮评估与修正

以四大规划数据平台（规划一张图系统、综合交通仿真系统、市政一张图系统、公共设施台账）为核心基础，建立规划建设容量管控与城市承载力评估模型，通过验证、分析、归纳形成“密度分区划分体系、容积率测算方法与修正系数体系”，进而对现行密度分区规划完善细化。

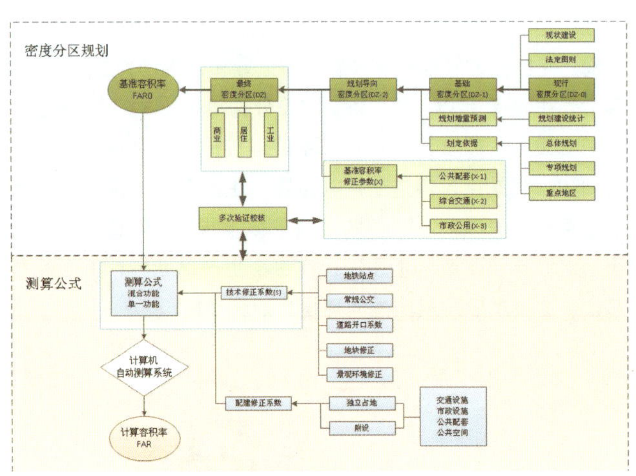

图 1　总体框架

（1）细化密度分区的边界

扣除基本生态线内用地，全市划分约 2 600 个统计单元，主要以主要支路、次干道以上等级道路、自然边界为边界进行划分。

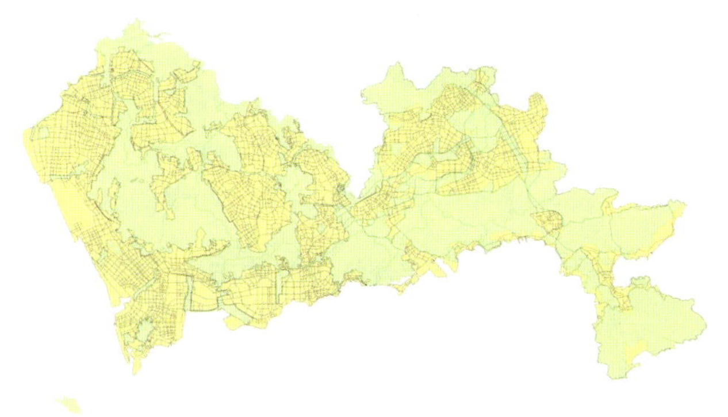

图 2　划分边界

（2）调整密度分区的划分方式

由原来的综合密度分区细化为两大类：居住密度分区、商业密度分区，分别研究确定划定原则；由原来的 6 个分区简化为 4 个，居住、商业划分为三个等级；取消原四区、五区，六区改名为“特殊控制区”。

（3）明晰密度分区的等级确定原则。

（4）完善测算公式及参数体系。

（5）模拟测算规划总量，评估城市承载力，调校密度分区。

3 研究过程

3.1 划定合理的城市规划建设数据统计单元，设定数据分析规则，令统计单元反应地区建设特征

3.2 确定密度分区规划框架

（1）提出初步密度分区划分方式与等级安排；

（2）初步确定基准容积率；

（3）初步划定密度分区；

（4）形成容积率测算公式与修正系数体系

3.3 多专业多轮评估与综合修正

（1）模拟 2030 年的规划建设总量

（2）交通、市政、公共配套等专业平行评估（各自建立评估原则）；

（3）各专业评估结论与密度分区规划衔接，建立评估与密度分区相关内容调校机制；

（4）形成密度分区规划最终方案

3.4 将密度分区规划、计算方法等转化为公共政策

4 修编成果

（1）密度分区规划方案；

（2）容积率测算公式及修正系数体系；

（3）2030 年城市建设情况预测及与城市综合承载力的关系。

5 总结

（1）困难

① 确立明晰的规则最困难；各专业的承载力评估规则；密度分区的划定规则；基准容积率的确定规则；各专业承载力评估结果与开发强度衔接的规则。

② 规模预测与多专业评估最艰巨，方法与系统都在始建阶段，仅凭已有经验与常识所设系数预测的总规模让人心惊肉跳，多专业的评估结果更是让人咂舌，唯有修正、评估、再修正、再评估……

（2）效果

① 为规划编制管理中的容积率管控提供更加合理有效的支撑；

② 减少规划调整过程中的人为因素，提高效率、降低风险；

③ 暴露出的城市综合承载力的严重问题，引起主管部门（有些已经着手开始研究了）的重视并研究解决方案。

范式·困境·方向：迈向新常态的城市设计

杨　震
重庆大学建筑城规学院

1 中国城市建设基本范式

在过去30年规模空前的城市化进程中，城市设计作为一种以“城市空间”为实践对象的技术工具或者公共政策，在城市建设中保持着“面广量大”的参与，体现出比西方国家在实践层面更强的“后发的活跃性”。但当前意味着城市发展既有方式面临深刻转型，从而引致与空间生产相关实践活动的范式变化。因此，有必要对中国城市设计的既有范式进行分析，对其实践的合理性与正当性进行批判性的质询。

中国城市建设的基本范式是：在“增长主义”驱动下，依靠对城市资源要素高强度与集中化的运用，迅速达成利好“经济发展”及“资本循环”的城市物质空间的大扩张。其间，地方政府具有强烈的“谋求最大自我发展利益”的“企业人”特征，同时与资本结为共谋城市空间再生产的“增长联盟”。

在此范式的指引下，中国的城市设计实践时常被作为一种促进城市空间总量推进及计算空间效益的经济工具来使用，是“市长的城市设计”，而非“公众的城市设计”。

2 中国城市设计实践特征

上述论断在以下三方面体现得十分具体。

（1）以城市设计促进新城扩张：新城城市设计通常涵盖极为广袤的空间区域，如：郑州郑东新区100平方公里、天津滨海新区CBD 46平方公里、重庆二环聚居区405平方公里。其间，城市设计产生的三维形态，往往并非基于对用地条件、资源禀赋的合理分析及空间逻辑的有机推演，而是源于量化的开发目标——政府基于土地经营目标规定容积率和人口规模，城市设计被动接受且很难修正。

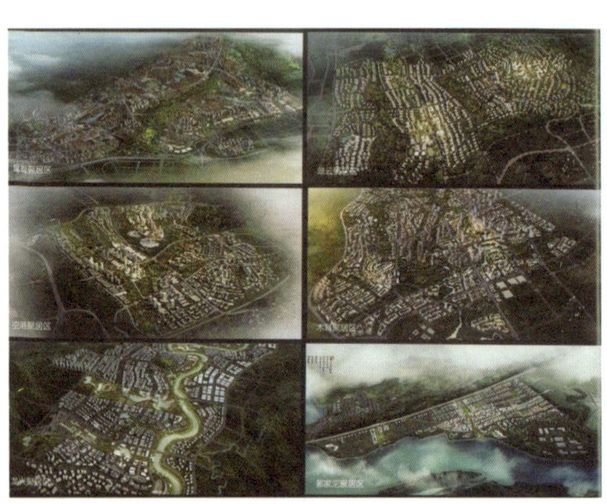

图1 大尺度新城扩张

（2）以城市设计促进旧城更新：城市更新往往源于迅猛城市化造成中心区土地资源急剧稀缺及“地租级差”快速拉大，使城市政府产生重新垄断土地、快速获取级差收益的冲动。在此过程中，政府与资本以城市设计为载体来预演空间“再造”后的增值前景与价值变现路径，同时将城市设计作为一种体制化的利益协调工具，使对立的利益群体在预设的规范化框架内“讨价还价”，直至达成一致。

（3）城市设计造成空间分异及同质化：城市设计广泛创造“奇观空间”，以一种“无中生有”的“情景制造”，使资本进行“自我宣示”和“观念传播”。城市设计因此成为与商业广告等量齐观的符号化工具，“诱导和操纵”大众对城市空间的审美情趣，激发其消费欲望并促进空间交换价值的兑付。与此相伴随的，是剧烈的空间“分异”以及空间的“同质化”。

图2 空间的分异与同质化

3 既有范式正面临的困境

当前，既有范式正步入明显困境：首先，新城的普遍供应过量及一线城市的土地紧缺，使中国城市的圈地与造城机制正失去最重要的支撑，资本进行循环和积累的链条正呈现断裂的迹象；其次，经过多年“压缩型”的城市化扩张，城市所积累的生态与社会危机已大量显现，地方政府面对着来自社会民意日趋增长的不满。总体而言，增长主义的建设范式正在走向不可逆转的“终结”——即城市发展的“新常态”。

4 城市设计新常态的方向

“新常态”时期，城市设计将如何演变？下列事实有助于预见新方向。

（1）在国家政策层面，城市设计的重要性并未由于空间扩张的停滞而被削弱——《2015 中央城市工作会议》提出全面开展城市设计。可以预见，城市设计在新常态下仍将在城市建设中保持活跃的存在。

（2）随着空间扩张趋于停滞，城市设计实践将不可避免从“愿景式的宏大空间描绘”转向大量中 – 微观层面的空间优化与重整，这将对城市设计的实践手段以及从业者的专业能力提出新要求。

（3）城市设计实践或将全面转向“精简主义”和“微尺度、微循环、微更新”。这已体现在一些一线城市的规划工作中，如上海、北京、深圳等。

（4）规制城市设计的核心政治经济制度（如分税制和土地出让制度）并未发生改变，地方政府对“增量扩张”存在强烈的路径依赖。未来的城市设计不能仅仅局限于“空间设计”，还将涉及基于土地产权调节的“机制设计”。

（5）“生态”与“人”的城市化将超越简单的“土地”与“空间”的城市化，这对城市设计的内涵与目标提出更复杂的要求；城市设计造成的社会与生态后果，将是评价城市设计实效的重要维度。

昆明呈贡：160km^2，2003年开建，入住率低于30%

鄂尔多斯康巴什：32km^2
投资50亿，荒漠中建设起来的新城
规划人口100万，现入住人口不足3万

后名城时期的历史城区整体保护探索

——以宁波为例

邓　巍
华中科技大学建筑与城市规划学院

1 从历史文化名城制度看历史城市的风貌变迁

1982 年以来，历史文化名城制度的建设总是与历史城市的保护问题相关联，作为一项法定的措施，其发展历程可以反映出历史城市发展中一系列问题和策略的变迁。改革开放初期，强劲的旧城改造使许多古城都面临“破城”之后的二次威胁，为了达到“守城”的目标，一些专家学者开始提出保护“历史文化名城”的整体设想，试图通过制度建设以保护古代城市空间的完整。因此，历史文化名城制度的建立可视为破城切肤之痛的反省和补救，由此而引发的对中国古“城”的整体守护。

1986 年，名城判定的“三原则”除了规定价值和意义以外，“成片”“格局完整”“集中分布”等词语，反映了学术界对历史文化名城的普遍认识——建立在城墙范围内的完整。然而，自改革开放之后八年的城市快速建设，迫使对“城”的完整性认识折中——相对的、可识别的完整，由此提出“历史文化保护区”的设想，并酝酿“历史文化街区”的概念。这些概念既深刻地反映了历史文化名城之“城”的整体性保护诉求，又反映了建设性破坏之后整体保护策略的变通——从整体保护向局部保护的妥协。

1994 年，温饱奔小康的社会环境再次推动旧城更新运动，并在土地批租制度中走向高潮，在这一过程中，历史城市保护不断让位于经济建设，故在《请示》中首先提出名城保护的“认识”要求，将“抢救”成为关键词，抢救的对象不再是完整的城，而是碎片化后的“历史街区”。上述内容一定程度上反映了名城保护的再度妥协和策略的变化——从“守城”向“保街”转变。2000 年前后，已经碎片化的历史城市，进一步在商业化和城市提升战略中沦为残片，至此，真正意义上的名“城”只剩下概念上的意义。

上述时期中，“守城”贯穿了全过程，是历史文化名城保护最艰难和最扣人心弦的时期。然而，大部分古城并没有如愿保存，在一步步退守中走向破碎和零散，最终成为寄居于现代城市中的历史片段。

2 后名城时期历史城市空间的认识

“历史城区”概念的提出应该是历史文化名城的一个转折，相对于先前历史城市实体空间完整性的理解，对“城”进行了重新阐释，其中“范围清楚”和“风貌、格局相对完整”的诉求，某种意义上是强调历史形态在当今空间的一种辨识和阅读，可视为后名城时期的主流观念。这种认识伴随城市空间从量变到质变、从增量到存量的转型，在空间上和意识上重新回到城的起点。遗憾是，此时的古城，已非彼时古城，面对被现代城市肢解成碎片的古城，面对被商业社会改装而异化的街区，必须重新定义历史城区的价值。它由历史形态所限定，又在当下扮演城市生活角色；对于历史，历史城区是集体记忆的场所；对于今天，美好的城市是我们愿意在自己的城市中旅行。因此，可从以下两个方面重新认识历史城区：

首先，在时间中认识城市——重拾城市记忆。在四维城市的语境中，失去不等于完全消失，历史实物可能转换为意向性存在，承载历史活动的场所转化为一种人文精神，正是由于历史和现代空间的共存，空间才具备了纪实和记事功能，古城成为集体记忆的场所，可以在人们阅读历史的过程中集结为一个整体，由此可拓展我们关于“完整性”的认识，从空间的完整性向历史的可读性上转变。

其次，在行走中包容城市——重视灰色地带。传统风貌与现代城市之间，存在大量的灰色地带，它们多为 5~7 层老旧社区，虽然其貌不扬但一定程度上缓解了现代城市与传统风貌的激烈冲突，为体验传统风貌提供一种可承受的缓冲地

历经“破城—护城—守城”三十多年的发展，
“破碎化”和“零散化”的问题显而易见。

以宁波为例：
七大历史街区和一个历史地段共有面积145.5公顷，
其中核心保护区为60.88公顷，
仅占府城面积的11.2%。
如果除去已经改造的5片街区，
完全传统风貌的街区仅省剩30公顷左右。

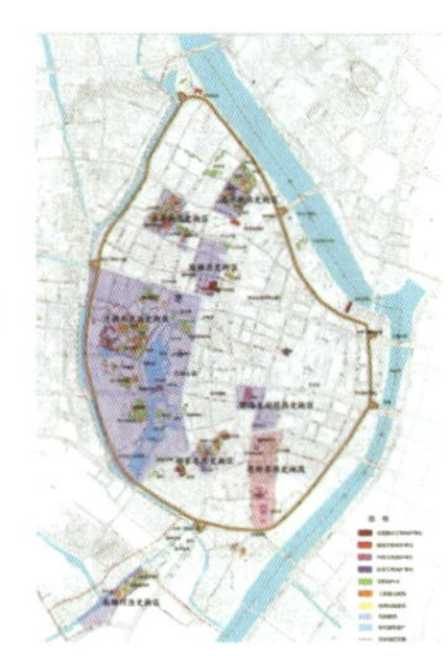

图 1 宁波历史遗存分布图

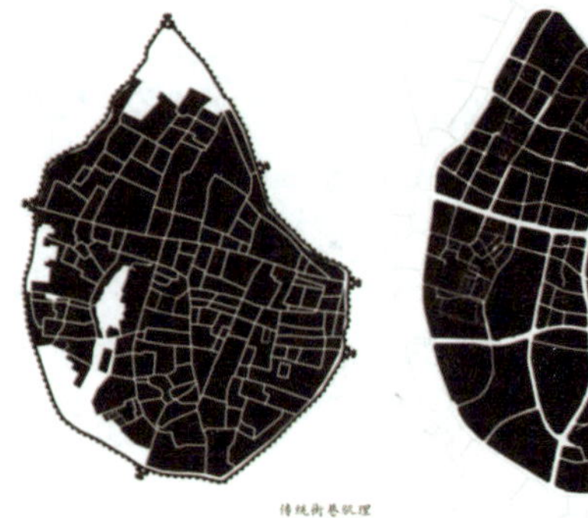

图 2 宁波传统街巷肌理与现代街巷肌理对比图

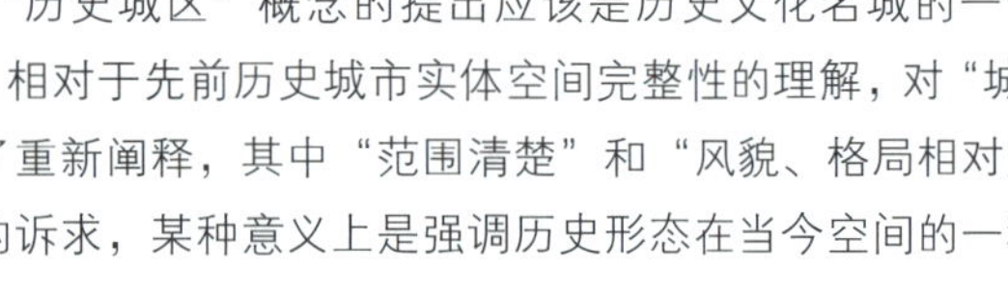

图 3 宁波“灰色地带”视线区域分析

带。换言之，连续性并非一味地排斥非传统，包容地接纳可调和的部分，尽量“刀下留人”，将风貌连续性的认识向风貌可塑性转变。

3 后名城时期历史城市空间的重构

历史城区既是历史文化名城的核心载体，又是现代城市生活的组成部分，肩负着历史传承与社会发展的双重使命。如何重新审视历史城区，通过规划手段整合历史要素、优化城市空间，发挥在城市发展中不可替代的特殊职能，是历史文化名城保护的核心问题。

首先，针对传统城市在现代空间中模糊化的问题，提出“从评估到整合”的整合步骤。在城市空间演化的过程中，空间的要素发生了转换，结构性要素转换成时间要素，功能性存在转化为纪念性存在，体层面转化为底层面，整体转化为碎片，原型转化为类型等。故在结构性重构之前，首先应对当下城市空间进行识别和评估，在四维城市视野下，重新定义历史要素的完整性和可塑性。例如，宁波的子城虽然在实物上只剩下鼓楼，但整体延续了历史的格局，具有较高的辨识度，故针对子城这一特殊的历史地段，在风貌整治的基础上，更应保持其在现代城市中的独立与完整。

其次，针对历史城区传统风貌零散化的问题，提出“从积聚到扩散”的整合理念。集聚是针对零散化和模糊化的历史资源，通过街区之间的“面”的重组联合，构建历史城区文化载体；扩散是针对封闭化的历史街区，通过缝合街区周边的灰色地带，将历史文化资源的集聚效应向周边扩散，带动周边地带的活力提升。这一理念可以依据街区本身的空间状况，提出相应的解决策略，例如宁波鼓楼—孝闻片提出通过灰色地带“链接”三大街区，月湖片通过类风貌建筑“织补”四大片区，天封塔—郁家巷片：通过更新地块“聚集”三大街区，南塘河片通过景观走廊“桥接”两大区域等。

再次，针对历史城区整体可读性较弱的问题，提出“从片区到线路”的关联策略。线路重构的重点在于“点的梳理”，而非“线的建设”。通过一定的路径，把历史城区内重要的历史文化节点和历史文化街区串联起来，建立一种体验式的城市文化认知方式，使人们在行走过程中动态的、系统的、全面的感受城市历史文化。

4 结语

在三十多年的快速发展中，历史文化名城保护一直让位于经济建设，无疑造成太多创伤，但历史城市并非无药可救，本文仅以宁波历史城区个案，以期拓展历史城市保护的视野。

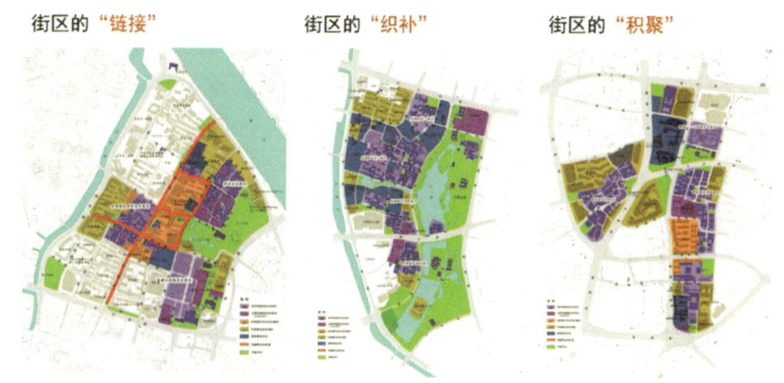

图 4 街区的“链接”、“织补”、“积聚”

图 5 宁波历史文化线路重购

基于“站城一体化”理念的沈阳地铁二期工程沿线优化规划探索

李晓宇　高　峰　朱庆余　郭大奇　刘福星
沈阳市规划设计研究院

1 发展背景

轨道交通的大规模投入使用正引起我国诸多特大城市功能布局与交通体系的结构性转变，引领着新一轮土地开发与发展转型，亦成为城市竞争力的重要砝码。

根据国务院颁布的《关于城市优先发展公共交通的指导意见》和沈阳市人民政府《研究重大基础设施项目周边土地规划和出让问题》的相关要求，沈阳城市迫切需要对地铁沿线土地综合开发进行引导与控制，与地铁施工设计协同开展沿线土地储备资源梳理及控详优化与深化工作，充分回应轨道交通给城市功能提升、空间资源优化带来的积极效应。

沈阳地铁二期工程获批，标志着沈阳市轨道交通从线型结构向网络化结构发展，步入“城铁联动发展”的最佳机遇期，规划面积 110 平方公里，涉及 42 片控详单元。

2 规划构思

规划紧密围绕沈阳地铁二期工程建设带来的“触媒与整合”作用，建立“站城一体化”导向下的协同规划管理与编制路径，旨在实现：

（1）促转型：促进轨道交通与城市协同发展，培育地铁功能圈与生活圈，有机疏解城市功能与人口。

（2）优功能：构建与站点“空间相随，功能相伴”的土地利用模式，探索以轨道交通沿线资源综合收益反哺轨道交通建设成本的规划途径。

（3）调供给：形成“以站为核、以人为本”的交通供给体系，围绕地铁站点调配常各项交通资源，提升公交都市建设品质及服务水平。

（4）塑品质：关注细节，以人为本，全面优化体现 TOD 理念的“终端界面”体验。

3 规划方法探索

规划从为什么优化、优化的基础、怎么样优化以及优化的成果等几个技术问题着眼，从弹性、灵活的规划管理机制、珠链式、复合化的土地利用模式、充分整合及无缝接驳的交通模式等诸多国内国际经验中汲取先进经验，借鉴高密度人居环境下“站城一体化”的实践经验，奠定了“优化规划”的理论方法基础，进而形成了协同单元、站城联动、微距换乘三点观念，以及定界、摸底、分类、确权、匹配、整合、缝合、成网、疏络九项行动的站城一体化的规划框架构思。

4 规划方法探索

4.1 协同规划：统筹轨道交通与土地利用两大领域

以调研、座谈、研讨会等多种形式综合了多个部门及沿线项目开发企业等多方诉求，搭建以“站城一体化”为核心的多部门、多专业信息整合与共享机制，形成《沈阳市站城一体化规划技术导则》。

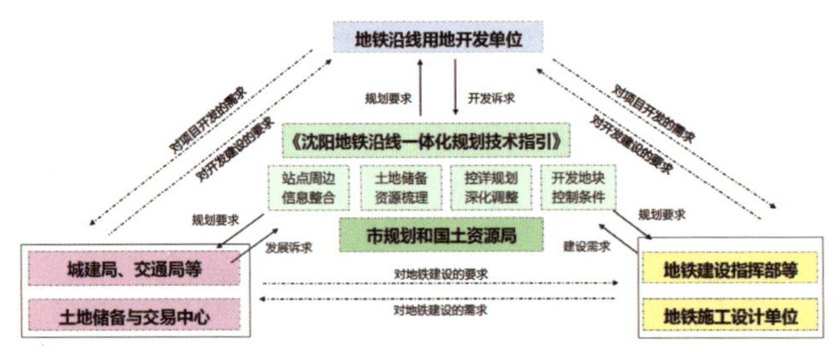

图 1 协同规划框图

4.2 因站制宜：尝试 TOD 理念的适应性和本土化

由于体制机制差异，目前沈阳难以完全移植 TOD 的理念与成功经验，本规划尝试将“站城一体化”的具体形式分为“建成织补单元、存量更新单元、同步开发单元、新区引导单元”四种情况，实现地铁建设与优化规划在时间和空间上的双向对接。

4.3 对接控详：落实三大类二十项指标体系

通过对相关地铁城市的比较研究，同时结合沈阳市规划审批的要求，构建土地利用、交通组织、地下空间三方面共十六项要素的指标体系，以地铁站点单元五种类型为对象，提出地铁站点要素的通则要求，作为开展沈阳市地铁沿线规划编织的技术准则。

4.4 耦合分析：明确“城铁”矛盾症结

向多部门调研采集地铁建设相关的用地规划、土地储备、换乘接驳、地下空间、开发强度等数值数据，网络抓取搜房网、百度地图等 POI 数据，采用 AHP 分析法对站点与周边地区耦合关系进行综合评价。

4.5 以量定形：指导“城铁”协同规划

充分借鉴高密度人居环境下的“站城一体化”实践经验，比较分析了典型地铁站点周边要素指标，建立地铁沿线优化规划的“参照系”和“可行路径”。结合地价、房价、潜力地块、

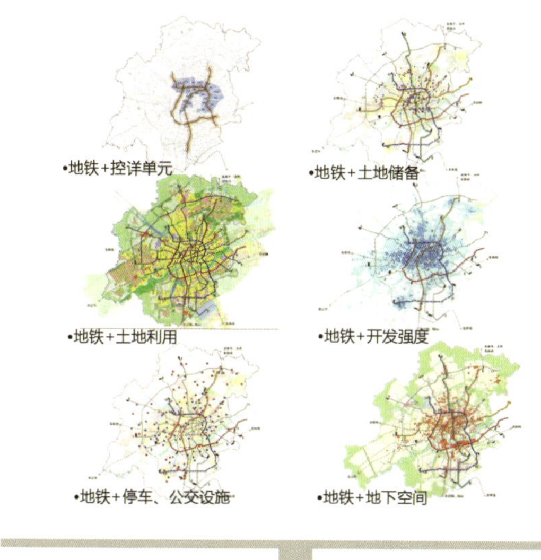

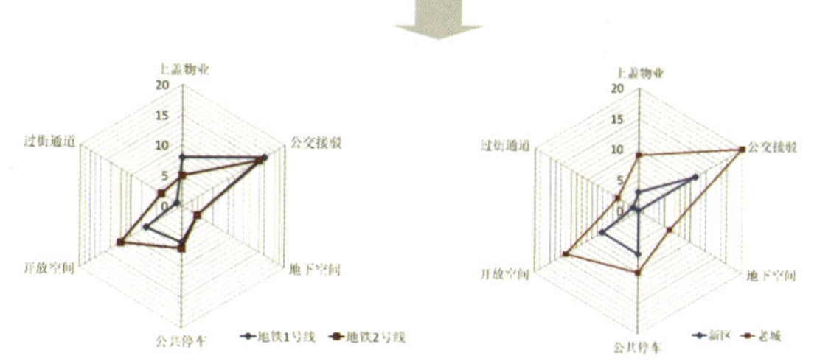

图 2 耦合分析图

换乘系数等数据采样分析，明确站城一体化的规划优化对策。

4.6 聚类分层：形成“站城一体化”导向的 5+2 规划编制技术体系

（1）对照五种模型范式

将“城铁协同单元”与沈阳市公共服务体系对应，划分为商贸中心型、综合枢纽型、邻里中心型、开放空间型、产业中心型五种“站城一体化”功能范式模型，分类别、差异化、定量化地提出控制与引导要求。

（2）优化两个空间层次

针对“站城协同单元”，基于轨道交通应与城市功能和空间结构耦合的原则提出控详调整要求，以适应城市发展从追求经济增长的发展阶段向综合价值增进阶段转变；针对“站点及紧邻地块”制定站点及临近地块开发的设计要求，与其他交通方式无缝衔接，塑造更加宜人、高效的城市生活空间。

4.7 面向存量：探索新常态下的规划编制与管理路径

本规划为中心城区公交都市建立了基本骨架，更是城市

图 3 五种模型范式

空间与功能双重转型的重要引擎，由此引发规划编制与管理从面向增量为主的“蓝图式规划”到面向存量为主的“优化型规划”深刻转变，代表了未来一定时期内规划编制与管理的重要发展方向。

5 优化规划反思

5.1 整合协同

在做地铁线网规划或车辆段选址规划的时候一定要从多角度考虑，从多方利益出发，多部门体制机制的协同以及价值观念的协同远比技术手段的协同更难处理，也更加重要。

5.2 平衡兼顾

考虑站点周边地块的市场开发潜力，也要考虑公共利益的需求；不能过度商业化导向，也不能仅完成公共交通供给的职能而不考虑激发更大的商业价值。

5.3 因站置宜

每个车站都实施站城一体化的可能不大，应从功能类型、空间资源、开发时序三个维度上综合考量。

5.4 双向互动

地铁与沿线用地开发是双向变量，应当考虑二者之间的相互协调，而不单是地铁兼顾土地开发，或者土地开发配合地铁建设。

浅议小城市开发边界划定的思路和方法

邢　箴
上海同济城市规划设计研究院

1 相关背景与讨论范围

“城市开发边界”早期的概念可追溯到 2006 年《城市规划编制办法》中提出的“中心城区空间增长边界”，随着近年来中央城镇化工作会议、《国家新型城镇化规划（2014—2020 年）》、中央城市工作会议、《关于进一步加强城市规划建设管理工作的若干意见》等多个会议决议与指引性规划文件中均提出要“划定城市开发边界”。其逐渐成为目前规划研究和实践的一个热点。2014 年 7 月“划定城市开发边界试点城市启动会”确定北京、上海等 14 个城市开展划定城市开发边界试点工作。2015 年 5 月，开发边界划定城市扩容至 600 个。

从接触的城市总体规划来看，各规划中对“城市开发边界”的认知不统一，相关的名称界定、文字说明和图纸表达等存在多样化、不一致的问题。比如有的城市把规划区作为开发边界、有的依托禁建区划定、有的叠合生态控制线划定、有的依托远景建设用地方案划定等等。从规划编制的规范性与可比性要求出发，需要提升对于城市开发边界的统一认知，并规范划定方法。

不同等级的城市处于不同的发展阶段，具有不同的规模尺度，其发展的重点与管控的要点也不相同，其城市开发边界的划定思路、诉求重点与划定方法也必然有差异。例如有的特大超大城市发展规模已经接近生态承载的极限，其发展重点是严控规模，以存量更新为主，基本上是对于现状集中建设区的边界进行优化调整后来划定其开发边界。而大部分小城市还是需要拓展新区、延展城市建设用地的，其开发边界的划定应该为发展留有余量和弹性。

在此将视角集中于以增长规划为主导的小城市，探讨比较两种城市开发边界划定的思路和方法，并提出相关建议。

2 两种城市开发边界划定方法比较

2.1 划定结果比较

从接触过的总体规划来看，小城市开发边界划定的方法可以分为两种。第一种方法：开发边界的划定形态是贴合远景建设用地的包络线。其中有些规划仅包络远景建设用地，分组团规划城市的开发边界为多条封闭线；另一些规划把远景建设用地之间的生态斑块一并包入，分组团规划城市的多个组团可能由一条开发边界包络；由于其划定的城市开发边界大部分紧贴远景建设用地范围，以下称为“远景包络法”。

第二种方法：开发边界划定的形态是贴合中心城区周边的刚性底线，将刚性底线局部分离处连接起来，形成一条或几条封闭的范围线，以下称为“刚性底线法”。

通过一个假设案例来直观比较这两种划定方法的区别。某县级城市现状发展了老城区，十字形主要道路经过老城区，东西两侧有河流和铁路线通过，东南和西南侧分布有基本农田，外围有山体环绕。总体规划用地布局如下：老城区内部梳理，周边拓展，跨越河流向东发展老城东部组团；在老城区西侧规划 1 个新城区；在老城区南侧规划 1 个工业区。按上述两种方法进行城市开发边界的划定，结果见图 1。

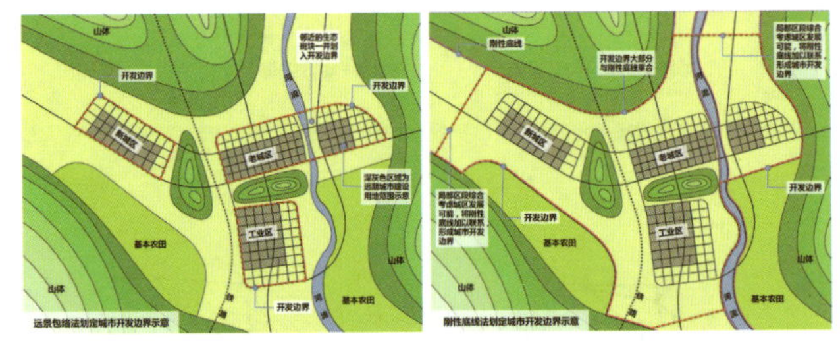

图 1 两种方法划定城市开发边界比较示意图

2.2 划定思路与特征比较

按远景包络法，城市开发边界是结合远景用地规划方案划定的，但在其用地方案之前进行过“禁限适三区”划定，用地方案主要布局在适建区，因此其划定思路可总结为：用地方案前分析评估，用地方案后划定开发边界。

按刚性底线法，城市开发边界划定一般分为两个步骤：首先得出刚性边界，其次综合考虑城区现状规模、发展潜力、发展方向等多种因素，预判城区拓展延伸最大区域，然后在适当的位置将刚性边界连续起来，形成封闭的范围。因此其划定思路可总结为：以刚性底线为基础，加上综合预判，先于方案划定。

从这个案例可以看出：采用远景包络法划定的开发边界贴合远景建设用地，边界内覆盖面积较小，远景方案的形态布局决定开发边界的形状。由于远景方案较为弹性，导致开发边界较为弹性，很可能出现“一轮规划对应一轮开发边界”的情况。

采用刚性底线法划定的开发边界内覆盖面积较大，有较多的非城市建设用地，开发边界大部分与刚性底线叠合。开发边界自身相对刚性，有可能做到“多轮规划对应（均不突破）一条开发边界”。

3 建议统一和优化县级城市开发边界的划定方法并落实具体要求

基于上述的比较分析，认为两种小城市开发边界的划定方法均有自身合理的思路和操作方式，但是从总体规划编制的角度来看，需要强调规范性、可比性与统一性，因此宜以一种方法为基础，进行划定方法的统一和优化。

如果按照远景包络法划定城市开发边界，则中心城区周边一定范围内的刚性底线可以作为“中心城区空间增长边界”。如果按照刚性底线法划定城市开发边界，则开发边界即类似于“中心城区空间增长边界”，后者不再出现；远景建设用地的包络线作为（弹性）城市增长边界，见图 2。

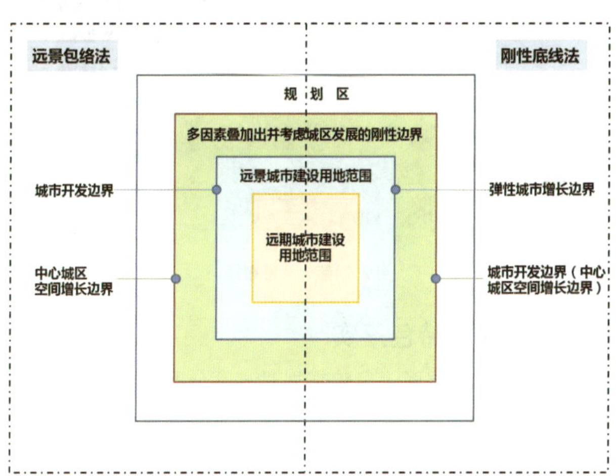

图 2 两种划定方法的边界构成对比示意图

刚性底线法划定的城市开发边界具有更强的刚性限制，认为其更符合宏观政策指引文件对于城市开发边界的刚性要求，在此推荐以这种方法为基础，优化统一小城市开发边界的划定。

城市风貌规划中的特色梳理

——以铜陵市为例

刘　泉
深圳市蕾奥城市规划设计咨询有限公司

1 铜陵城市风貌规划的工作背景

长期以来，国内主要城市均面临着对外形象难以识别和对内风貌缺少秩序的“千城一面”及“一城千面”问题。随着新型城镇化建设目标的提出，城市风貌特色及空间环境品质进一步受到重视，总体城市设计或城市风貌规划作为应对城市风貌特色缺失及空间形态失控问题的重要手段，近年来逐步成为城市规划设计领域关注的一个热点。在这一背景下，传统的工矿业城市铜陵也迎来了转型发展的时代机遇，并希望通过开展城市风貌规划工作，对新型城镇化目标下的城市风貌特色和空间设计管理方法进行探索。

2 城市风貌特色梳理的方法探索

铜陵风貌特色梳理主要包括三个层面的工作。

2.1 整体山水格局梳理

在宏观层面，通过将铜陵与长江流域上下游马鞍山、芜湖、池州、安庆和九江等主要的滨江山水城市进行对比，可以发现，“江、洲、河、湖、山、城”是上述城市山水格局组织的共性要素，如马鞍山的“九山环一湖，翠螺出大江”，九江的“众水一山围江城”等描述则反映出不同城市差异化的要素组织方式。

与之相比，铜陵的湖要素表现出十分独特的布局特征。在铜陵，湖泊分布于山江格局之间，呈珠链状，规律性明显。湖与城的空间关系十分密切，无论是现状还是规划，均表现出以湖为中心，一片一湖、围湖建城的方式，湖成为串联江、城、河、山的核心要素，这是铜陵区别于其他城市空间格局的基本特征。因此，风貌规划将铜陵的空间格局特色总结为“半江围绕半山倚，环城山水联城湖”，提出重视“湖链”的结构性特点，突显和保存铜陵空间格局的可识别性。

2.2 城市空间框架强化

在城市层面，风貌规划对国内部分城市近现代总体规划中的城市设计手法进行了借鉴，并参照深圳趣城城市设计地图的规划设计理念，在城市总体规划所构建的既有格局下，进一步从城市设计角度出发，重点打造核心区域、界面和节点要素，强化以湖为核心、通山连江的空间结构，形成“四城（风貌片区）、八湖（重点区域）、十道（绿道游径）、十八景（景观节点）”的系统梳理，突显铜陵城市结构的空间特质（图 1—图 2）。

图 1 中心城区风貌规划设计

图 2 铜都十八景布局

2.3 空间要素特色落实

在要素系统层面，风貌规划对高度分区、山水廊道、湖链体系、公共空间、建筑风貌及绿道网络等重点内容进行了系统规划，并基于以往总体城市设计的相关经验，将规划设计意图与控规管理和行动计划相结合。首先，在整体系统规划设计完成的基础上，将系统要素、空间载体集中在设计索引图上，形成风貌规划和总体设计管理的平台，向控规落实；其次，将规划设计意图落实到五大空间板块，编制行动计划图表，强化行动计划与空间落实的对应关系（图 3–4）。

3 总体城市设计与城市风貌特色塑造关系的疑问与思考

3.1 总体城市设计能不能解决城市风貌问题

总体城市设计一般会和城市风貌规划放在同一个层面比较，甚至统称为总体城市设计。此类项目如果过于关注狭义城市设计范畴内的格局形态与空间要素，似乎很难解决造成千城一面、奇怪建筑乱象的造型、风格、色彩等具体问题；但总体城市设计的内涵若是过于宽泛，内容又会变得庞杂，难以操作。在实践中，往往基于对不同城市需求和特色的了

图 3 中心城区城市设计索引

图 4 中心城区行动规划

解，以公共空间系统、色彩（如烟台）、高度形态控制（如肇庆）、滨水空间（如东营）等一项或几项要素为主开展工作，成果各具特色，而并未形成普遍范式。从国内各省市提出的总体层面城市设计编制要求来看，如“城市特色风貌控制导则”（如宁夏）、“城市景观风貌专项规划导则”（如福建）等，总体层面城市设计项目的类型界定与编制要求关注的重点并不相同。

风貌特色的内涵是复杂的，解决风貌问题的规划对策和手段也必然是综合的，但如何使这种综合性脱离内容泛化庞杂的弊病，以更加有利于管理实施则是未来工作研究的重点。

3.2 总体城市设计落实是否等于总体层面城市设计落实

总体城市设计多以项目自身的规划设计意图为指导，形成逻辑自洽，而导则或图则以深化解释方案为目的，这与城市总体层面以具体要素为对象的通则式城市设计管理需求并不匹配。可见，仅仅依靠这一项工作，就想解决总体层面城市设计存在的各种问题，并全面而有效的进行城市设计管理与实施，似乎又使总体城市设计这一项目类型承担了过多的责任与期望。

“总体”一词的意义丰富，包括全域空间尺度、全过程、结构框架、普遍意义等，总体层面的城市设计管理和落实的路径也是多样的，如加拿大的渥太华，总体层面的城市设计导则并非是单一的文件，而是分成道路、住区、TOD 地区、加油站等不同城市设计要素，形成城市设计指引体系。而深圳则既开展了总体城市设计，也单独编制了城市设计标准与准则，并开展了趣城规划。总之，总体层面城市设计工作的推进，存在多渠道并行的实践路径，其方法体系依然值得进一步探索。

陕西省佳县历史城市共生性保护方法研究

杨　侃　王月英　刘　亮　王　景　苏子航　石会娟
陕西省城乡规划设计研究院

1 历史城市保护分析

1.1 历史城市保护面临的困境

1.1.1 静态的消极保护

主要内容为划定保护范围、限定建筑高度、风格和形式，缺乏保护城市格局特色、街巷空间和场所精神的内容。

1.1.2 片面单一的保护

保护中强调文物建筑个体保护，没有历史街区和历史保护区的观念，缺乏历史建筑群和历史环境整体保护的观念。

1.1.3 建设性破坏严重

“大屋顶”建设改造的泛滥，在古城内建“假古董”的行径，致使历史地段的消失速度十分惊人。

图 1 佳县风光

1.2 历史城市共生性保护方法

历史城市保护以往多以“新旧分离”式保护为主，古城主要进行整体性保护，新城承载城市职能，历史地段多以风貌控制和公共服务设施提升为主，主要针对解决城市发展问题。但是，在城市空间扩展有限的条件下、新旧城无法分离的历史城市，谋求历史古城和现代新城的共生共荣发展就成为本文关注的焦点。

共生性保护方法的核心理念是针对“新旧合一”型且城市拓展空间有限的历史城市，通过定量分析和历史考证的方法将历史古城范畴进行空间上的剥离，确定古城的历史美学方向和保护内容，划定新城发展规模，确定定位，在保证城市社会阶层正常生活的前提下，形成历史古城和现代新城共生共荣的保护发展模式。

1.3 历史城市共生性保护体系框架

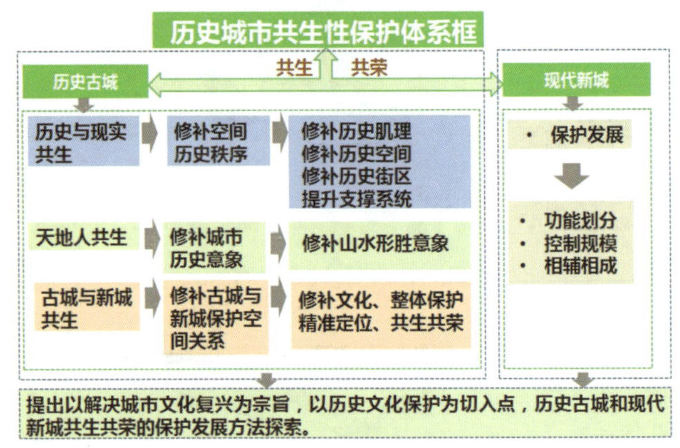

图 2 历史城市共生性保护体系框架

2 佳县城市问题与对策

2.1 问题一：城市格局特色模糊，历史遗迹保护困难，历史城市文化不断被蚕食。

对策一：梳山理水，强化山水形胜关系，划定历史古城范畴，确保古城文化保护底线。

2.2 问题二：城市历史意象模糊，古城体系踪迹难寻。

对策二：悬天古城、边塞军堡，城寨体系，修复古城历史意象。

2.3 问题三：城市新旧空间合一，古城文化岌岌可危。

对策三：剥离古城空间进行整体性保护，修缮古城重要节点，实施历史文化街区的保护更新；明确新城规模和定位，与古城功能相辅相成，实现历史城市“新旧合一”的共生共荣保护发展。

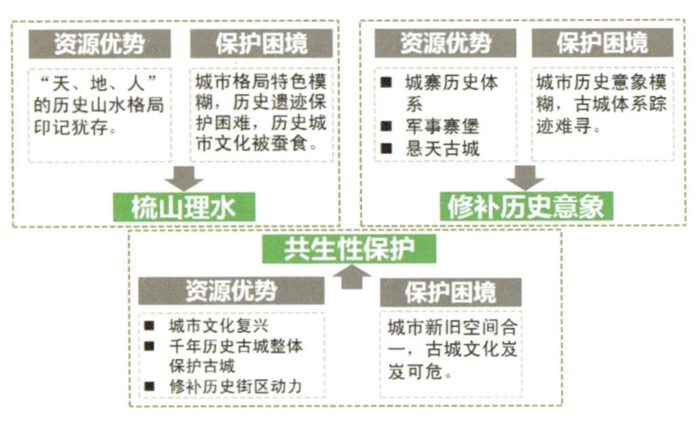

图 3 保护对策示意图

3 佳县历史城市共生性保护实施

3.1 历史与现实共生，延续本土文化影响力——修补古城空间历史秩序

3.1.1 修补历史肌理意象

古城建于山巅，地形狭窄，难以满足礼制建城的要求，故主要从地形和功能的角度建设古城，形成“丁字型古街 + 随山而建的城墙”的肌理意向。随着城市在古城的基础上发展建设，古街格局正在被打破，城墙也逐渐消亡，古城意象正在被遗忘。划定古城保护范围，重新焕发历史文化活力就成为古城复兴的第一步。

3.1.2 修补古城历史空间

研究历史资料，确定宋代至清代的城墙旧址，划定保护范围，确定保护内容。同时对香炉寺和张家大院进行重点修缮。

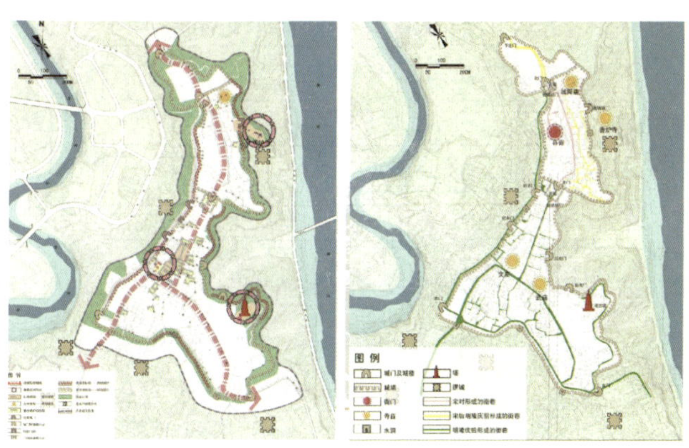

图 4 古城历史肌理修补规划图　　图 5 古城历史空间修补规划图

3.1.3 修补历史文化街区

（1）更新改善古城街历史文化街区

古城街是古城内部最为重要的历史建筑集中区域，采用修缮和修补的手法，最大限度地保留历史风貌，同时加强基础支撑体系。

（2）更新改善人民路历史文化街区

人民路是古城内部重要的历史建筑群落，采用修复和修补的手法，最大限度的保留历史风貌，同时提升基础支撑体系，达到修旧如旧的目的。

3.1.4 提升支撑体系设施

古城内部道路网提升以修补为出发点，强调与历史城市环境的融合。

给水和排水设施应该集中进行改善，做到隐秘化、景观化、小型化，与历史环境融合。

供热设施应该分散化、小型化、隐秘化和无污染化，应由专门的技术公司集中解决设计、施工和后期维护。

消防设施应该小型化，方便化，必须适应古城的道路网体系。

图 6 古城历史文化街区修补规划图

3.2 天、地、人共生，突显文化发展持久力——修补城市历史意象

3.2.1 山水形胜意象

佳县古城因古代战争而起，以防御外敌为建城最主要出发点。选择突出“山险、水环”的地理环境优势，造就易守难攻的“冠山型”军事塞堡。形成“水抱单山”的山水形胜格局。

“天”为白云山、“地”为黄河与葭芦河，“人”为葭芦古城，“天、地、人”合一的山水形胜意象正是葭芦古城保护的精神核心。

3.3 古城与新城共生，强化古城文化影响力——修补古城与新城的保护发展空间关系

3.3.1 葭芦古城

从城市中剥离葭芦古城，做到“突出文化、修缮重点、规模控制、整体保护”。

3.3.2 佳县新城

新城发展应该做到“定位准确、控制规模、互为补充、共生共荣”。

4 结语

历史城市的经济发展快速前进，但没有自身特色文化的烙印，城市终将沦为千城一面，只有“手握历史、面向未来”的城市才具有历史文化性和经济现代化的双重优势。

淮安市蓝道网规划

周 秦
江苏省城市规划设计研究院

1 蓝道网规划概况

1.1 蓝道网概念

蓝道网是以天然水系为依托，整合串联周边自然、人文要素，形成的联系协调生态空间和城乡建设空间，具有生态维护、观光游赏、休闲游憩功能的水系及滨水空间网络。其空间范围为沿河湖水系分布的具有线性特征的开放空间或保护地域，不仅包括河湖水系，还包括河漫滩、河岸植被、洪泛区、湿地、历史文化资源等具有不同价值的滨水土地。它既是城乡生态基础设施的一部分，也是城乡游憩系统的重要组成部分。

1.2 蓝道网规划意义

（1）生态意义

通过水系整治改善水质、保护生态，使各水系功能得到更好地发挥，实现水循环正常、水安全保障、水资源丰沛和水生态良好。

（2）景观意义

通过沿岸景观建设，打造特色水乡环境，营造高品质滨水休闲空间，提高城乡环境的形象美誉度。

（3）文化意义

通过蓝道网建设有效串联体现水景观文化等的各个文化节点，深入挖掘历史文化功能，带动城市文化的整体复苏，打造城市文化品牌。

（4）经济意义

通过蓝道网规划带动旅游业发展，拉动周边地产业及餐饮、娱乐等软商业的发展，产生整体经济效益。

2 淮安蓝道网规划缘起

淮安是历史上著名的水网城市，水网密布、河流众多，且留存有水上立交、漕运文化等丰富的水景观。但在近年的发展过程中，出现了水网密度显著下降、水质状况不容乐观、水生态系统破损严重、水系定位不明、特色缺失等诸多问题，亟需通过相应的规划梳理整合天然水系及各生态节点和水景观，重塑淮安水网城市的特色。

3 淮安蓝道网规划

3.1 基本思路

针对淮安市水网密布、水景观丰富等生态特色及水质状况不容乐观、生态节点孤立、植被绿量有限、岸线湿地破坏严重等问题，拟通过梳理整合天然水系及各生态节点和水景观，规划建设具有生态维护、观光游赏、休闲游憩功能、联系协调生态空间和城乡建设空间的蓝道网体系，实现水环境质量的改善、各资源节点的整合串缀、岸线资源的恢复保育和绿化空间的增加提升，保护和彰显淮安生态特色，打造淮安生态文化。

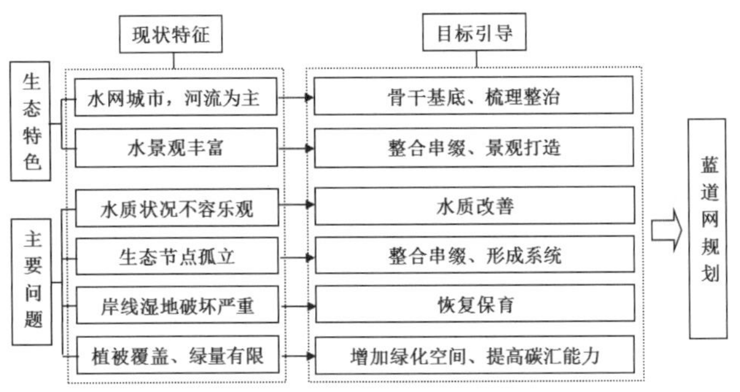

图 1 淮安蓝道网规划基本思路

3.2 规划目标

（1）生态改善

通过水系整治改善水质、保护生态，明确各河道功能定位，使各水系功能得到更好地发挥。

（2）景观打造

通过沿岸景观建设，打造特色水乡环境，营造高品质滨水休闲空间。

（3）和谐发展

引导城乡空间和谐、有序、可持续发展，构建和谐的人水关系。

3.3 规划原则

（1）生态化

以湖泊河流等自然生态资源为规划主体，确保市域内最重要的生态水系资源纳入蓝道网统筹规划。

（2）均衡化

确保规划蓝道在市域内的均衡分布，保证市域各区县及重点乡镇最大限度地享有蓝道资源。

（3）多样化

根据各水道等级功能及地域特点打造不同景观效果。

3.4 规划方法

通过对自然要素（主要包括河流湖泊、山体、田园等）、人文要素（主要包括文化遗迹、历史村落和传统街区等）、交通要素（主要包括铁路、高速公路、国道、省道等现状道路及交通枢纽等设施）、城乡布局等要素进行分解和叠加，形成水道网选线和布局的基础性框架，实现水道网布局与城乡空间布局、区域生态格局、区域交通网络等方面的协调。

3.5 规划内容

分宏观、中观、微观三个层面对蓝道网进行系统规划。宏观层面对蓝道网进行总体布局；中观层面对蓝道网进行分类引导，主要包括蓝道网功能分类引导、蓝道网城乡格局分类引导、蓝道网分段综合引导和蓝道网游线及主要景观节点规划；微观层面主要从水质改善、驳岸设计、河岸景观等方面提供微观措施建议引导。

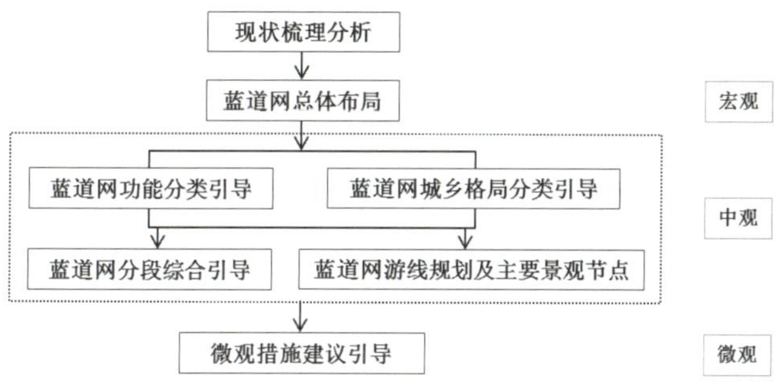

图 2 淮安蓝道网规划主要内容

3.5.1 宏观：蓝道网总体布局规划

在系统分析淮安自然、人文、社会经济等资源本底和城乡规划政策要素的基础上，遵循生态化、均衡化、多样化等原则，形成“一环、一连、两穿、四射、多节点”的蓝道网总体格局，实现蓝道网布局与城乡空间布局、区域生态格局等方面的协调，并根据各水道功能打造不同的景观特色。

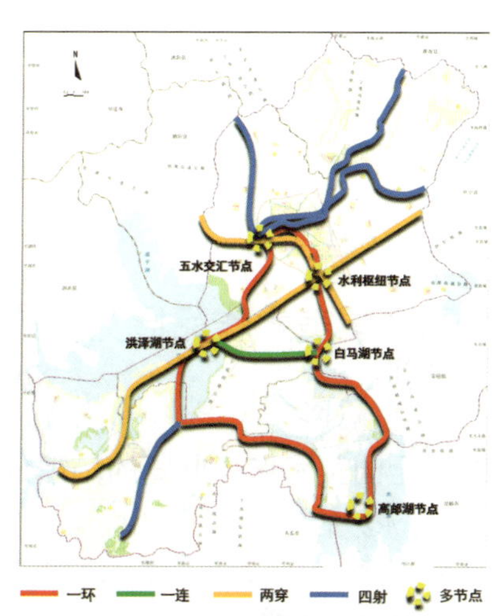

图 3 蓝道网总体格局分析图

3.5.2 中观：蓝道网分类引导

（1）蓝道网功能分类引导

① 功能分类

综合考虑功能、区位等因素，将蓝道划分为四类：自然生态型蓝道、休闲游憩型蓝道、航运交通型蓝道和都市人文型蓝道，分别提出相应的规划引导措施。

图 4 蓝道网功能分类图

② 具体功能类型规划示例

以盐河（市区段）、废黄河（市区段）为例，提出都市人文型蓝道规划示意。

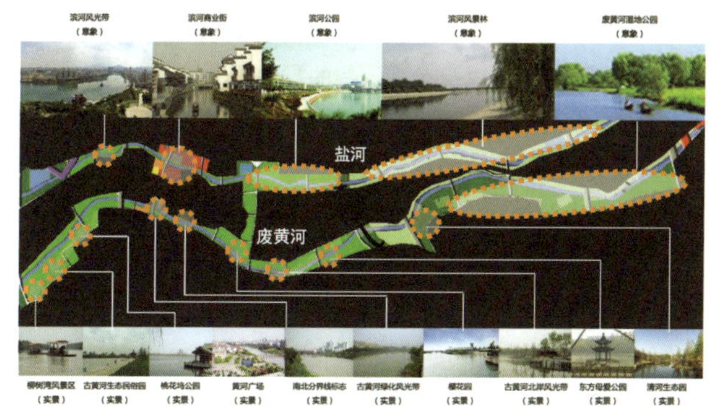

图 5 都市人文型蓝道规划示意图

（2）蓝道网城乡格局分类引导

根据各段蓝道所联系的城乡空间类型进行分类引导。淮安市蓝道网城乡格局主要包括三种：连接型、穿越型和延伸型，分别提出相应的规划引导措施。

（3）蓝道网分段综合引导

按照所属功能类型和城乡格局类型对蓝道网进行分段规划指引。

（4）蓝道网游线及主要景观节点规划

规划蓝道网游线及主要景观节点，在蓝道网沿线主要景观节点附近设置游轮码头，实现水路景观的有效衔接。

3.5.3 微观：微观措施建议引导

从水质改善、生态驳岸、生物保护、河岸景观、交通组织、活动设施等方面对蓝道网规划提出微观措施建议引导。

第十二届全国美展与国家文化发展规划

潘　玥
西安美术学院

1 美术展览、美术馆、国家文化发展规划

2014 年为庆祝中华人民共和国成立 65 周年，第十二届全国美术作品展览在全国 14 个美术馆博物馆展览馆举办。展览场馆作为美术活动的承载空间，是建筑学科的设计对象，是规划学科的城市布局对象，是国家社会文化发展的呈现。

城市和乡村发展进程中，民族文化和民间文化中的优秀表现，是文化艺术发展的源泉和艺术创作的重要题材。

展览的举办离不开作品和美术馆，场馆和展期的规划在省市地方和国家范围，对文化发展有广泛而深刻的意义。

本文从建筑和规划的角度，分析参观者观看美术作品展览和利用场馆的实际情况，阐释美术馆类公共建筑在大型文化活动和国家发展规划中的价值。

2 第十二届全国美术作品展览场馆建筑设计分析

大型展览的参观过程是否流畅，在建筑方面取决于场馆的内部空间设计，以及参观流线的导引规划。

提升馆内整体参观移动速度的关键，在于提供与展品数量和体积相应的宽敞的展览空间。

已建成的场馆，建筑单体可以进行局部改建，考虑就近建设副馆。国家和地区在大型场馆建设方面的决定因素，在于区域发展的实际需求。

3 第十二届全国美术作品展览场馆可达性分析

本文对可达性的评估，仅限于考察第十二届全国美术作品展览场馆与火车站之间的出行范围，综合客观因素和心理感受两方面，心理感受基于客观因素而来，客观因素主要包括，①电子地图信息查询；②公共交通便捷程度；③导引要素的即视感（反映可达性在出行前、出行中、下车后的诸多判定因素）。

4 第十二届全国美术作品展览场馆与城市规划发展

现今全球各地的美术馆博物馆展览馆所在地，主要划分为三类：①设在城市；②设在农村，如关中民俗艺术博物院；③设在城市用地和农村用地之外的自然和特殊地理条件地区，如森林公园中的地质博物馆、墨西哥海底博物馆。

现在的美术馆博物馆展览馆，建在早先的农业用地上，而当前这一地区已纳入非农业用地的范围，那么在事实上和逻辑上，都是城市化和城镇化发展的成就。这种分析思路，突出了城市化和城镇化发展的动态过程。

美术馆、博物馆、展览馆所在的城市区位和受众人群以及可达性等因素，是相互联系相互作用的，其中有制衡的因素，也有共生共荣的希望。

如果受众对艺术不熟悉，那么区位和距离会成为重要的参观展览决策因素，除非家长有意培养孩子的艺术兴趣，如果展览的品质在全国顶尖，那么跨省观展的同行业者也会来。

美展场馆，在城市—镇—乡村体系中，是地区文化的重要构成因素，在社会发展进程中，对丰富城市内涵和精神文明建设有推动作用。

5 第十二届全国美术作品展览场馆与文化发展

表 1 艺术氛围构成要素

艺术氛围构成要素					
分类	表现形式			功能	
无形	情感	喜爱	艺术创作、艺术收藏	内在	丰富自身
	具体做法	传承	艺术教育、文化传播		人文风貌
有形	小型	个体实体	画材店、打印店、绘画班、画家工作室、影视工作室	外在	特定人群完成短期艺术目标
	中型	公共实体	美术馆、展览馆、博物馆、群艺馆、艺术中心		审美培养艺术积淀
	大中型	公共实体	高等美术学院、职业设计艺术学校、文化艺术区联合体		高等教育人才培养专业技能
	大型	地区实体	历史文化区、文化旅游区、特色建筑群等		文化底蕴地域美学

（注：为契合主题，表内暂未涉及音乐厅、剧院等艺术类别）

6 第十二届全国美术作品展览场馆与国家文化发展规划

6.1 第十二届全国美术作品展览的场馆分布

根据 2014 年承办第十二届全国美术作品展览的各美术馆展览馆博物馆所在省市可以看出，各场馆在国家地域范围内的分布，形成沿海一线对应内陆诸点的格局。

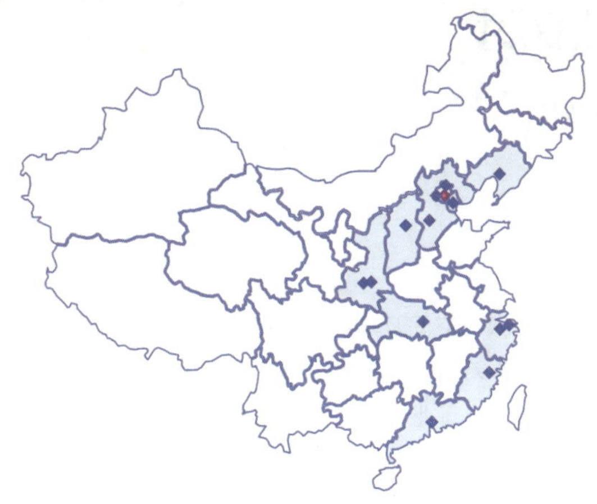

图 1 第十二届全国美术作品展览场馆的国土分布

6.2 第十二届全国美术作品展览的展期分析

对周一至周五必须上班、上学的观展群体来说，决定参观行程的必要因素是展览的展期。展览的展期主要包含两方面信息：①展览的起讫日期；②展览持续的时间长度，以天数计。如果展期内的节假日比例高，能够提高参观者数量。

6.3 第十二届全国美术展览的观展消费支出分析

全国博物馆纪念馆美术馆逐步实现免费参观，是国家惠及全民的文化决策。如果参观者居住的省市地区有场馆承办美展展览，则本地参观者受益。国际都市的大型展览多，文化出行因资源集约更受益。

6.4 展览地点、展期、参观者与观展消费支出的关系

展览地点之间的距离与观展路费支出基本成正比。展览地点距离、观展路费、旅程时间基本成正比。

定点距离之间，高速铁路票价高运行时间短，非高速铁路票价低运行时间长，路费与旅程时间大体成反比。

单位时间长度的展期之内，选择高速列车的参观者能够抵达多个外省市展览地点，参观更多展览。

6.5 第十二届全国美术作品展览与国家艺术发展规划

城市规划、乡村规划、区域规划、文化旅游规划，都是逐步分层次展开的。

好的规划，具有前瞻性。考虑可持续发展的规划，在国家发展过程中适当选址，增补重要空间形态，更体现区域规划的长远眼光。

7 结语

大型公共建筑如国家、省、市、地方的图书馆、美术馆、政府办公楼等，建筑设计注重建筑单体和建筑组群的本体功能，在城市和乡村规划范畴，涉及在城市格局中的选址和道路规划、交通规划、业态规划等，在国家全局发展规划范畴内，与生产生活文化娱乐消费出行密切相关的节假日安排、铁路建设等内容，这些与公共建筑的使用相关，同时公共建筑的造型设计构成它在空间中的美学价值，促进旅游事业与地区文化的发展。

对艺术事业来说，好的展览和演出，体现专业发展的大局和方向，呈现国家在这一学科的前沿和优势，是艺术工作者也是社会各阶层的文化养分。

美术馆、博物馆、等场馆建设，是承载艺术展示的实体空间，其建筑设计和在地区中的规划选址、可达性等因素，对参观展览这项社会公众活动深有影响。

同时，第十二届全国美术作品展览作为全国联动的跨省市大型活动，各展区展览相连跨度半年，异地交通、假日出行、观展消费是制约参观决策的重要因素。

发展社会文化的基础设施建成后，引入群众喜爱的文艺活动和优秀的艺术作品，组织经典的大型创作表演和展事，能够丰富社会文化形态，扩大地域文化影响力，是对传统文化、潮流文化、乡村文化、学院文化的传承，也是自然科学与社会科学，建筑学科、城市（乡）规划学科与艺术学科，共创新篇的契机。

基础设施和前期规划的投入，需要一定的发展成本，发展的收益则是政治、经济、文化、教育、社会各领域乃至全民精神内涵的提升，也是对构架社会科学体系和促进国家全方位发展的有力推动。

建筑、规划、交通工程是典型的工科专业，在社会科学和自然科学二分法的体系框架里划归后者，因其构建今时承载人类社会文化生活的物理空间之功能，使人、活动、空间共生共存（社会学），共书世界文明和国家发展的未来。

表 2 展览与国家发展规划的社会科学体系架构

国家发展	社会科学		
学科	政治学 哲学 建筑学 管理学	社会学 文化学 行为学 心理学	艺术学 博物馆学 教育学 经济学
建筑设计	美术馆 博物馆 展览馆	国家举办展览 场馆承办展览	国家收集展品 持有人提供展品 参观者欣赏展品
城市规划	城市格局 道路规划 公共交通	出行方式 参观行程	参与文化创意活动 德育、美育、智育基地 建立城市文化网络
国家规划	城乡文化特色规划 国家铁路建设 建筑景观和城市美学	展期规划 假日规划 旅游规划	支持文化艺术创作 文化产业和文化消费 精神文明建设

地方语境下的县城城市空间特色发展思路探讨

——以遵义市正安县正安大道两侧城市空间为例

周有军　上海同异城市设计有限公司
封振华　常州武进区城市规划局

1 县城城市空间现状问题与发展趋势

2000 年以来大多数县城的空间规模得到前所未有的扩张，往往以牺牲空间的品质与特色为代价，常体现出城市功能单一、建筑风貌混杂、街区尺度较大、高层建筑无序分布、山水生态廊道断裂等常见的各种问题。新时期背景下，城市的竞争开始从关注规模与速度转向关注质量与特色，“县城”的城市空间发展本质上应更多地回归对凸显地方生态与文化特色、延续地方生活方式、符合地方居民心理感知的思考，最终反应在空间功能选择、建筑文化传承、山水生态延续、空间尺度塑造等方面都应有地方特点，方能保证提供的空间平台能继续支持经济增长、支持城市品牌塑造、支持宜居生活的需要。

2 正安县及正安大道两侧城市空间认识

正安属遵义市，区位上有“黔北门户，襟联重庆”的说法，是典型的西南山地区域。文化上素有“贵州文化在黔北，黔北文化看正安”之赞誉，是西南文化大师尹珍故里。

县城近年来的空间建设存在品质不高、文化底蕴彰显不足、开发功能单一等普遍性问题。2010 年在正安大道的修建下，县城形成“一城三区”的空间框架，县城的规模在规划层面得到了数倍的增长，紧邻老城区的正安大道两侧的空间担负着四方面作用：是展示城市形象的窗口、是凸显文化底蕴的空间载体、是衔接凤仪—安场两镇区的功能板块、是升级城市服务产业的战略空间。

3 城市功能选择

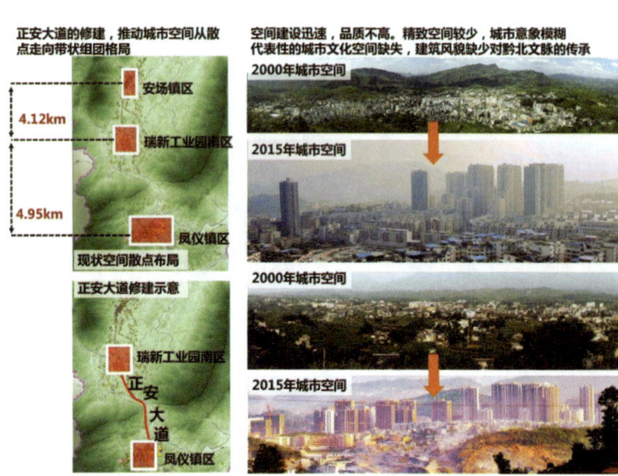

图 1 正安城市空间格局及发展变化

通过对城市空间及场地特征综合分析，规划将此区域定位为“文旅新天地、城市会客厅”，发展旅游度假、文化创意、商务办公、商业贸易、高品质居住与生活服务等功能，可成为传承黔北千年文脉的平台、塑造正安城市气质的名片、触动商旅能级爆发的引擎、营造城市多彩生活的乐园。

4 城市空间设计思路

（1）解码生态，支持山—水—城—人相融空间形成

通过对规划范围 7.26 平方公里内高程、坡度的分析，基地内地形变化较大，中间为峡谷，两边为山体。北区多为微丘，南区有山地与山谷。正如此，造就了基地生态要素丰富的特征。

为顺应与凸显场地生态特征，首先在山水资源的利用上，秉承“筑坝蓄水、依水塑园”的理念，利用低洼谷地，蓄水成北郊湖和石梁湖，形成城市湖泊景观，营造山水园林，塑造城市高品质休闲游憩空间。其次在城市道路的“动线”选择上，贯彻“依山就势、灵活自由”的理念，保留微丘的地形，以山和谷为景，塑造良好的街道和步行体验环境。最后在建设用地选择上，秉承“显山露水”的理念，重点对高差缓和区域进行重点利用，集聚生活居住、商业公服功能，在高差较大区域，斑块式布局用地，低强度开发，集聚休闲游憩功能。

（2）回归院落、街道，支持步行与公共生活、空间有序形成

在街区尺度上，采用小街区形态，营造适宜步行的环境，以 300 米 x300 米为主要街区尺度；在建筑布局上，采用半围合式的院落形态、服务设施采用街道的形态布局，营造促进相遇、交流的环境；半围合的形态在保证开发强度需求的同时，可降低建筑高度，为此在建筑高度上，可保证居住建筑以多层、中层建筑为主，避免出现居住建筑高层无序分布，

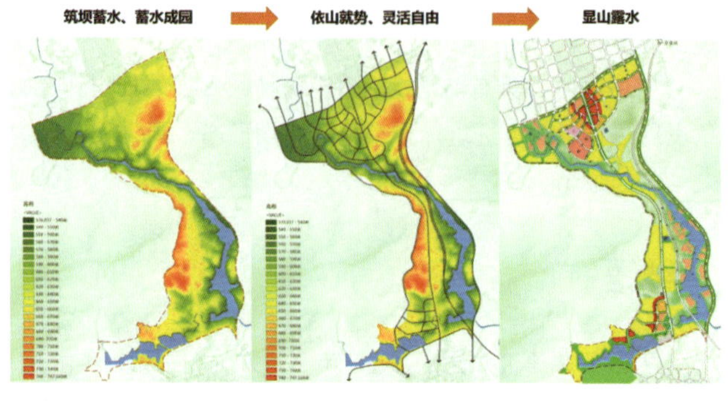

图 2 凸显场地生态特征的空间规划思路及布局

风貌混乱，城市级商业建筑、服务设施集中位于工业园区门户形成地标，保证高度明确、风貌有序的城市空间格局。

（3）传承文脉，延续记忆，构建城市名片

从正安的历史文献资料研究出发，在规划范围地区寻找一系列历史文脉线索，在分析研究相关地区的传统建筑风貌，以此成为旅游街区设计及复原的重要依据。设计上正本溯源。创造具有正安特色，乡土回忆又具有现代化城市氛围的古县形象，让人们安居乡里。

5 结语

县城城市空间的发展要凸显特色化，在功能上需挖掘特色功能，支持经济发展；在基地识别上需充分凸显生态要素，将特质生态要素进行延续，支持特色的山水空间格局发育；在街区尺度上选择小街区、建筑空间组织上需回归街道院落形式，支持适宜步行与公共生活产生的环境塑造；在风貌塑造上需传承地域建筑文化，传承文脉，支持具有自身特色的城市品牌形成。

图 3 半围合式的院落、小尺度街区及空间设计意向

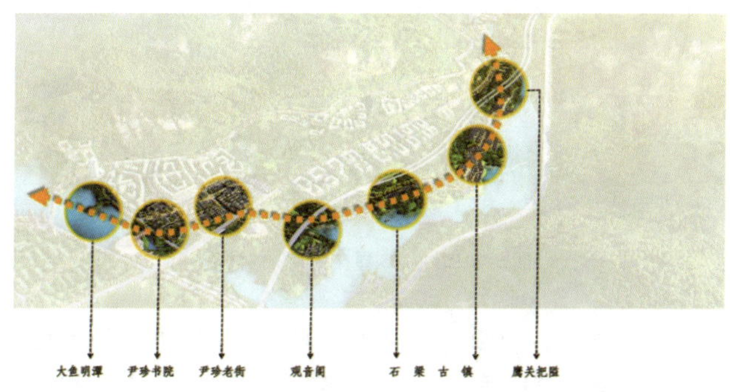

图 4 传承黔北文脉、复原历史遗迹、发展商旅文创的空间轴线

建筑遗产旅游可持续发展规划思路初探

——英国牛津城堡复兴项目案例

任　伟　英国牛津布鲁克斯大学建筑环境学院
赵士庆　河北科技师范学院艺术学院

1 介绍

本文立足建筑遗产规划和可持续发展规划理论，提出评估建筑遗产景区可持续发展的模型，同时把牛津城堡作为案例进行研究。建筑遗产可持续发展规划应从经济，环境，社会和管理四个方面着手，不仅仅需要考虑建筑遗产本身的历史文化价值，也要充分与当地社会和经济发展相协调，考虑不同利益相关者的需求。

2 文献综述

荷兰在 1961 年，法国在 1962 年，英国在 1967 年，意大利在 1970 年分别颁布建筑遗产规划领域相关法律法规。Millar 在 1989 年提出建筑遗产可以作为一种良好的旅游资源 。Timothy 和 Stephen 在 2003 年建议建筑遗产景区的开发需要考虑其原真性。建筑遗产景区规划需要考虑其评定标准，资金和管理等因素。英国遗产保护评定系统始于 1947 年，在 1990 年规划法案中实施登陆建筑和保护区的管理政策，保护的范围包括文物古迹，登陆建筑，地方保护区域，古战场，花园和公园等。登陆建筑是一种有重要历史或者建筑价值的古迹建筑。Brundtland 委员会在 1987 年提出可持续发展的定义为“既能满足我们现今的需求，又不损害子孙后代的需求，能满足他们需求的发展模式。” 建筑遗产景区规划可持续发展在考虑两代人需求以前必须充分研究遗产景区旅游的四个影响：Wall and Wright 在 1977 倡导的环境影响；Mason 在 2015 年建议的经济影响；Wall and Mathieson 在 2006 年提出的社会影响；Perdico ú lis 和 Glasson 在 2010 年补充的管理影响 。本研究提出评价建筑景区可持续发展框架（图 1）。

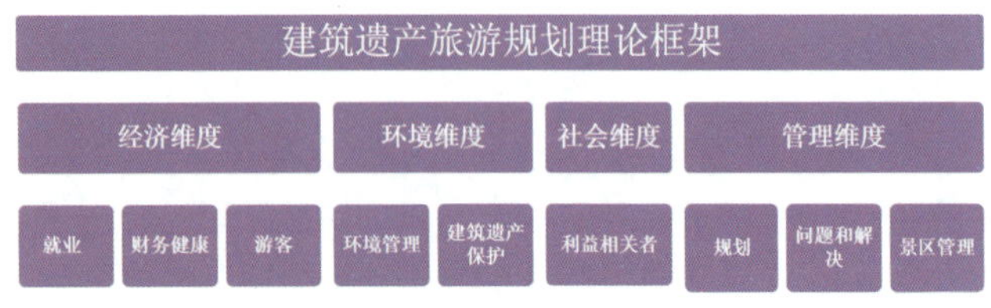

图 1 建筑遗产旅游规划理论框架

3 研究方法

研究分为四步（图 2）。第一步，结合建筑遗产，可持续发展和遗产旅游三个方面的文献建立理论框架。第二步，根据理论框架调查了中英两国 36 个景区遗产规划和可持续发展基本情况。第三步，选取牛津城堡主要案例之一。第四步，根据第三方论证指出研究方法潜在的价值，可接受性和国际转移性。数据收集的方法为文献检索，问卷调查，深度访问和观察。数据分析采用定性分析和定量分析结合的模式。本研究访问了牛津城堡复兴项目，牛津保护信托，牛津城堡广场和牛津城堡景区的负责人，并收集了五十份游客问卷。

图 2 建筑遗产旅游可持续发展规划研究方法

4 案例介绍

牛津市在公元 900 年左右开始建设，拥有众多建筑遗产。牛津市是牛津大学的所在地，牛津城堡坐落于牛津市区中心，城市发展历史上总体改变很小（图 3—图 5）。

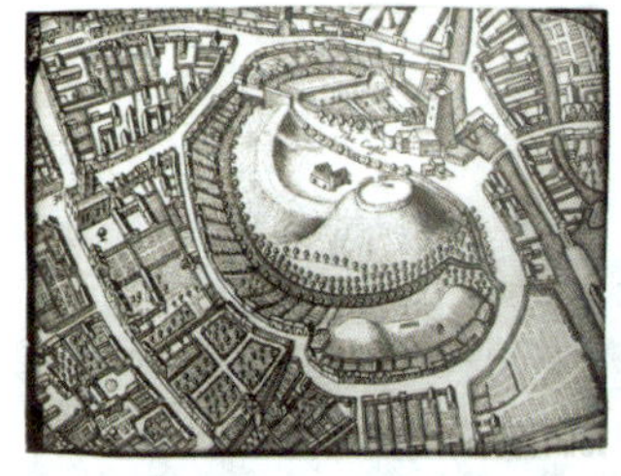

来源：ThamesPilot, 2015

图 3 牛津城堡 1675 年鸟瞰图

来源：Chance, et al., 1979

图 4 牛津市 1675 年地图

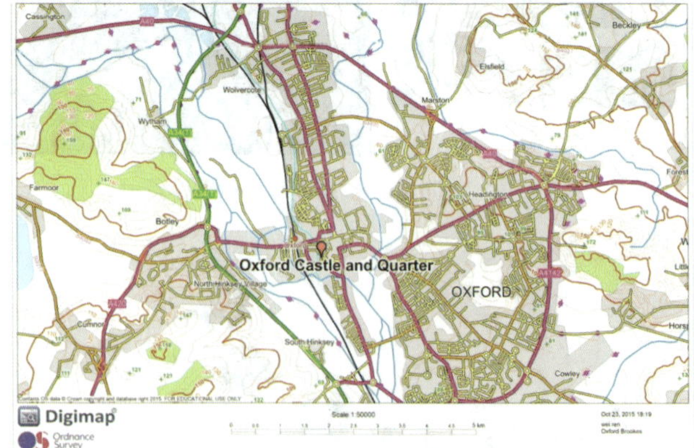

图 5 2015 牛津城堡在牛津市的位置

牛津城堡在 1996 年以前是监狱，后来出售给牛津郡政府。牛津郡政府根据可持续发展原则重新开发牛津城堡以及周边区域。重新开发的项目包括景区，餐馆，酒店，画廊，文化教育中心和商品房公寓（图 6—图 9）。

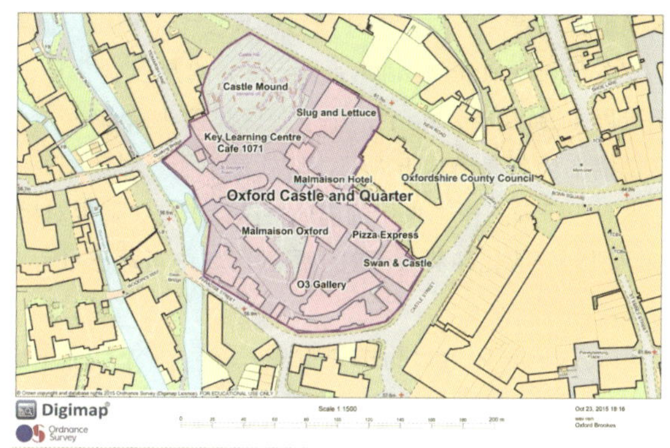

图 6 牛津城堡以及周边地区规划图

图 7 Malmaison 酒店夜景

图 8 牛津城堡古迹

图 9 游客在牛津城堡广场留影

5 研究结果

牛津城堡遗产规划非常注重其对社会的贡献。重新开发这一区域的复杂性促使牛津郡政府与其他的利益相关者进行深度合作，包括牛津保护信托，牛津市政府，居民代表，遗产乐透，英格兰东南开发署，英国遗产保护署，牛津郡历史遗产环境保护信托等等。利益相关者的态度和行动协调统一后，才可以成功开发这个项目。然而，该项目前期并没有足够资金,所以引入私人企业,项目在相对透明的监督下进行开发。

虽然该项目依然存在着一些问题，但是可以作为可持续发展开发比较成功的案例。作为一个公共空间，这个区域引入了多功能商业小区的模式，这种模式没有影响其重要的历史文化特征。在环境和建筑遗产保护方面，项目考虑了反对者的意见，充分和当地居民协调。建筑遗产修复尽可能使用原始材料和方法。同时在很多建筑中也使用现代设计来确保使用者的舒适性。这些新的技术必须与历史文化古迹相协调（图 10）。

图 10 在复原古迹的同时使用现代建筑设计风格

6 结论

建筑遗产规划不仅仅是要考虑到对建筑进行“修旧如旧，补新以新”的保护，还要综合考虑其可持续发展的可能性。可持续发展在建筑遗产规划中应该在未来有更多实际的应用。在开发建筑遗产的同时，必须要考虑到经济，社会，环境和管理四方面的意义，而不是简单对原有建筑遗产进行修补和重建，再开发成旅游景区。中国国家主席习近平在 2016 年 4 月 14 日对文物保护工作也提出了“保护为主、抢救第一、合理利用、加强管理”的 16 字方针。世界需要可持续发展的建筑遗产规划，中国也需要建筑遗产可持续发展规划。

探索多中心空间发展理念的战略优化

——以上海都市区为例

魏旭红
上海同济城市规划设计研究院

霍华德提出的“田园城市”可谓多中心空间发展理念的理论鼻祖，霍华德主张在城市外围地区培育一定数量的城市副中心，以期在一定程度上疏解城市主中心的人口和发展压力。多中心化的空间结构是全球大都市共同的发展愿景，从国内实践来看，在20世纪末，以一线特大城市北上广为代表也纷纷展开多中心空间战略实践。

图1 我国特大城市的多中心空间实践

尽管空间上的支撑策略有所推进，大规模的居住小区拔地而起，大范围的产业政策区加速推进，但究其本质这些所谓的反磁力中心对于人口的吸引力依然有限，职住均衡并非理想，中心城磁力依然巨大。这些现象迫使我们分析思考，未来应如何推进多中心空间发展战略不断优化提升？事实上，任何提升优化的策略，都应该建立在对发展现状有充分、准确认识的前提之上，而我们当前对城市多中心的期望是远远大于对多中心现状的认识与评估的，因此，我们试图站在认识现实的角度，通过梳理国内外相关研究，以上海都市区为例，回归多中心发展演化的客观内涵，对上海多中心演化特征进行刻画与描述，作为战略空间规划前期分析研究的重要内容，为策略优化提升提供更加科学的依据。

之所以选择以上海都市区为例进行研究，主要考虑到两方面原因。其一，为数据可得性满足定量研究条件，研究主要以经济普查和人口普查数据为基础，同时，以下的全部研究均以街道（镇、乡）为研究尺度；其二，上海施行多中心空间战略多年，成败经验与实践教训积累充足，具有较为突出的现实普适性，对于我国当前诸多大城市具有代表性。

希望剖析的第一方面内涵，即讨论，多中心空间结构的中心，到底是什么概念。这一概念的不明确，将直接阻碍我们推进很多事情。问题是，中心应发挥什么作用，达到怎样的标准可以被称作中心？通过梳理大量的国外相关研究成果，发现，围绕城市空间内部，中心识别的研究成果数量很多，且开始研究的时间早，技术方法已经经历一定演化和升级。分析多依托就业数据，从最初的门槛法，即就业密度高于某一值的即可被看做是就业中心，到后期的参数模型、非参数模型模拟等。同时，国外研究的尺度十分精细，通常采用TAZ（transportation analysis zone）的尺度，小于普查单元尺度（census zone），小于邮区尺度（zipcode），可以更加精准地判断出城市内部，何处是中心。对比国外的研究，我们在研究工作中采用的描述性统计方法，则相对粗略，只能识别出分散化趋势，而对于局部区域内可能已经存在的中心无法甄别。

因此我们在研究分析的过程中，参考国外对于中心识别定义的研究，将定量方法应用进来。被识别为副中心需要满足两个条件：第一个条件，达到一定规模门槛，基本研究单元在周边区域内明显集中大量的就业和人口；第二个条件，具有显著的覆盖影响范围，即基本研究单元的就业人口分布，对整个都市区内部的要素分布具有统计学意义上的显著影响。基于以上两个步骤的分析，我们明确地得出，上海都市区内部显著的就业副中心、人口副中心在街道尺度下的空间分布。同时，分别与重大交通基础干线和轨道交通站点空间走向的耦合结果显示，该方法识别的副中心具有较强的可信度。

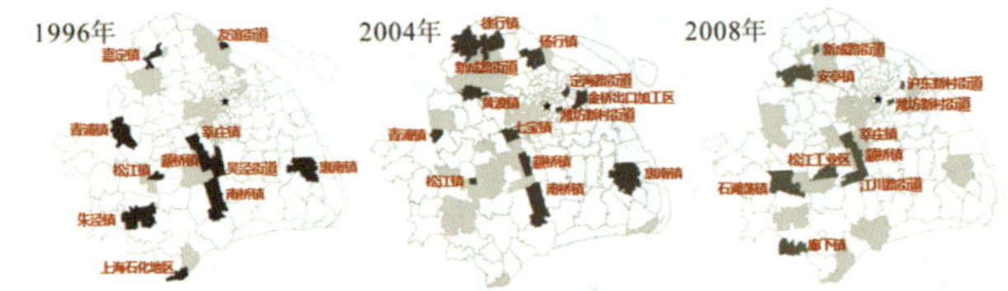

图2 上海都市区就业副中心空间识别结果

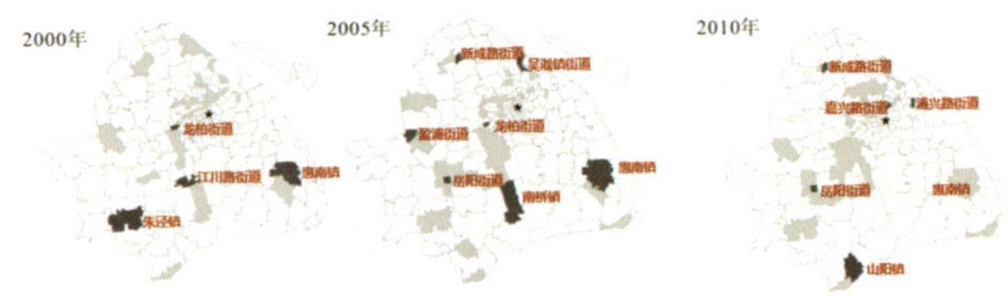

图3 上海都市区人口副中心空间识别结果

我们希望剖析的第二方面内涵，即讨论，在明确城市内部主副中心空间位置与规模的基础上，如何认识与衡量当前城市的多中心发展程度？我们在研究中将多中心程度的影响因素分解在两个角度，第一个角度，规模的影响力，设想，如果在控制其他条件一致的情况下，主副中心规模差距悬殊，那么多中心化程度显然更为薄弱，因此我们更加倾向追求主副中心规模相对均衡的局面；第二个角度，距离的影响力，同样设想，如果在控制其他条件一致的情况下，我们更希望具有一定规模的副中心出现在城市外围，即距离主中心更远的地方，此时的空间结构多中心化程度更高。综合以上，如

图4所示，多中心示意形态A是我们更倾向于追求的多中心。

基于此，我们对上海就业空间进行检验，纵轴为副中心规模，横轴为副中心到主中心的距离，作散点图，并划定拟合曲线，比较不同年份的曲线斜率，曲线越平坦，则说明多中心化程度越强。上海的现实特征是，就业空间的多中心化程度在不断提升，主副中心之间规模差距明显缩小，且副中心与主中心的空间距离逐渐拉大。

多中心示意形态 A　　多中心示意形态 B

图 4 多中心空间结构分析示意

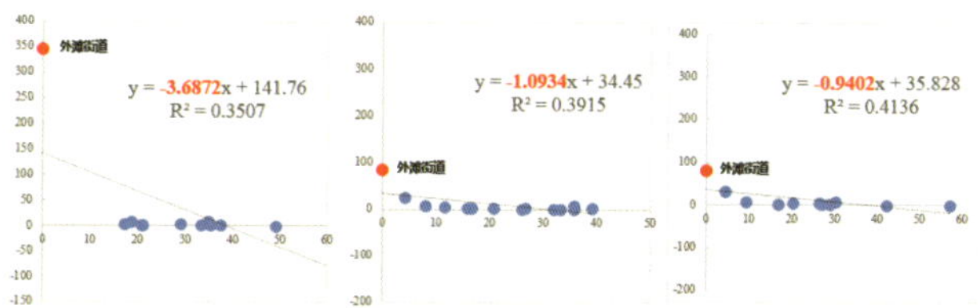

图 5 上海就业空间多中心化程度

基于以上两方面内涵的分析，我们希望将这些方法应用到特大城市开展的多中心空间实践。具体可以应用的方面包括：①综合性就业—人口副中心，可作为重点培育的新城，加强政策聚焦，避免天女散花；②动态监测城市就业、居住空间变化，优化供给，在就业、人口副中心周边优化用地指标投放与政策分配；③作为监督、反馈、评估上海城市空间优化的基本依据，建议构建多中心空间战略评估框架，包括多中心发展指数、政策区成效评估、分行业的就业中心发展评估等。

第三种生活

——坝中那片理想天地

杨　阳
上海同济城市规划设计研究院

“田园城市”派代表，霍华德在《明日，一条通向真正改革的和平道路》中认为，应该建设一种兼有城市和乡村优点的理想城市，他称之为“田园城市”。

随着社会变革、技术进步，德国村镇形成一种新的生产与居住方式。这就是基于社会传统，由交通便利与远程工作催生的“通勤村”。“通勤村”不仅是在交通层面上“通勤”，还是社会经济等方面的“城乡交流”，带动乡村多元化发展。

这些其实就是第三种生活方式，介于城市与乡村的：既能享受城市的现代化，又能享受乡村的自然开阔。

我们不需要到霍华德的田园城市实验区寻找，也不需要羡慕德国经过长久蜕变形成的通勤村，在祖国的西南，就有着实现这样理想中生活方式的现实雏形。

1 走进保山坝

云南地区属于高原山区，在这高山为主的地区，散布着大大小小相对平缓的低洼地段——称为“坝子”。这些坝子内，地势高差较小、土壤肥沃、气候条件较好、农业灌溉便利，是千百年来云贵高原上农业兴盛、人口稠密的经济中心。

保山坝地处保山市，平畴沃野，村落棋布，既是素负盛名的滇西粮仓，又是全市一区四县中最大的城镇和人口聚集区，人口密度高，人均耕地少。

五个集镇自北向南坐落于坝区，大致可以分为南北两个组群。近代以前保山坝区中包括永昌古城在内的城镇间距大致在3~4公里。各城镇的服务半径以2~3公里计，能够基本上覆盖保山坝区的平地部分。

2 新型城乡关系发展的雏形

这里城市和乡村聚落之间互动紧密，并没有呈现出一般地区的城强乡弱，城进乡退的现象；乡村地区无论是物质空间还是社会空间上，都体现出强势发展的态势。

（1）规模上，城乡都在扩张，体现的是对土地资源的争夺和建设量的粗放提升；

（2）空间上，中心城区偏居一隅，并未占据坝区几何中心统领位置；

（3）产业上，城市产业飞地扩散，农工业相互渗透；

（4）文化上，一脉相承，传统乡土社会根基强大

事实上这里已经出现了这样一类人群：他们生活在农村，每天工作在城区；不需要小汽车，在风和日丽的天气中更愿意骑着电瓶车优哉游哉地享受着通勤路上的美景和际遇。只是相较于德国的通勤村，现在这种模式还处于低水平萌芽阶段，这种生活方式暂时呈现的是一种铺张浪费，是资源的不集约性。

3 保山坝内城乡发展趋势

坝区土地资源质量较高，但总量有限，地形地貌促使人口、建设用地、生产资料在有限的空间中集聚，为城市发展、设施配套等方面带来较大的压力。同时，调查中发现城镇居民乐于更多的接触乡土空间，同时，乡村居民“离乡入城”的意愿也并不高。

传统城镇化的“集中式”发展路径，在坝区范围内难以实现。如果还按照集中的模式来发展，一方面会导致过过度集中带来更大的承载压力；另一方面，也违背了居民的实际生活意愿，难以实现。

4 谈谈想法——这里有山有水有乡愁，留下才是美好生活

这里具备实现第三种生活方式的资源本底：

（1）城乡互动密切；

（2）自然资源基础；

（3）乡村自治管理；

（4）空间距离适合。

虽然目前它表现出许许多多的问题，但是人们留恋这一方水土，这一方小天地。所以综合以上的发展本底与发展意愿，我们在坝子内进行新的探索，提出一些新的理念：

4.1 关于建设路径选择

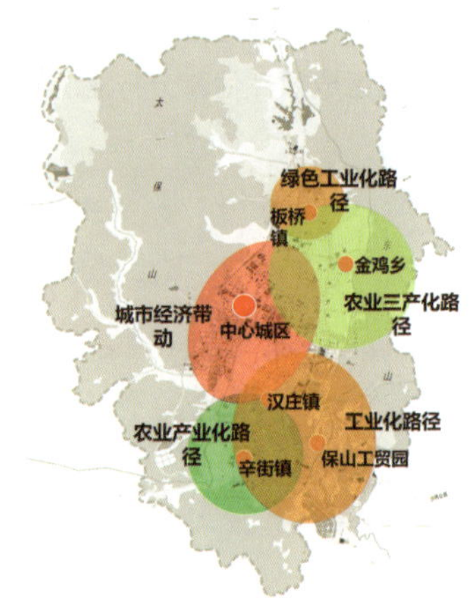

坝区内各地区发展特性各异，不能以一种模式全覆盖。我们提出了复合化的建设路径。整个片区内以工业路经绿色化为主导，辅以农业发展产业化以及农旅联动乡土化。

4.2 重点关注城乡地域特色的塑造

基于以上复合路径，我们提出一条贯穿坝区南北的田园风光带的概念，它不是传统的农业种植景观，而是一条复合的田园休闲生产带。它内涵丰富，包含多元的农业生产、田园漫步活动、乡土文化体验、生活聚落服务等功能。

在划定田园风光带时，我们借鉴控规指标体系，引入村庄聚落概念，架构起刚性与弹性相结合的控制体系。

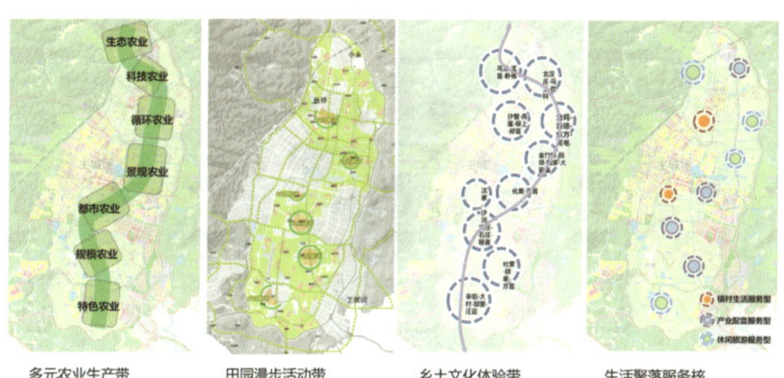

多元农业生产带　　田园漫步活动带　　乡土文化体验带　　生活聚落服务核

刚性控制：提炼点、线、面要素，划定重点田园风光保护地带

弹性控制：聚落分区，分层弹性管控村落建设

为了呼应村庄建设的自身需求，从就地就近城镇化的角度出发，需要给田园风光予以一定的弹性，为乡村建设留有空间余地。

我们从各乡镇分区和聚落两个层面进行弹性引导。

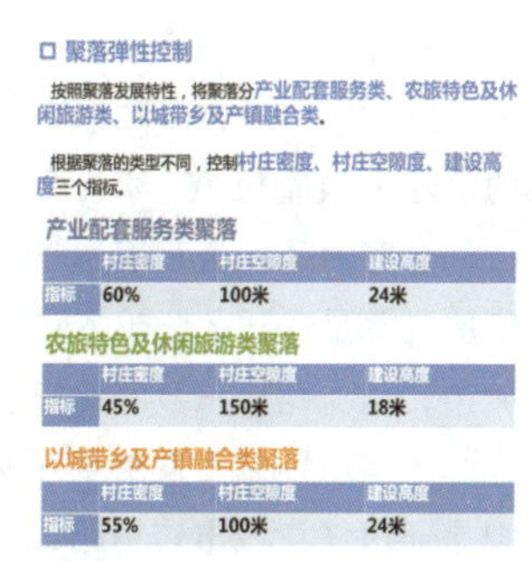

□ 分区弹性控制

确定各个分区的参考数据，借鉴与各个分区相似地区案例，并结合单元自然属性、产业发展方向、田园风光现状对各个单元提出评价数据，据此对各个单元进行引导。

·板桥分区

	村庄密度	村庄空隙度	建设高度
现状	18.52	118.43	25
规划	15	120	24

·金鸡分区

	村庄密度	村庄空隙度	建设高度
现状	16.74	97.93	25
规划	10	140	18

·汉庄分区

	村庄密度	村庄空隙度	建设高度
现状	18.70	132.90	25
规划	15	140	24

·辛街分区

	村庄密度	村庄空隙度	建设高度
现状	15.26	111.65	25
规划	12	120	24

□ 聚落弹性控制

按照聚落发展特性，将聚落分产业配套服务类、农旅特色及休闲旅游类、以城带乡及产镇融合类。

根据聚落的类型不同，控制村庄密度、村庄空隙度、建设高度三个指标。

产业配套服务类聚落

	村庄密度	村庄空隙度	建设高度
指标	60%	100米	24米

农旅特色及休闲旅游类聚落

	村庄密度	村庄空隙度	建设高度
指标	45%	150米	18米

以城带乡及产镇融合类聚落

	村庄密度	村庄空隙度	建设高度
指标	55%	100米	24米

最后坝区呈现出来的是这样一种空间发展模式：

一条特色田园带，**连接、包容、融合**坝区内的城乡要素，

在这样一个有限的坝子空间中，各发展要素实现了**自由的互通的流动。**

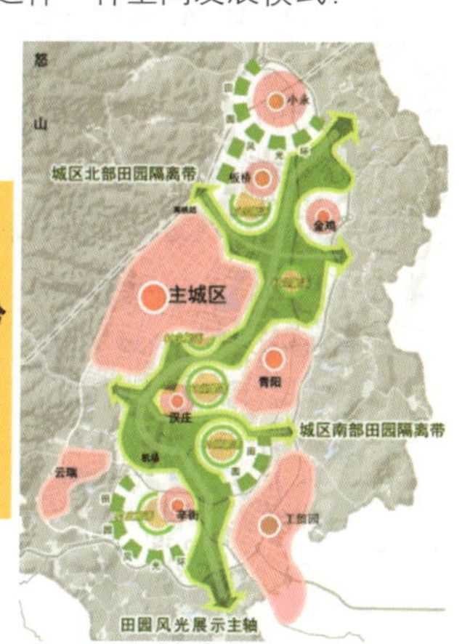

我们相信，未来在这片坝子中，人们不必奔波劳顿去亲近自然，身处城市也能尽情感受自然的美好；也不必忍受着贫穷和劳苦，身处乡村也能享受现代化的品质生活。

我们相信以工业化为代表的现代文明和乡土田园生活之间并不是对立的；在这样的坝子中，可以有这样兼顾城市与乡村优点的生活状态。

我们相信，这里不同于莫干山那样是小众的、体验式的乌托邦，这里是真实的生活，就是我们心中触手可及的理想家园！

对城镇化本质的思考

更进一步，本项目引发了我对城镇化本质的更深层的体会。

城镇化是在人类发展过程中的自然阶段，是人们在追求生活的过程中，观念解放、科技进步，从而产生工业革命、科技革命等一系列变革。在高楼大厦的城市景象背后是人们思维方式的改变和生活质量的提升，这才是城镇化最重要的基础。抛开这个前提而盲目追求城市景观的蔓延和城市人身份的转变无疑是舍本逐末。

也就是说城镇化绝不是被追求的目标和结果，人们真正应该关注的是如何发展，如何提升生活质量以及创新思维方式。

我大胆地预判，未来坝子中呈现的状态应该是全面破解城乡二元制度，实行城乡合治，城镇化进程趋于稳定甚至结束。城与乡的关系如同八卦的两极，相互独立又相互依存。城镇化的最高境界是城乡统筹！

让公园拥抱城市

——高密度地区内向型公园开放街区化思考

吕圣东
上海同济城市规划设计研究院

1 城市公园现实问题

以上海的浦东世纪公园为例，140 公顷的巨大规模，却因为是收费的城市公园，使得公园南北向的城市步行空间只能通过城市道路行进，而这将耗费三倍以上的步行时间和步行距离，对城市人群与城市本身是一种巨大的割裂。以上海的浦东陆家嘴中央绿地为例，10 公顷的规模，设计的本身体现了视觉上开放，但是在流线组织上却完全无视与轨道站点的衔接，忽视周边楼宇之间的步行联系。作为城市空间中重要的组成要素，尤其作为一个行人空间、绿色空间，在人性化交通组织上没有作为是很让人遗憾的。

2 街区化的行进方向

随着国务院出台《关于进一步加强城市规划建设管理工作的若干意见》，城市空间开放街区化的议题被提出。之于权属复杂、利益主体众多的存量空间相较于自上而下的增量城市空间街区化实施存在更多不确定性与复杂性。因此存量城市空间优化是开放街区化实施的重点与难点。开放街区化的意义在于提高城市空间的公共性，提高街区可达性以及城市步行空间的人性化。不管是规划业内人士还是大众，聚焦的区域大多是关于居住区的开放、街区化。实际上城市中存在很多类型的内向大型空间集群，如大型住区、大学校园、单位大院、城市公园等等。而当街区化面临实施的时候，这些主体因为存在权属、利益主体多样的问题，实施存在较大的困难，难度系数从大型住区、大学校园、单位大院、城市公园依次递减。

图 1 浦东世纪公园实景

3 街区化的先行主体

城市公园的私有程度基本不存在，权属也清晰明了，所以城市公园作为街区化的先行具有较高的可操作性。纵观城市公园的发展历程，我国的城市公园多数为收费公园转向免费开放，而公园的设计大多沿用内向型的设计模式。城市中心与城市边缘的公园对街区化的诉求也存在差异。城市中心区、高密度地区的公园应该更多地融入城市，让公园拥抱城市。因此中心高密地区的城市公园实施街区化、拥抱城市、城市人流具有较高的实践价值。因此开放街区化的理念在存量的内向式的城市公园改善中起到了有效的引导作用。可以做到提升城市步行空间效能的作用。

图 2 开放街区化示意

4 拥抱城市的城市公园

研究上海中心区域的城市公园，存在以园设计，以公使用的现实情况。侧重于内向的公园使用，忽视外向的城市衔接与人流引导。进而提出应该以公园设计，以公园使用，避免设计与使用的理念脱节。提出开放街区导向下的公园开放不仅仅是免费，也不仅仅是拆除围墙如此简单，而应该是可以拥抱城市的公园。同时分析研究国外相似的两个案例，以芝加哥湖滨公园与纽约中央公园为例，从入口的设置与流线的组织分析，比对与上海城市公园的差异。基于比较分析，提出拥抱度的指标来定量评判公园的开放街区化程度。能够拥抱城市的公园必须基于三个前提，①满足公共的非排他性；②契合人流的导向入口；③融入城市的骨架流线。在这三个前提下设定拥抱度的两个分指标建构因子。以可进入性为目标的入口耦合度和以穿越性为目标的公园穿行度，各自的最佳上限值为 100%，两者的乘积为城市拥抱度。其中入口耦合度为了能直观表达与城市人流的衔接关系，入口耦合度的计算是通过公园出入口与城市转角、路口重合的数量与城市转角、路口总数的比值百分数，公园穿行度是反映城市穿越人流从任意出发点至任意目的点效率的指标，这个指标则是通过任意城市转角路口至另一转角入口直线距离与从公园行进距离的比值的求和平均数，该指数的理想数值同样为100%，两者的乘积为公园的城市拥抱度。以浦东陆家嘴中央绿地为例，以城市拥抱度为指标，通过改造设计的概念方案，直观展示公园拥抱度带来的实际改变。

5 上海城市公园的街区化革命—拥抱城市

实行街区化的公园需要进一步进行界定。

界定的第一个标准：公园与城市的关系。位于城市中心区、城市外围、城市郊区的公园随着周边人群密度的逐步降低，对公园开放的要求程度也随之降低。拥抱度的要求与随着降低，简言之人流密度越高的中心城区的公园，对公园的城市拥抱度要求越高。

陆家嘴中央绿地拥抱度提升 19%→74%

增加街区入口衔接

3入口→6入口
入口耦合度50%→100%

结合轨道站点修正园路流线

联系街区对应流线
公园穿行度38%→74%

图 3 陆家嘴中间绿地改造示意

界定的第二个标准：公园自身的特征。对于徐家汇公园、静安雕塑公园之类的现代开放式公园，在开放度、拥抱度上较好，也无需进行街区化改造。因此这个标准是为了进一步界定内向型的城市公园。因此高密度地区的公园应该更多考虑多元使用者，考虑与城市的道路肌理衔接、人流导入，为城市提供更高效、可进入的开放空间，兼具“公”“园”两者的特性！让公园可以真正的拥抱城市！

最后希望以建立开放街区化的公园意识为起点，梳理人性化的城市步行空间，并以此为契机，推行街区化公园导向的公园设计理念，建立城市拥抱度为评价标准的指标，呼吁政府主导上海等地试点拥抱，最后以公园街区化来引领城市要素的街区化。

问题导向的控规层次城市设计控制及引导研究

杨　航
上海同济城市规划设计研究院

问题导向的城市设计是以可实施和可操作为目标，在设计过程中以问题为导向，基于整个城市的系统、空间结构框架、发展目标、交通组织等等，剖析重点问题，针对性地提出对策、建议和控制手段。城市设计不仅要引导物质空间环境的建设，解决城市空间的问题，同时还需要通过一种易于解读的语言作用于规划管理。规划必须合理把握刚性与弹性的度，过于刚性的成果会限制未来规划设计师创作的余地，过于弹性的成果又无法保障公共空间体系控制的有效性。因此，我们总结实际工作中存在的问题与经验，提出问题导向的城市设计控制引导，通过一般标准控制和问题导向原则的双重管控与双重作用，确保规划的刚性与弹性，从而避免常见的“一管就死、一放就乱”的问题。

1 问题导向下的城市设计概念

当我开始做一个城市设计项目的时候，我会考虑它的要求是什么；而当我想做好一个城市设计的时候，我就必须思考它的关键问题在哪里?

城市设计是对城市规划的补充，其目标本质在于改进人的空间环境品质和提高人的生活质量，可是我们也发现，传统的、纯粹的空间形态的城市设计对城市建设并没有多大意义，通过这种形态转译出的控规指标也不真正具有空间有序管理的作用，那些原本优秀的城市设计也仅仅成为供人欣赏的“画卷”罢了。

以问题为导向的城市设计是以城市规划建设中所存在的问题为出发点，基于这个城市的整个系统、空间结构框架、发展目标与方向、交通组织等等，剖析重点问题，有针对性地制订解决方案，提出对策、建议和控制手段，从而有效的引导城市物质空间环境的建设，实现“改进人的空间环境品质，提高人的生活质量 ”这一城市设计目标。可以说，以问题为导向的城市设计，在更加注重规划有效性的今天，更具指导性与可操作性。

2 控规层次的城市设计要求

近几年来，业内对城市设计与控规相互联系、相互补充的关系已取得共识，关于城市设计与控规融合方面也进行了大量的研究，主要集中在通过城市设计来丰富与完善控规指标体系方面。换言之，城市设计在空间塑造与控制引导方面发挥着越来越重要的作用。控规层次的城市设计，主要是在控规编制之初或与控规同步编制的城市设计，是“依据上一层次城市未来发展的总体要求，以城市设计的思维方式综合构想规划地段具体的城市设计目标，并详细制定实现这些目标的技术措施、方法和步骤，作为反馈条件修正控规指标，作为技术手段完善控规控制能力，最后转译成为具有法定效力的控规内容，并结合控规的土地使用控制等规划要求一起成为城市规划管理内容，对城市开发实现既整体又局部的引导和控制，促成城市建成空间形态环境达到规划所预期的要求，最终实现提高城市环境质量、生活质量和城市景观艺术水平的目的。”

城市设计不是设计城市，控规层次的城市设计更是要通过对城市空间和实施过程进行通盘考虑，为确保空间环境品质和城市健康发展提供广泛的、适用的、合理的控制引导依据。既要有对高品质的空间环境阐释，又要有规划语言的控制引导。

3 问题导向下城市设计的控制引导

因此，城市设计要以可实施和可操作为目标，在设计过程中以问题为导向，基于整个城市的系统、空间结构框架、发展目标、交通组织等等，剖析重点问题，针对性地提出对策、建议和控制手段。

我们总结实际工作中存在的问题与经验，确定一般控制标准和问题导向原则两种控制引导手法。一般控制标准是我们的底线控制，问题导向原则是我们的主观引导，对于整个区域我们采用一般标准控制，对于重点地区、重要节点空间、廊道、重要轴线路段等等，除了标准控制外，我们还需要进行问题导向的原则控制，这样，有了面的底线控制，加上点、线的主观引导，真正实现空间品质提升和实施可操作的双重城市设计目标。

3.1 一般控制标准

控规中的强度—限高是我们的一般控制标准，但在现实中我们发现，尽管有限高、容积率和建筑密度的共同作用，但“一刀切”的建筑风貌屡见不鲜，随之而来的是单调乏味的城市景观和环境问题。可见传统的控规指标在高度形态控制方面有一定局限性，我们亟需提出能够面对大规模、多层次、不确定性的，面向控规层次城市设计的控制方法。

这里，我们把简单的高度限制，调整为对空间的控制，特别是针对中高层及以上地块。一般多层地块的街宽比尺度是比较宜人的，不需要做过多的限制。而对于中高层及以上的地块，不仅仅要限高，还要控制其街坊整体空间上的高度变化，以及沿街界面高度的变化。针对不同街坊，我们有不同的建筑高差要求，限定它的同高率、或者基准高度错落度等等，将这些数值纳入到我们的控规指标中，与建筑限高一起控制和引导街坊内的建筑高度，以获得良好的、高低错落的城市天际轮廓线。

在空间高度的控制要求外，还需要发挥城市设计空间形态的塑造优势，考虑与人的感知相关的街道界面。包括人行尺度的沿街裙房界面（9 米以下的界面）以及裙房上可视的沿街界面。这里引入面阔比和透空率。通过面阔比来控制街道界面的节奏变化，并以透空率来确保空间景观的通透性与可视性。

这样在问题导向下，将传统的“强度—限高控制”充实为“强度—空间高度—界面”等多维度的控制，进而成为我们一般性适用的、底线控制标准。

图 1 天际轮廓线的不同感受

图 2 人对沿街界面的感知

3.2 问题导向原则

城市设计是有一定美学目标的，不同的时期又会有不同的审美标准，在这样的价值逻辑下，我们认为问题导向原则更满足城市设计的弹性要求。

例如，美国城市设计导则中就有类似的控制引导机制，它的绩效性管制内容的就是针对那些影响整体设计效果的关键性内容，它们对要解决的问题作充分限定，其他非重点元素则由建筑师自行把握。最经典的案例就是纽约林肯中心特定管制区城市设计，在这个设计中，针对区内百老汇大街的界面连续性与使用舒适性问题制定了四条、不足 200 字的设计导则。但正是这四条导则，有效控制沿街的界面效果，保证底层连续的拱廊与零售业布局，从而吸引大量的人流，至今仍是纽约最具代表性和最具人气的街道之一。

由此得到启发——控制效果和关键问题，不限定设计手段。特别是针对我们想要体现城市特色、代表城市形象、具有重要标识作用的重点地区和重要廊道。对这些地区进行原则控制，不限定城市的未来，不限定具体的形态布局方案，而是具体问题具体分析，强调需要解决的城市空间问题以及想要塑造的城市空间效果。

例如，在某个项目进行设计的时候，基于整个城市系统，对重点地块的城市设计控制要素进行总结，针对每个地块，提出设计思考要点和具体的管控原则。例如，在某遗址公园中，要求南北的视廊及特定文化的延续；在某会展中心地块中，强调功能的丰富、区域功能的协调和各种交通联系的通畅；在综合商务地块中，要求形成沿某条城市道路的商办界面，等等。而具体采用何种表现形式则不做深入要求，这就是城市设计方法的创新，设计不再是以单一的形态方案确定空间，将形态空间转译为控规指标，而是将整个规划系统与城市设计融合渗透，强调城市设计刚性和弹性的双重控制引导。以问题为导向，解决问题的目的、思路是原则控制的，是刚性的，而解决问题的途径、方式方法则是弹性的。这样，既能引导城市空间的有序，又能发挥设计师的创作灵感，保证城市空间的多样与活力，做到张弛有度。

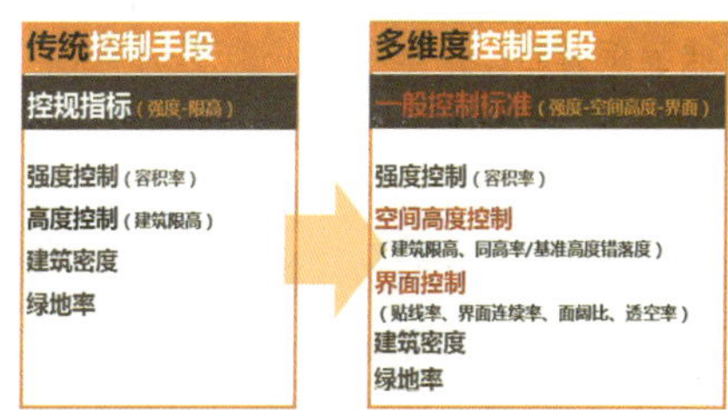

图 3 问题导向下的一般控制标准

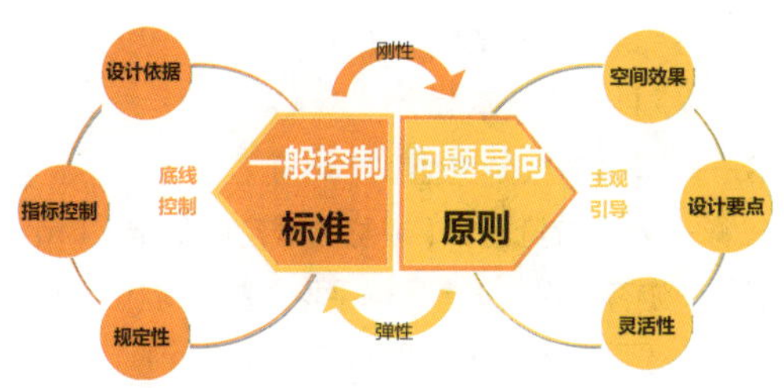

图 4 问题导向下城市设计的控制引导

基于空间承载力分析的古城规划设计优化

——以芜湖古城规划设计为例

王振南
上海同济城市规划设计研究院

1 保护与更新改造之间的矛盾

随着我国旅游产业的不断升温，国民对业余生活的需求和要求不断增加。承载悠久记忆和浑厚文化的传统古城在迎合当下出游人群的需求上有着独特的优势。

旅游发展经历观光型、休闲度假型和生活体验型，游客对景区的使用亦由单纯对表皮的观赏到走进去体验一直到探索品位其背后的故事这一升华过程。对于古城，则丰富了其物质存在的内涵，同时也对规划设计提出了相应的设计要求。

与此同时，随着旅游开发的推进，风貌特色遗失、历史文化遭破坏等问题也日益突显。如何完整地保存传统风貌，同时更好地适应旅游可持续开发，已成为一个亟待解决的问题。过度更新，必然导致风貌遭到破坏，失去历史的延续性;过分强调保护而限制更新，则无法满足现代生活和旅游需求，保护工作也难以持续。所以“适度”和“平衡”就成为协调保护和更新开发的关键。

本文以空间承载力作为切入点，以期探索具体规划设计需要考虑的层面以及相应的设计重点。

2 空间承载力影响因素

旅游资源空间承载力是指保证旅游资源自身安全和旅游者旅游安全的前提下，一段时间内旅游资源所能承受的最大游客数量。空间承载力这一指标背后包含着多种因素，如空间容量、游客数量、行为方式和景区开放时间等。

首先从物质层面出发，古城景区中，游客主要沿街巷等线型空间和广场、节点等面状空间进行游览。因此，空间承载力主要参照面积法和线路法加以计算。

面积法是指在一个均质的面状区域内，游客任意无规律活动。适用范围主要集中在静态的观赏性景点上（观景台、观演场地等），一般均具有集散功能。在这类空间中，游客的行为模式相对静态。其计算公式为：

$$D_m = S / d$$

$$D_a = D_m\ (T / t)$$

式中 D_m——瞬时空间承载力（人）；

D_a——日均空间承载力（人）；

S——景区有效游览面积（m^2）；

d——人均游览面积（或称合理空间标准）（m^2/人）；

t——游客单次游览景区的平均花费时间（h 或 min）；

T——景区每日的开放时间（h 或 min）。

线路法，是指景区一定范围内，以均匀游道连接若干景点，游客按此线路游览。线路法主要针对线性的动态游览线（街巷、栈道、登山道等）的空间承载力计算。依据古城的空间肌理，这类空间在历史古城中主要指街巷空间，游客在其中主要以动态的行进观赏为主。其计算公式为：

$$D_m = L / d'$$

$$D_a = (V \times T) / d'$$

式中 D_m——瞬时空间承载力（人）；

D_a——日均空间承载力（人）；

L——景区内有效游览线路总长度（m）；

d'——游览线路上游客的合理间距（m/人）；

V——游客的平均游览速度（m/min）；

T——景区开放时间（h 或 min）。

由以上两种方法的概念及影响因素出发，置于古城特有的空间语境中，可总结出与古城空间承载力相关的有入口广场、游客中心门前的集散广场、中心广场、戏台前广场、庙会场地等开放空间，以及串联这些开放空间的各级街巷弄。

另一方面，如平均游览时间、速度以及景区开放时间等，则涉及非物质层面但又必须在规划设计中给予考虑的因素，如游客行为与心理、相关设施及活动策划。空间承载力主要影响因素总结如图 1。

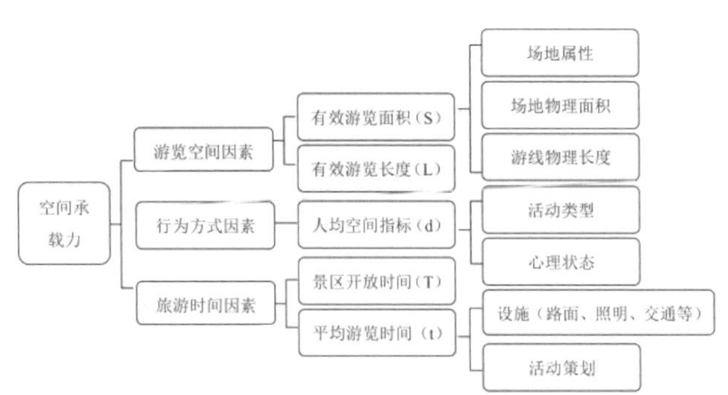

图 1 空间承载力影响因素分析

3 基于空间承载力调适的更新改造策略与措施

对空间承载力主要影响因素进行总结分析，得出对其的调试是通过有效性以及量这两方面来进行操作，以下则从这个基本逻辑出发来考虑具体的更行改造策略。

芜湖古城位于芜湖市中心区，规划设计范围 29 公顷，现状基地保留了历史建筑、文保单位、古树名木等，基本已完成拆迁工作（图 2）。规划以古城历史文化为脉络，街巷

图 2 芜湖古城现状分析

空间与传统建筑为载体，融文化体验、美食休闲、娱乐商住与艺术创作于一体的城市传统文化与时尚旅游的多业态复合区。针对以上总结的空间承载力影响因素，结合芜湖古城的具体状况，总结以下几点更新改造策略与措施。

整体规划：合理分区，适度疏解核心功能。平衡游客与居民的承载力分布并引入新业态，避免游客过度集中于核心区。高度集聚人流功能、生活性功能边缘化，如餐饮、酒吧休闲区，轻度集聚功能内置，如手工艺展示、艺术体验区。

游线组织：适当调整街巷肌理，建立巷道环路，使其与古街形成连接环路，相当于增加游线宽度，从而提高承载力。增设入口，增加游线可选性，对吸引点的位置进行优化，避免人流过分集中于局部线路，导致整体环境质量下降。

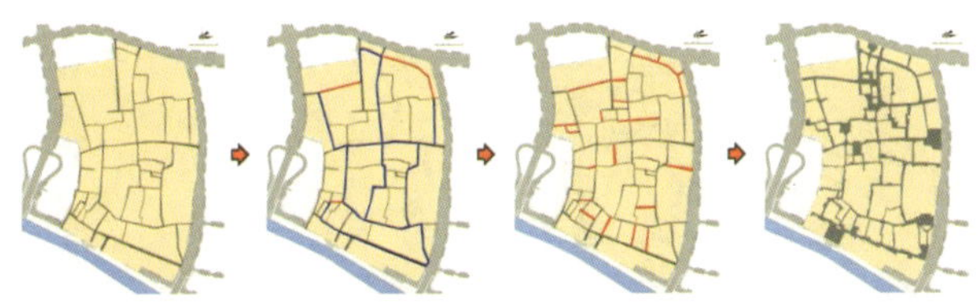

图 3 街巷节点调整过程

空间更新：院落的开放式利用（图 4）。通过建筑与重要节点广场一体化设计，在增加开放空间面积的同时保持较适宜的空间尺度。立体开发：增加三维方向的可达性，通过立体栈道串联不同标高建筑及场地，以应对如防洪堤等特殊地形条件对承载力的不良影响（图 5）。

设施完善：提高可达性和易通行性；增加有效游览时间。通过非物质空间层面来优化空间承载力，具体的措施有调控街巷铺装的通过难易程度，使用游览车来提高空间使用节奏，以及引入夜间游览项目并配合相应的景观照明来增加有效时间（图 6），分散白天的使用客流。

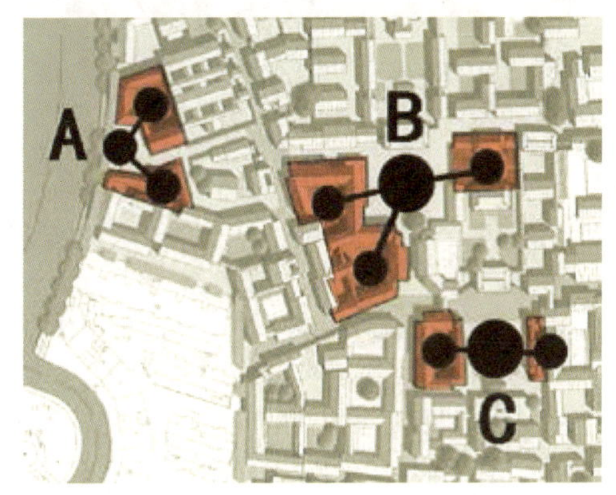

图 4 院落的开放式利用

图 5 立体栈道

图 6 夜景效果图

古城规划是个庞大复杂的系统过程，空间承载力分析固然不是唯一的考量，但其可作为一个有效工具，就古城规划中物质空间的优化提供研究分析的途径或提供一种思路。

创新论坛

城市更新与社区治理

[主要观点]

1 深圳蕾奥城市规划设计咨询有限公司史懿亭规划师的演讲题目是“东莞水乡地区空间开发权转移机制研究”。在“减量－增效”土地发展模式改革背景下，东莞水乡特色发展经济区希望通过“开发权转移”的制度创新，实现“减量不减权”的利益平衡格局，引领地区转型发展。通过对“开发权转移”适用性分析，作者提出政策实施的难点和建议，一是筑基——完善相关制度建设，尤其是建立开发权转移相关的产权管理和交易机制；二是调节——激发市场供给与需求关系，尤其是加强空间规划刚性，降低规划调整的预期，最后，完善部门职责和工作流程，并通过个案试点来积累经验。

2 深圳市规划国土发展研究中心兰帆规划师的演讲题目是“探索原农村社区转型与规划实施的新路径——深圳市土地整备留用地划定研究及政策建议”。主要针对深圳城市化过程中的城中村遗留问题，以“底线＋基准线”的总体思路，以公共利益作为土地整备切入点，通过划定土地整备底线，优先保障公共服务设施和城市基础设施用地，综合运用规划、土地、资金等多种政策工具，实现政府与原农村社区的利益共享。通过若干“整村统筹”土地整备试点，深圳市已经形成了相应的形成管理办法和技术指引，研究成果逐步转换为公共政策，推动土地整备利益共享体系的完善。

3 深圳市规划国土发展研究中心缪春胜规划师的演讲题目是“城市场运作模式下的城市更新路径思考——基于《深圳城市更新专项规划（2016—2020）》编制的一点体会”。评估深圳市快速开展的城市更新工作特点，也面临着结构、容量、设施配合与基础支撑缺乏统筹的严重问题。一是强化更新结构调控，强化更新的拆除重建和综合整治的分区管控，针对工业用地减少快的问题，加强产业用地保障。二是搭建更新预警机制，三是加强更新统筹力度，四是完善基础支撑和公共配套。同时，对于市场运作模式下的城市更新，需进一步考虑总体增量的管控，低成本空间与城市多样化特色的保护等相关问题。

4 天津市城市规划设计研究院陈宇规划师的演讲题目是“一个游戏引发的思考”。作者通过“房子接龙”的游戏，启发规划过程变革思考。游戏的核心内涵在快速展现空间上“每时每刻的资源最优配置”的叠加结果，是每一次的最优、自下而上的生长过程，是人性和价值之间的反复博弈的最终集合，并可以从中看到对联排的偏好、积极空间的塑造、密度的容忍、开放空间的形成等方面的借鉴意义。作者总结，接龙游戏提供的是去精英化的“空间众筹”的规则和方法，可以看到一是空间不是目的，是工具。二是城市并非树形，是叶形。三是微型规划不是方案，是平台。

5 重庆大学规划设计研究院石亚灵规划师的演讲题目是“历史文化名镇社会网络保护更新研究——以重庆宁厂镇为例”。针对目前我国历史文化名镇保护更新中的社会关系瓦解、社会网络割裂问题，探索以社会网络分析方法研究历史文化名镇居民的社会网络拓扑结构。在此基础上，提出历史文化名镇社会网络保护对策，一是通过提高社会网络结构的稳定性、降低脆弱性、提升均衡性等，优化整体社会网络特性，进行社会网络结构自身的保护更新；二是以社会网络的稳定性、脆弱性、结构均衡性等指标为依据，指导历史文化名镇的物质形态规划。

6 上海市规划编审中心的李萌规划师的演讲题目是“构建 15 分钟社区生活圈的规划、实施、行动——解读《上海市社区规划到则》”。一是概念层面，明确 15 分钟生活圈的规划和建设标准。二是内涵层面，应对多元人群需求，强调步行可达的有效尺度，实现空间配置与居民活动需求特征的精准契合。三是落实层面，在规划、建管和实施三个环节上，落实全生命服务周期的生活圈的建设。同时，强调导则对于新建地区和已建地区进行了差异化指导，对已建地区重在修补，挖潜和提质。

7 上海同济城市规划设计研究院符陶陶规划师的演讲题目是“共享经济时代，城市公共空间新玩法”。作者以规划师如何加入共享经济为题，对公共空间展开分离、分解、分散，共频、共赢 5 个关键词的共享设计。一是分离，推进私有公共空间开放和专业化管理；二是分解，精细规划，强化主题性、特色性和“活动预设”，挖掘公共空间潜力；三是分散，化大为小，化整为零，建设城市微公共空间体系，四是共频，依托公共空间数据库网络支撑，提供公共空间的供给和活动的实时信息服务，五是共赢，摒弃免费思想，倡导共同付出，培养公民意识和协同管理。最后，以开放式小区研讨作为结语，关键在于提升相关者的公共利益。

[分析与点评]

1　深圳市规划国土发展研究中心邹兵总师在点评中进行背景补充，珠三角土地资源进入瓶颈阶段，广东省首先出台了是三旧改造政策，深圳也出台城市更新政策。存量开发更加注重利益主体的权益，不是白纸做规划，要调整规划方式。深圳的存量二次土地开发包括市场操作的城市更新模式，政府操作的整村统筹模式或称之为土地整备模式。第三是农村土地和城市土地的同地同权问题，是否享有同样的开发权益，又如何实现利益转换。城市更新要关注制度设计、规则设计，也要继续关注空间设计。陈宇和符陶陶为大家提供了一个新的思路和一种新的规划方法。前者利用游戏来挑战和验证规划原理，而且吸引大家参与，反映了人的价值观和心理。后者则通过理性分析引导人的需求和空间塑造。李萌的社区导则可以完善一下需要解决的问题到底是什么。

2　同济大学建筑与城市规划学院杨贵庆教授提出城市更新中共同面临着土地经济的本质问题。史懿亭以开发权转移理念探索新发展方式，要注意美国的Zoning中容积率是统一法律规定的，历史保护街坊就可以通过容积率拍卖分享收益且保护建筑。中国的容积率是方案引导的，且缺乏拍卖的市场机制。兰帆的农村社区土地整备中对于公共设施保障值得肯定，希望进一步听到村民的声音。缪春胜研究的深圳面临了快速发展和环境容量的矛盾，担心转存量过程中肆意提高容积率。

3　重庆大学建筑城规学院赵万民教授结合开发权转移问题，给规划师们提出城市更新的几点深入思考建议，一是利益再平衡问题；二是民生保障问题；三是城市品质问题，如何平衡。陈宇的实验室感观性的，还需要进一步梳理这样一种空间形式，在空间尺度，空间距离，空间感受、空间体验的方面的数值研究。网络空间模型探讨是城市网络的一部分，城市自身是有机而复杂的，城市发展有自身的规律，是有生命的有机体，数据方法可以分析，未必可以穷尽。李萌的上海 15 分钟社区生活圈分析相当深入，建议综合信息化时代对社区生活方式的影响。城市公共空间新玩法很有创意，建议拓展公共空间内涵，如商业空间面临转型问题等。

4　上海同济城市规划设计研究院俞静所长肯定跨专业研究的开发权转移的问题，然而从开发权货币化到资本化是一个跨越，还面临评估、交易等专业环节挑战。兰帆的研究明释了城市更新中的政府角色和作用。缪春胜研究说明城市更新还是应当和总规控规体系做好衔接，通过评估调整和完善，避免层层做加法。各位报告人给大家展示了关于空间背后社会认知的过程，群落空间背后的个体选择，城镇背后的社会网络，建设导则背后的生活方式，以及城市空间网络背后的公共生活方式。

东莞水乡地区空间开发权转移机制研究

史懿亭
深圳蕾奥城市规划设计咨询有限公司

1 项目背景

开发权转移虽然具有以市场的方式完成空间资源优化配置并实现保障财产权利的制度优势。基于这样的制度优势，在“减量—增效”的土地发展模式改革背景下，东莞水乡特色发展经济区（以下简称“水乡”）提出要研究能否通过“开发权转移、开发权市场化交易”实现“减量不减权”的利益平衡格局，从而在制度创新的有效支撑下，推进区域范围内减少 10.52km^2 建设用地的目标落实，引领地区转型发展（图 1）。

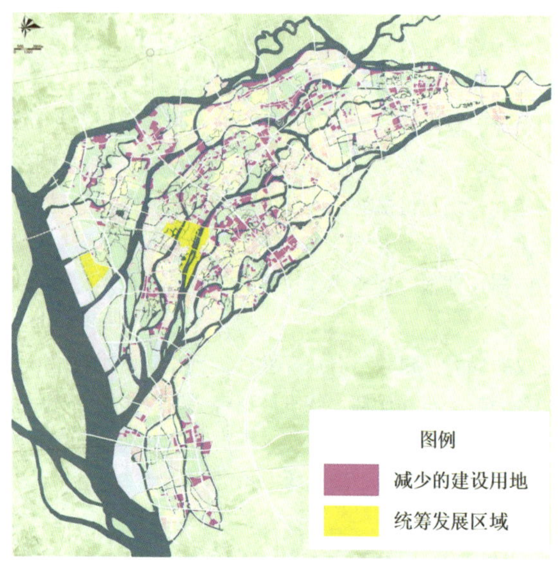

图 1 水乡减量建设用地分布图

2 “开发权”及“开发权转移”

（1）“开发权”的定义内涵

“开发权”具体的定义在美国各个州和地区有所差异，但基本上都表现为区划规定允许开发建设的最大权利（通常以最大楼板面积或者每英亩多少住宅单元来表示）。研究对美国开发权转移制度和英国开发权制度的起源、基本内涵进行分析，总结出开发权的权利性质是从属于土地所有权、并可以与土地所有权相分离的财产权利。

（2）“开发权转移”的制度核心

以美国的开发权转移制度为对象，剖析开发权转移制度中的设计要素、运行模型、运行的核心以及实施效果评价。认为，开发权转移的制度核心是将开发权从土地所有权中分离出来，使其作为一项独立的财产权利参与市场交易，本质上是财产权利的市场转让机制。开发权的市场供需关系是影响开发权转移制度实施成效的关键，其中区划和房地产市场是影响开发权转移实施的重要因素。

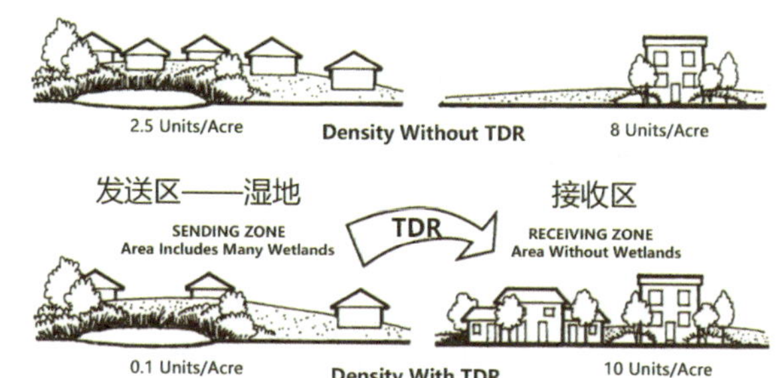

图 2 用于保护自然湿地的开发权转移

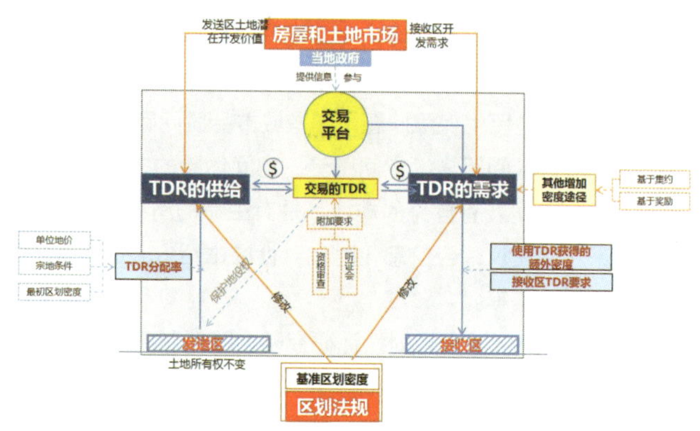

图 3 美国 TDR 运行机制

3 东莞水乡开发权转移适用性分析

（1）基于制度环境层面的对比分析

主要从土地制度、法律规定、空间规划三个方面，对比分析了国内外制度环境的差异，认为：

第一，土地制度——公有私有的差异不足以成为“开发权转移”引入水乡的障碍；但我国使用权和所有权相分离的土地出让制度，使得权利归属主体需要进一步明确和认定。

第二，权利性质在法律规定上的缺失对制度的运行和实施影响较小。从台湾汲取美国开发权转移的制度精神创设了“容积移转”制度，并通过用“容积”替代“开发权”、回避在法律体系中增设开发权的实践来看（汪广霖，2002），证明了即使不设立开发权，也能通过其他概念形式实现开发权转移的制度目标。

第三，规划的公平性影响不大，但刚性、法律效力会影响制度实施的预期

在美国，可转移发送的开发权是主要是通过区划量化限定的。但在研究中，可转移的“开发权”内涵已经发生嬗变，

其权益是通过合同和相关评估确定，与区划的关系不大，也因此与公平性关系不大。

在美国区划是法律，地块未来的发展具有稳定的预期。我国空间规划不断变更调整，则现阶段被规划为减量的建设用地未来可能又是建设用地。如此，则会使得减量用地上的利益主体对自己的地未来依然有期待，开发权转移的实施就无动力可言。

（2）基于地方化过程的困境分析

基于地方化过程中“权益主体意愿、开发权市场供需关系、与既有政策关系、空间管制”等问题的影响认为采用开发权转移来帮助东莞水乡实现减量目标还存在一定的适用困境。

① 权益主体意愿。开发权转移对村集体而言，本质上只能得到货币的补偿；从镇街政府、村集体而言，该制度的补偿优势并不明显。对部分国有用地使用权人而言具有一定可行空间。

② 供需关系困境

供给层面：前述村民意愿、规划预期不稳定、与既有政策关系都会影响开发权的供给市场；

需求方面：房地产开发总量规模、现有开发强度的设计是否满足地产开发需求、产业升级优惠政策、其他方式获得额外开发强度等，都会影响购买开发权的需求。

③ 与既有政策关系

开发权转移的实施还需综合考虑现有的相关政策。比如当使用开发权转移的时候增减挂钩政策究竟是否同时实施？产业升级的容积优惠政策是不是取消等。认为对比目前一些相关实施政策，开发权转移制度的制度优越性不足，必要性不足。

④ 空间规划管理困境

各类规划打架、刚性不足等规划管理缺陷，造成开发权转移制度实施的支撑不足。

4 政策与建议

现阶段开发权转移制度可以作为一种新的补偿机制进行选择，还无法上升到一个非常重要的制度在水乡乃至全市范围进行推广。但在未来，开发权转移制度还有进一步发挥作用的空间。

（1）筑基——完善相关制度基础

首先，理顺开发权转移法令与其他法令、政策、管理体系的关系，重点关注产权交易、城乡规划、土地利用等用途管制、法规与开发权转移之间的关系。

其次，需要完善开发权转移的“空间管制”使用规则。规划编制上，开始着手研究划定开发区、接收区等相关内容；规划管理上，强化管制的刚性和严肃性，强化其作为财产权利管制的效用。

最后，建立开发权转移的“评估、认定、交易和确认”等产权管理及交易机制。

（2）调节（都需进一步研究可行性）——激发市场供给与需求关系。

策略一，多元化开发权转移的收益方式，激发意愿和供给；

策略二，构建“持票准用或准入”、“容积奖励”等开发条件，激发市场需求；

策略三，制定接收区容积管制规则，全面降低开发强度，促进需求市场（需再论证）；

策略四，扩大开发权转移制度的空间适用范围（全市），扩大购买需求；

策略五，政府进行适当的市场干预，组建“开发权转移”银行。

（3）分工——部门职责与工作流程。确定开发权转移机制的组织模式及运行流程，明确各职能部门在运行过程中的职责。

（4）试点——个案累积经验。

探索原农村社区转型与规划实施的新路径

——深圳市土地整备留用地划定研究及政策建议

兰 帆 林 强 游 彬 陈赐迪
深圳市规划国土发展研究中心

2004 年深圳实施全面城市化，但由于经济关系没有理顺，约 393 平方公里土地仍然由原农村社区实际控制，其中 35% 规划为公共服务设施、城市基础设施。公共基础设施欠账多、落地难，原农村社区成为规划实施的薄弱环节。由于产权不清晰、利益关系复杂，部分土地游离于规划管理之外，成为违法建筑的高发区。一方面，大量公共基础设施和民生项目无法实施；另一方面，原农村社区土地无法按规划开发，利益难以显化，影响转型发展。土地陷入“政府用不了、社区用不好、市场无法用”的困境。虽然已出台一些政策，但仍然无法统筹解决原农村社区土地历史遗留问题和规划实施难题。本研究以创新土地整备留用地划定为突破口，围绕土地整备利益共享机制和土地整备留用地规划研究，建立原农村社区的土地整备政策体系，推动原农村社区转型与规划实施。

1 主要思路

保障公共服务设施、城市基础设施和重大产业项目用地，促进城市规划实施，实现城市转型升级，是土地整备的出发点和落脚点，围绕这一目标，研究确定以“底线＋基准线”为总体思路：以公共利益作为土地整备的切入点，通过划定土地整备底线，优先保障公共服务设施和城市基础设施用地，对于公共服务设施和城市基础设施以外的用地，通过确定土地整备基准线，综合运用规划、土地、资金等多种政策工具，实现政府与原农村社区的利益共享。所谓基准线，是政府认可的，市场基本接受的，为了利益分配而事先划定的参考线。在基准线之内，政府给予政策奖励；超出基准线，则要提高实施成本。

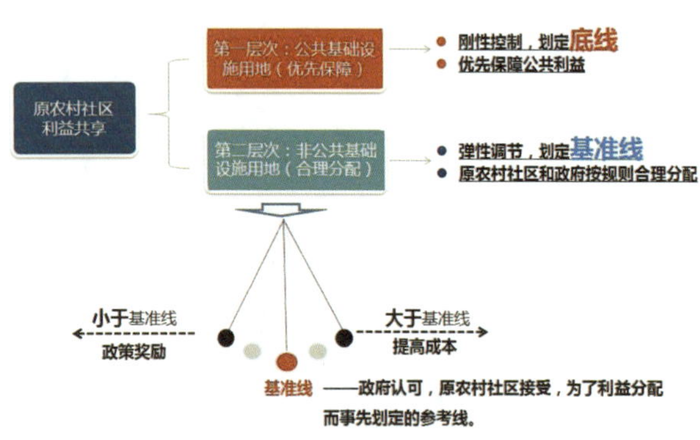

图 1 主要思路

2 研究内容

（1）公共利益优先，提出原农村社区规划实施的底线思维

以原农村社区控制用地为研究对象，分析原农村社区空间特征，指出公共基础设施欠账多、用地权属不清晰、利益分配规则模糊是阻碍原农村社区转型与规划实施的症结所在。为保障城市公共利益，加强规划实施，明确政府储备不少于 35% 的土地用于公共基础设施建设。同时，结合《深标》要求，明确社区留用地需安排不少于 10% 的土地用于社区配套，提升公共服务水平，促进原农村社区向城市社区转型。

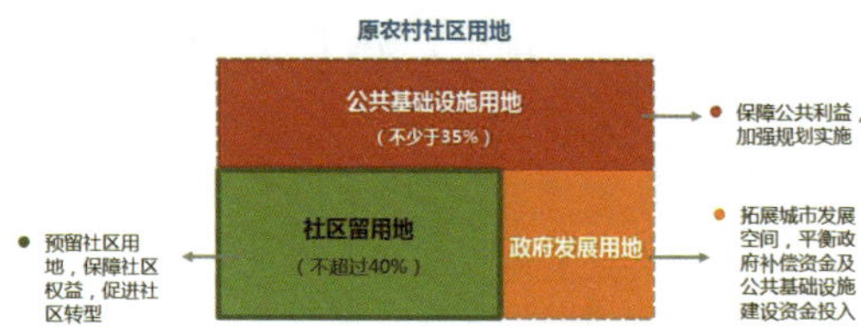

图 2 原农村社区规划实施的底线思维

（2）促进规土融合，建立容积率—地价联动的利益共享规则

通过分析土地增值收益的过程和各方利益分配格局，提出建立土地整备利益共享机制。本研究探索建立密度分区、用地贡献率、留用地地价联动的利益调节规则，加强规划土地政策融合，实现各方利益平衡。以密度分区为基础，加强社区留用地规划引导，落实《深标》管理要求；结合建设用地贡献率，引导社区多贡献公共基础设施用地；建立社区留用地的地价容积率基准，合理调节土地收益分配，实现各方利益共享。

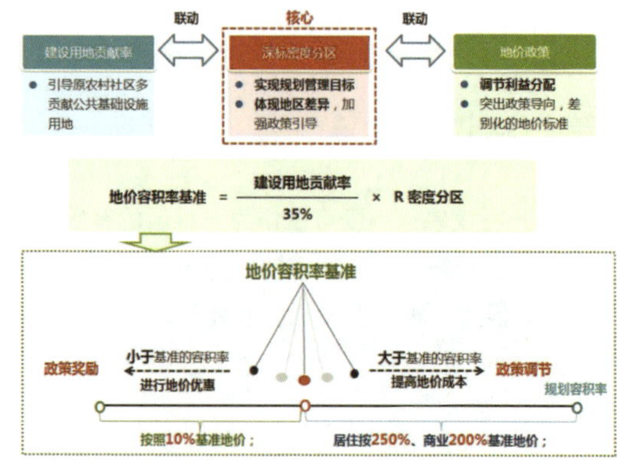

图 3 容积率 - 地价联动的利益共享规则

（3）创新研究方法，结合大数据处理和实证研究提炼政策参数

基于 GIS 平台的“大数据”分析，以原农村社区控制用地为研究对象，剖析原农村社区用地特征和存在问题，有针对性地提出政策要点；结合“规划一张图”分析，明确原农村社区规划实施的底线要求；结合案例实证研究，通过数据分析和多方案比较调教政策规则、提炼政策参数，提高政策可行性。

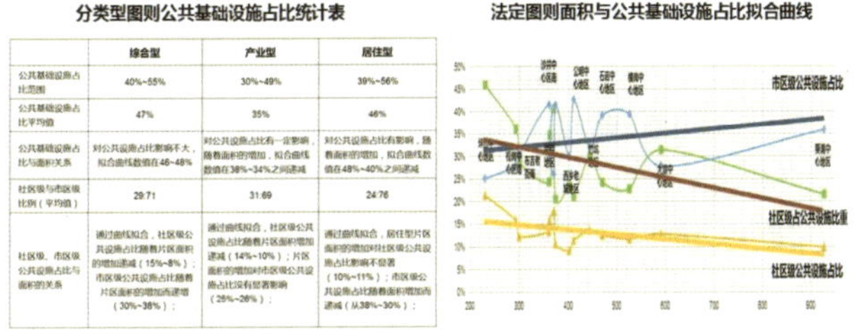

图 4 法定图则的数据分析研究

（4）剖析利益格局，基于经济测算评估政策绩效

结合 15 个原农村社区案例开展经济测算，分析原农村社区与政府的土地、建筑、资金所得，以及各方增值收益规模。同时，加强政策绩效评估，通过与相关政策的横向比较，提炼政策要点，分析不同政策下的利益格局，评估政策适用性。

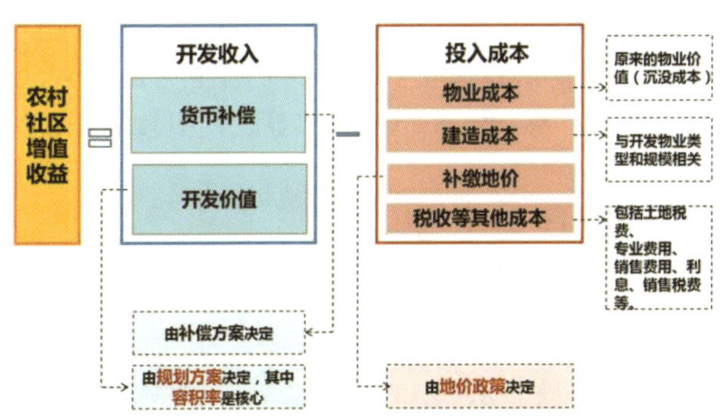

图 5 经济分析测算模型

利益方	牛角龙社区		南布社区	
	增值规模（万元）	收益占比	增值规模（万元）	收益占比
政府	69 341	35%	154 364	42%
原农村社区	36 345	18%	72 839	20%
居民	19 552	10%	57 121	15%
开发商	74 448	37%	83 320	23%
合计	199 686	100%	367 644	100%

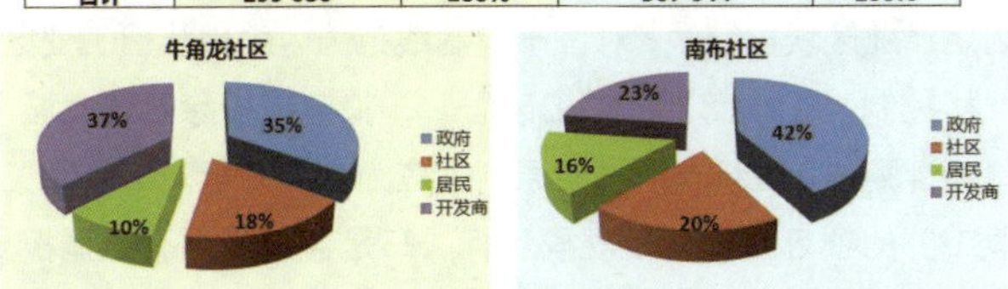

图 6 各方利益分配格局

（5）体现政策导向，建立规划容积率核算方法规范技术审查

留用地规划是通过沟通协商确定社区留用地范围，并结合原农村社区利益诉求编制留用地规划；社区基于自身利益出发，往往提出较高的规划利益诉求，给规划管理带来压力。因此建立规划容积率核算方法为规划管理的核心和难点。研究提出规划容积率在《深标》密度分区与容积率修正的基础上，设立建设用地贡献率基准线，鼓励原农村社区多贡献建设用地，合理分配土地整备项目范围内的增量利益。以相对统一、公平且高效的核算方式审核原农村社区和政府之间的利益分配。

规划容积率核算方法：

- 留用地容积率是指留用土地规划建筑面积与留用土地面积的比率。
- 留用地规划建筑面积由基础建筑面积和转移建筑面积两部分构成。
- 留用地规划容积率不得超过《深标》密度分区的容积率上限。

$$S_{规划}=S_{基础}+S_{转移}$$

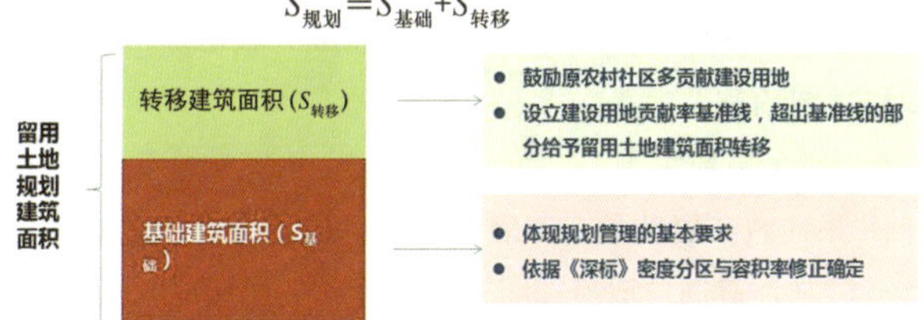

注：留用土地包括项目实施范围内需腾挪的合法用地、需落实的非农和征返用地指标，以及按照未完善征（转）地补偿手续规划建设用地20%核定的留用土地

图 7 规划容积率核算方法

3 实施成效

以此研究为基础，先后指导了坪山新区的南布、沙湖社区“整村统筹”土地整备项目实践，相关规划和实施方案已获得市政府批准。随后，深圳市规划国土委出台《土地整备利益统筹试点项目管理办法》（深规土 [2015]721 号）和《土地整备留用地规划研究审查技术指引》（试行），实现研究成果向公共政策转换。土地整备利益共享体系正在逐步完善。

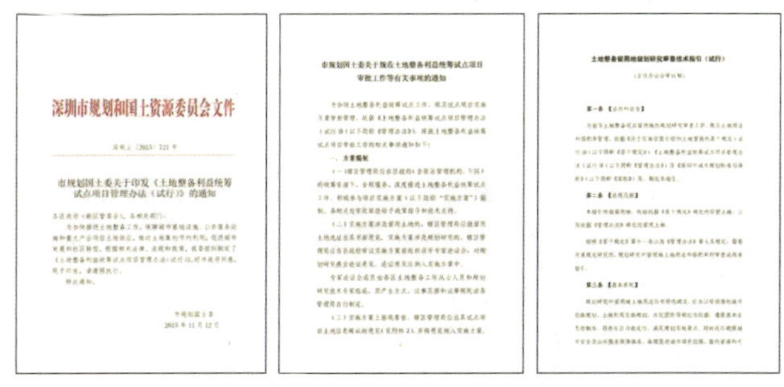

图 8 《土地整备利益统筹试点项目管理办法》

市场运作模式下的城市更新路径思考

——基于《深圳城市更新专项规划（2016—2020）》编制的一点体会

缪春胜
深圳市规划国土发展研究中心

深圳的城市更新已经过十多年的探索和发展，特别是近六年来，无论是规模，还是速度都走在全国的前列，过程中既取得了很大的成绩，也成为众多兄弟城市调研和学习的对象。但是，更新实施过程中也遇到了比较棘手的问题，我们通过规划的手段提供了几条解决思路，而且也逐渐转化为政策在更新实施过程中得到应用，此规划探索的经验也可为全国其他城市提供借鉴和参考。

1 更新背景与机制

（1）更新背景

2009 年 8 月，广东省出台《关于推进“三旧”改造促进节约集约用地的若干意见》。我市在当年 10 月颁布了全国首部城市更新办法。提出了“城市更新”概念，围绕“城市更新单元”进行了多项创新。经过几年的实践，以城市更新为主要内容的存量土地二次开发已成为我市新一轮城市建设和发展的重要抓手。

（2）更新机制

深圳城市更新是有政府与业主、市场合力推进城市更新运行机制，遵循“政府引导、市场运作”的模式。

（3）更新方式与流程

目前的深圳更新方式包括综合整治、功能改变与拆除重建三种。

近几年实施速度最快、规模最大的方式是拆除重建，追溯原因主要包括以下三点：①规划由市场主体主导编制，意味着开发容量的增加；②协议方式出让土地，意味着可以更容易获得开发土地；③按照目前的更新地价政策，相当于通过招拍挂方式获得经营性用地地价的 1/3 不到，地价得到了较大程度的优惠。

目前，拆除重建类更新单元（项目）基本流程：更新单元计划审批；单元规划审批；用地审批等。

2 更新成效与问题

（1）更新卓有成效

大大缓解了城市空间不足的压力。城市更新用地出让规模占全市经营性用地出让比重逐年上升，2015 年城市更新供给已接近新增用地的两倍规模。至 2015 年底，列入计划项目共 509 个，拟拆除用地规模 43.2 平方公里。已批更新单元规划共 297 个，规划计容积率建筑面积 8761 万 m^2。

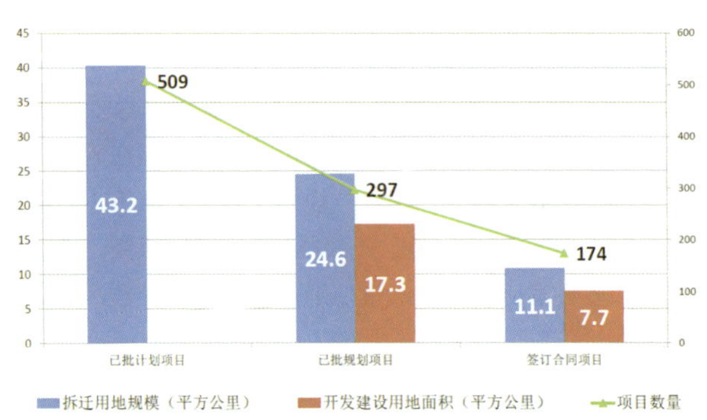

图 1 城市更新供给统计

（2）更新遇到几个核心问题

一是结构问题：市场主导的更新逐利性强，项目选择偏好性明显，难以满足未来多元更新需求。商住成为更新主要改造方向，“工改工”较少，产业空间流失快。

二是容量问题：自下而上的项目式更新无法实现片区或地区层面的容量管控要求；近 1/3 地区的现状建筑面积已超图则规划容量上限或少建筑增量（不足 20 万平方公里）。

三是统筹问题：市场申报为项目型更新，各自为政，统筹协调有待加强。

四是设施配套与基础支撑：公共服务设施方面，单个项目满足规范，但整体难以满足更新本身需求。市政管网缺口较大，污水管网和燃气管网实施率仅 50% 左右；管网老化情况显露，给水、雨水与污水 20 年以上管龄占比约 10%，燃气占比 5%；现状污水处理设施多数处于饱和或过载状态。

3 解决路径与思考

（1）强化更新结构调控

强化更新分区管控：按照提升民生幸福、加快中心地区发展、保障基础设施、维护公共安全的划定原则，将全市更新对象优先拆除重建地区、优先综合整治地区、拆除重建与综合整治并举地区进行三类分区（图 2）。其中，优先拆除重建地区将重点指导各区专项规划编制，并对各区申报的更新计划范围进行管控，要求 80% 的新申报计划位于分区内。

针对工业用地减少快的问题，加强产业用地保障。一是划定产业区块控制线，对位于控制线范围内的现状旧工业区，严格控制“工改商”、“工改居”，拟申报拆除重建类城市更新计划的，更新改造方向原则上应为产业功能。二是对“工改工”的项目设定下限规模目标。三是通过规划有效调控更新项目准入结构，稳步降低商业、办公类建筑规模有序提升产业与配套建筑面积。

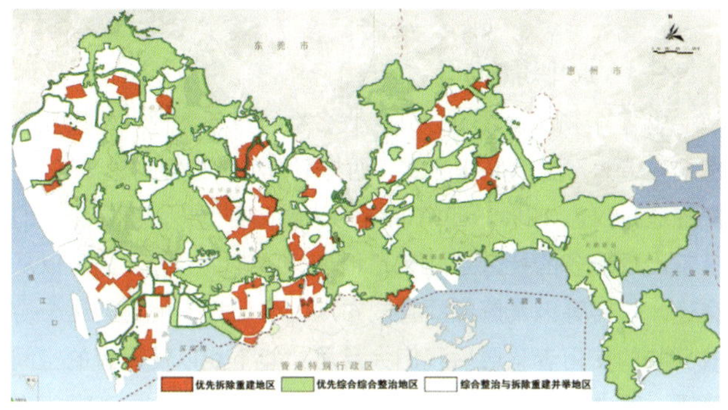

图 2 城市更新管控分区图

图 3 产业用地保障图

（2）搭建更新预警机制

划定更新预警地区，搭建空间数据，重点辅助计划的初审环节：通过开发容量、地质灾害、污水高负荷、官网不足、官网老化等基础信息预警。

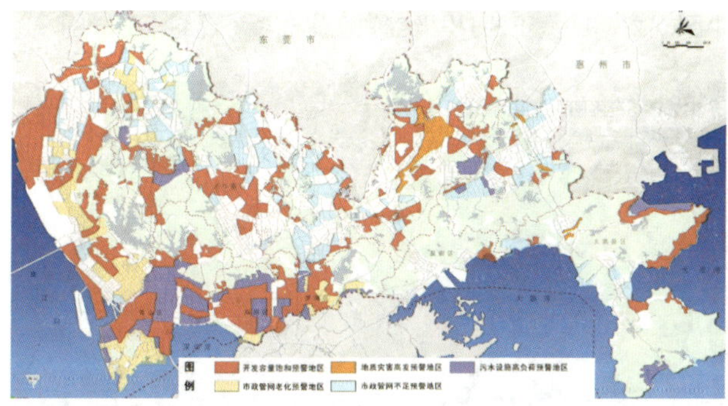

图 4 更新预警分区图

（3）加强更新统筹力度

搭建三级更新规划体系，加强更新统筹：增补政府主导的地区层面更新规划，实现宏观目标调控、中观统筹协调到微观开发控制三级规划衔接。从片区层面明确更新开发容量“天花板”、配套设施标准和规模、开放空间布局和规模等系统内容，弥补现有更新项目与城市总体需求的偏差。

综合全市更新战略地区分布、更新分区管理、更新对象分布以及各区城市更新诉求，全市划定 21 个重点统筹地区。以统筹解决问题为导向，以优先落实公共设施及交通市政设施为抓手，政府主导重点统筹地区规划编制，通过权属清晰比例降低、地价减免、历史用地处置等优惠政策，积极提高市场参与的积极性，实现通过更新整体提升城市发展质量。

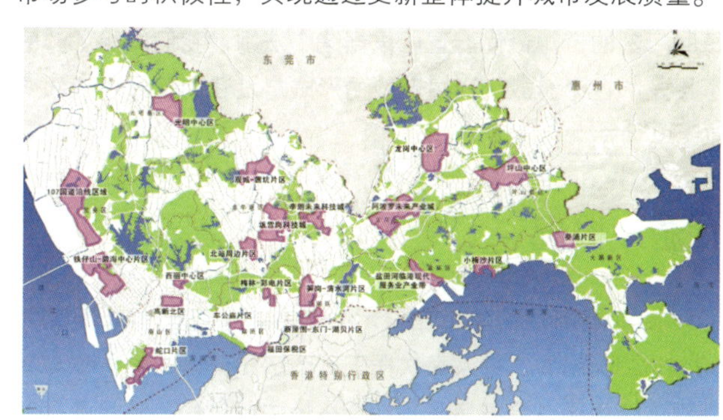

图 5 城市更新重点统筹地区

（4）完善基础支撑和公共配套

对现状市政设施和管网已不能满足地上更新项目开发需求的地区，要求辖区政府应优先安排各类市政基础设施的建设和地下管网的升级改造，系统提升片区支撑能力，实现“地上地下”联动更新。

进一步提升城市更新项目公共设施配建标准，加大更新统筹地区内的设施配建力度。城市更新单元规划中对商务公寓的公共配套设施配置标准应参照《深标》中关于住宅的公共配套设施配置标准执行。更新范围内应优先保障公共设施用地供给；更新单元规划经批准后，要求各区政府保障与城市更新项目同步实施。

（5）下一步更新思考

市场运作模式的城市更新背景下，如何对政府与市场的作为进行合理分工（平衡与度）？如何在强化政府宏观政策调控的前提下，不减少市场的积极性？同时又能进一步提升公共利益的占比？

面对越来越高的城市更新容积率，下步的空中增量该如何管控？有人说这是“城市的一种野蛮生长”，平面上不断被挤占的基础支撑和公共配套该何去何从？

城中村的“拆”与“留”？低成本空间与城市多样化特色的保护？工业遗产保护的困境？

城市更新不仅仅是物质空间的拆旧建新，更是城市功能结构、城市机能的更新，是人的生活方式的更新，是城市发展理念的更新。

未来深圳还将在规划管理制度创新、利益平衡机制构建、保护与发展等方面进一步探索。

一个游戏引发的思考

陈　宇
天津市城市规划设计研究院

大自然总是呈现给我们人类智慧难以企及的美，我们研究这种美，用大量理论和公式予以解释，但其实自然美的形成过程很简单——合理的配置资源，而且无一例外的都是生长过程的沉淀结果（即使是闪电，也是一次极短的配置电荷重新分布的生长过程），这两点合起来就是美的隐性法则：每时每刻的资源最优配置。根据这个法则，我们发明了“房子接龙”这个游戏。通过游戏的形式启发我们反思规划的变革。

1 游戏概况

游戏规则很简单，在限定的范围内（我的游戏限定为60cm×30cm），每人每次摆下一个房子，模拟如果参与者搬到这个地区，会把房子盖在什么地方的过程，游戏进行到参与者认为非常拥挤的状态为止（我的游戏中大概到80栋）。

游戏成员一般为3~8个人，6岁以上任何职业的人都可参加游戏（我的游戏实验中将年龄分为4档，职业分为4档），不同的年龄、职业群体展现的最终空间差距很大。

游戏还有多种变体，比如增加道路、河湖等空间元素，另外还有一种价值及满意度即时评价统计的模式，可以不断地评估在生长过程中哪些行为有损或有益于公众整体利益等等（图1）。

游戏的核心内涵是快速展现空间上“每时每刻的资源最优配置”的叠加结果，是每一次都最优、自下而上的生长过程，也可以说这个结果是人性与价值之间反复博弈的最终集合。

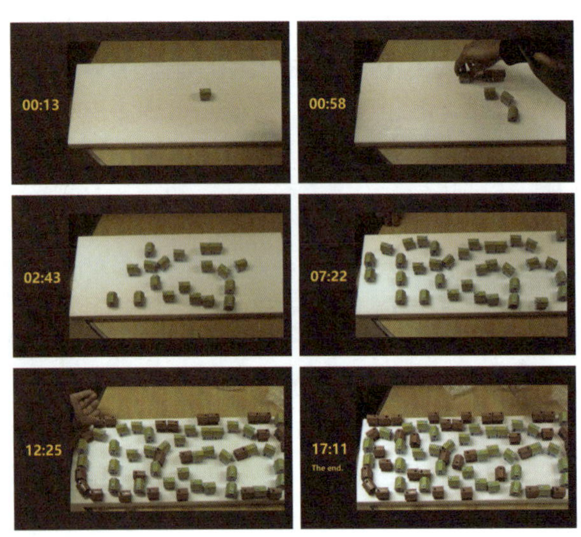

图1 房子接龙游戏过程

2 几个有趣的表象结论

（1）联排的意愿

除了个别实验组别以外，大多数结果都体现了不愿意将房屋建造为严整的联排形式，两栋联排的发生概率达35%，三栋联排仅占12%，四栋联排的大幅降到3%，可看看我们日常出现最多的社区空间又是什么样的呢。尽管我们可以从交通、日照等因素解释兵营式布局的合理性，但看到这个游戏反映的使用者意愿后我们会反思：能不能以使用者的空间意愿，而非规划师的审美意愿来组织社区空间（图2）。

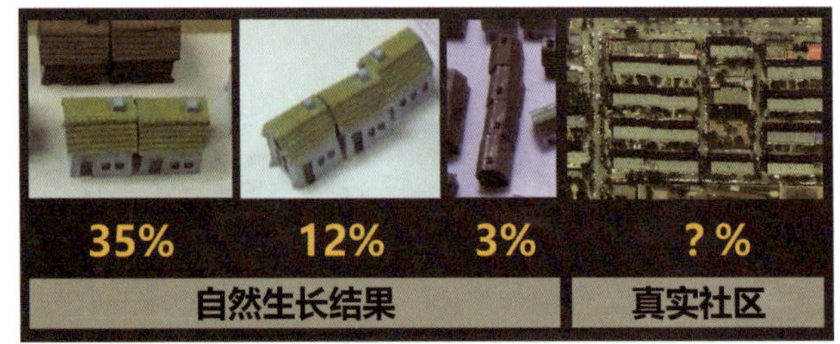

图2 联排的意愿

（2）积极空间的比例

由于每一次“置家”的过程都会在社会关系与地段价值之间寻求最佳平衡，因此大多数组都会着力于营造促进社会关系和谐的积极空间，在目前的游戏实验中，积极空间比例平均高达50%~60%（个别组在30%以下），这一点我认为对我们平时的社区规划编制有很强的反思意义，我们最常见的小区规划，其（真正的）积极空间比率一般不超过20%（图3）。

图3 积极的空间比例

（3）密度

游戏实验前，并没有想到密度会有比较明显的结果对比，在接龙过程中，绝大多数体现的是聚居概念（离开群体单独选址的“倔老头现象”仅出现过6%），这种自发的聚居引发的是较高的密度，大约摆到33%左右才到“无法忍耐的拥挤”程度，我们用传统规划设计的方式做过几个对比方案，平均在24%左右就到了“无法忍耐的拥挤”程度，尽管有一定的道路、日照的因素，但接龙模式仍然体现出较高的密度倾向，更为关键的是，这种高密度是人们自发形成的(图4)。

图4 建筑密度

（4）开放空间的形成与崩塌

开放空间是接龙游戏最有趣的地方，我们传统规划编制中往往会从开放空间入手设计，但在接龙模式中没有个体会特别在意开放空间的如何塑造，但基本每次都形成了非几何形、连贯、饶有趣味的开放空间体系，开放空间是由每个个体“千奇百怪”的动机叠合成的。随着房屋密度不断加大，中期形成的开放空间开始崩塌的时间各组基本相同，大体呈现出“塑造靠理想，崩塌看人性”的特点。总体而言接龙生长出的开放空间体系会比我们常规规划出来的要丰富、耐人寻味的多，比较接近古镇、古村优美的空间肌理，这也为我们的规划设计提出一些反思。

3 游戏带来的思考

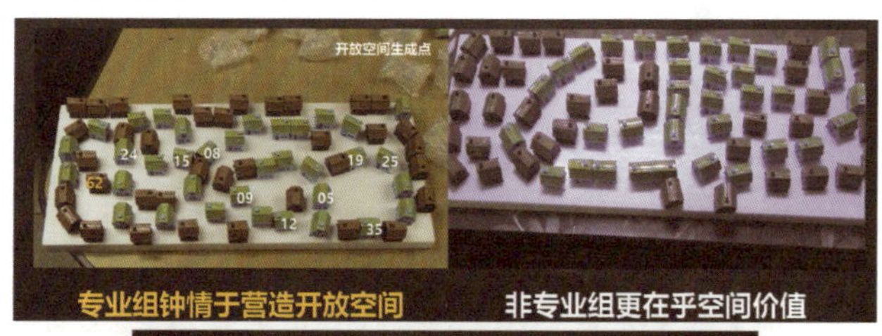

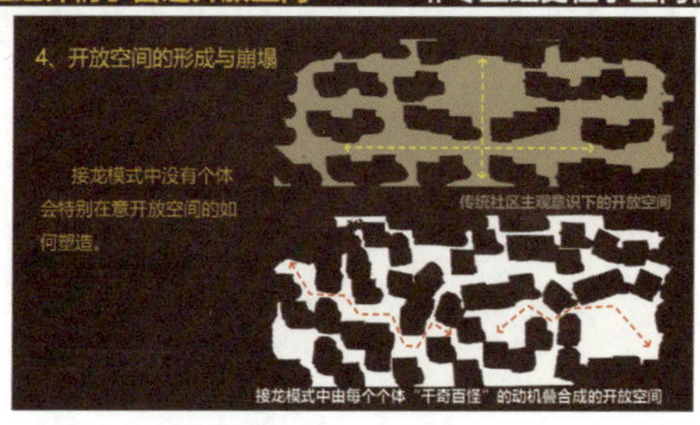

图5 开放空间的形成与崩塌

（1）空间不是目的，是工具

任何空间最终都要为人服务，因此任何塑造空间的行为也都要最终为人服务，但我们多年的专业素质教育偏重于塑造空间本身，探讨空间自身展现出的美感，通过这个游戏，我们是不是该反思一下，这种空间自身美感如果与最终人的需求脱钩，那么是不是就变成了无意义的空中楼阁了呢？我们对着传统规划方案，还进行了一次模拟买房过程的实验，体现出的结果完全滑向逐利思想，与接龙模式体现的看重社会关系的理想情况大相径庭，那么我们是不是可以探讨一下更深层的问题，会不会是因为我们工业化思维下的社区空间模式，导致了现在饱受诟病的邻里冷漠问题。所以我想，我们要做的首要问题是把我们看方案时的空间美学从目的转化为工具，仅仅是实现为人服务的工具。

（2）城市并非树形，是叶形

亚历山大有一篇著名的文章“城市并非树形”，很多年前就给了我很大的启发，经过这些年分形学思考和房子接龙的启发，我有了一种“城市是叶形”的想法。跟树叶、肺泡这些一样，城市也体现为两套系统，枝状系统提供了最高的运输效率，泡状系统提供了最强的交换效率，树叶完美地展现出两者的结合情况，城市亦如此。城市道路、市政需要运输效率最优的枝状，每个地块内则需要提供充分多样的人、财、信息、时间的交换空间，而我们现在的问题是习惯于用枝状体系规划泡状空间，所以导致了一系列的社会问题，而泡状空间的自发组织是接龙模式最擅长的方式。

（3）微观规划不是方案，是平台

借用上一条的观点，我认为宏观规划一定是需要理清枝状体系的综合方案，但微观规划则应该是融合各方意见、提供生长秩序的平台，接龙游戏每一次开始前都不知道会生成具体什么形式，但根据游戏者的特点基本可以推断出大致的空间特点，也就是说规划者在这个游戏中扮演的不是勾勒空间的角色，而是根据大量实验数据制定规则、选对参与人的角色，这将可能会是存量时代中规划行业的重要转型方向。

4 结语

如同凯文·凯利在《失控》中提到的“大型任务如何通过去中心化的方法并借助最少的规则来完成”一样，接龙游戏提供的是去精英化的“空间众筹”的规则和方法。为了研究更多人群的参与结果，该游戏正在正式被开发为APP程序，上线后也许会成为今后编制方案、规划教学的一个十分有趣的工具。

历史文化名镇社会网络保护更新研究

——以重庆宁厂镇为例

石亚灵　黄　勇　冯　浩　张启瑞　万　丹
重庆大学规划设计研究院

1 研究背景与思路

在新型城镇化以及存量规划背景下，针对目前我国历史文化名镇保护更新研究集中在风貌改造、设施更新、活力复兴、社会问题、公众参与形式、旅游开发模式等物质更新与空间规划层面而逐渐引起的居民社会关系瓦解、社会网络割裂等问题。摆脱传统历史文化名镇的定性分析模式，以保护历史文化名镇社会网络为导向，以重庆巫溪县宁厂镇为例（图1），采用计量社会学中研究行动者相互关系的重要方法—社会网络分析（Social network analysis，SNA）原理和方法，建立历史文化名镇核心保护区居民户的“点”单元与社会关系的“线”关系的语义模型。借助 Ucinet 6.0 软件，构建历史文化名镇社会网络的拓扑结构图（图 2）。

图 1 宁厂镇区位及总平面图

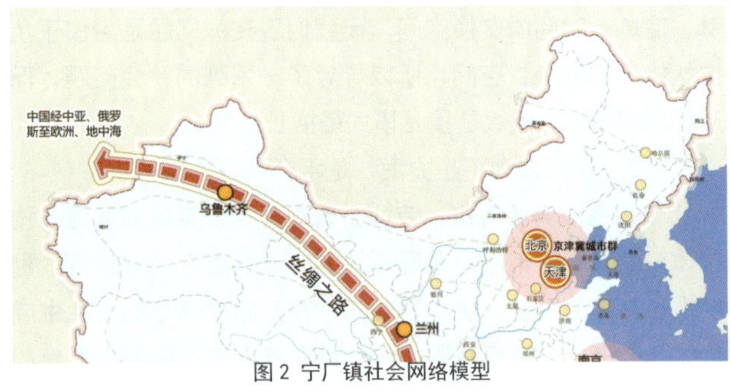

图 2 宁厂镇社会网络模型

2 社会网络结构分析

基于社会网络拓扑结构图，进行社会网络的结构稳定性、脆弱性与均衡性分析（图 3）。

（1）网络结构稳定性

通过对社会网络密度、凝聚力系数、*K*—核、Lambda 集合等指标的计算，分析社会网络的整体完备度、网络局部稳定度以及网络层级边关联度等反映社会网络结构稳定性的指标。

① 网络整体完备度——一个图的密度定义为图中实际拥有的连接数与最多可能拥有的线数之比，可以测定网络整体完备程度，计算公式为：

$$P=L/[n(n-1)/2]$$

式中，“*P*”为网络密度，“*L*”为网络中实际存在的连接数，“*n*”为网络中实际存在的节点数。通过计算可知，网络密度为 0.0623。

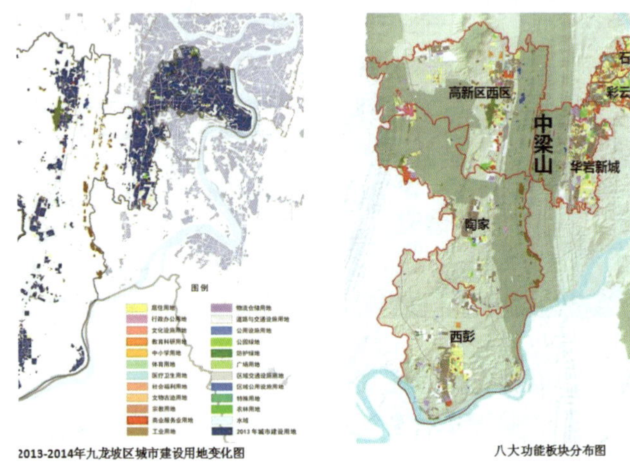

图 3 社会网络保护更新技术路线

② 网络局部稳定度

“*K*—核”（*K*=1、2、3…）表达一个子图中的全部点至少与其他子图中的“*K*”个他点相连。“*K*”值越高、“*K*—核”占比越高，网络的局部稳定成分越多，网络整体越稳定。宁厂镇 *K*—核最大值为 6，“6—核”比例为 36.73%（图 4）。

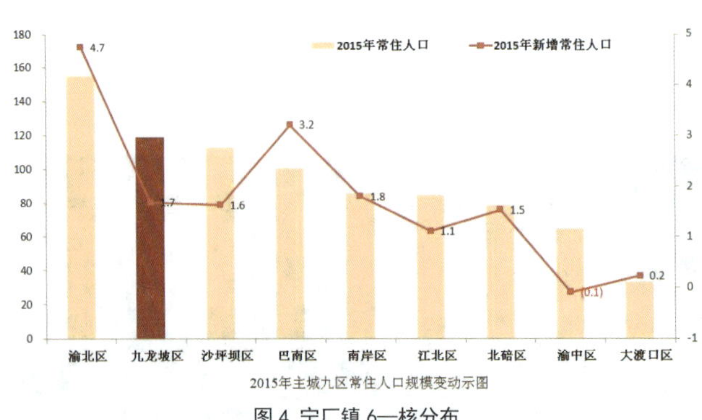

图 4 宁厂镇 6—核分布

③ 网络层级边关联度

“Lambda 集合”是网络整体结构稳定性的评价因子。宁厂镇社会网络有 12 个级别的边关联度。一级边关联度与最高级边关联度比例分别为 1.02% 与 22.45%，其差值为 21.43%。

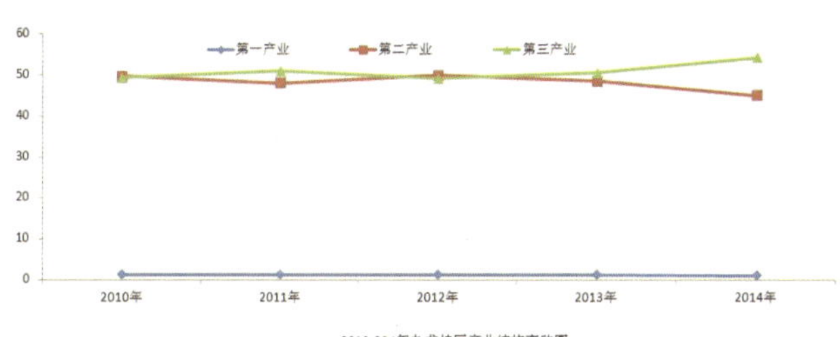

图 5 宁厂镇社会网络边关联度分布

（2）网络结构脆弱性

通过对社会网络切点数目与比例的计算，分析社会网络的脆弱性。通过切点计算得出，宁厂镇社会网络结构切点数目为 5，比例为 1.72%，脆弱程度相对较高（图 6）。

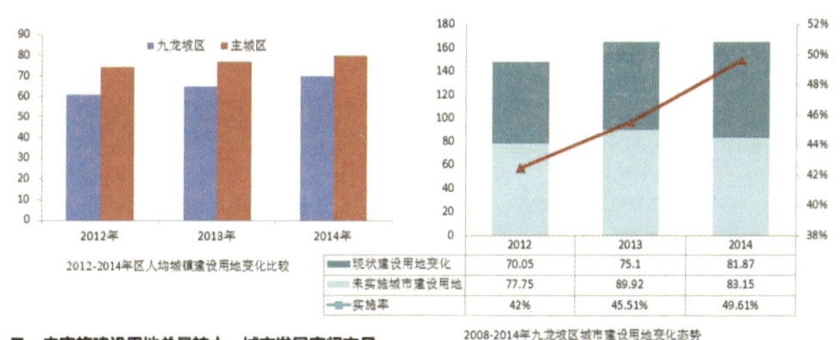

	2012	2013	2014
现状建设用地变化	70.05	75.1	81.87
未实施城市建设用地	77.75	89.92	83.15
实施率	42%	45.51%	49.61%

图 6 宁厂镇社会关系度数中心性

（3）网络结构均衡性

通过对社会网络的“度数中心势”与“中间中心势”的分析，测试社会关系在网络结构中的整体均衡程度以及社会关系构成的复杂程度。

① 度数中心势

公式为：

$$C = \frac{\sum_{i=1}^{n}(C_{\max} - C_i)}{\max[\sum^{n} C_{\max} - C_i]}$$

式中，C_{max} 为网络中各节点度数中心度的最大值，C_i 为节点 i 的中心度。

宁厂镇的社会网络结构中心性较高地集中在右侧，整体的中心势较低，比例为 6.27%（图 6）。

② 中间中心势

公式：

$$C = \frac{\sum_{i=1}^{n}(C_{RB\max} - C_{RB})}{n-1}$$

式中，CRBmax 为点的绝对中间中心度理论最大值，CRB 为点的绝对中间中心度，C 为点的相对中间中心度。

宁厂镇的社会网络结构中间中心势表现出以 60、54、46、68 号居民为最大值，整体中间中心势为 44.97%，中间性趋势比较强（图 7）。

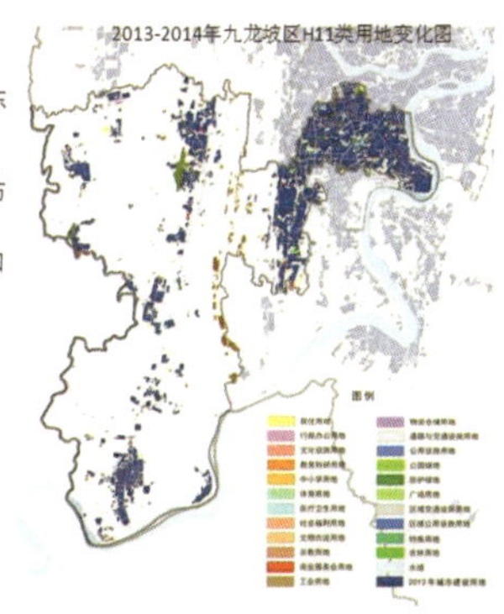

图 7 宁厂镇中间中心性

3 保护策略引导

最后，从社会网络结构自身以及基于社会网络保护的物质形态规划两个层面，提出历史文化名镇社会网络保护对策。第一，通过提高社会网络结构的稳定性、降低脆弱性、提升均衡性等，优化整体社会网络特性，进行社会网络结构自身的保护更新；第二，以社会网络的稳定性、脆弱性、结构均衡性等指标为依据，指导历史文化名镇的物质形态规划。主要体现如下四个方面：一是指导历史文化名镇的三区划定，可依据社会网络结构的“K—核”成分确定核心保护范围，依据“非 K—核”成分确定建设控制地带与环境协调区；二是指导空间格局保护，依据度数中心性计算与分析，在各级度数中心度设置各级空间节点；三是指导建筑物分类保护，可通过社会网络切点成分计算与分析，将切点成分居民所在区域范围确定为重点建筑保护区，依此指导各级建筑的保护（图 8）；四是通过社会网络的中间中心势、K—核成分计算与分析，依据中间中心势、K—核成分依次降低分别确定公共服务设施规划等级与分期实施方案。

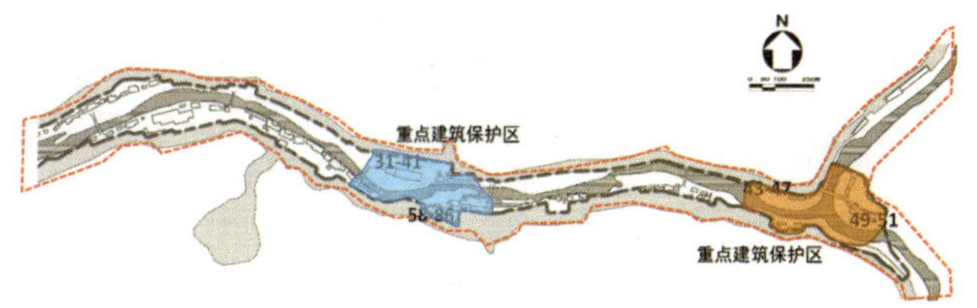

图 8 宁厂镇重点建筑划定

构建 15 分钟社区生活圈的规划 · 实施 · 行动

——解读《上海市社区规划导则》

李　萌
上海市规划编审中心

1 选题背景

上海的存量再开发时代，社区规划不能简单沿袭传统规划编制的工作方法和理念。笔者与所在项目组通过《上海市社区规划导则（实行稿）》（2016）的编写，探索新建设方式下城市更新规划与社区规划方法（图 1）。重点达到以下目标：

一是明确 15 分钟社区生活圈规划和建设标准，落实上海市总规 2040 关于 15 分钟生活圈的目标要求，指导 2016 年本市城市更新行动计划之一"共享社区计划"的开展；二是指导社区规划的有序实施，提出工作推进的行动模式；三是促进自下而上的社区治理，充分依托社区居民的力量，提高社区规划的有效性，进而提升社区凝聚力。

图 1 《上海市 15 分钟社区生活圈规划导则》（左图为专业版、右图为公众版）

2 内涵解读

一是概念定义。是上海打造社区生活的基本单元（3~5 平方公里，5 万 ~10 万人，与本市控规单元基本一致），即在 15 分钟步行范围内，满足居民日常开展各类社区活动的一种空间组织方式（图 2）。

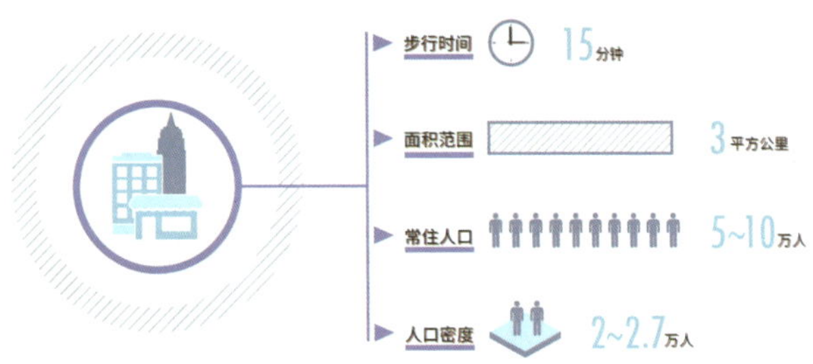

图 2 社区生活圈的适宜规模

二是内涵实质。①多元化，应对多元人群需求，涵盖居民所开展的各类活动。②可达性，强调以 15 分钟的步行尺度（非传统服务半径），高效便捷、功能复合的组织各类活动。③精准性，实现空间配置与居民活动特征、使用频率高度契合。

三是落实途径。《导则》从规划层面、建管层面到实施行动层面构建规划标准、实施建设和行动组织三大支撑，作为生活圈的全生命服务周期。

3 规划标准创新—从基础保障向品质提升转变，以"人性体验"角度来创新规划要求

（1）人性方面

从"人"的角度出发，《导则》围绕居民日常活动"衣食住行"来搭建规划标准的主要框架，包括居住、就业、出行、服务以及休闲五个章节。（图 3）对于"人性体验"具体表现为：

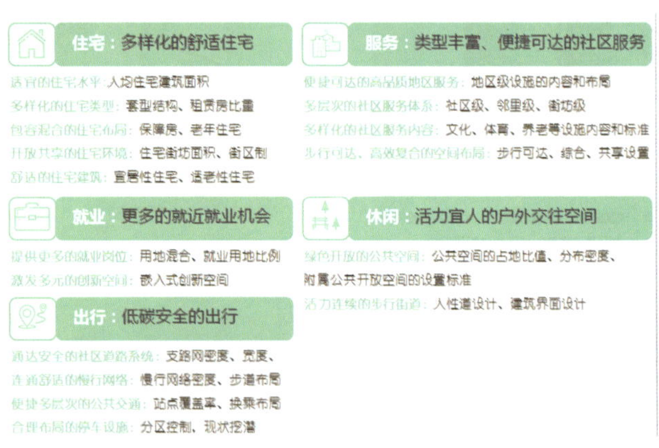

图 3 《上海市社区规划导则》的基本框架

衡量一个城市空间基底是否"以人为本"，是否有利于创造开放共享的生活街区，住宅街坊尺度和路网格局起到决定性作用。从这个角度来看，上海中心城现状路网密度为 7km/km^2 左右，徐汇滨江、前滩等重点地区的规划路网超过 10km/km^2，因此，上海具有一个较好的街区空间基底，主要是有赖于 2011 年的《上海市控制性详细规划技术准则》中对街区规模的控制。

但我们也反思，街区规模控制能够确保较好的车行便捷性，但却缺乏基于人行需求的考虑，因此，在本次《导则》中，我们的关注点从车行转变为人行，新增对封闭住宅地块规模，以及步行通道间距的控制，能够确保居民穿行住宅的对角线以及任意相邻的两个边边长的空间距离，都在 300~500 米（步行较适宜的尺度）以内。同时，引导连续活力的街道界面以

及内部设施共享开放，以此共同构建一个基于人性体验的街区制模式。

（2）出行方面

《导则》首次从人行角度，提出慢行网络密度的控制，要求一般地区达到 12km/km^2 以上，也就是说未来每步行 250 米，就会碰一个步行路口，而在公共活动中心和轨道交通站点周边，慢行的网络密度将达到 14km/km^2，同时在布局上要求慢行步道串联各类公共服务设施、公共活动中心等日常目的地，步行便捷性的提高将会吸引更多的人选择绿色出行。

（3）服务方面

公共服务设施是构建 15 分钟生活圈的关键部分。反思目前设施规划方法，往往将将社区视为一个静态的物质空间，仅依据人口进行一个底线规模配置，在实际使用中常常暴露出与居民需求不对接，资源利用率不高等各种问题。因此，在本次《导则》中，我们从均质化、保基本的底线控制转变为以需求为导向的差异化配置。在服务内容上，应对文化健身等多样需求，增加品质提升型服务内容，在指标效能上，进一步强化步行可达管控，以步行可达覆盖率作为优先控制指标。

同时，强调基于不同社区人口结构和需求特征，精准差异化的提供设施服务，重点关注儿童、老人以及弱势群体需求（图 4）。在布局引导上，关注家与设施、设施与设施之间的步行需求特征，根据不同人群提出差异化布局策略，构建不同人群的设施圈（图 5）。

图 4 基于人口结构的差异化配置要求

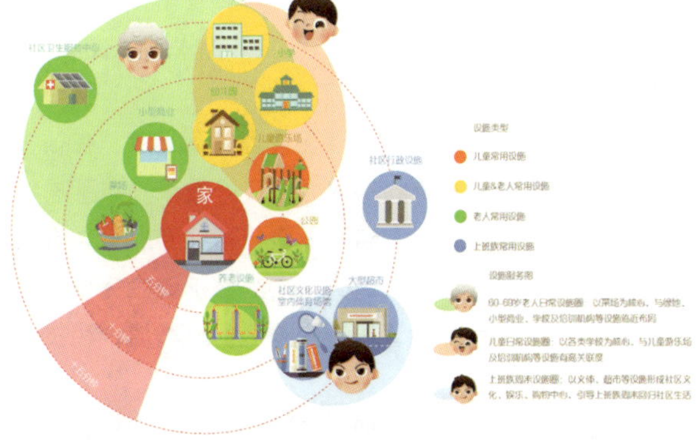

图 5 基于步行特征的差异化布局要求

（4）休闲方面

对于公共开放空间的控制，《导则》从重指标、轻功能向重使用、重效能转变，在现行的社区级公共绿地标准基础上，更加关注社区级以下的小广场、小绿地以及存量用地的内部附属绿地挖潜。并从体验和使用的角度提出公共开放空间在规模、位置、界面等各方面的引导。

4 实施建设创新—从关注新增向关注存量转变，突出对新建地区和已建地区的差异化指导

在构建社区生活圈的目标下，对于新建地区，重在构建，而对于已建地区则重在修补，循序渐进的逐步补齐短板。因此，《导则》在每一条款下除了指导新建地区的建设导引以外，还增加了已建地区的实施途径，辅以一些优先案例提供参考。

尤其针对中心城和郊区现状存在的普遍问题，如封闭住宅、服务设施用地紧缺、运动场地严重不足、公共开放空间缺乏等。通过现状挖潜，对既有建成设施、通道的共享、开放以及综合设置等方式，来补齐短板。如针对超大规模的封闭小区，提出需要基于评估，因地制宜的分类施策，大于 3 公顷鼓励向人行开放，大于 6 公顷鼓励向车行开放等。针对公共服务设施用地、停车位紧缺问题，提出通过分时开放、共享使用的方式补充居民各类文化、体育以及停车等需求。

5 行动组织创新—从单向决策向深度协作转变，强调自下而上的多方参与

在所构建的组建团队、查找短板、拟定计划、编制方案、建设实施以及宣传推广六大步骤中，强调政府 – 市场 – 公众 – 社团”的四方协同，物业权利人、设计师、政府部门的深度协作以及市民的协商自治。

引入不同程度、不同形式的公众参与，从诱导参与到主动参与，从主动到深入参与，再到自主管理和集体维护，帮助居民激发社区意识，培育参与能力并最终发展社区自治。

宣传推广，开展一系列主题活动，共同宣传推广经验。

6 结语

《导则》基于“人”的需求完善规划标准，基于“人”的体验优化建设导引，基于“人”的参与创新行动组织。“人”是构建 15 分钟社区生活圈的核心，也是未来不断探索社区规划理念和方法的初心。

共享经济时代，城市公共空间新玩法

符陶陶
上海同济城市规划设计研究院

最近，打车公司补贴战又火热上演，这次重点是拼车。嘀嗒、滴滴、优步纷纷以“拼出未来”的作为战略主题。数据显示，从共享汽车，到分享每个座位，拼车降低乘客成本，也使车主平均收入提升 30%，双方共赢。这就是共享经济的缩影。AirBNB、Wework、慕课……共享经济正越来越多地出现在我们日常生活。

共享经济，既是国际趋势，也受国家大力支持。中共中央十八届五中全会，将“共享”纳入五大发展理念。今年 3 月，国家发改委等十部门联合制定的《关于促进绿色消费的指导意见》全文对外发布，明确“支持发展共享经济”。华盛顿经济趋势基金会主席杰里米·里夫金则在新书《零边际成本社会》中提到，未来，使用权将胜过所有权，共享价值将胜过交换价值，协同共享会改变组织经济生活的方式，引导我们迈入全新经济领域。

促进在非工业地：从定义来看，共享经济是以获得一定报酬为主要目的，基于陌生人且存在物品使用权暂时转移的一种商业模式；其本质是整合线下的闲散物品或服务者。目前，多种新共享现象已经出现，如共享居住、共享教育、共享厨房、共享办公，等等。在提升生活便利度的同时，这些共享降低了成本，有效发挥了闲置资源作用，达成了供需双方共赢。

按照共享经济模式发挥作用的流程，我归纳出四个关键词：

- 分离：资源的所有权与其使用权、管理权的分离
- 分解：需求与供给的内容分解（细化多元）、规模分解（化整为零）。内容与规模的分解通常是相伴出现，并在空间中呈现零散分布的状态。
- 共频：供需短时间匹配。通常借助互联网，高效整合零散供需。
- 共赢：参与共享的多方受益，甚至达到零边际成本的效果。

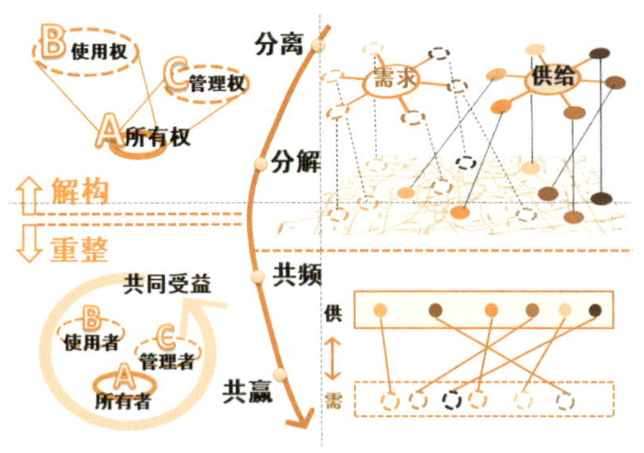

图 1 共享经济模式关键词图示

分是解构，共是重整；由分到共，完成了解构－重整的过程，一个新模式建立了。

共享时代，规划师如何参与？首先需明确的是，规划师“能玩”的资源是公共空间。狭义上来说，公共空间指供城市居民日常生活和社会生活公共使用的室外及室内空间。其中公共空间室内部分的设计与管理，更多由特定公共单位或某些私有企业操作，并通常受到更多关注，也因此其共享问题已在不少网络平台的帮助下得到了解决。而公共空间的室外部分，却往往受到忽略，这也是本文关注的重点。

既然是公共空间，为什么还搭载“共享”概念？首先，太多空间在实际中“共而不享”——共有而却毫无使用体验，或者“享而不共”——有“享”的潜力却没有“共”的条件；所提“共享”就是要实现公共空间更好的共有与享用。此外，共享作为一种经济模式，能够将 “零边际成本”概念引入公共空间的使用和管理，提升使用效率，降低管理成本。

具体“玩法”，则是将共享模式的逻辑，运用在城市公共空间规划与管理上。对应“两分两共”，公共空间至少有四种新玩法。

玩法一：分离

分离使用权，承认私有公共空间的合理性
分离管理权，鼓励专业化团队，管理运营

规划应对：政策鼓励，专业管理

B 使用权
C 管理权
A 所有权

图 2 玩法一图解

分离使用权，就是承认私有公共空间的合理性，引导其向公众开放。在曼哈顿，私有化公共空间超过 500 个。1961 年起，私有公共空间项目就是纽约 Zoning 的组成部分。为鼓励开发商在自家地上建设，并免费向公众提供公共空间，政府给予容积率奖励。图显示了曼哈顿私有化公共空间的位置、状态、设施情况；图来源于纽约市规划网站，显示了 Zoning 对这类空间的引导和规范。

分离管理权，就是鼓励专业化管理团队运营。在很多国家，专业团队管理公共空间都取得了良好效果。布莱恩特公园从缺乏维护、环境恶化，到毒贩横行再到专业管理介入，目前已扭转为一个广受欢迎的公园。其维护资金完全来自非官方并运转良好。良好的管理，使周边物业增值，租赁费和地价大幅提升。

借鉴这些经验，我们需要政策鼓励、专业管理。

玩法二：分解。

内容分解，指在需求细化的时代，空间供给细化多元；规模分解，指以集中化规模化形式出现的需求，还原本来的散布状态，空间供给也要化整为零，呈现散布状态。

内容与规模的分解，通常相伴出现，表现为以化整为零的空间，承载细化多元的活动。

玩法二：分解

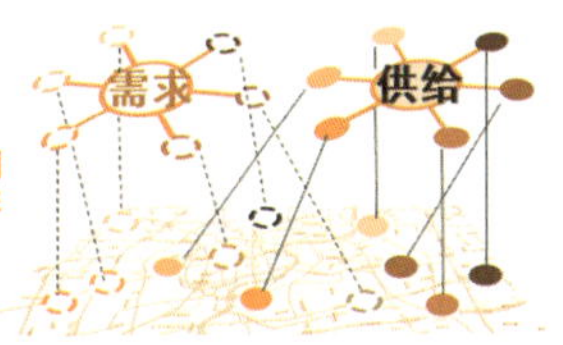

规划应对：网点规划，活动细化

图 3 玩法二图解

当空间规模被分解，不同小空间能更有针对性地承载不同活动主题，而正是活动本身，成为吸引人群的核心。去公共空间和逛商场有类似，使用者可以按“有无目的”分为两类。有目的的，需求细化了，空间供给需要针对性满足；没目的的，看中的是多样性，而正是多元供给，塑造了多样性。所以，当人们的细化需求以小微形式出现在城市各个角落，供给应该呈现同样的小微+散布结构，形成微公共空间体系。

汉堡利用街头小公共空间进行了“活动预设置”，主题使其本身就带有活动引导性，非常受欢迎。巴塞罗那“针灸疗法”，成本低、见效快、直指需求。从小空间入手，能有效迅速改善城市面貌和人居环境品质。规划也许应该完善公共空间网点建设，并进行主题细化，活动预设，以使公共空间真正有活力，有魅力。

玩法三：共频。建立公共空间数据库，实现实时跟踪、供需速配

我们对于身边公共空间的不了解，源于公共空间资料不够完善公开，其中的活动情况更是无从知晓，于是出现了15年元旦的踩踏悲剧。矛盾出现了，一方面，个别空间很拥挤；另一方面，大量空间在闲置；但公众仍然觉得无处可去。

纽约公共空间网站，清楚显示了所有公共空间的位置、所有权、设施，还鼓励大家评价空间开放度。也许我们可以借鉴，依托网络、搭建平台，甚至在未来，开发“召唤公共空间”的网络应用，实现公共空间入网，需求速配。只需一个手机，人们就能对周边公共空间了如指掌，滴滴一下，马上预约。

玩法三：共频

建立公共空间数据库
供需速配、实时跟踪

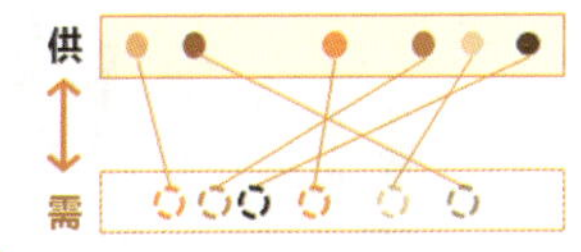

规划应对：网络依托，平台搭建

图 4 玩法三图解

玩法四：共赢。摒弃“免费”思想，共赢前提是共同付出。

公共空间的设计、建造、管理维护都需要成本。公共空间就是大家一起付出，再一起获益。付出可以是金钱，也可以是时间精力；收益更好的空间，更好的使用，以及更高的不动产价值。

汉堡海港新城开发中，当地居民发现没有游乐场，向管理公司反馈，管理方、规划部门与业委会共同达成协议，由政府投资建设，家长负责设计管理，游乐场建成，家长轮流管，是非常活跃的空间。调研时，居民自豪之情溢于言表。

玩法四：共赢

摒弃“免费”思想，共赢前提是共同付出
培养公民意识，畅通公众参与渠道

规划应对：共同付出，公众参与

图 5 玩法四图解

所以，想要共赢，先问能付出什么？而为保证“付出”通畅运行，则需要建设新的“付出—收获”机制，完善公众参与渠道。

将四种玩法结合，未来，将有更多的私有公共空间对公开放，更多的小型空间被挖掘；他们由专业团队运营管理。空间将被展示在网络平台上，按类型主题划分，便于精准搜索，精确匹配。空间使用情况实时更新，重大活动更有实况播报。使用公共空间要刷“积分”，积分可以买，也可以通过付出时间精力维护公共空间、参与公共活动等方式换取。公共空间将有各自活动季，活动可以由居民自行组织，精品活动可适当收费，作为公共空间管理资金。

未来，公共空间使用将更加精准、高效，并将成为零成本社会中许多共享活动的发生地，他们被激发、盘活，并将实现真正的共有与享用。

图 6 未来城市公共空间 使用说明书

新时期城市写字楼发展研究

——以天津为例

吴 娟
天津市城市规划设计研究院

1 背景

新时期对城市发展提出了新要求，包括从规模扩张转变为品质提升和结构优化、从增量到存量、从数量和效率到质量和安全等。习总书记在中央城市工作会议中指出“尊重城市发展规律。城市的发展需要人口、经济、用地等要素的协调发展，忽略人口、经济的非理性发展都将带来相关的城市问题。

近年来各城市写字楼建设迅速，引发大量楼宇空置问题。据统计，2016 年全国将迎来近 930 万平方米的优质写字楼新增供应。脱离市场需求的大规模建设，导致供需失衡，造成土地资源的浪费。

2 天津

1）天津写字楼发展现状

天津正在运营的写字楼为 543 座，面积 2 791 万平方米。空间分布上，市内六区最为集聚，占全市总量的 72%，滨海新区占 18%。基本形成了以小白楼—滨江道区域为主中心，在河西、南开分别形成友谊路、奥城、海光寺三个次级集聚区。

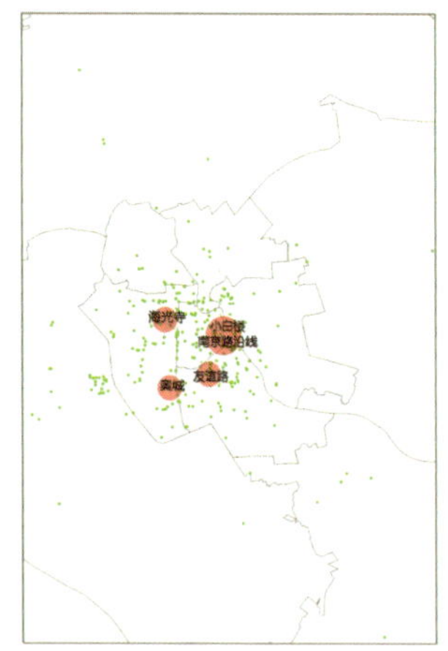

图 1 天津现状写字楼空间分布情况

2）天津写字楼发展趋势与问题

（1）供大于求的风险不容忽视

——写字楼存量高、吸纳量小

从写字楼存量来看，天津规模较大，与上海基本持平；从写字楼的吸纳量来看，天津仅为北京 1/10，上海的 1/15。

——空置率高

2012 年天津写字楼空置率达 17.4%，明显高于京、沪、广、深等城市。

——需求量小

天津写字楼新增需求量不及深圳的 1/5，广州的 1/6，与北京、上海更是相差甚远，大致相当于京沪 90 年代中期水平。中小企业为主、企业总部数量少的写字楼客户特征，是造成城市写字楼需求量不足的重要原因。

——从发展阶段判断风险

从京沪写字楼的发展历程来看，在一定时期内都出现过供应量的快速增长造成高空置率现象，然而在短时间又将存量供应急速消化，使空置率快速下降。

京沪写字楼出现空置率的原因分析：城市经济快速增长，特别是第三产业的快速发展使写字楼开发强度加大，形成持续多年的高供应量，导致城市存量激增；受国际金融危机影响，写字楼吸纳量未能如预期增长，甚至出现了下降。

京沪写字楼空置率迅速下降的原因分析：规模控制：高空置率后对新增供应量的严格控制：北京 2009-2012 年间，年均新增供应只有 24 万平方米左右，上海金融危机后年均新增供应量也控制在 50 万平方米左右；经济支撑：金融危机后，城市经济迅速回升，经济增速快速回到 12%-15% 的水平。

天津写字楼发展风险判断：

① 空置率高：一直维持在 20% 左右，持续高于供求关系风险预警值；

② 规模未控制：在高空置率下，天津并未对新增供应量进行控制。

③ 经济能否支撑：发展速度快，但经济总量与京沪还有较大差距，特别是与写字楼发展关系紧密的第三产业，仅为京沪的一半；天津的经济增速已开始放缓，特别是在国家大形势下，城市经济发展速度难以再大幅提升，逐步放缓成为必然趋势。

（2）楼宇经济发展水平较低

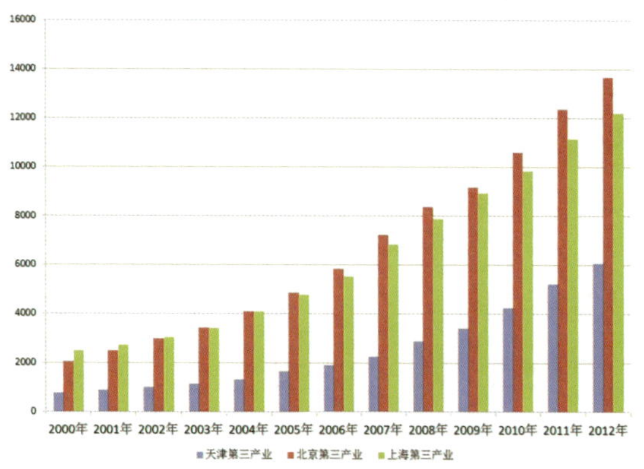

图 2 京津沪第三产业 GDP 比较（单位：亿元）

天津写字楼平均售价仅为北京的 1/2，沪广的 2/3 左右；租金水平为北京的 1/3，不足上海的 1/2。

（3）滨海新区面临极大市场压力

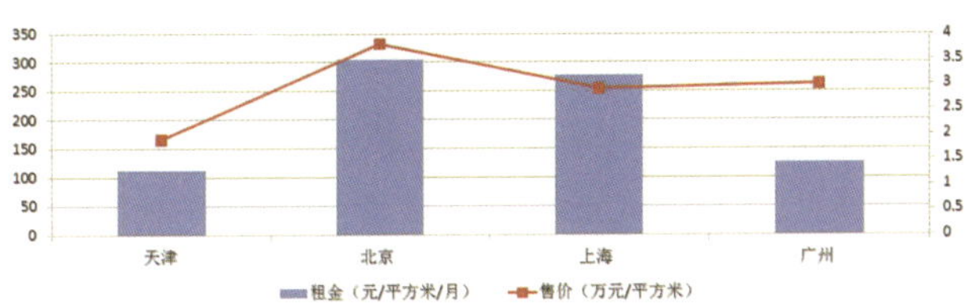

图 3 全国主要城市写字楼租售价格比较

天津未来约 70% 的新增写字楼供应量来源于滨海新区，在全国主要城市中占比最高，面临极大的市场压力。

3 建议

（1）严格控制写字楼发展规模，谨慎新建开发

目前，天津商务楼宇发展面临最严峻的问题是供大于求的风险。通过将天津第三产业及商务楼宇规模与北京、上海的发展阶段相比较，可以看出目前我市商务楼宇基本符合城市经济发展水平。但在建规模大，为未来市场带来极大压力。因此，未来应严格控制大规模商务楼宇开发，特别是谨慎新建地区的开发建设。

（2）重点发展空间预判

① 交通节点地区：根据发展经验，随着城际交通联系的便捷，在交通节点区域易于形成商务节点，例如：虹桥枢纽商务区等。东站地区、南站地区、西站地区、空港地区等。

② 承接平台：作为承接北京商务功能转移的重点区域。于家堡响螺湾、武清北部地区、未来科技城等。

③ 其他天津重点发展区域：海河中游地区、海河教育园区、中新生态城等。

（3）加快存量写字楼消化

① 优化开发模式

对商务区的开发，要避免功能过于单一的问题。根据研究结果，合理配置办公、商业配套、居住、公共服务设施四大功能规模比例，同时规划混合用地以及预留用地。

② 完善设施配套

加快滨海地区基础设施配套，包括商业、居住、交通、市政基础设施等，提高滨海新区人气，尽快培育成熟商圈，以将滨海新区楼宇转化为蓝筹写字楼。

③ 加强政策支撑

继续实施“亿元楼宇”扶持政策，加强政策对楼宇经济发展的引导作用。

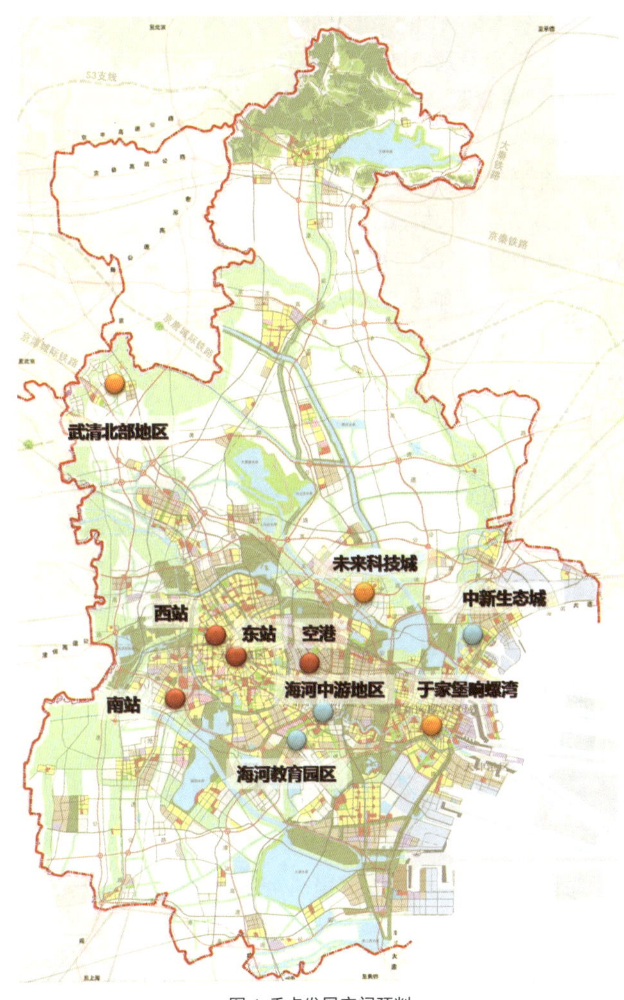

图 4 重点发展空间预判

四大功能建筑面积比例为：

■办公 30%~50%；

■商业配套 15%~25%；

■居住 15%~30%；

■公用设施（含文化、体育、医疗、教育\市政、交通基础设施）10%~15%。

■规划应配置一定比例的多功能用地，以满足商务区功能的混合发展；

■保证2%左右的预留用地，预留一定的灵活性。

图 5 开发模式功能比例

绿色出行，欲行不难行

潘晖婧
江苏省城市规划设计研究院

2015年2月，柴静用一段视频给我们敲了一记雾霾警钟。面对雾霾，我们应该怎么办？

不妨先看看我们自己做了些什么。运用微信里一个应用可以计算"雾霾账单"，从我家到单位3.5公里，每天开车上班，一年制造的空气污染量是2万多立方米，这是多少呢？结果是我一年制造的污染会让6个人一整年在重度污染中呼吸！用这个方法，我又估算了苏州的城市账单。苏州市2014年机动车保有量为263万辆，平均通勤驾车距离为12.6公里，产生的污染会影响多少人呢？5680万人！是苏州市1000万常住人口的5倍之多。面对这个巨大的数值，我深深地意识到抗击雾霾，必须从自身做起。绿色出行是第一步！

图1 "雾霾账单"示意

提到绿色出行，3.5公里的距离，自行车正是合适的交通工具。可是当我想骑车出行时却发现几个问题。有的路不能骑车，路权没了！非机动车道被汽车占了！路上机非混杂，存在安全隐患！而万能的互联网，却没有为自行车出行做出任何的导向。自行车出行环境不佳，绿色出行，欲行却难行！

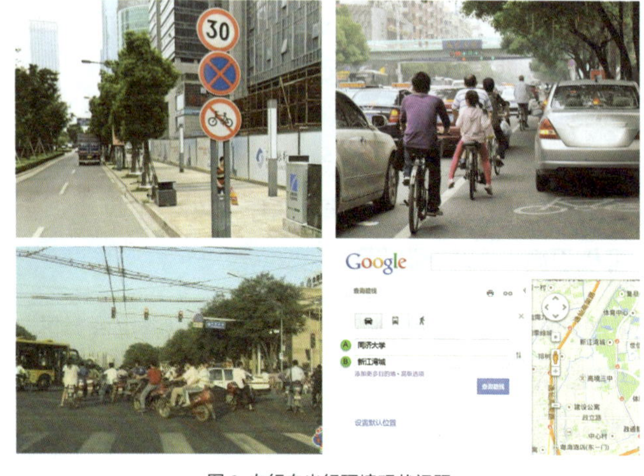

图2 自行车出行环境现状问题

那么究竟怎样的环境是舒适的自行车出行环境？对这个问题最有发言权的是自行车使用者，因此本次研究立足骑行者，解决两个问题：第一，他们关注哪些环境因素？第二，这些因素应如何整合？

先看看骑行者关注哪些环境因素？首先通过梳理根本哈根、苏黎世、伦敦、北京、广州、上海六个城市的相关研究，总结出相关骑行要素；再通过小规模问卷的预调查，向骑行者了解影响感知骑行环境的要素。最终，我们选取10个人们最关心且城市规划能有所作为的要素，包括骑行时间、机动车车流量、自行车道类型、机非隔离方式、机动车路边停车、自行车道宽度、沿途红绿灯数量、道路绿化、沿途自然景观、街道景观。

接下来的关键问题是应如何整合这些环境因素？本次研究采用路径选择行为调查法，该方法基于"叙述性偏好法"，设计出各有利弊的路线，让受访者在虚拟的情景中进行选择，再应用离散选择模型，估计人们的骑行环境偏好。

我们采用图文并茂的方式设计虚拟路径供受访者选择。相比传统的调查问卷，这个方法是一种比较自然的选择行为，更容易显示出真实偏好。

调查问卷通过实地和网络发放，最终获取200份有效问卷。在获得选择数据后，建立选择模型以求得各要素的参数和效用函数。参数或者说权重反映了受访者对骑行环境的重视程度；而效用函数就是研究所需要的评价道路骑行环境综合评价的指标。首先用所有样本建立模型，模型准确率达50%，结果较好；然后，我们将不同出行目的的样本分别建立模型，整合后模型准确率更高，可见不同出行目的的骑行者环境偏好有所不同。基于此，我们获得了两方面的启发，一个是"大众化"的环境偏好，符合大多数人需求；一个是"个性化"的环境偏好，更有针对性。

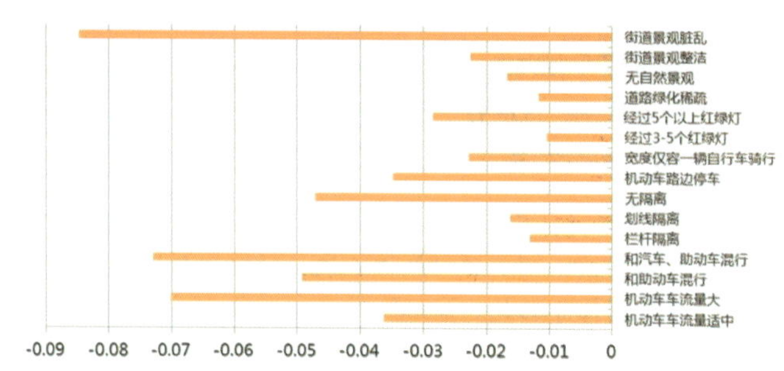

图3 自行车出行环境因素权重系数比较（整体样本模型结果）

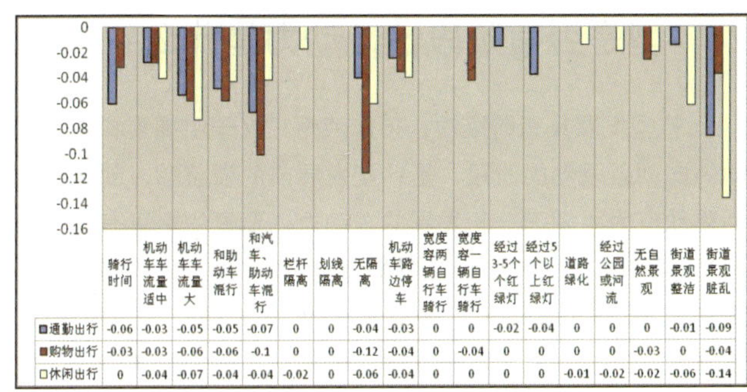

	骑行时间	机动车车流量适中	机动车车流量大	和助动车混行	和汽车、助动车混行	栏杆隔离	划线隔离	无隔离	机动车路边停车	宽度容两辆自行车骑行	宽度容一辆自行车骑行	经过3-5个红绿灯	经过5个以上红绿灯	道路绿化	经过公园或河流	无自然景观	街道景观整洁	街道景观脏乱
通勤出行	-0.06	-0.03	-0.05	-0.05	-0.07	0	0	-0.04	-0.03	0	0	-0.02	-0.04	0	0	0	-0.01	-0.09
购物出行	-0.03	-0.03	-0.06	-0.06	-0.1	0	0	-0.12	-0.04	0	-0.04	0	0	0	0	-0.03	0	-0.04
休闲出行	0	-0.04	-0.07	-0.04	-0.04	-0.02	0	-0.06	-0.04	0	0	0	0	-0.01	-0.02	-0.02	-0.06	-0.14

图 4 不同出行目的骑行者行为系数比较

来看看这些研究成果能为“我们”做什么？

第一个场景，“我们”是“大我”，是一个城市或一片区域。如果城市整体骑行环境改善，应该会多一些人使用自行车。这时，一般是满足大众化的需求。那就用“大众化”的环境偏好结果来解决问题。

当面对一片骑行环境待改善的区域，我们首先要知道现状环境怎么样。通过调查每个路段环境，将因素和权重在路段上综合叠加，得出骑行环境的现状评价。其中颜色越深骑行环境越差，颜色越浅骑行环境越好。从图 5 可以看出整体环境怎么样，哪些路段出行环境好，哪些不好。

在进行了现状评价后，开始着手改善。首先，对每个路段存在的问题和不足进行诊断，一般每个路段在出行环境方面会存在多方面的不足，那么在资金有限的情况下，通过比较改善后效用提升的程度，优先考虑改善效用提升较大的因素。如街道景观“脏乱”与“整洁”之间的效用差值大于自行车道类型“汽车、助动车、自行车混行”与“自行车和助动车混行”之间的效用差值，那么针对一条街道景观脏乱、汽车助动车自行车混行的道路，首先整顿其脏乱的街道景观对于改善自行车出行环境有较好的效果。按照这个思路，对范围内所有路段进行仅一个环境因素的改善，发现改善后区域整体的出行环境大大提高。

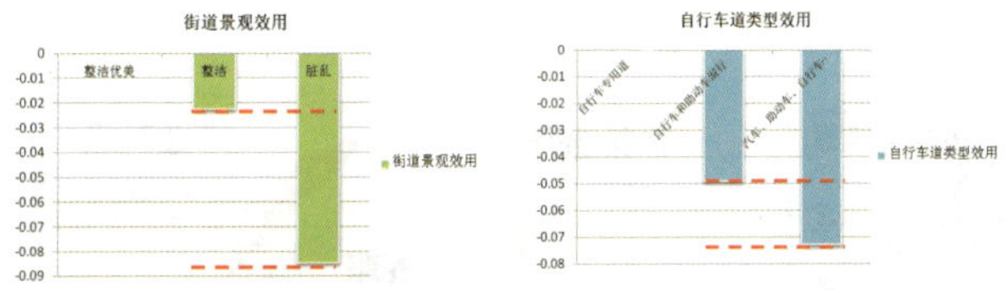

图 5 自行车出行环境改善效用比例

场景二，“我们”是“小我”，是每一个骑行者。如果可以告诉我哪条路骑车环境最好，我会更倾向骑自行车。这需要满足个性化的需求，因此用个性的环境偏好作为判断基础。

最佳路径，就是在相同起讫点之间，所有路段累加得到的出行环境评分最高的路径。明确起点和终点，就可以为通勤、购物和休闲不同骑行者提供各自的最佳路径。

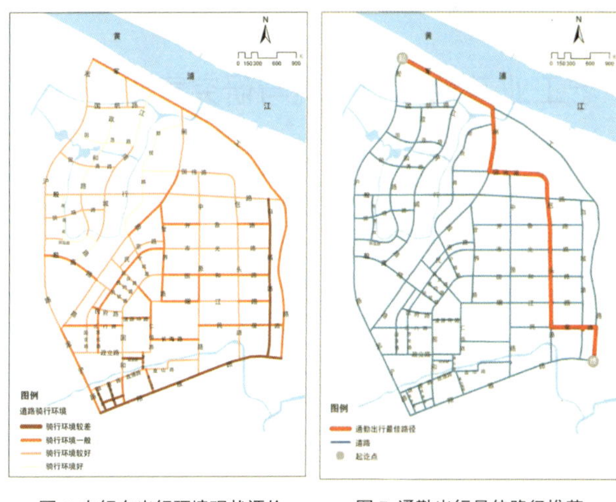

图 6 自行车出行环境现状评价　　图 7 通勤出行最佳路径推荐

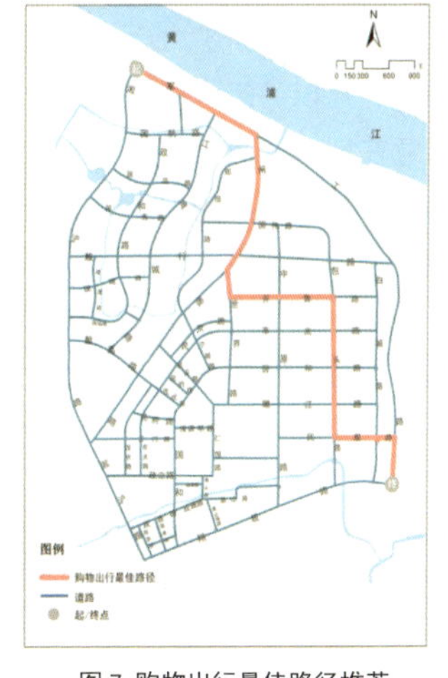

图 7 购物出行最佳路径推荐

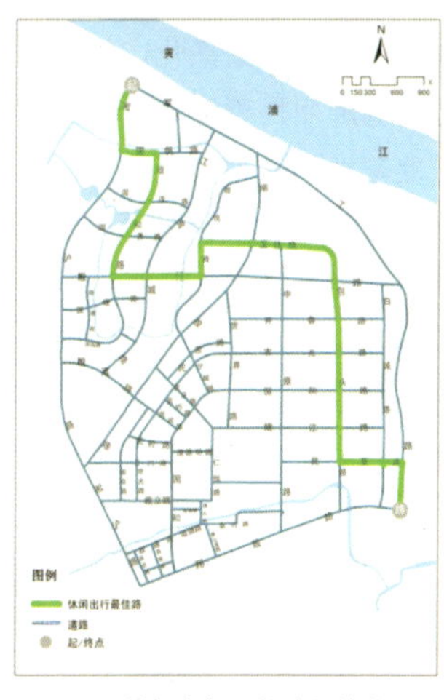

图 9 休闲出行最佳路径推荐

当然，可以做的远不止这些。我希望可以构建一个平台，可以是网页或者 APP，为每一个骑行者推荐最佳路径。在这个平台中，你可以选择你的出行目的，或者更具体的要求，比如路程短、绿化最好等。通过这个平台，自行车使用者可以享受“私人订制”的最佳路径！

以上是我所做的研究，仅仅是绿色出行中的一个方面。促进绿色出行，保护生态环境，需要多方面的共同努力。我们作为规划者，要做的还有很多。

老工业基地如何走出转型困境？

——以泸州工业基地转型发展路径探索为例

余 妙
中国城市规划设计研究院西部分院

泸州是中国传统老工业基地，是四川重要的工业城市。GDP 四川排名第 6，成渝城镇群中排名第 7。老工业主要分布于沿江四个重点地区，新兴的工业区依托老工业地区发展，也都位于临江地区。

1 老工业基地转型困境与研究意义

中国老工业基地曾几何时为中国工业的摇篮，为中国工业体系的建立做出了卓越的贡献。泸州四大主要产业“天长地久”均是在三线建设时期奠定的基础，曾为世界级白酒酿造基地、中国九大工程机械基地之一、中国最大氮肥基地、我国重要的三大化工城市之一。北方化工、三长、泸天化等至今仍是泸州最重要的企业。在国家新常态下，这些老工业基地却成为产能过剩的重灾区，传统产业面临全面产能过剩，利润严重下滑，泸州四大主导产业除酒外其他产业在区域中的地区及影响力严重减弱。泸州的发展亟待转型，但由于路径依赖，泸州转型具有相当的复杂性，产业构成几十年不变，主导产业呈现聚集化，传统企业规模还在不断扩大。那么，当前的泸州是否能走出转型的困境呢？以泸州为例，探索老工业基地的转型发展路径，不仅意在解决泸州当前面临的问题，更重要的是希望从规划的角度找到可推广的技术方法，助力全国其他老工业基地的转型发展。实践中，我们发展传统增量规划难以解答这个问题，因此，我们对老工业基地进行了深入调查和对企业进行了深度访谈，希望通过以下三方面的自问自答，来进行摸索。

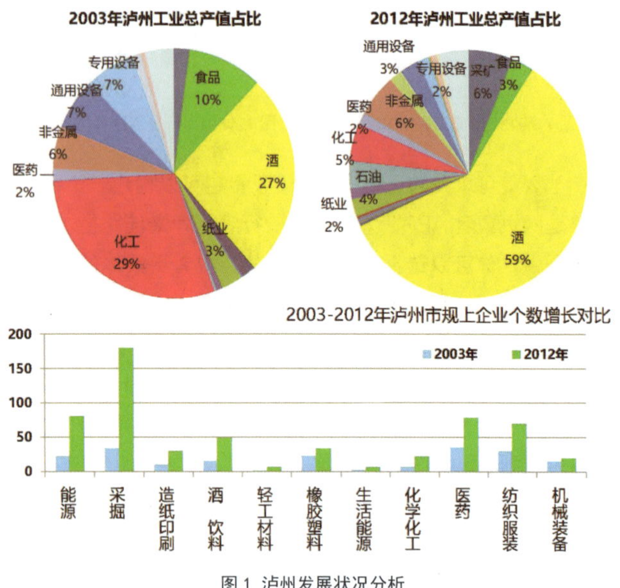

图 1 泸州发展状况分析

2 转型是否有阶段性，动力是什么？

转型发展具有阶段性，目前泸州正处于由要素和投资驱动转向创新驱动的阶段，是转型发展前的调整期，创新和福利驱动成为引领下一轮发展的主动力，要素的聚集有赖于泸州抓住国家“两带一路”下的转型机遇与自身的调整转型。未来的 10 年将是泸州是转型发展的关键时期，转型的成功将带来二、三产业的同步发展，特别是工业的高速增长，下一个阶段工业依旧是泸州发展的主要支撑。

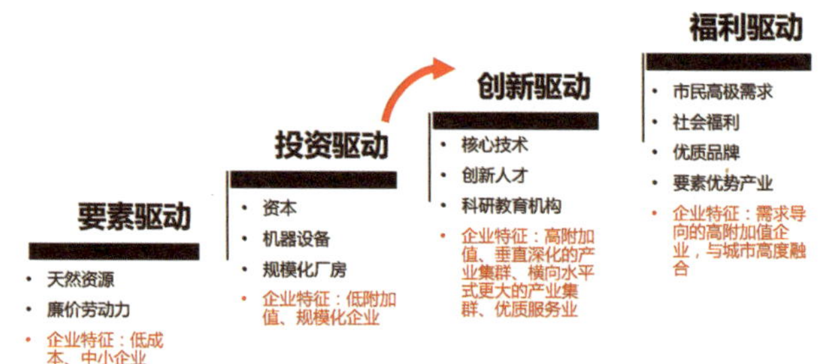

图 2 迈克尔·波特的经济发展四阶段理论

3 传统困境背后的成因是什么？

泸州当前制造业的发展面临两头挤压，形势不容乐观，一方面传统的成本优势减弱，另一方面外需增长乏力。困境主要来源于三方面原因，一是原有的制造业本身产业链拓展和产业集群的形成困难，主要的临江临港优势在长期的“港产分离”的问题下被弱化，三峡通航的制约也限制着泸州临港经济的发展。二是传统的要素驱动已不可持续，表现在粗放的工业发展模式造也相当低的土地利用率，而临港的高价值空间资源也被低效、低价值使用，而新的驱动要素包括开放的市放、研发与研究机构、技术与管理人才、城市良好的环境与服务都尚未形成。三是政府与政策作用的范畴还不明晰，哪些应是市场作为，哪些应是政府职责需要进一步研究。

图 3 转型升级“组合拳”示意

4 空间规划能为转型提供什么？

基于对企业的研究，我们发现泸州转型中的三种企业组织模式可能代表了未来的方向，包括“龙头－集群”型、“企业－转型”型、“中小－网络”型。转型发展应当是涉及创新驱动、结构调整、体制改革、区域合作开放、城市功能完善、资源环境保护和社会民生改善等多方面，只有打出加快转型升级的“组合拳”，才能全面推进老工业基地产业、城市、社会及环境的综合调整升级。那么空间规划到底能为转型发展提供怎样的支撑？我们认为主要涵盖四个方面，包括支撑转型发展的“港产城”一体（交通、产业空间、城市空间）的空间结构的优化调整，支撑临港产业体系（新的产业体系）建设的产业平台的建设，支撑整体环境及服务水平提升的产城融合的城市空间规划，促进产业、企业加快转型发展的投资环境的改善。

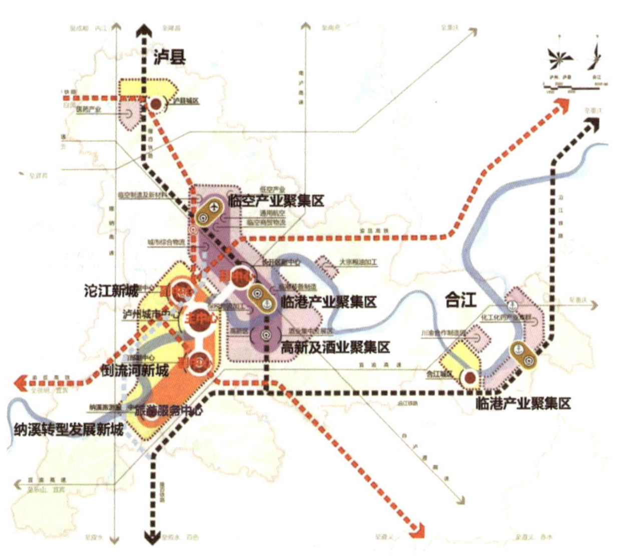

图 4 空间结构调整图

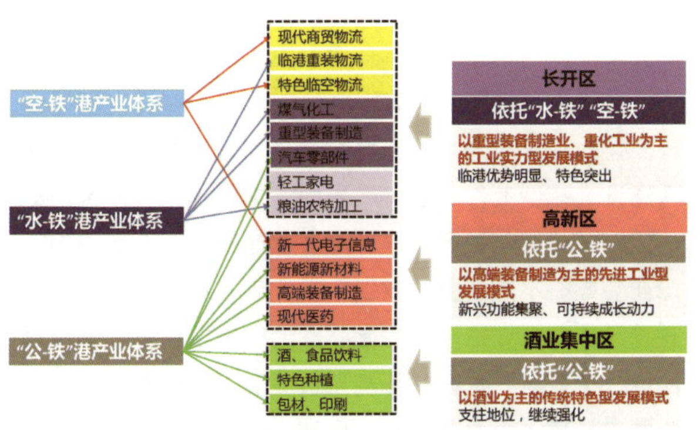

图 5 “三港一体、港产互动”产业体系

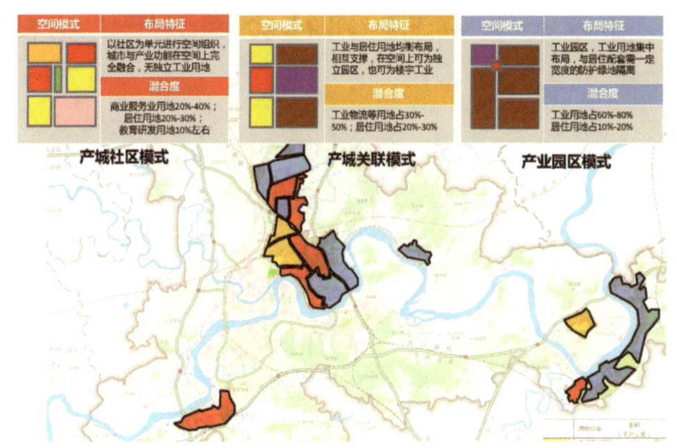

图 6 产城融合建设模式分析

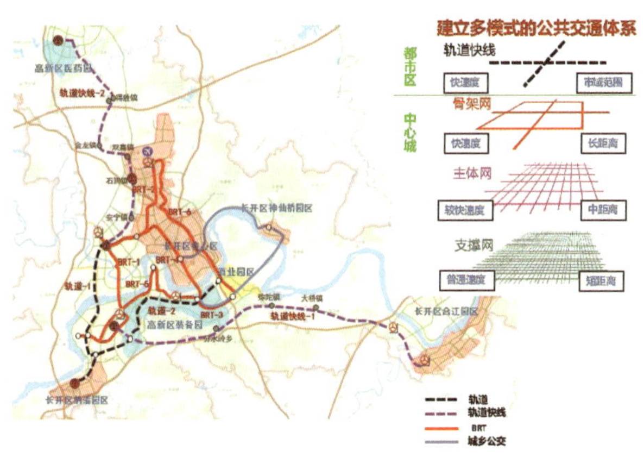

图 7 多模式的公共交通体系示意

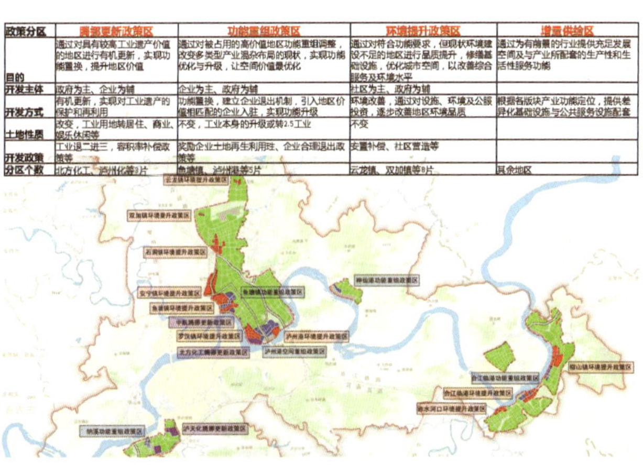

政策分区	局部更新政策区	功能重组政策区	环境提升政策区	增量供给区
目的	通过对具有较高工业遗产价值的地区进行有机更新，实现功能置换，提升地区价值	通过对被占用的高价值地区功能重组调整，改变多类型产业混杂布局的现状，实现功能优化与升级，让空间价值最优化	通过对符合功能要求，但现状环境建设不足的地区进行品质提升，修缮基础设施，优化城市空间，以改善综合服务及环境水平	通过为有前景的行业提供充足发展空间及与产业所配套的生产性和生活性服务功能
开发主体	政府为主、企业为辅	企业为主、政府为辅	社区为主、政府为辅	
开发方式	有机更新，实现对工业遗产的保护和再利用	功能置换，建立企业退出机制，引入地区价值相匹配的企业入驻，实现功能升级	环境改善，通过对设施、环境及公服投资，逐步改善地区环境品质	根据各版块产业功能定位，提供差异化基础设施与公共服务设施配套
土地性质	改变，工业用地转居住、商业、娱乐休闲等	不变，工业本身的升级或转2.5工业	不变	
开发政策	工业退二进三，容积率补偿政策等	奖励企业土地再生利用率、企业合理退出政策等	安置补偿、社区营造等	
分区个数	北方化工、泸州化等3片	鱼塘镇、泸州港等5片	云龙镇、双加镇等8片	其余地区

图 8 企业转型发展方向分析

供给侧改革背景下传统开发区社会化转型研究

陈宏胜　王兴平　夏　菁
东南大学建筑学院

1 新常态下中国经济社会转型与供给侧改革

2008 年世界金融危机爆发以来，国内国外经济发展环境发生了巨大的变化。传统增长模式难以为继，中国经济增长速度逐步从 8% 以上的高速增长转入 6.5% 左右的中速增长。不同区域间的增长速度分化更为明显，后增长期、增长期与前增长期三类区域并存。在增长转速与市场需求下降的情况下，传统产能大幅压缩，特别是劳动力密集型与资源密集型产业受到较大冲击，不少地区在制造业转型升级过程中出现大规模的企业倒闭潮。制造业不景气加剧资本的流出，房地产再次成为资本流入的目标产业，高房价也成为当前最为凸显的社会问题。中国经济的房地产化将进一步制约产业升级和城市空间与功能优化。另一方面，中国流动人口持续增加，大城市始终是流动人口的重要集聚地，推进人口城镇化进程仍为国家重要发展目标。然而，城市经济问题的出现将恶化流动人口的发展预期，以往被忽视的流动人口发展需求将在经济转型期中凸显。

在此背景下，国家提出了供给侧改革以应对中国经济发展问题，供给侧改革成为提升中国经济发展质量的重要举措。在中国空间生产体系中，开发区是最为核心的生产空间之一，同时也是实施供给侧改革的重要空间载体。供给侧改革和面向就业人口的社会政策托底成为应对当前经济与社会问题的两条主线，也为新形势下的开发区转型指明了方向。概括而言，供给侧改革要求下，传统开发区需同时推进社会化转型与生产性转型，通过社会化转型托底生产性转型，提升经济发展质量，同时推进人口城镇化进程。

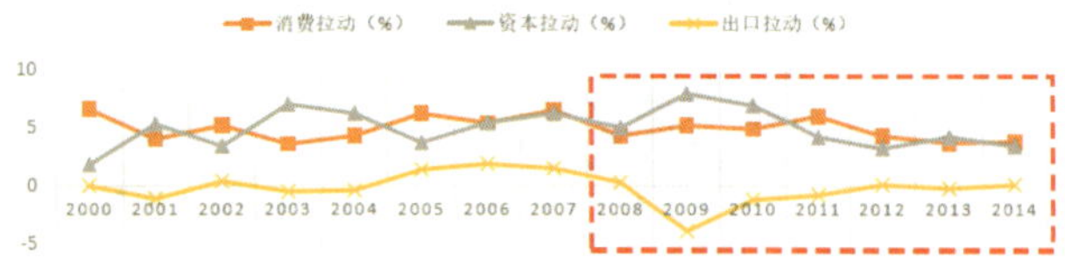

图 1 近年来我国经济形势走向示意

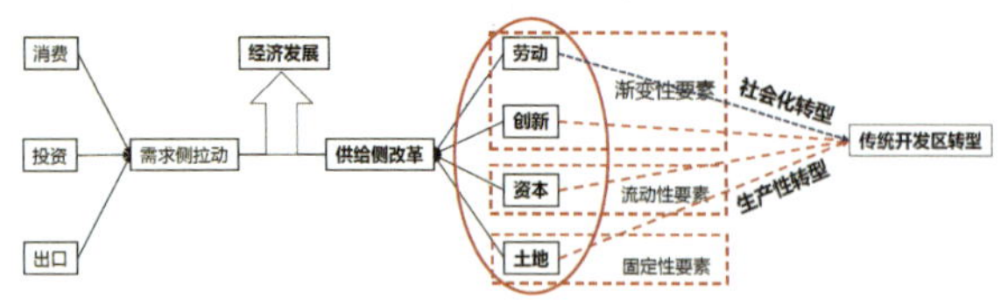

图 2 传统开发区的供给侧改革

2 传统开发区发展模式转型：资本主导转向社会主导

在经济转型背景下，传统开发区规划与建设模式所存在的问题越发突出。主要问题为：①重生产而轻生活与生态；②转型发展陷入增长陷阱；③过度置换引发经济社会危机。

为补足传统开发区发展短板、探索兼顾经济效益与社会效益的开发区新发展模式，我们提出了从资本主导转向社会主导的开发区社会化转型模式。开发区社会化转型是指开发区建设从生产主导转变为以社会主导，社会化转型为传统开发区的第二次生命赋予，从建设主体单一与服务主体单一转变为建设主体与服务主体多元化，从关注聚焦于经济增长效益转变为平衡社会发展效益，关注开发区社会主体的利益均衡，解决产业社会效益低、人口流动而不定居、空间粗放而不宜居的问题，使传统开发区在人口城镇化的国家任务上扮演更为重要的角色。即，在社会层面，重视外来就业人口及其家庭的主体利益，推进开发区就业人口的市民化与本地化进程，特别是为外来家庭提供市民化与本地化的条件，提高开发区生活社区的社会融合度，建设开发区新生活区。在空间层面，转变生产空间主导的建设模式，重视空间利用的社会效应，均衡就业－居住－公共服务空间配置，特别应面向外来就业人口及其家庭配置基本公共服务，提高开发区生活空间的宜居度，使开发区成为人口城镇化的重要实施载体。在经济层面，引导资本逐利行为，适度推进产业转型升级，提升经济发展的社会效益，多元化经济业态，创造更多、更开放的就业机会，通过经济发展推动开发区社会建设，特别是为外来家庭提供本地化的经济条件。

3 传统开发区社会化转型的实证分析

企业与就业者均为开发区的建设主体，但就业者的诉求长期被忽视，且企业作为单一建设主体制约开发区的转型升级。企业的逐利性使其具有很强的流动性，在开发区建设上具有很强的议价能力，对开发区管制与政策影响力大。在开发区建设或转型上，企业生产导向诉求将加剧开发区功能的单一化问题。优化生产流程、降低生产成本是企业的固有特性，社会效益不为企业所重视，就业者权益与福利长期转嫁与开发区或所在城市。从安徽省安池铜城市群产业园区调研中发现，企业对开发区的环境无过多要求，而对园区基础设施的要求较高，企业选址和工厂建设主要考虑生产需求和成本上限。企业的生产性导向使开发区建设过程中出现生产功能优先于生活功能的问题。

就业者是开发区人口的大多数，为传统开发区的发展做出重大贡献，但其发展性需求长期被忽视或转嫁。就业者承担着完成家庭城镇化的发展使命，除就业需求外，还包括居住需求、公共服务需求等，其大多数需求常通过市场化的方式解决，这也成为中国人口城镇化进程缓慢、人口城镇化质量较低的根源之一。随着就业者观念和需求的变化，就业已不再是就业者的主要需求，生活与发展将成为其主要诉求，正视并解决其生活需求是开发区转型的重要动力。调研发现，开发区就业人口对园区生活设施的不满意率最高，其次为工作条件和区位条件，开发区就业者的生活服务设施一般通过市场化方式解决，开发区生活服务设施缺乏，园区封闭式的生产空间与外界存在隔离，且内部功能单一，宜居性低。

环境满意度	比例（%）
满意	74.8
一般	19.7
不满意	5.5

园区不满意项	不满意率（%）
基础设施	60.8
园区服务	9.8
人力资源	29.4

园区建设评价项	不满意率（%）
区位条件	12.9
工作条件	29.4
生活设施	48.5
生产设施	8.9

园区改进主要建议	比例（%）
对外联系	48.4
配套设施	38.3

图 3 安徽省安池铜城市开发区就业人口对园区的满意度调研

4 开发区社会化转型的路径建构

资本主导既是传统开发区取得成功的重要原因，同时也是当前制约开发区转型升级的关键。资本的特性是逐利性，逐利与流动是资本的重要特点，使资本缺乏地方性。为吸引资本流入，开发区不断降低产业门槛，提供各类政策优惠，使自身的主体性难以在过去快速发展期中体现，使其始终难以作为独立的地域发展单元。在强势的资本面前，开发区一定程度上出现了工具化问题，并进一步降低开发区的议价能力和功能均衡化进程。基于此，为促进开发区的社会化转型，我们提出地方化策略，即资本地方化、劳动者地方化与空间地方化，以分别对应开发区的生产转型、服务转型和空间转型。

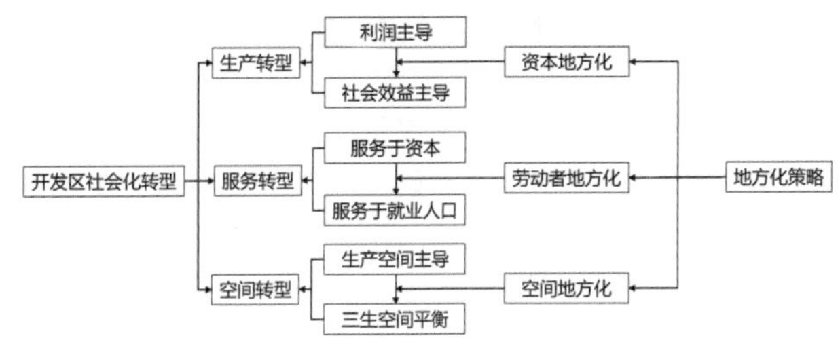

图 4 开发区社会化转型路径示意

5 总结与展望

主要结论：①传统开发区功能单一化不可持续，亟需推进社会化转型，使开发区功能均衡化；②就业者利益长期被忽视，就业者与企业同等重要，均为开发区的建设主体；③就业者及其家庭本地化与城镇化是开发区的重要历史使命。

规划应对：①有序推进产业升级改造计划，避免盲目实加快开发区转型升级；②对于部分传统开发区而言，开发区空间的社会化改造重于经济升级，不能简单通过地产化代替产业升级；③服务于就业者及其家庭发展需求是开发区转型的重要目标，是均衡化开发区功能的重要方向。

旧城更新中传统生活方式传承探讨

封振华　常州武进区城市规划局
周有军　上海同异城市设计有限公司

1 以往旧城更新模式传统生活方式的延续

快速城市化进程中的旧城更新，更新的动力机制主要是土地价值的最大化以及城市形象的提升，所以在带来经济效益的同时，也催生了一系列的问题：许多有识别性的城市，变成了缺失特色与记忆的千城一面；亲切的邻里社区在大拆大建后毫无归属感；熟人社会演变成相见不相识的陌生人社会；更为严重的是更新后房价大幅上涨，配套缺乏对低收入人群的考虑，原住民被迫迁离。这些问题直接导致了多年形成的旧城中充满亲切感、熟悉、舒适、便捷的传统生活方式的断裂。为此，在步入聚焦"人的发展"这一新型城镇化时期，思考在旧城更新中如何传承传统生活方式尤为重要。在更新中探讨传统生活方式的传承，关注的焦点是生活，其意在于更新让城市生活更美好。

图 1 更新前的旧城特征

图 2 以往更新后产生的旧城问题

2 传统生活方式传承的内涵

已经对现代高压力、快节奏城市生活习以为常的人们，在忙碌的间歇总会对传统生活方式无限向往、难以割舍，究其原因，传统生活方式随着社会的发展，尽管一部分已不适应现代生活，另一部分却是承载着历史的记忆，体现着人的心理需求。在此笔者先对传统生活方式的内涵尝试进行界定：传统生活方式是指与过去相对应的一个时间范畴里人的日常生活行为中抽象出的有规律、共同性的行为习惯。如我们所熟知的广东人喝早茶的习惯、北京老大爷遛鸟的习惯，以及现在在一些旧城老街里能看到的居民串门吃饭的习惯，这些都是传统生活方式。它是我们大多数人的共同的行为习惯，而不是个别人的偶然的行为或具体的事物；它来源于我们的基本行为（衣食住行）、劳动工作、休闲、购物、学习等日常生活行为，这些行为是随着社会发展不断演化的，与之相对应的生活方式也是不断演变的。传统生活方式的演化并不意味着完全摒弃、隔离，而是应该有选择的传承大众普遍认同的、符合社会价值取向、健康有意义的传统生活方式。

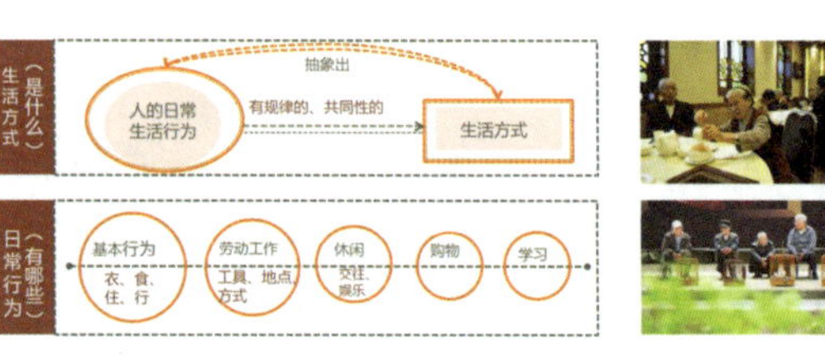

图 3 传统生活方式的内涵及典型代表

3 传统生活方式传承的策略

传承传统生活方式的关键就在于充分考虑人的生存需求、社会需求。

满足生存需求要求我们在旧城更新中需要注重解决原住民的居住及就业问题。为此一方面在旧城更新中需鼓励及引导原住民就地安置，既化解了故土难离的愁绪，也能保持归属感以及稳固的社会网络；另一方面需提供原住民就地工作机会，保留服务日常生活的传统业态（五金店、缝纫店、理发店、小吃店等），以工作保障生存，并填补部分原住民迁出断裂的社交网络，维持良好邻里关系。这在历史文化街区更新中尤为重要，众多历史文化街区的更新迁走了原住民，造成了缺乏人气与破坏原真性的后果。

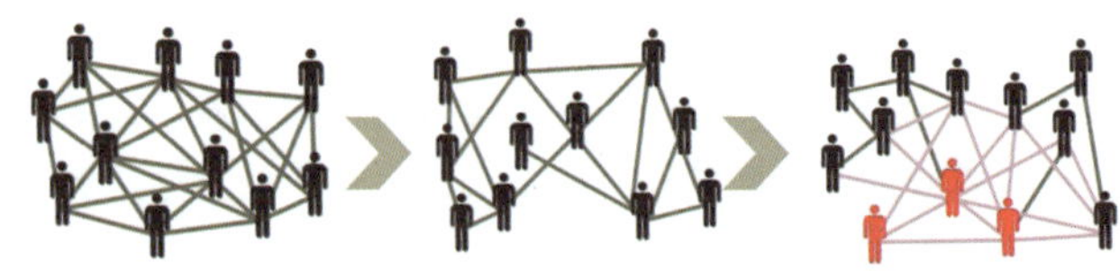

图 4 社交网络修复示意

满足社会需求也就是留住乡愁，乡愁之所以让人向往、怀念，是因那里有美好记忆，贴近自然，有亲切交往的邻里，安全的儿童嬉戏空间，在那里能放下一身的疲倦，享闲暇时光，更重要的是那里有家人、朋友、熟悉的邻里。

最终，营造满足生存需求及社会需求的承载空间，笔者认为可以从四个方面着手：

第一，关注城市尺度，众多旧城更新在城市尺度上都进行了破坏式的重构，更新后呈大街区、宽马路的状态，为此在城市尺度上需向老城学习，继续延续"小"的可感知格局，遵循原有的肌理，支持步行、漫步、相遇、交谈等日常性活动产生。

第二，关注街道院落空间，在过去以车和通勤速度为导向的更新手段中，往往抛弃了传统的院落、街道空间形态，对于居住社区，抛弃了院落与街道的空间组织形式，其实也就抛弃了社区中人与人相遇、相知与交往的人情味，为此在居住社区的空间组织形式上应强调回归街道院落生活。

第三，关注记忆空间，具有历史记忆的建筑、古树、古井、水系等要素的空间，往往能成为居民集聚进行公共活动的场所，为此在需要注重保留记忆触媒。

第四，关注营造体验空间，体验空间可吸引居民参与，引导交流、共享的公共生活产生，如农耕景观便是较好的体验空间。

4 结语

评判旧城更新的可持续与否，不仅仅在于土地价值的提升、城市形象改善等方面，更应该关注是在更新后，仍然能见到我们所熟知的人和事物，城市空间仍然充满生活气息，还保留着不同时期的历史元素，城市居民既能保留着以前的生活方式，还能享现代生活的高效便捷，穿行其中，我们所感知的应该是美好的城市生活。

规划策略	典型案例	目的	方针
城市尺度 向老城学习	 都江堰壹街区	街区尺度延续 “小”的格局	突破西方传统居住区规划理论与居住区组织模式，回归我国传统的街巷居住生活组织模式
回归街道 院落生活		区分私密空间与外部空间 营造安全、舒适、有趣的街道生活	内部营造相对私密的庭院空间，外部打开给公共场所 底层商铺围合而成的街道空间
保留 记忆触媒	 天津水晶城	延续记忆空间 有历史的记忆	保留具有历史记忆的建筑、古树、古井、铁轨等要素使其成为延续传统生活方式的触媒，成为居民集聚进行公共活动的场所
营造 体验空间	  住区宅前农业景观	体验农耕景观 体验传统劳作	一年四季变化的住区农业景观可吸引居民参与其中劳作，感受农耕文化

图 5 规划策略及案例

大都市边缘区违法建设治理的法律冲突及其破解

——以广州市为例

刘晓兵
中国人民大学公共管理学院

大都市边缘区违法建设问题是困扰大都市持续健康发展的一大难题。特别是我国步入工业化中后期以后，产业结构逐步由劳动密集型为主转向资金密集型和技术密集型为主，产业发展对城市空间品质要求越来越高，依法有效治理违法建设势在必行。

但是，目前我国法律在治理违法建设上存在着严重冲突，使得我们还没有准备好依法治理违法建设的法律条件。这种冲突可分为三个层次：第一层次表现为不同法律之间的条文冲突，第二层次体现为行政法领域不同哲学理念的冲突，第三层次则是法律所依据的哲学理念与社会发展需求之间的冲突。

法律条文冲突作为一种外在表现形式，其背后体现的是行政法哲学理念的冲突。在行政法发展历程中，存在着管理论、控权论和平衡论三种不同哲学理念。管理论强调“公益应优于私益，旨在实现公益的行政权应优于代表私益的公民权”；控权论强调公民权优于行政权，且认为完全依靠市场就能够实现资源的最优化配置，因此，主张严格限制行政权，以保障公民权利；平衡论认为现代行政法理论体系的核心是行政权与公民权的关系，二者的对立合作是行政法发展的根本原因。在具体关系上，二者应当是不对等的，但在总体上，“诸多具体的法律关系综合起来应当体现行政机关和相对方法律地位的平等，权利义务动态上的平衡”。行政法不仅要制约行政主体，还要制约行政相对方，但同时更要强调对二者的激励。通过激励措施促进行政主体和相对方合作的实现，保障行政行为的顺利实施。

我国深受大陆法系影响，多数法律都体现出了管理论的特征，即强调行政主体单方面的管理职能，允许宽泛的自由裁量权存在，注重对执法效果的规定而缺少对执法程序的规范。但是，另一些法律则强调通过严格的程序规定来限制行政主体的行政强制行为，更多地体现了控权论的色彩。但是，这两种行政法哲学理念与社会实际和社会发展需求之间均存在冲突，这是违法建设问题得不到依法有效解决的最深层次原因。

大都市边缘区违法建设的实际情况是：土地和房屋的刚性供不应求所产生的强烈的经济利益刺激，再加上农民住房和村集体建设等合法权益难以得到及时有效满足，使得违法建设动机具有社会普遍性特征，在这种情况下，政府有限的监管和执法力量必然显得捉襟见肘。因此，大都市边缘区违法建设治理领域呈现出“小政府、大社会”的态势。当然，这种态势背后凸显的是村民要求住房等基本生存权益和争取更好发展机会的强烈愿望。

管理论强调政府单方面的发挥作用，管理手段具有明显强制性特征，缺少疏导和激励的措施，忽视社会发展需求。控权论也没有提出有效途径解决社会发展需求问题，而是通过严格程序进一步限定政府权力，更加不利于违法建设的控制。违法建设的治理，离不开政府与社会的沟通、合作与制衡，这就需要以平衡论为哲学基础重构统一的违法建设治理法律体系。

在实践上，广州市北村村治理违法建设的一系列有效措施，正体现了平衡论在指导违法建设治理上的巨大优势。

首先，2013 年开始的新一轮规划秉承了“多元合作”的理念，通过政府、规划师、学者、村集体和村民的协作，最终方案既满足了村集体居住、经济发展、公共服务等方面的用地需求，又实现了土地减量规划，大量违法建设得以拆除。

表 1 北村村土地利用平衡表（单位：公顷）

村庄现状建设用地规模	新增村庄建设用地规模					现状保留村庄建设用地规模	复垦规模		转为国有建设用地规模
	新增住宅用地	村留用地	预留村经济发展用地	规划许可留用地	公共服务设施用地		住宅	经济用地	
56.22	1.78	2.9	5.8	3.54	1.94	18.03	6.5	5.7	10

资料来源：根据广州市白云区太和镇北村村庄规划（2013-2020）制作

同时，北村村将禁止违法建设等内容加入到村规民约之中，而违背村规民约直接与集体分红挂钩，有效限制了违法建设。

最后，广州市创新城乡建设监管机制，通过建立网格化监管机制，通过加强巡查等方式加大监督执法力度，有效监管城乡建设行为。

北村村治理违法建设的一系列措施体现了合作与制衡，通过平衡行政权与公民权实现了违法建设的有效治理。一方面，让村集体和村民平等参与规划编制，扭转了规划编制上的权利不平衡态势，也为违法建设的有效治理奠定了基础；另一方面，通过村规民约让村集体参与到违法建设治理的过程中，承担一定公共职能，同时加大监管力度，改变了违法建设治理上的“小政府、大社会”状况，为违法建设的有效治理提供了保障。

事实证明，以平衡论为指导的社会治理更能有效解决违法建设。因此，有必要以平衡论为哲学基础重构统一的违法建设治理法律体系。同时，平衡论理念从 1993 年被提出至今，不断地发展和完善，在行政法学领域的主导地位日趋突出。这一理论契合了我国行政法治建设应对国内政治经济体制转型和全球化挑战的实际需求，也应当成为转型时期我国城乡规划乃至整个行政法治建设领域的理论依据。

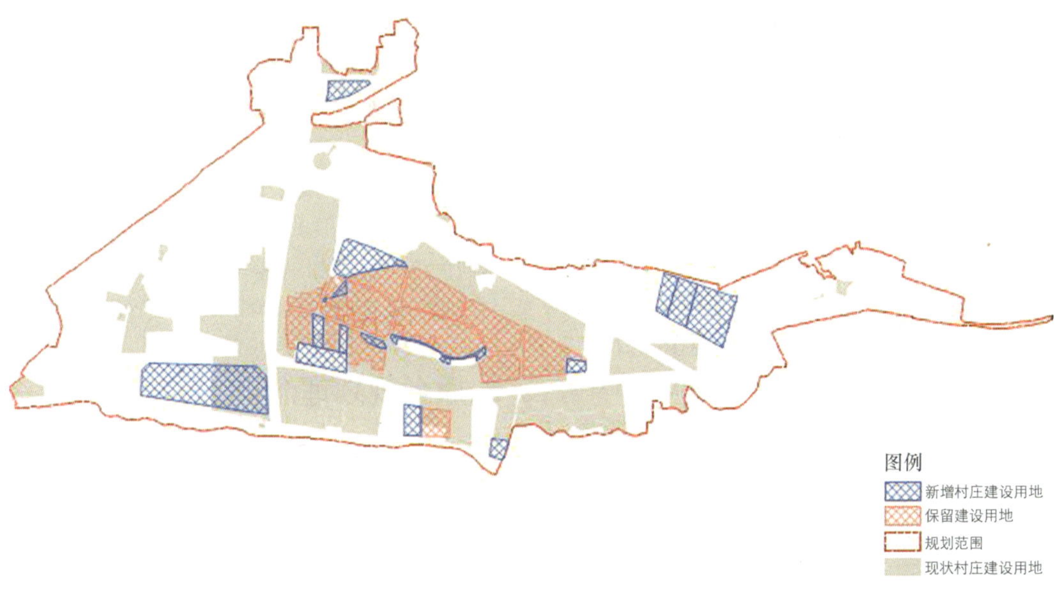

资料来源：广州市规划局

图 1 本轮规划中北村村建设用地变化示意图

浅谈乡村现代规划的“原真性”重塑

张忆晨
陕西省城乡规划设计研究院

1 原真性概念及流派

“原真性”（authenticity）的理论最初起源于15世纪的欧洲，其在拉丁语以及希腊语中都可以理解成“初始的”(authoritative)与“权威的”（original）的意思。美国建筑师康奈尔对于原真性在环境中的应用又做了进一步的阐释，即原真性可分为客体原真性和主体体验原真性两个方面。

这个定义将在原真性的含义中加入了关联性，强调客观的环境，文化与主观者之间的互动，是一种存在意义上的原真性。举例来说，旅游业中遗产旅游，乡土风貌旅游的原真性就得到直观的体现。重视客体原真性的程度也有一个演化的过程。主要流派有“客观主义原真性”，“建构主义原真性”，“存在主义原真性”和“后现代主义原真性”。这四种观点之间并非对立关系，而是互相交叉，相互影响，各有侧重点。

首先“客观主义原真性”强调的是绝对的原真性保留，即重视乡土风貌中遗留的所有元素及整个过程，对于珍惜的文化物质遗产保护，可以选择采纳此种流派的观点，但是“客观主义原真性”容易导致的结果就是乡村发展停滞不前，承认古老文化与乡村形态，否认现代文化价值，且很难划分绝对保留的界限（时间界限，地缘界限等等）。

这种观点的在于现代文化的摩擦和碰撞中，诞生了“存在主义原真性”和“后现代主义原真性”两种理论，这两种理论相比较于“客观主义原真性”，对于“赝遗产”或“真赝混合遗产”的容忍度提高，对于演化遗产，变化中的乡村接受度更高，这两种观点进一步演化派生了“建构主义原真性”。

图1 宏村

“建构主义原真性”更加侧重于强调自我的体验与参与，在保留一些符号和元素的基础上改造和变更客体以适应现代体验，生活与发展。在乡村发展演化的过程中，文化已经在一定的程度上发生了裂变，我们不能完全定义某个时期或者某种状态的乡村形态是它原真的形态，所以保留乡村的原真性并不是说摒弃一切现代元素，因为现代文化也是乡村真实形态的一部分。作为文化遗产保护的灵魂—原真性保护开发则是其中的核心问题，建构主义原真性理论强调真实性。而农村的真实性有很多方面。以血缘为中心的宗法社会是中国农村传统的社会结构，具有极强的稳定性，经济相对不发达。村庄相对自闭，但它们也不是一成不变的，而是与时俱进的。

2 原乡规划理念

（1）原乡概念

探讨乡村规划的原真性基于对“原真性”的理解，我们这里可以引用一个词“原乡”。“原乡”来源于早年的台湾客家人对于大陆故乡的称呼，原意是指一个宗系之本乡。家乡相对来讲是指目前居住的地方，故乡是指曾经居住的地方，而原乡可以理解为祖先生活过的地方。

“原”字有“最初的”，“开始的”，“本来的”，“根本的”之意。同时“原”字也是“源”的古字，有源头之意。“乡”字是乡村，是自己生长的地方或祖籍两种解释。所谓“原乡”即“原色本乡”，意味着传承祖先的历史记忆和原味生态环境。杨振之（2011）提出“原乡规划”理论，旨在说明规划的意念是在规划中应尽量保持历史记忆，原真记忆和原生态规划手法，应尽可能地因应自然因应历史文化。

（2）原乡规划

原乡规划理论的提出是基于对人类工业化，城市急速扩大化，以大力开发经济为指导思想来引导规划所产生的担忧。尤其是中国在新农村的建设和城乡的统筹过程中，大量的村落被毁，村民集中在社区楼房居住所表现出来城乡演化体现象，离“原乡”的本意越来越远，为此我们失去了很多美丽而特色的乡村，而多了很多千篇一律的所谓的新农村。原乡规划理论应运而生。

原乡规划中应着重保持原有建筑的特色与布局模式，让乡村与自然生态系统融为一体，很多乡村的不拘于规划体现着中国乡土建筑设计与规划布局的朴素思想，适应乡村生产

图 2 婺源 村落

生活的需要，能够从每一个细节上体现人与自然之间的和谐关系也是乡村景观规划能够切实保护乡村遗产的关键。乡村规划本身含有人工影响，但应摒弃城市规划套路，避免造成乡村景观原有的自然性与个性化消磨殆尽，造成乡村景观的异化和变质。最后在乡村规划中的尊重自然，并非单纯环境自然中的自然，而是还包含乡村文化的乡村人文生态乡村物质文化，乡村制度文化和乡村精神文化的自然。

综上所述，我们规划的乡村应该是在乡土建筑、乡土村落形态和田园背景下，结合适应现代的乡村生活方式与生产方式，形成环境系统与民俗文化和谐存在的独有表达方式。

杨凌农业高新技术产业示范区社会均衡空间营造研究

王英帆　白婉秋
陕西省城乡规划设计研究院

1 杨凌概况

（1）认知杨凌

杨凌农业高新技术产业示范区（以下简称杨凌示范区）位于陕西省关中平原中部，是关中－天水经济区的次核心城市，国家级农业高新技术产业示范区。

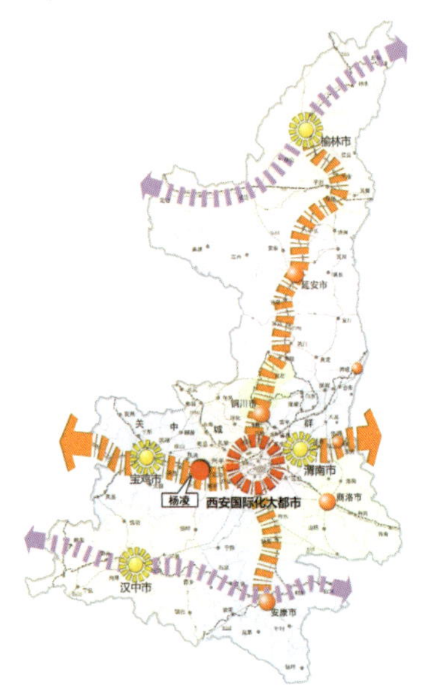

图 1 杨凌示范区区位图

2014 年，杨凌示范区全区生产总值（GDP）完成 93.2 亿元，同比增长 12.5%。城镇居民人均可支配收入达到 3.6 万元，与省会西安所差无几，位列全省第二，农村居民人均纯收入达到 1.4 万元，仅次于西安，居于全省第二。根据第六次人口普查数据，2011 年，杨凌示范区具有大学及以上受教育水平人数比例就已经达到 30%，高中及以上受教育水平人数达到 45%。杨凌示范区城乡居民经济实力和综合素质普遍较高。

杨凌示范区的特色可概括为“四个一”，即一座农科城（产学研一体雏形的科技新城）、一大主产业（高科技农业）、一大主品牌（中国杨凌农业高新科技成果博览会）、一块试验田（国家探索解决“三农”问题的试验田）。

（2）问题提出

随着杨凌示范区社会经济的高速发展，城乡用地扩张的趋势愈演愈烈，建设用地的增长速度远大于人口的增长速度，土地利用效率低下，进一步加剧人地矛盾。城乡建设用地的一味扩张导致田园空间逐渐被钢筋水泥吞噬，这不仅剥夺了乡村的发展机会，破坏了乡村原有的社会文化和山水环境，同时也破坏了城市发展根基和源动力。城乡空间发展的失衡成为杨凌示范区建设“丝绸之路经济带现代农业国际合作交流中心”的掣肘。

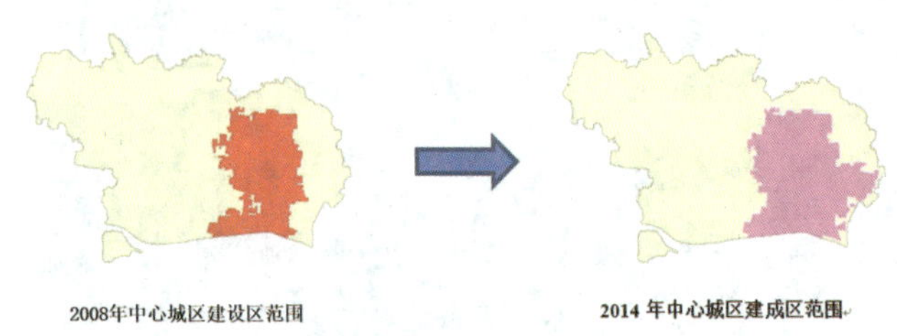

图 2 2008-2014 年杨凌示范区中心城区建设区范围扩张图

2 一个尊重

中央城市工作会议上明确提出“必须认识、尊重、顺应城市发展规律”。杨凌示范区城乡空间发展的失衡必然是偏离了其空间发展规律所导致的，因此，“尊重城市发展规律”成为解决这一问题的前提。

通过对杨凌示范区空间形成与演化的分析，其城乡空间起源于农业科技研究，成长于农业科技的壮大，成型于高校科研的优化整合，城乡空间的变化与农业科技的发展密不可分。

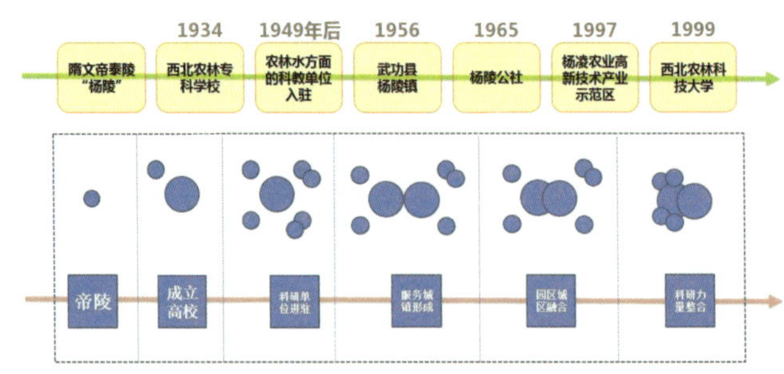

图 3 杨凌示范区城乡空间变化与农业科技发展关系示意图

以“科研”为核心，一条现代农业产业链条（科研—实验—生产—展销）在逐渐形成，而杨凌示范区的城乡空间布局则依附于这个链条，逐步形成了独特的全域空间格局。中心城区以“西北农林科技大学”及相关科研机构为核心，布局城市服务区、农业产业园区以及展览销售区等几大功能片区；小城镇以及村庄成为科研外溢的桥头堡；广大的农田成为农业科研重要的实验区。整个杨陵区空间成为现代农业科研转化为生产力的发动机。城乡之间打破常规，形成了一种以“科研”为纽带的空间关系。

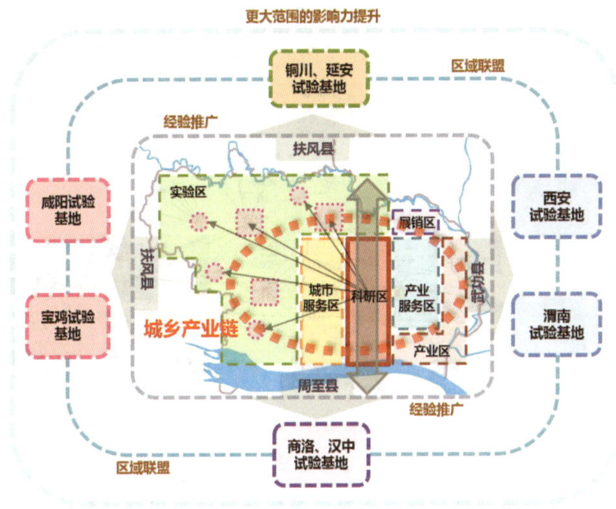

图 4 杨凌示范区空间统筹发展思路示意图

3 社会均衡空间营造

随着杨凌示范区现代农业产业链条的成熟，"循环"与"平衡"成为其城乡空间持续发展的关键。面对杨凌示范区现状"蔓延式"的空间拓展模式，亟需思考城乡关系范式的转型。

（1）社会均衡

社会均衡论是社会学的一个概念，是指社会生活在功能上保持一种整合的趋向，社会体系中某一部分的变迁都会给别的部分带来相应的变迁，其结果是社会趋于平衡。

杨凌示范区城乡之间由现代农业产业链条串接，形成以"科研"为纽带的独特空间关系，产业链条任何一个环节的变化均会对其它部分带来影响。社会均衡理论引入空间规划的范畴，并将其作为杨凌示范区城乡空间营造的目标导向，尝试破解空间发展失衡的难题。

（2）规划探索

在尊重和顺应城乡空间发展规律的基础上，从 2014 年的《杨凌示范区城乡一体化发展规划》到 2015 年的《杨凌示范区村庄布局规划》，再到 2016 年的《杨凌示范区城市开发边界划定》，规划的延续性为我们能够持续从规划的视角对杨凌示范区的社会均衡空间营造研究创造条件。规划首先在一体化研究阶段重点研究现代农业产业链条的成熟可能会对城乡空间发展带来的影响，然后从杨凌村庄布局和城市开发边界分别进行协调，通过三个规划的延续和衔接，构成一个完整的城乡空间框架，共同营造城乡均衡的发展空间。

三个规划的空间核心均是引导城市的发展方向由外向内转向，存量规划和城市更新应该成为今后杨凌示范区城市空间发展的主题。城市内向发展是相对于城市"蔓延式"发展的概念，主要指城市的发展方向，发展重点和发展模式的一种由外到内的转变，只有在城市内向发展的前提下，杨凌示范区才有可能实现社会均衡空间的营造。

4 发展愿景

无论是城还是乡，居住在那里的人们期待的是有繁荣的经济，稳定的就业，整洁的环境，和谐的文化。杨凌示范区通过城区的集约发展和新型农村社区的营造，致力于构建"打破城乡二元"的一种社会均衡。

在这里，乡村无关乎贫穷落后，无关乎脏乱差，无关乎思想封闭，无关乎人口大量外流以及传统文化消亡，乡村治理不再；在这里，城市无关乎贫富差距，无关乎风貌缺失，无关乎价值失衡，无关乎人口大量集聚以及城市文化迷失，城市治理不再。

基于构建社会现象之间相互关系的模型，试图通过社会均衡的空间营造，追求一种理想和谐的社会状态或许只是规划师视角"乌托邦"式的一厢情愿，但这毕竟是存于心底的桃花源，毕竟"千里之行，始于足下"。

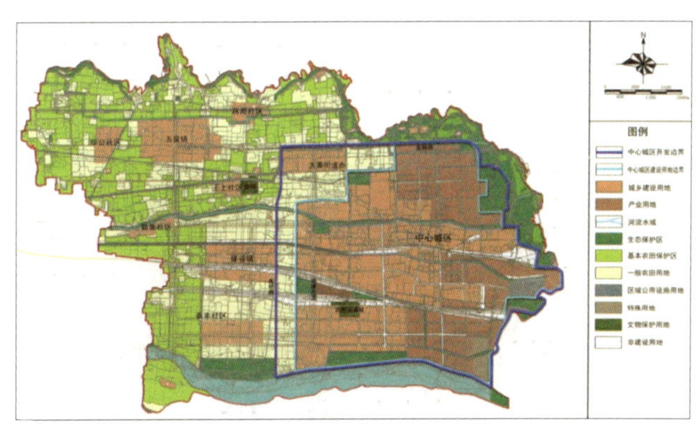

图 5 杨凌示范区城市开发边界划定图

探索应对深度老龄化的沈阳养老模式

——以沈阳市养老设施布局规划为例

金锋淑　高　峰　郭　凯　林秀明
沈阳市规划设计研究院

国家对养老服务设施建设高度重视，如何构建适合中国国情的社会养老服务体系是面临的主要问题。

1 背景与需求

沈阳市老年人口和老龄化指数呈现快速增长态势，养老压力逐年增大，如何有效应对老龄化挑战，破解养老难题，完善养老服务设施迫在眉睫。

沈阳现状养老服务设施面临以下四大挑战。

（1）机构养老设施总量严重不足

（2）机构养老设施分布不均，老城缺口大

（3）机构养老设施分级不明确，建设标准低

（4）社区养老设施服务内容单一，难以适应市场需求

2 战略与探索

在深入梳理养老设施现状问题与特征，从供给、需求与布局三方面出发，明确各类养老设施的规划发展对策和建设要求。为实现“建设老年友好城市，打造可持续照料的养老服务体系”的目标，提出以下策略。

策略 1：区域统筹、总量平衡

从全市的角度出发，考虑土地资源差异化，对各行政区养老缺口进行统筹考虑，平衡市域与市区、老城区与新区的养老资源，使机构养老设施床位数做到总量达标。设施供给有困难区域可采用转移支付的形式实现达标。

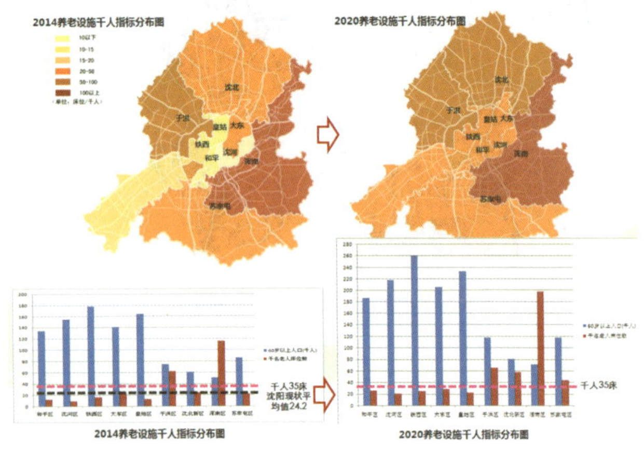

图 1 2014、2020 沈阳市养老设施千人指标分布对比图

策略 2：分级设置、分类指导

机构养老设施体系按照市级、区级、街道级，配置；社区养老设施体系按照区域和社区两个层次进行配置，并制定明确统一的建设标准和功能配置标准。构建机构养老设施“多级网络化”；社区养老设施“中心发散式”的空间布局模式。

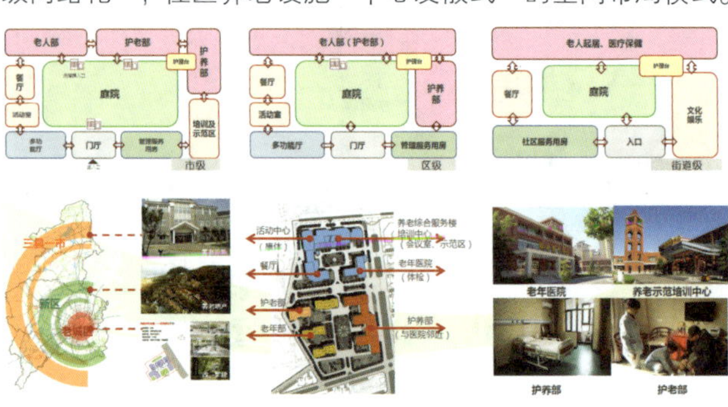

图 2 分级配置分类指导示意图

策略 3：整合资源、分区发展

老城区鼓励对闲置医院、学校、宾馆、市政设施、工业厂房等设施进行改造利用，挖掘存量资源。对有扩容条件的现状养老设施，可通过扩大租用面积和增加建筑功能实现。

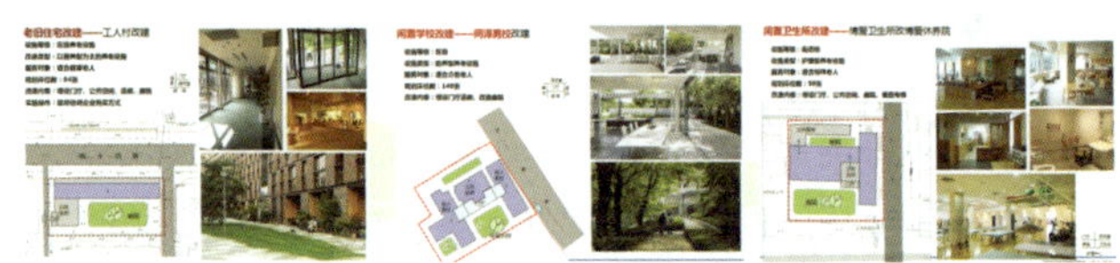

图 3 以工人村住宅、同泽男校、博爱卫生所为例的三种改造模式

3 创新与思考

（1）“老人为本”贯穿始终

通过对健康、失能失智老人的生理规律研究，确定机构养老设施分类比例；通过老年人行为方式的调查研究，明确社区养老设施的服务半径与功能需求。提出居住圈、交通圈、医疗圈、休闲圈“四圈合一”的机构养老设施选址模式，制定满足老年人使用要求的建设标准。

（2）“因地制宜”落到实处

制定符合沈阳实际的规划对策。依据相关规范、借鉴先进城市指标体系，结合沈阳市中心区老年人口分布特征和养老设施布局特征提出切实可行的目标对策和指标体系。社区养老服务设施中，日间照料站方式不能完全体现“居家养老为基础”的新理念，提出区域性居家养老服务中心，以多个社区设置一处，起到辐射和联动作用，使之既根植于社区，又能发挥规模效应。

（3）“模式探索”保障实施

“互联网 + 养老”模式融入养老：建成集应急救助、日常生活照料、医疗护理服务于一体的信息平台，采用 O2O 创新社区养老服务方式。

"医疗 + 养老"模式补充养老：利用现状医疗机构空置、闲置的床位，引入养老护理功能，补充养老缺口。

"住宅 + 养老"模式幸福养老：通过"住宅用地 + 养老设施用地"的养老土地供应方式，提升操作性的同时，将养老设施与居住区建设相融合，实现就近养老，增加老年人幸福感。

机构养老设施建设标准及功能

级别	建设规模	建筑面积	用地面积	占地面积	主要功能	建设要求
市级	床位数 >1000 床	床均建筑面积 >35平方米	床均用地面积 45-60平方米	>45000 平方米	1. 提供生活起居、餐饮服务、文化娱乐、医疗保健及护理服务； 2. 提供室外活动场地； 3. 可按老人自理能力分为老人部、护老部、护养部； 4. 同时兼顾示范和人才培养功能	1. 与综合医院、门诊部距离不应大于5公里； 2. 必须独立占地； 3. 原则上每行政区应设一所； 4. 可结合养老地产、综合性养老机构设置
区级	床位数 >300 床	床均建筑面积 >35平方米	床均用地面积 45-60平方米	>13500 平方米	1. 提供生活起居、餐饮服务、文化娱乐、医疗保健及护理服务； 2. 提供室外活动场地； 3. 可按老人自理能力分为老人部、护老部、护养部（依功能侧重）	1. 与综合医院、门诊部距离不应大于5公里； 2. 必须独立占地
街道级	床位数 30-100床	床均建筑面积 >35平方米	床均用地面积 40-50平方米	>2000 平方米	1. 提供生活起居、餐饮服务、文化娱乐、医疗保健服务； 2. 提供室外活动场地； 3. 提供社区服务	1. 可与社区综合服务中心、社区卫生服务中心集中设置； 2. 必须置于首层且有方便出入口； 3. 宜独立占地

社区日间照料站建设标准

设施内容	建设要求	建设标准	服务半径	服务功能	服务方式
社区日间照料站	结合社区用房建设	建筑面积 > 100平方米 活动空间 > 50平方米 休息室 > 10平方米	每个社区一处	助餐、助浴、助洁、助行、助急、助医等"六助"专业化服务	上门服务 + 集中服务 + 志愿者

区域性居家养老设施建设标准

设施内容	建设要求	建设标准	服务半径	服务功能	信息平台	服务方式
区域性居家养老中心	以现有养老机构或大型社区养老服务设施为依托，也可新建、改扩建方式建设	建筑面积 > 600平方米	覆盖5-8个社区	满足"六助"基础上，兼顾教育培训、体检康复、权益维护、社团服务、信息交流等功能	建成集应急救助、日常生活照料、医疗护理服务于一体的信息平台	互联网+养老的o2o模式 上门服务+集中服务

图 4 沈阳市养老设施指标体系

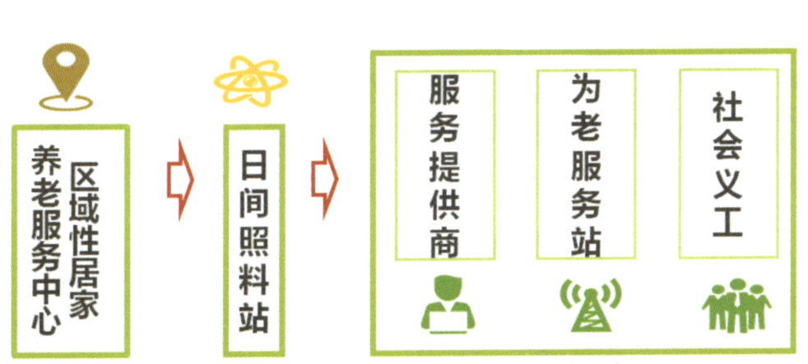

图 5 居家养老服务联动示意图

4 实施与展望

以"层层分解、确保落实"的原则，指导规划实施。

（1）在控详中落实用地，严格控制。按照社会福利设施用地严格控制，具体操作过程中可弹性调整空间位置。

（2）与地方标准紧密衔接，指引优化。对《沈阳市居住区公共服务设施设置规定》养老设施部分内容进行优化。

（3）纳入沈阳"十三五"规划，确保实效。养老布局规划是沈阳市 2017 年"全面建成小康社会"重要的基础性工作，规划内容与结论可作为"十三五"规划民政方面的内容的参考与依据。

（4）技术文件向公共政策转变，指引落实。通过对规划进一步落实结合公众参与，指引地方标准的编制，促进技术文件向公共政策转变，指引本规划的落实。

图 6 互联网 + 养老示意图

类别	项目	一般规模		服务规模（万人）	服务半径（米）	设置级别	
		建筑面积（㎡/处）	用地面积（㎡/处）			居住区级（4万~6万人）	居住小区级（0.5万~1万人）
医疗卫生	卫生服务中心	2000-3000	2500-3500	4-6		●	
	社区卫生服务站	300	——	1			
文化体育	文化活动中心	4000-6000	6000-8000	4-6		●	
	文化活动室	200-400	——	0.5-1			○
	体育运动场地馆	1500-2000	10000-15000	4-6		●	
	社区健身场地	——	1000	0.5-1	200-400		○
社区福利	养老院	1500	2000-2500	4-6		●	
	区域性居家养老设施	600	——	1-2		●	
	日间照料站	100-200	——	0.5-1	200-300		○
	残疾人康复中心	500	——	4-6			

图 7 沈阳市居住区公共服务设施设置规定（部分）

香港工业大厦活化的政策创新

——以观塘地区为例

陈　浩
上海同济城市规划设计研究院

1 研究背景

近年来，城市工业用地的更新利益渐成为博弈焦点，但不难发现工业用地转型存在“规划易”、“落地难”的现象。政府正式土地收储受阻，取而代之的是以企业擅自变性出租为代表的非正式更新渐成为阶段性博弈结果。针对这一情况，各地相继出台存量工业用地更新新政，允许企业不经过招牌挂的协议补地价更新，并调整土地增值利益分配政策思路，从“利益归公”转为“利益归私”或“利益共享”。其中，港深地区走在前面，于2009年、2010年相继出台《深圳市城市更新办法》、香港《促进在工业、其他指定用途注明商贸或商业地带内整幢改造工厦》政策等。

2 香港工业大厦的活化政策及其实施效果

1）香港工业大厦活化政策的背景

香港工厦更新政策出台的背景与内地一线城市有诸多类似之处：①步入后工业化时代后，中心城区大量工业楼宇过剩。2012年香港过剩工厦存量达1068万平方米。②早有转型规划或研究，但落地缓慢。香港城市规划委员会于1999年完成了工业用地转型为商贸地带的研究，但通过至今近10年间，仅有37例工厦完成了转性的地契修订。③工业用地非正式更新情况严重。根据规划署的《2009年全港工业用地分区研究报告》，只有约65%在工业用地的工厦楼面仍然从事工业及有关用途。

2）香港工业大厦活化政策的主要内容

香港工厦活化政策于2010年4月正式生效，包括工厦重建和改造政策两类。主要针对具有香港地域特点的工厂大厦，普遍平均楼层超过10层。同时，香港活化概念的核心是自发性和盈利性。其一、香港政府更强调市场化，试图通过更新政策来引导业主自下而上的递交活化申请。其二，香港公共与私有的空间开发较为独立，通过活化政策引导的均为私有盈利性空间再开发。

（1）促进在非工业地带内重建工厦的政策（重建类政策）

重建类工厦活化政策的核心是按工业和新用途市场价之间的价差进行补价，缺乏政策让利，对业主的吸引力不大。

（2）促进在工业、其他指定用途著名商贸（商贸）或商业地带内整幢改造工厦的政策（改造类政策）

改造类工厦活化政策的核心是仅需提交申请，即可在不增加建筑面积等条件下进行功能转型，用作其他新用途。由于无需补交地价，因此极大地掀起业主的改造热情。

表1 促进在非工业地带内重建工厦的政策（重建类政策）

序号	措施	具体内容	拟解决的问题
1	降低强制售卖令的申请门槛	由90%业权降至80%，但楼龄须为30年或以上。	多层工厦业权分散
2	按实补价	容许以“按实补价”的原则评定在非工业地带修订土地契约/换地作重建的工厦的土地补价。	业主资金不足 不想按照规划最高开发强度重建物业
3	分期付款	如修订土地契约作重建的土地补价超过二千万元，容许业主可选择按固定利率(即三间发钞银行的平均最优惠贷款利率加2%)，分期按年摊付修订契约土地补价的80%，最长可达五年。	资金不足 融资成本过高

表2 促进在工业、其他指定用途著名商贸（商贸）或商业地带内整幢改造工厦的政策（改造类政策）

用地性质	工业、商业或其他指定用途著名商贸地带
楼龄	不少于15年
是否需要全部业主提出申请	是
建筑面积	不能增加
准许上盖面积的限制	不能超过
建筑限高	不能突破
能否恢复作为工业用途	不能
改造后的新用途	符合规划
将来重新发展时，是否须要缴纳十足市值土地补价	是
申请截止日期	2016年3月31日
工程完成日期	豁免书发出后三年内

3）香港工业大厦活化政策的实施效果

（1）全港层面

截至2015年1月底，港府共截获147例工厦活化申请，其中涉及127例整栋改装申请和20例重建申请。与新政出台前相比，整体工厦更新速率增加10倍以上，效果显著。

表3 香港活化工厦申请情况（截至2015年1月底）

	整幢改裝	重建	總數
接獲申請	226	22	248
已批出申請	104	21	125
已簽立土地文件	68	8	76
申請人在獲批後撤回申請	13	7	20
終止已簽立土地文件	15	0	15
待簽立土地文件	8	6	14
正在處理申請	97	1	98
在處理途中申請人撤回申請	20	0	20
不符資格而被拒申請	5	0	5

（2）观塘层面

观塘是香港工厦活化的典型地区，曾经是石油油鼓及垃圾堆填区，后经填海发展工业用途，如今意欲转型商贸区。在政策激励下，2010—2014年间，香港政府共向观塘地区发出特别豁免书（整栋改造）37份（其中涉及33座工厦，4座重复申请）以及修改契约（重建）1份。业主更新热情高涨，短短3年工厦改造率为12.9%，其中单一业权工厦更新率更是高达31.0%。

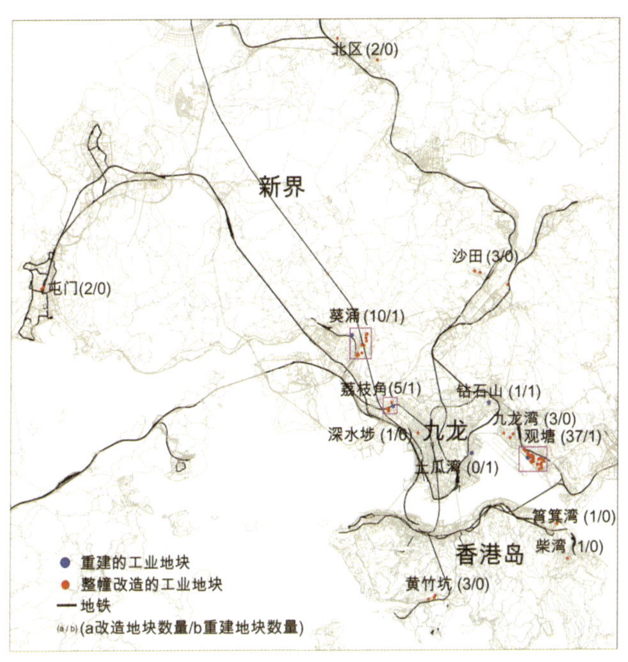

图 1 2015 年香港工厦活化情况

图 2 观塘地区工厦活化情况

同时，不但更新速率加速明显，免费改造政策及其后续运营也更接地气。以首个观塘改造案例联侨广场为代表的改造类工厦呈现租客爆满的良好效益。相比之下，唯一的重建案例宏基资本大厦则入住率极低。

3 香港工业大厦活化政策的利益博弈分析

1）核心价值观——法制化和市场化

出于不同的原因，内地绝大多数的城市对于非正式更新的工业用地普遍采取默许的态度，造成了“土地产证工业、实际使用非工业”的灰色地带，同时临时工业厂房再利用政策（如创意产业政策）和土地批租使用相关法律也在一定程度上存在冲突。香港同样面临这一问题，但新政考虑到巨大监管成本的情况，因此通过业主主动提交申请、港府批准免交转性价款的方式，保全了香港法制精神。同时实现了自下而上的市场化快速更新。

2）收益分配——利益归私

土地增值收益分配的让利改革与创新是香港工厦活化政策的核心，在新一轮的城市更新政策出台的背景下，中国各大城市对于原土地权利人的让利幅度相差迥异，港深地区让利幅度最大。香港对于改造类更新采取免费政策无疑最彻底，极大的提升了土地权利人积极性，加速工厦更新和土地价值实现，最终增加社会总体财富。

3）量化跟踪——演化博弈下政策让利幅度推算

基于演化博弈相关理论，研究实证了香港工厦更新的动态过程符合该博弈类型下的动态复制方程式，同时“政策让利幅度—工厦更新速率—地区发展目标”间存在数量关系。

4 结语

香港工业大厦活化政策体现了法制化和市场化的核心价值观，通过利益归私的土地增值收益分配方式，提升土地权利人积极性，增加社会总体财富。同时，香港经验对于内地普遍的工业用地更新补偿给出新的答案，基于目标导向，可反推工业用地更新政策的让利幅度。

规划转型的探索

——由精致城市建设规划服务项目想到的

吴　冠
上海同济城市规划设计研究院

随着行业形势日渐衰退，工作中明显感觉到参与的项目很少有传统套路下就可轻松完成。另一方面，国家正在以一种前所未有的重视对待城市建设工作，强调科学规划，强调城市特色，强调以人为本，强调创新管理。这些都表明了对城市规划提出了更高的要求。

当城镇化率迈过 50% 的门槛并开始逐步放缓的时候，我们发现在未来中国城市的建设将会以精细化发展为方向，产业发展更加注重创新驱动，对于城市特色的关注也越来越高，同时人们将更加注重生态环境的保护。精致城市项目正是在这样的背景下产生的。

精致城市项目的全称是精致城市建设规划服务项目，与传统的城市规划项目不同，他是在新的发展要求下，针对城市发展现状提出纲领性研究，解决现实的发展问题，确定原则性的发展策略和要求，并落实具体的行动计划。

它并不是要提出具体的空间实施方案，而更加偏重发展导向，偏重公共政策，偏重行动计划，弥补现行规划的缺位，对城市发展各方面提出纲领性指导内容。

总结来说：精致城市是城市发展走向高端的新阶段，从广义上涉及经济、政治、文化、社会、生态五大建设的品质化、品味化；从狭义上指城市建设和管理的精细、精美、精品，城市彰显人文、生态、宜居、宜业的个性。

一个精致定位，五大重点方向

精致城市定位：

确定济宁精致城市建设的总纲领——强调生态、文化、城市、人本的四大发展核心。

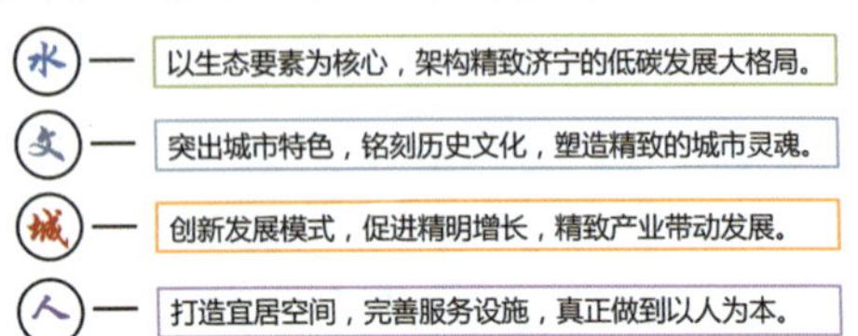

精致城市定位

图 1 “一个精致定位，五大重点方向”图解

项目的对象是山东济宁，济宁有着悠久的历史和文化，是孔孟之乡运河之都，在经济快速发展时期与许多城市一样，城市规模不断扩大，但也出现了城市发展粗放，城市特色缺失等一系列问题。

因而，在城市发展更加注重高品质、注重城市特色和为民生的当下，根据精致城市的理念确定精致城市的规划框架为“一个精致定位，五个重点方向”。

一个精致定位是指：确定济宁精致建设的总方向，强调生态、文化、城市、人本的四大发展核心理念。提出以生态要素为核心，突出城市文化特色，创新城市发展模式，打造城市宜居空间。

五个重点方向是指：从创新发展、人文特色、民生幸福、科学管理、行动计划等五个方面出发分析当前城市发展中所遇到的问题，提出精致城市引导下的发展目标，并根据目标提出相应的规划策略，最后落实成行动计划与项目抓手，真正指导济宁下一步的城市建设。

五大重点方向下分别对应详细的精致城市规划内容。创新发展中主要包含规模格局、发展模式、土地使用和发展动力 4 个方面；人文特色中主要包含文化为魂、水系为脉、城市为体、绿色为底 4 个方面；民生幸福主要包含公共服务、居民出行、社区建设、社会保障和生态环境等 5 个方面；科学管理主要包括部门协同、健全规划管控体系、智慧化管理平台、精细化考量标准等 4 个方面；行动计划主要为上述 4 个方向的具体行动措施和内容。

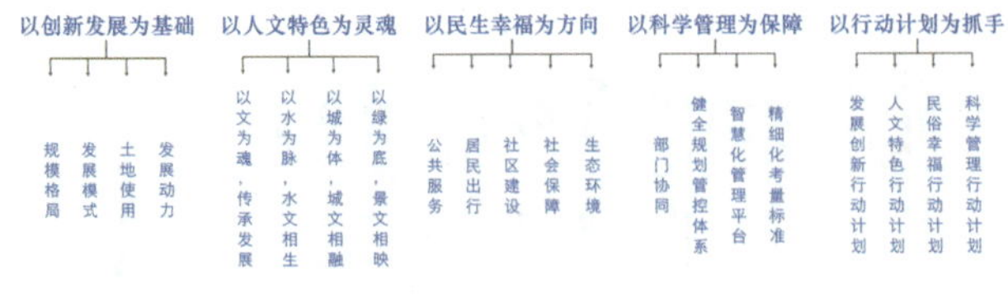

图 2 “五大重点方向”图解

精致城市的内容非常丰富，包含了城市发展的各个主要方面。在此仅用民生幸福中社区建设部分举例说明，这部分跟市民生活也最息息相关。

在城市快速扩展的过程中，为了追求更低的开发成本和更高的建设效率，新建的住宅小区多进行大地块开发，建设无序，设施配套不齐全，这不仅造成市民原本便利的生活状态的丧失，也在一定程度上造成破坏了城市原有的空间特征，丢失了城市特色，造成了交通的不便。与此同时，老城棚户区环境恶劣，建筑质量较差。绿化面积较少，缺少公共空间，服务设施缺位，在一定程度上造成了社区活力不足，因此老城社区亟需进行改造。

在精致城市的社区建设中，我们提出应当以“人”为核心，更加细化研究济宁居民的生活习惯和社区居民的真正需求，因此提出以下三点主要策略。

居住社区生活营造：结合居民特色精准配置公共设施，不只满足单纯的设施配建指标，更应结合社区居民的特点有目标地配建公共设施，要提高设施使用效率。以社区中心为核心，形成便捷的居民生活圈，构建精致社区的生活网络。

社区环境品质优化：以经济型分析为依据推动城市棚户区改造，在保障居民生活的同时将其作为城市发展的契机。在新建社区时需要更加注重生态环境与社区空间的联系，建议通过精细化的设计提升社区空间品质，并鼓励推广街区制，塑造小尺度的生活街区，营造出良好的生活氛围。

社区服务保障与提升：提出重点针对棚户区和城中村的社区服务保障计划，包括养老保障、就业保障、教育保障等几个方面。同时也提出，社区保障计划应当重点关注青少年、老年人和流动人口，有针对性地提升社区服务水平。

最后将这些建议形成行动计划，将规划策略落实为具体的工作计划和工作要点，提供给城市管理部门参考。

通过精致城市项目，可以发现城市建设的步伐远没有停止，还有很多事情等着我们去做，只不过与以往不同的是这些事情更加符合城市实际发展的需要，更能营造出规划师心中的理想城市，更能展现出规划师在城市建设中的作用与价值，同时也需要更为深厚的经验积累和更加闪耀的思想火花。

任务类型	工作计划	工作要点	机制保障
居住社区营造	社区划定计划	依据管理区划、人口分布等因素划定社区生活圈，作为城市生活网络的基本结构	纳入城市分区规划和控制性详细规划编制计划
	社区建设管理优化计划	强化社区层面的基层建设和管理效力	建立城市社区自治建设、管理机制
	社区基础信息平台计划	收集社区人口、住房、设施信息，建立基础信息平台	纳入街道、社区管理计划
社区居住保障	棚户区改造安置计划	在经济性分析的基础上逐步推进棚户区改造计划	纳入城市棚户区改造计划
	棚户区生活保障计划	强化棚户区地区低收入市民基本生活保障，保护棚户拆迁安置过程中居民利益	纳入城市棚户区改造计划
	流动人口保障计划	针对流动人口分布和结构特征，以社区为基本结构，强化其生活、就业保障	纳入社区管理计划和城市社会保障计划
	社区就业计划	结合社区建设管理提供就业岗位，吸纳就业人群	纳入街道、社区管理计划
社区环境优化	老旧住区环境品质提升计划	改善城市老旧住区住房、绿化、空间、设施	建立老旧住区提升机制
	开放住区计划	逐步打开老城区大型封闭住区，在新区推广及街区制和开放式小区	更新城市住区建设审批机制
	口袋绿地计划	针对老城区社区见缝插针建设小型绿地	纳入街道、社区管理计划
社区服务提升	社区中心构建计划	结合公交站点、公园等，构建综合性社区中心，鼓励公共服务立体集约布局	建立社区中心建设机制
	社区教育计划	针对有条件社区，结合人口结构，建立社区学院，提供拓展教育服务	建立社区学院建设机制
	社区养老计划	针对老龄化社区，提升养老设施，推行社区养老服务	建立社区养老运营推广机制

图 3 精致城市建设建议

从被动到主动

——新媒体时代下文化遗产保护的一些规划思考

周燕妮
上海同济城市规划设计研究院

1 研究背景

我国是一个文化遗产大国，文化遗产数量庞大，类型丰富。然而文化遗产保护困难的问题依然存在，例如像城市中很大的一片历史街区一夜之间就消失了的现象还时有发生。究其原因是缺少相关的立法保护和有效的监管，公众对文化遗产的保护是被动的。

2 文化遗产保护的发展阶段及特征

我国文化遗产保护大致经历了三个发展阶段:

第一阶段是 1950—1980 年，公众的文化遗产保护意识尚处初始阶段，同时主流媒体是报纸和广播，代表的是精英文化和精英意识，民众对文化遗产保护的参与是被动的，公众监督也几乎为零。

第二阶段是 1980—2000 年，电视开始在中国家庭盛行，保护的理念也得以更好得传播，公众对文化遗产的保护意识也逐渐萌生。然而，电视作为传统媒体其公众参与感仍旧几乎为零，面对破坏文化遗产的现象，监管的力量依旧薄弱。文化遗产保护工作主要依靠以阮仪三先生为首的老一辈保护专家的力量。

第三阶段是 2000 年—至今，互联网开始在中国家庭盛行，CNNIC 第 36 次报告显示，2015 年中国网民数量达到 6.68 亿，接近总人口的一半，其中，手机用户接近网民总量的 90%。这一阶段传统媒体和新媒体交融并逐渐向新媒体方向发展，文化遗产保护的理念传播更为快捷。民众的保护的意识也越来越强、保护的力量逐渐扩大，甚至在近几年出现了民众从被动保护向主动保护转变的现象。例如，在 2016 年 3 月 30 日刷爆朋友圈的杭州“秋水山庄”刷墙事件就是通过新媒体平台民众主动保护文化遗产的案例。

图 1 秋水山庄刷墙事件

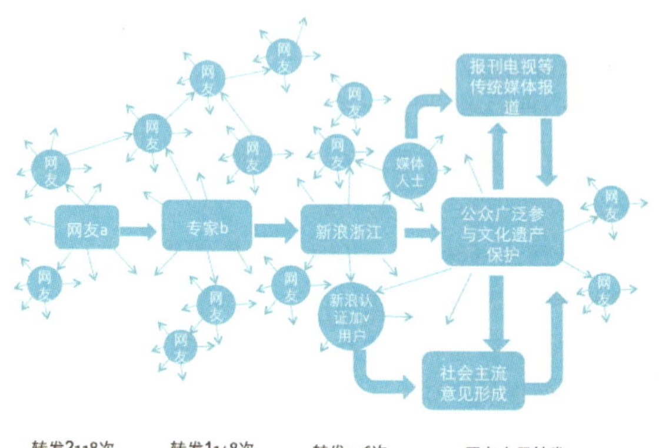

图 2 新媒体平台文化遗产保护事件传播方式

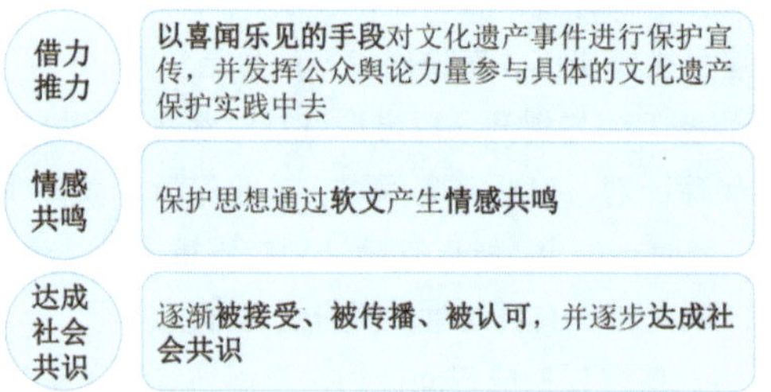

图 3 新媒体平台文化遗产保护事件作用方式

3 新媒体和传统媒体的区别

传统媒体对信息源的信息采集是有限的，并且对受众是单向传播的，而新媒体对信息源的信息采集是全方位的，跟受众是实时动态传播的，并且是可以交互的，公众的参与性大大增强。

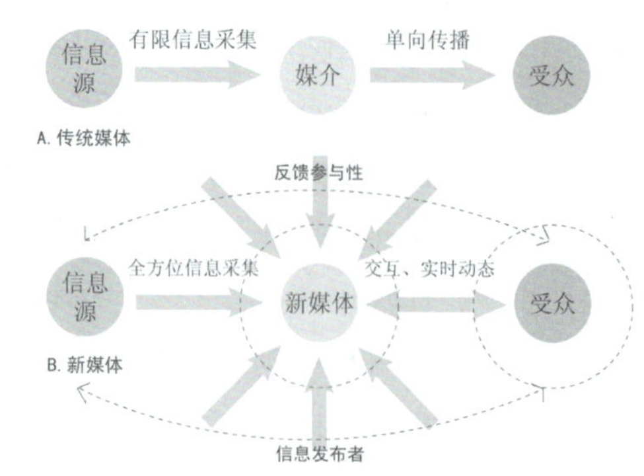

图 4 传统媒体与新媒体的区别分析

比如，在信息传递方面，传统媒体在技术上受时空限制，不具备交互功能，它的信息流动是单向的，新闻机构向受众传播，没有受众的信息反馈这一环节，受众只能被动的接受信息，而缺少公开的信息发表意见的途径。新媒体突破了时空观念和媒体限制，能及时、广泛地传播信息，并且具有交互性和开放性等诸多优势，使民众既是新闻信息的接受者，又可以成为信息传播者和发布者，可以在任何时候、任何地方向任何一个拥有网络传输设施的人提供信息，具有高度的参与感。

在舆论引导方面，传统媒体代表精英文化和精英意识，民众参与性较弱；新媒体民众参与性更强，与舆论的生成已经天然交融，是舆论的发酵场。

在监督社会其他组织部门方面，新媒体的力量与传统媒体相比有了成倍的提升。

表 1 新媒体与传统媒体区别分析

方面		新媒体	传统媒体
信息传递	受众	与受众真正建立联系，受众主导型	主导受众型，俯视读者，容易产生距离感
	传播	多点对多点，全立体，二次传播成本几乎可以忽略不计，覆盖面广；	一对多或点对面，覆盖面窄；
		扁平化与传播的实时性、跨时空	垂直结构与传播的滞后性
		可以实现图文信息交互	单向性
	时效	无限往下传播，时效长	时效短
	内容	内容丰富、信息量大	受版面限制，内容有限
舆论引导		公众参与性强，与舆论的生成已经天然交融，是舆论的发酵场	代表精英文化和精英意识，公众参与性弱
监督社会其他组织部门		监督力量变得异常强大	监督作用较弱

4 新媒体时代文化遗产保护的若干转变

（1）文化遗产本身更容易被发现、被传承、被利用、被保护

基于新媒体传播的特点，新媒体环境下，文化遗产本身更容易被发现、被传承、被利用、被保护，这也是文化遗产保护的一个重大机遇。

（2）公众参与主动性更强

传统媒体时代，政府对公众参与具有绝对的支配地位，公众参与被作为一种简单的意见征询的程序性过程，并没有真正发挥公众力量在政府决策中的作用，而在新媒体时代，公众可以在政府程序性约束之外选择自由地发表意见，参与者的主动性得到了加强。

（3）提供了交流平台

例如，历史街区保护强调整体性，包括物质环境和人，其中很重要的一点是当地居民的参与。新媒体提供了这个平台，提供了互动。有利于整体性保护的实现。

（4）保护力量变得异常强大

传统媒体时代，保护力量主要依靠专家，新媒体时代，民众能就自身关心的问题，主动地获取相关信息并表达自己的诉求，同时伴随着民众对文化遗产保护意识的加强，任何一个民众都可以成为一个文化遗产保护指令的发出者，并且可以无限传播下去，保护的力量实现了指数式增长。

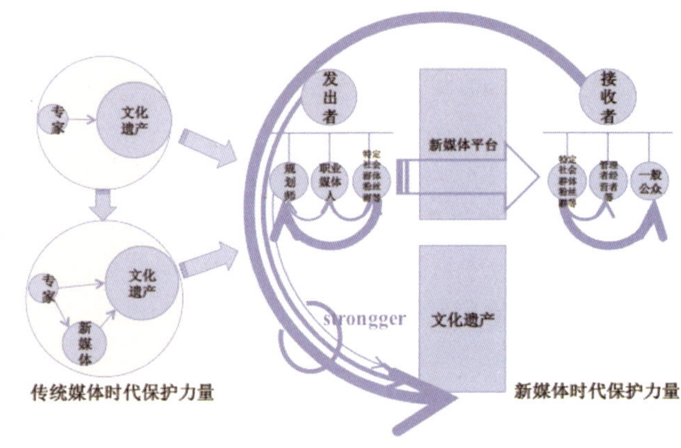

图 5 新媒体环境下文化遗产保护力量增强

5 新媒体环境下，对自身的要求和可能的应对

规划前：利用网络具有先行军、加热器和放大镜的作用，将文化遗产保护形成舆论关注焦点，传播并建立文化自豪感，点燃公众对文化遗产保护的热情。

规划时：通过新媒体平台获得更多更全面的样本群体，实现更广泛的公众参与。同时进行文化遗产保护知识传播，图文交互，给公众提供包括信息查询和问题反馈等服务。并在同期将规划思想、保护理念于规划同期呈现给公众，让规划更亲民，更接近生活，更符合民意。

规划后：与传统的规划公示直接将规划结果丢给政府、丢给民众不同，或许我们可以以更准确、更专业、更深入、更有趣、更有创意的方式将规划理念和要点传达给公众，帮助文化遗产保护规划的顺利实施。

可以预见，未来规划的新媒体平台，不仅仅是宣传工具，更是一种规划方式的转变。比如，我们还可以借助 VR，使用移动终端、文化遗产 app 和规划事件 app 等，将规划作为一种简便易行的方式得到普及，形成全民参与规划的格局。

基于地域民族文化的城市更新研究

——以新疆和田团城片区城市设计为例

胡天蕾
上海同济城市规划设计研究院

1 引言

地域特色文化可以体现一个城市的内涵美。什么是地域文化呢？在我国，地域文化一般是指特定区域源远流长、独具特色，传承至今仍发挥作用的文化传统，具有独特性。

和田的地域文化如何形成？其形成主要受自然环境和人文环境两方面的影响。在自然环境方面，和田气候干旱少雨、风沙大、日照充足，这些气候特征对人们的生活方式和城市布局都有着重要的影响。在人文环境方面，和田因其独特的地理条件、民族的多样性，在几千年的演变中，逐渐形成了自己特有的地域文化特质。

团城片区作为和田市重要的一个传统维吾尔族聚居区，有着悠久的历史，具有鲜明的地域文化特色。这些地域文化特色具体表现在哪些方面？在规划中如何保护与传承？本文主要从传统格局、功能复兴和建筑风貌三个方面进行解读。

2 传统格局

1）传统格局

（1）空间格局

由于历史久远、自然气候等因素，和田古代城市格局已经无法考证，但清末近代城市的格局在一定程度还有所保留。团城片区现状为圆形围合状，呈现出一种团圈式、向心性的城市空间格局。

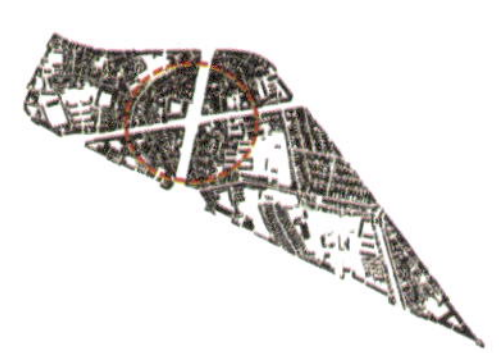

图 1 空间格局示意图

（2）城市肌理

团城片区由一系列院落单元所组成，院落尺度小，分布密集，院落之间的步行空间狭窄深邃、互相渗透，这种高密度、窄巷道的紧凑布局组织形式与当地炎热的自然气候环境和民俗风情相适应。

（3）街巷空间

团城现状街巷宽度普遍较窄，大多数为狭窄的支巷，整体尺度为 1~5 米，建筑多为 1–3 层。街巷的高宽比大于 1。

2）格局保护与传承

在城市设计中如何展现这些特征？规划设计中我们采用保护团城圈层式的整体格局、保留团城街巷肌理、街巷景观

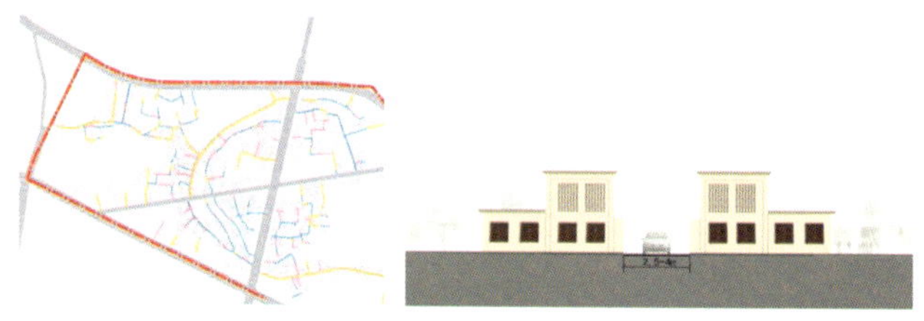

图 2 现状街巷分析图

打造三个方面来恢复团城历史意象。

（1）保护团城圈层式的整体格局

在整体格局保护方面，通过构建环城路，建立清晰的团城边界，保持团城圈层式的整体格局。保留团城内部的现状路网，规划只对局部过窄道路进行加宽，拆除部分废旧院落增加内外部的联系。

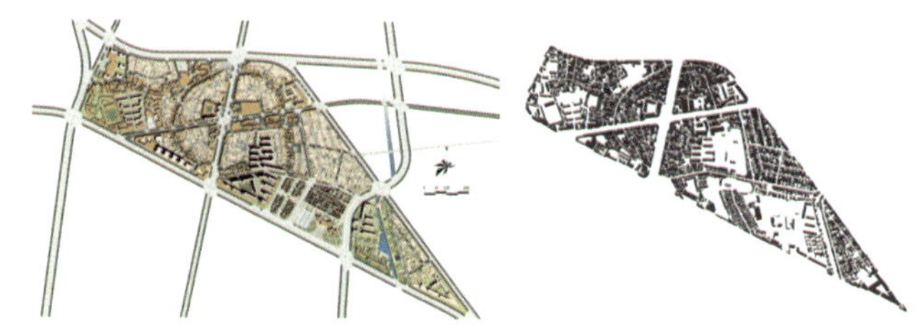

图 3 规划总图

（2）保留街巷肌理

在保留街巷肌理方面，规划最大限度保留现有民居院落，保存生活性场所特征和氛围。提取院落空间布局组织原型，进行重构以保证满足新功能的需求。延续以步行为主的街巷系统脉络，保持原有街巷尺度及空间感受。

图 4 街巷肌理对比图

（3）街巷景观打造

在街巷景观打造方面，规划通过整合原有的空间节点和院落内部空间，构建以葡萄架为特色的绿化空间。

3 功能复兴

1）现状功能

团城片区现状功能主要以居住为主，居住方式独具特色。是以清真寺为中心，形成一种宗教性地缘社区。清真寺是穆

斯林宗教生活、社会生活的中心。团城片区内现有 7 座清真寺，仍延续着以清真寺为公共活动中心的生活聚居状态。

图 5 用地现状图

2）复兴团城活力

在规划中，我们通过引导自我更新、激活旅游活动和建设步行街区三个方面来实现团城活力的复兴。

（1）引导自我更新

在引导自我更新方面，首先，通过拆除部分乱搭建筑形成广场、绿地，为居民提供更多公共交流场所。

其次，在居住功能不变，保留原有邻里结构的基础上，建议沿主街道的院落进行商业界面改造，或者转变为民俗文化展示场所。

（2）激活旅游活动

在激活旅游活动方面，规划增加团城片区的旅游服务配套设施，塑造具有地域特色的景观环境，使团城成为有吸引力的旅游目的地。规划构建“七大特色街区、一大旅游综合体、一条主题轴线”的旅游结构。

（3）建设步行街区

在原有街巷的基础上，在不破坏城市肌理的条件下，建设团城步行街区，形成车步分离的交通系统。

4 建筑风貌

1）民居建筑特色

由于和田位于干旱、半干旱的自然生态环境中，当地民居为防寒避暑，具有内向性和封闭性的特点。阿以旺式民居是和田民居的典型代表，是指以“阿以旺”为特色和基本构成要素的民居形式。阿以旺厅是介于敞开的室外庭院活动场所与封闭的室内场所之间的一种建筑形式，是民居中最具特色的生活单元，整个民居也是因阿以旺厅而得名的。

2）建筑风貌延续

如何延续团城片区的建筑风貌？规划主要通过建筑高度控制、民居建筑保护、建筑更新改造和新旧建筑共生四个方面来实现。

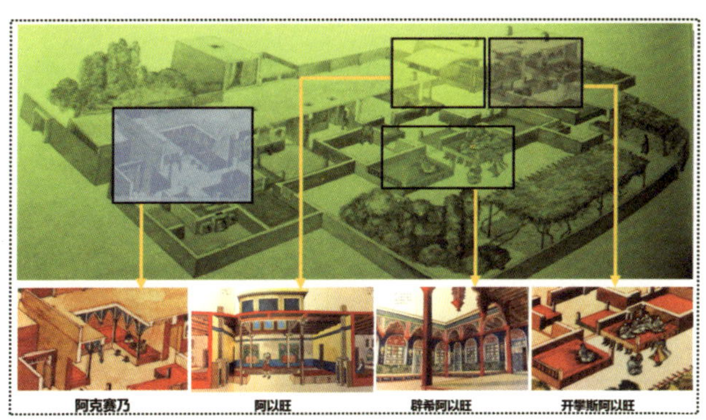

图 6 阿以旺民居示意图

（1）建筑高度控制

在高度控制方面，团城片区采取分区梯级式控制方式，整体上以团城核心区建筑高度为基准，周边建筑高度保持与之协调，在外围区域高度有所突破。

（2）民居建筑保护

在民居建筑保护方面，通过分析和田传统民居建筑形制，提取具有可识别性的要素，从平面布局、建筑构造、建筑色彩和建筑装饰四个方面制定建筑控制导则。

（3）建筑更新改造

在建筑更新改造方面，对建筑进行分类保护，采取改建、保留、拆除重建等不同的更新模式，对传统建筑与清真寺进行重点保护。对于与传统风貌不协调的建筑，对外观加以整修改造，包括更换外饰面、屋顶等。

（4）新旧建筑共生

在新旧建筑共生方面，主要运用有机穿插的手法来实现。对于新建、改建的建筑增加地域元素，形成有序的新旧建筑共生体系。新旧建筑共生是历史风貌延续和现代发展和谐统一的重要手段。

5 小结

通过对和田团城片区城市设计的分析可以看出：

（1）城市更新应重视“因地制宜”；

（2）应理解、挖掘和传承地域文化；

（3）应寻找地域文化与经济发展的契合点；

（4）应尊重居民意愿，延续当地生活习俗。

保障房的福利绩效研究

——以上海为例

陈治军
上海同济城市规划设计研究院

保障房在国外又称社会住宅或可支付性住宅，是相对于普通商品住房而言，政府直接投资建造或以一定形式给建房机构以补助，出售或者租赁给中低收入阶层的家庭和个人的住宅，也包括旧住房中由政府出资进行改造改建的住房。上海目前已经形成包括廉租住房、共有产权房、公共租赁房和征收安置房（原配套商品房）“四位一体”的住房保障体系。那么保障房给中低收入居民带来了怎样的福利绩效？

表 1 上海的社会住宅类型

建设时期	社会住宅类型		个人产权性质
1995年以前	福利性住房	工人新村、联建公助、单位自建房等	无产权
1995年以后	政策性商品房	安居房和平价房、经济适用房、配套商品房和中低价普通商品房	完全产权或部分产权
	政策性租赁房	公共租赁房、廉租房	无产权

笔者对以下三种福利进行定义，经济福利是保障房与周边住房的价格差异给居民带来的经济上的利益。住房福利是满足居民最基本的生理需求和安全需求，即住房本身直接给居民带来的福利。影响住房福利的因素包括住房面积、住房质量、房屋通风、小区环境、社区安保等等。虽然上海从 2003 年开始大量兴建以配套商品房和经济适用房为主的保障房，从一定程度上改善了居民的居住条件，但入住居民整体满意度不高。从 2012 年笔者针对 6 个保障房小区 173 位居民的现场调查来看，满意度高的因素为面积、户型、环境、住房质量、地铁，满意度低的因素为医疗、商业、文化、教育和工作便利度。

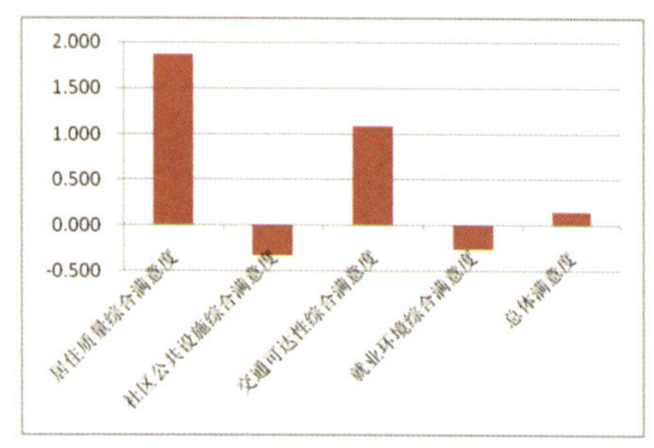

图 1 所有居民对小区满意度调查

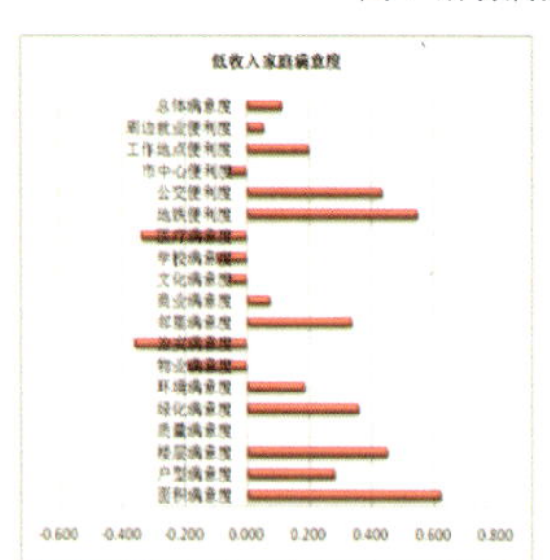

图 2 中低收入家庭对小区满意度

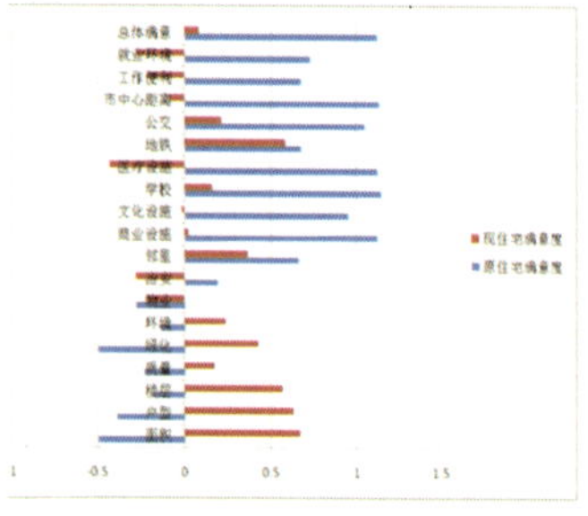

图 3 动迁户动迁前后满意度对比

首先从房价来看，保障房的经济福利明显，早期的经济福利较高，但区域间差异不大。笔者构建了测度住房福利的经济福利指数。对配套商品房的经济福利指数分析后发现，一方面区位好的配套商品房经济福利较高，另一方面时差也有影响，早期建成的配套商品房居民享受的经济福利较高。其次从纵向分析的空间分布上，上海保障房空间分布的演变有以下特点：一是地理区位上由集中于市区和卫星城向市区边缘和郊区扩展，二是规模上由集中建设转向集中加分散式的建设，三是空间分布模式上由圈层式向结合快速交通的点轴式发展。然后笔者从宏观层面研究上海保障房基地和高质量的小学、医院、轨道交通和各大新城中心的区位关系，发现上海保障房居民确实无法便利的享受优质的公共设施资源，因为保障房离示范性学校、三甲医院等优质的公共设施资源较远。远期保障房的可达性较强，但居民到市区出行成本较高，而且居住与就业的空间失配会造成大量的通勤交通。

图 4 2008-2011 年上海市大型经济适用房房基地

图 5 2010 年上海第二批大型居住社区布局

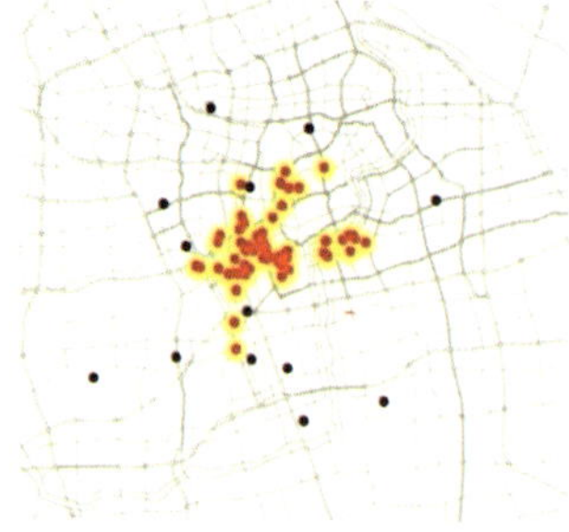

图 6 上海市保障房基地与市区示范性小学的关系

图 7 上海市保障房基地与近期轨道交通的关系

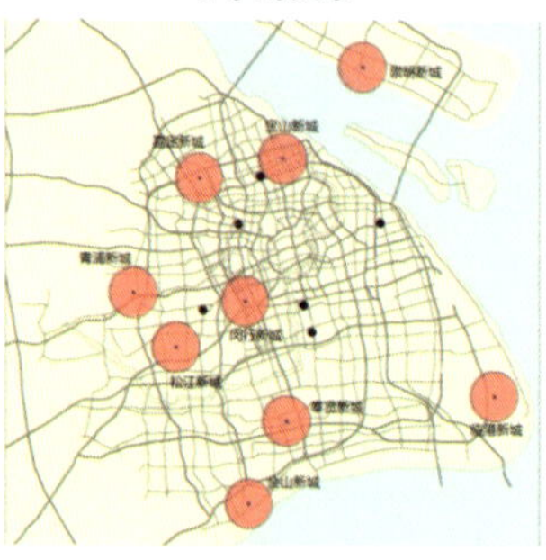

图 8 上海市保障房基地与新城中心的关系

图 9 上海市保障房基地与市区三甲医院的关系

在对六个小区的个案调查研究发现，居民居住条件显著改善，以新凯家园一期为例，70% 的居民的居住面积提高了 60%，居住环境也有显著提高。但迁居降低了大部分居民的居住福利，同时公共设施的建设不同步也影响居住福利。因而笔者得出结论，保障房提高了中低收入居民的住房福利和经济福利，但降低了居住福利。区位条件和建设时差是影响居民福利的重要原因。

图 10 6 个小区搬迁前后区位对比

表 2 6 个小区的居住综合福利指数对比

现有社会住宅种类	原居住社区	现居住社区	建成时间	原居住综合福利指数	现居住综合福利指数	福利综合指数变化值
配套商品房	虹口东大名路	宝山顾村菊泉新城	2005年	4.23	1.73	-2.5
	闸北太阳山路	泗泾新凯家园一期	2005年	5.00	0.36	-4.64
	黄浦西藏南路	浦江世博家园	2006年	5.06	2.24	-2.82
经济适用房	徐汇田林街道	泗泾新凯家园二期	2008年	5.08	0.49	-4.59
	闵行江川	闵行翔泰苑	2010年	1.31	2.21	0.90
	徐汇长桥街道	闵行博雅苑	2011年	5.68	1.79	-3.89

影响保障房福利绩效的机制有三种：政府力、市场力和社会力。政府通过住房管理体制、地方性的房地产宏观调控、保障房的年度供给对保障房进行调节，市场通过新建商品房对区位的挤出效应和存量房市场的带动效应影响保障房的区位分布，而居民则以居住意愿与现实选择和社会网络的影响，反映保障房对其产生的绩效。影响保障房福利的要素包括土地、资本和城市规划因素。土地方面，由于大部分保障房所在土地为划拨或限价的出让土地，使得保障房只能位于郊区，而有限的土地数量也只能解决部分中低收入的住房问题。资本方面，政府对土地财政存在依赖效应，而有限的财政支出使得保障房在住房体系中的比重偏低。城市规划方面，中心城疏解人口的规划政策影响了保障房的分布。住房及相关规划从开发强度、供应量方面影响保障房的建设。

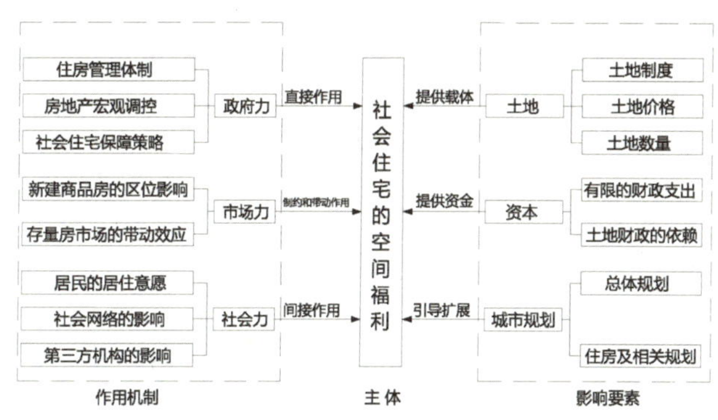

图 11 社会住宅空间福利的作用机制

为了福利优化、建设空间公正的保障房，首先应通过制度引导，包括从单纯注重住房面积到追求居住质量的提高，提前收储市区闲置住房作为保障房房源，商品房与保障房用地的相互配建。其次进行区位优化，包括在中心城结合城市更新安排保障房用地，在近郊区适当增加保障房建设，在新城则要控制保障房发展。最后要通过设施完善，包括尽快建设合理有效的公共服务设施，保证建成的同步性，提高周边配套交通的可达性，有针对性的就业机会等来提高保障房的福利绩效。

互联网 + 在社区管理和规划中的应用探索

夏慧怡
上海同济城市规划设计研究院

社区治理体系是推进国家治理现代化的重要环节，2014 年上海出台了由《关于进一步创新社会治理加强基层建设意见》及 6 个配套文件构成“1+6”政策体系。2015 年上海市针对基层社会治理中的突出问题，如，街镇体制机制、基层队伍力量建设、管理资源和执法资源的配置、基层工作经费保障等问题，努力实现“让基层更加有职、有权、有物、有人”。主张全面贯彻文件精神，积极推进调研成果的落地，其中主要包括：创新社区党建工作，优化调整街道区域化党建领导体制；深化街道体制改革，全面取消街道招商引资职能，将工作重心转向公共服务和社会治理；加强居（村）委会自治，推进居（村）减负增能，建立以议事协商为重点的民主决策机制；促进社会力量有效参与，拓展深化网络化管理，完善网络化运行机制；完善社区工作者职业化体系等重点内容。可见社区管理的重点已经向提供群众公共服务等方向发展。为此，对于社区的公共服务工作和设施提出了更高的要求。

从 1969 起，互联网越来越影响人们的生活方式、商业模式乃至思维方式。互联网成为人类生活的一部分。随着移动互联网技术的发展，互联网成为连接不同行业的桥梁，实现了跨界的整合。互联网 + 这一理念使得互联网可以利用到任何行业。“互联网 +”指的是互联网等信息技术在传统产业中的应用。它不是完整的方程在各种互联网（移动互联网、云计算、大数据集或互联网的东西），但它可以被添加到其他领域，培育新的工业和商业的发展。如今，我国政府意识到互联网的重要性，利用“互联网 + 政府”，以实现更有效的管理。“互联网 + 政府”（又称网络政府、数字政府、网络政府和政府部门）由政府与公民、政府和政府机构、政府和雇员、政府和商业之间的数字互动构成。在这项新的策略的推行下，管理者希望可以让任何人通过互联网访问一个城市的网站，与其进行沟通和互动。至于普通百姓，他们可以接触到政府事务，了解有关情况，并对政府表达他们的满意度。

从城市规划的角度看，我们还可以利用“互联网 + 城市规划”，协助政府实现更科学合理的管理城市。

目前在规划实践领域，居住区公共服务设施配置标准仍以“千人指标”为主，国标《城市居住区规划设计规范》（GB50180 – 93）中对各类公共服务设施用地千人控制指标进行了明确的规定。此外在设施配套中，对照公共服务设施应占住宅建筑面积的比重，对于新建居住区商业服务设施的规划控制标准，采用的是“千户指标”。千人指标以每千名居民为单位，根据公建设施的不同性质而采用不同的计算建筑面积和用地面积。采用千人指标和千户指标的计算方法对于新区建设具有高效的配置优势，便于规划定点、定面积和分级配套。但对于相对成熟的社区来说，不足之处是按人口规模统配，对人口需求的差异性（如年龄、职业、收入、消费等因素）缺乏考虑，弹性较小，且实际需求信息的反馈滞后。新常态下，存量规划要求建成区提质增效，现有的配置标准和配置方式很难适应需求的变化。

在实际规划工作中，目前大部分的已建成社区是经过规划、依据“千人指标”和“公共服务设施占住宅建筑面积比重”标准建设而成，从规划的程序性和技术操作上来看没有问题。但千人指标作为一个静态的指标体系，和弹性的需求间存在很大的缝隙，公共资源配置与需求不匹配的问题始终存在。现实情况中，市场条件下形成的住区中，居民需求差异化趋势明显，对于相对成熟的社区而言，公共服务设施依据“千人指标”的“无差别化”配置很难满足上述不断变化的差异化需求，导致公共服务设施的配置在时空上不匹配，存在冗余和不足，造成公共资源配置的浪费，并给社区居民的生活带来不便。而我们提出的互联网 + 社区管理和规划的理论就是主要基于在社区管理的基础上，加入网站服务和数据分析，利用互联网给居民或用户提供更加有效和全面的公共配套服务以及给管理后台提供数据管控和大数据分析工作。通过构建面向三方的网站数据平台：政府管理平台、物业管理平台和用户公共设施使用以及电子商务平台，将社区作为社会管理的最小服务单位，以全面提高社区管理和生活服务水平为目标，通过创新社区管理体制和机制，整合社区管理资源，建立社区“网络化”管理服务新模式，把社区管理工作和用户需求紧密捆绑在一起，达到及时有效的互动，使社区在加强基层社会管理、化解社会矛盾、促进社会和谐，以最小的调整提高整个社区管理和服务的功能。同时通过以上三种平台获取大数据，大数据能提供为我们提供了详细有效的了解城镇居民以及当地发展的实质需求和现状的途径，这样以便能精准的对其进行科学的分析和解读最后将结果转化为有效的社会发展和管理诉求。

在社区管理方面，本课题提出以公众平台和线下调研的技术手段加强公众参与社区管理，以评估社会需求、预警风险阈值和防范风险策略作为研究核心内容。针对当前在创新管理中遇到公众对于社区服务配套的需求多元化，社区管理单一化的问题以及群体性事件与社会风险等等，进行理论和实证研究，可作为未来深入推进创新社会管理和规划管理的长效手段。

在社区规划中， 我们通过成熟的已建成社区进行公共服务及设施的需求调研，建立基础数据库，并在此基础上运用互联网和移动互联网技术构建社区公共服务互动平台，提供社区公共服务供需实时信息，及时掌握基本公共服务及设施的实际需求（ICMP体系）。并根据这些更为真实详细的需求信息预测社区公共服务及设施资源配置的需求及结构，有针对性的提出规划相关指标和规划设计要求，为使用者、提供者、决策者、投资者提供有效的依据，减小供需落差，为社区规划设计以及社区的建设、管理、发展提供更为高效优质的服务（设施）配置。

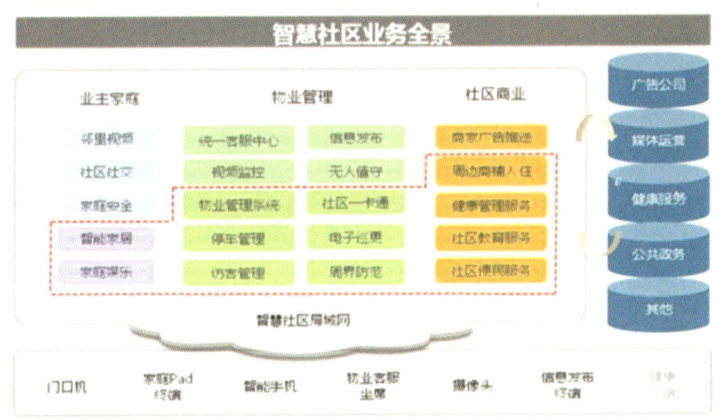

图 1 物业管理平台示意

图 2 后台管理平台示意

图 3 服务平台 APP 示意

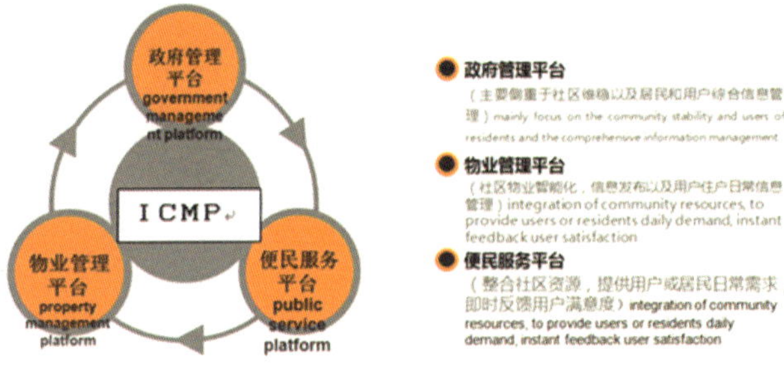

图 4 ICMP 体系图解

创新
论坛

研究方法与技术创新

[主要观点]

1 北京清华同衡规划设计研究院有限公司李栋规划师的演讲题目是“复杂网络视角下的中国区域格局再探讨——基于迁徙流数据的分析”。提出了如何从整体上认识复杂城市网络体系并把握演化规律的问题。以腾讯发布的迁徙数据流为依托，选用簇群划分法，以城市的模块性为度量指标，引入城市之间空间邻近关系的因素，形成区域格局研究结果。并以特征中心为指标，测度网络节点的影响力。作者比较分析了我国自然地理分区、经济地理分区、行政分区与人口迁移的关系，归纳了特征中心城市三种类型，分别为政治中心、经济中心和区位中心，为区域规划和城市群认知提供了更丰富的视角。

2 同济大学建筑与城市规划学院丁亮规划师的演讲题目是“利用手机信令数据支持城市空间结构规划——两个地区的实践”。以手机信令为数据来源，探讨城市空间结构识别，作为传统规划方法的有力补充。一是研究上海就业空间结构。新城市郊区范围内就业活动的主要聚集区，中心城就业高密度区内可以识别出 19 个就业中心，以占中心城 7.7% 面积集聚了 33.8% 的就业岗位。二是研究南昌大都市区城镇体系。强化南昌市辖区一级中心地位，培育二级中心城镇能级。在南北向“人”字形发展轴上，补充东西发展轴，提升西部发展轴。

3 北京市城市规划设计研究院崔真真规划师的演讲题目是“基于 POI 数据的城市生活便利度指数研究”。以兴趣点（POI）数据获取城市范围内公共服务设施现状数据，通过网格化进行计算，以专家评估确定公共服务设施的重要程度，最终形成城市生活便利指数评价体系。以京津沪穗四个城市为例，得到城市平均生活便利度指数（沪、穗、京、津）和社区生活便利度指数（穗、沪、津、京）的排序研究。POI 数据范围覆盖全国，是一项城市间、区域间对比研究的重要数据，为规划决策提供模型支持。

4 上海复旦规划建筑设计研究院高怡俊规划师的演讲题目是“多元数据视野下的城市规划研究探索”。大数据应用具有客观性、时效性和可操作性特征，一定程度上弥补传统规划研究方法的主观性、时限性和片面性的局限。互联网开源数据主要集中在城市结构性问题研究，商业级数据是向数据沉淀企业购买的数据，可以研究更加精准的城市问题。以徐汇为例，通过人口与经济普查数据、移动设备数据、轨道交通站点数据、互联网开源数据、并以 ArcGIS 评估方法，研究职住平衡、产业发展和空间品质、综合交通等多个问题。

5 沈阳市规划设计研究院殷健规划师的演讲题目是“基于‘形’和‘流’的城市多中心体系评估模型”，采用定位和定量方法进行城市空间结构多中心体系研究。模型中“形”代表人口、用地、建筑、公共服务设施、基础设施等基本要素，测度城市静态物质空间的发育程度。“流”代表信息、交通、物、人、知识等要素，测度城市与区域联系的活跃程度。以此方法对沈阳城市中心体系的空间结构进行分析，形成 3 大类、11 中类、27 小类指标体系，将空间定量化数据和 GIS 分析结合，多视角揭示沈阳的空间发育特征，进行分区政策指引和战略制定。

6 上海同济城市规划设计研究院欧阳恩一规划师的演讲题目是“分布式用能模式下的空间应对思考”。分布式能源是分布在用户端的能源综合利用系统，城市空间将由若干自给自足又互联互通的城市能源单元构成，能源微网可以帮助能源单元实现与公共电网间的互联互通。从能源高效利用的角度，提出空间应对的能源配伍法，同时也对城市空间混合布局的组织方式提供了具体的混合量化指标，和构建 24 小时活力社区的目标。作者以上海临港生态示范区为例，尤其强调了根据能源布局情况，对示范区功能混合提出的比例设置和布局要求。

7 国家发改委城市和小城镇改革发展中心段心凯规划师的演讲题“用产品经理的思维做规划研发——以武汉产城融合项目为例”。以武汉开发区产城融合评估工作为例，借鉴产品经理思维开展工作。一是理解产品研发方向，追本溯源寻找产城脱节的根源。二是关注用户体验，通过可视化效果直观展示评价效果。三是快速迭代，勇于试错，及时反馈，不断修正，通过互联网开源数据进行精细化评估。四是精益制造，关注细节，关注矩阵设计、情景分析、规划引导、表达效果等。五是模块化生产与乐高式植入，形成定性定量的评估单元，纳入多层次精细化评估体系一部分。

[分析与点评]

1　同济大学建筑与城市规划学院王德教授提出大数据优势在于面广、量大、实时，是传统的现场踏勘无法实现的，可以作为一个研究补充。目前，大数据还在挖掘阶段，能够驾驭大数据是有难度的，预测和验证就更不容易了。对李栋就数据的选择、数据的准确性弥补问题进行了交流。对崔真真提出 POI 热点覆盖程度与公共设施真实之间差异问题。认为殷健的“形”和“流”从技术层面是对吴志强校长的理念的落实，但是结论的弹性太大，难以指导规划。

2　清华大学建筑学院教授顾朝林教授对比了传统数据特征，提出大数据时代规划研究是不是更加精细的一种现象的描述，有规划需求才能推动技术进步。指出丁亮的上海全市的通勤圈研究能否支撑对上海大都市圈发育程度的评估依据，才能在理论层面有所突破，解决实际问题。崔真真核心问题是如何把研究成果运用到实际规划中，要明确基本单元、分解设施类型，在城市内部比较解决具体问题。殷健的研究中对于人口的基本单元和交通的基本单元尺度不一，可能会碰到协调的问题。段心凯关于产城融合的问题和目标不够明确，要认识到产城融合问题是在中国过去基础薄弱的工业区和大居模式的的基础上展开的。

3　南京大学城市与区域规划系崔功豪教授肯定了大数据研究以人为本的特点，对新技术的探索、思考、研究都很重要，试图创造一些和传统不同的方式来进行规划研究。李栋的迁徙问题提供了区域研究的一种方法，会受到交通条件改变的影响，可以再进行细化。丁亮研究的手机信令研究的是现状，如何知道规律，推演 20 年后的规划。崔真真生活便利度反映了城市人的舒适度，既包含了设施门类齐全与否问题，也包含了环境档次的问题，要把人类的中心化和层次的多元化结合起来。大数据对于城市的现状的研究、评估和规划修正有意义的。段心凯研究的产城融合是整个武汉视角，和一般开发区、产业园、新城是什么关系？殷健关于“形”和“流”的研究实际上是静态和动态两种方案，建议进一步研究城市的中心体系。

4　同济大学建筑与城市规划学院戴慎志教授关注新方法分析后的规划运用问题，如研究出来北京的生活不便利，设施难找，将来如何完善优化。 殷健的“流”研究，除了交通，还有哪些要素？“形”和“流”之间的相互关联性和决定性关系可以继续研究。欧阳恩一关于分布式用能模式下的空间应对思考，首先还是要考虑用能规模，供给侧和需求侧间如何平衡，其次要考虑各个区块正常运行的安全性、相互关联和及时抢救。段心凯用产品经理的思维做规划研发，那么客户是谁才是决定因素。产城融合只是解决了一部分的职住平衡问题。

5　同济大学建筑与城市规划学院孙施文教授提出在做数据的运用和研究时，首先要把概念讲清楚，如都市区、经济圈、城市群等。再来讨论数据如何验证、评估和创造。数据只是现实当中的一部分，关键在素材收集整理后，如何解释。创新是破坏式的创新，但是不要走极端。丁亮分析的就业中心的识别，并不能等同于城市中心的标识。同时也不能用这个范围来解释职住平衡问题。崔真真的 POI 热点是不是能够取代实地踏勘，一栋楼里面如集中了十几个 POI 是不是标识便利程度足够高，便利度不仅仅是数量问题，还有生活方式选择问题。大数据的运用更多可以在规划评估上，对于预测研究和改革规划方面可能还有待观察。

6　上海同济城市规划设计研究院周玉斌副院长指出李栋、丁亮、崔真真的研究正好覆盖了区域到城市到社区三个层面，都在运用大数据的思维和方法来展开工作。大数据的研究至少给规划提供了一个新的视角，原来认为是天经地义的问题提供了新的数据支撑。大数据的研究最后还是要以人为本，了解行为规律，才能提出合理的解释。对高怡俊的多元数据，提出了具体对人 – 地 – 房的看法的问题。对殷健在数据汇集梳理的过程，提到的“用地画像”概念和内涵是如何界定的问题。对欧阳恩一的分布式用能模式，提出了推广的条件和局限性的问题。对段心凯提到的有产无城和有城无产之间的平台解决问题。

复杂网络视角下的中国区域格局再探讨

——基于迁徙流数据的分析

李　栋
北京清华同衡规划设计研究院有限公司

1 背景

随着区域性交通基础设施、信息通信等技术的不断发展，当前社会各种网络和联系所发挥的作用也越来越重要。从地区发展的视角来看，人口流、物质流、信息流等传播网络，构成了今天真实社会运转的核心基石。对城市来说，每个城市不再是一个孤立的个体，城市在自身发展的同时，不可避免地与其他城市建立了各式各样的连接，构成了一个国家或区域的城市网络体系。

如何从整体上认识一个复杂的城市网络体系，并把握演化规律，在现实和理论两方面都具有现实意义。从现实问题来看，在城市化的时代背景下，城市网络提供了一个国家和区域的主要发展驱动力，同时也是每个城市发展重要的外部环境，城市发展中的许多重要问题，包括产业转型、区域竞合等，都需要将自己与周边直接和间接的联系对象进行关联分析，充分了解自己的比较优势。从理论研究来看，网络是对复杂交织相互联系的客观世界的一种表达，通过将实体抽象为由许多节点（nodes）和连接节点之间的边（edges）构建而成的“网络图”（network graph）来进行表达。近年来，从物理学、数学和系统论出发，对各类复杂网络的基础性方法开展研究已成为术热点之一。但如何在区域和城市规划实践中应用这些最新的研究成果，依然是值得规划师不断探索的话题。

2 数据与方法

（1）数据

移动通信技术的发展，使得采集大量用户定位信息成为可能。从2014年起，针对春运这一主题，中国几大互联网公司均推出了表达其海量用户移动统计数据的“春运迁徙”可视化项目，并逐步成为一项常态运行的监测工具，虽然其仍然存在一定的数据标准等问题，但也不影响其成为人类历史上首个高时间分辨率的、海量的人口移动统计监测信息的开放数据源。在这样的数据条件支持下，每一位用户都成为国家尺度传感器网络的一部分，其行为的匿名的统计信息被用来展现每一个时刻这个国家、区域和各个城市的人口流动状况。

笔者对几个数据源进行了一定的对比分析后，选择腾讯发布的迁徙流数据，并借用复杂网络分析的方法和指标，对中国区域格局进行了初步研究。

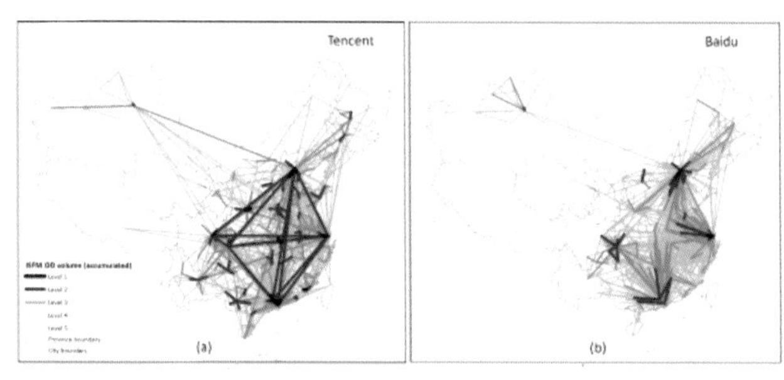

图1 腾讯和百度迁徙流量空间格局对比

（2）方法

基于地理邻接的簇群分析

对了解一个复杂网络来说，最基本的入手方式便是将其不断分解，了解其不同组成部分之间关联的强弱程度，并根据强弱程度的差异，将其划分为不同的簇群。使得每个簇群的连接程度显著高于对簇群外部的连接程度。这个步骤可以是持续反复的，最终得到一种上下相互嵌套的多层级结果。从复杂网络中提取出相互包含的层次性信息，对整体把握网络的特征提供了重要的信息。

具体来说，首先需要计算簇群划分所依据的度量指标，再寻找较弱的边进行切分。在此笔者选取了复杂网络分析中最常用的模块性（Modularity）作为度量指标，计算每个城市作为节点在整体网络中的模块性水平，从而得到包含全部城市的加权有向网络图。然而传统网络分析里的簇群划分并不考虑邻接情况，而簇群划分结果的空间连续性对地理和规划研究而言意义重大。因此笔者还根据最新的研究成果，进一步引入了城市与城市之间的地理邻接关系，再判断簇群的切分位置。通过循环调用得到最优解，最终获得既满足空间相邻、同时也满足内部关联紧密双重标准的簇群划分结果。

基于特征变量的中心性评估

簇群划分之后，还需要了解的是各个城市节点与其他节点相比的差异程度。对于城市网络而言，让人感兴趣的差异也即其在网络中的重要性水平，也即复杂网络分析里的中心性（Centrality）概念。对于中心性的评价方法有很多方法，包括度中心性（Degree）、封闭中心性（Closeness）、介中心性（Betweenness）、特征中心性（Eigenvector）等等。从本次研究的问题出发，我们选择特征中心性作为分析指标。特征中心性是一种网络节点的影响力测度指标，与其他特征值高的节点直接相连将提升该节点自身的中心性。

3 结果

对应中国传统的次区域划分方式，笔者提取了 4 区、7 区和 27 区的簇群结果，分别与中国自然、经济和行政次区域划分进行比较。也即从人口迁徙和流动的视角出发，探讨自然条件、经济条件和行政管理对区域划分的差异和影响。

从自然地理的角度看，传统上中国按照气候和地形被分为 4 个区域，即北方地区、南方地区、西北地区和青藏地区。结果显示，在迁徙 4 区时，某些自然差异的因素对人口的流动起到了隔离作用，而有的则没有。例如划分中国北方和西北的大兴安岭 – 阴山 – 贺兰山一线几乎没有起到任何隔断作用，从人口流动来看华北和西北融为了一体。而划分中国南北方的秦岭、淮河一线被很好的保留了下来，虽然此时南方内部已经发生了很大的改变。

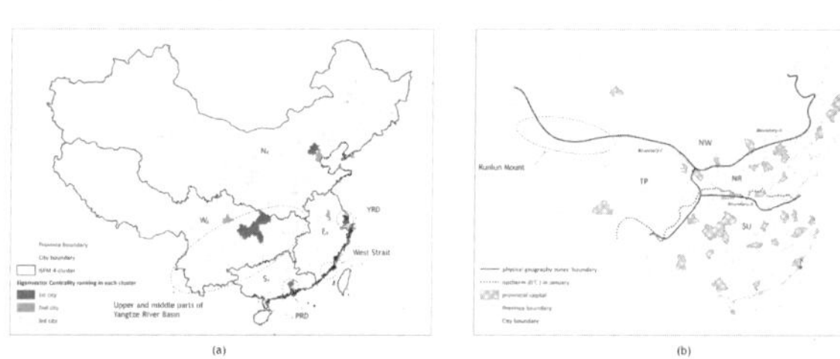

图 2 迁徙分区与自然地理分区的对比

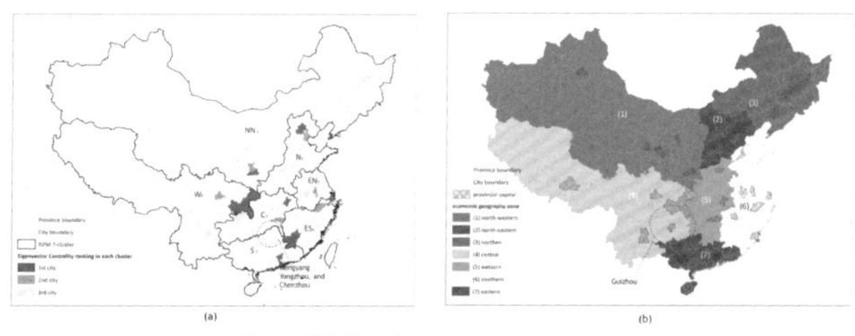

图 3 迁徙分区与经济地理分区的对比

从经济地理的角度来看，传统上中国一般被划分为西北、华北、东北、西南、华中、华东和华南 7 个区域。其中经济相对发达地区差异最小，西部、北部等相对落后地区差异最大，中部等中等发达地区则互有差异。与相应数量的迁徙簇群分区相比，人口迁徙分区与经济地理区划的相似程度要远高于自然地理区划，经济格局对迁徙的影响更加明显。

此外从人口迁移的角度来看，中国区域的纬向分割效应明显强于经向分割，这与美国的类似研究形成有趣的对比。在相关研究中，美国的高等级分区呈现了较明显的经向分割格局。

从行政管理的角度来看，笔者选取了 27 区的簇群结果（考虑直辖市等情况），与现行省界进行了比较。部分省界被完整地保留了下了，如贵州、江西、山东等，部分省界被打破，如湖南、四川等，还有部分省则被整体融为一体，包括京津冀、新甘青、东北等。

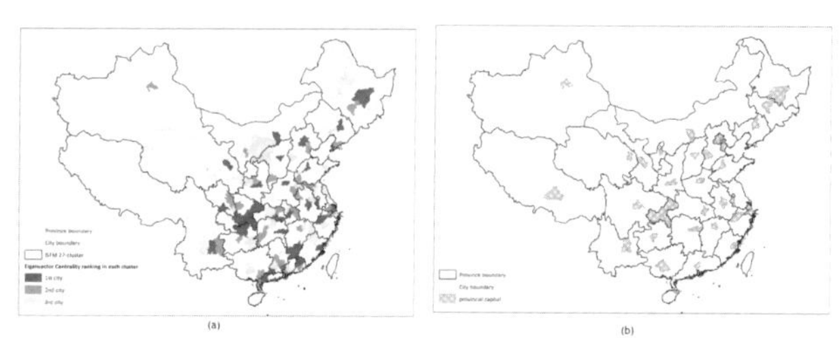

图 4 迁徙分区与行政管理分区（省级）的对比

此外，笔者还对不同簇群数量下，各分区内部按特征中心性的前几位情况进行了分析。主要呈现为三类城市：政治中心（省会）、经济中心（人均 GDP 较高的城市）以及区位中心（簇群边界处的城市）。从另一个方面来看，一些省会并未在该区域人口流动网络中体现中心作用，例如贵州高中心性城市是遵义而非贵阳。这对区域中心城市的判断提供了更丰富的视角。

4 讨论

对城市复杂网络来说，簇群分析意味着寻找关联更加紧密的组团，在地理、社会、经济和文化等因素的共同作用下，这些组团中的城市有着更高的互补性，在区域规划中可以借用这样的趋势，进一步强化区域发展伙伴。而中心性评价在现实世界中则对应人口和经济流动的极化和拉动效应，对于相对落后的地区，识别同一个簇群分区中，而非单纯的空间距离临近，重要性较高的城市，作为其生产或消费资源对接和引入的对象，对驱动其发展具有重要的现实意义。

此外，地理研究和城市规划研究具有典型的交叉学科特征，充分借用相关领域的方法和成果，破解本领域的面临的挑战和问题，是每一位青年规划师都应关注的方向。

利用手机信令数据支持城市空间结构规划

——两个地区的实践

丁 亮
同济大学建筑与城市规划学院

1 规划实践中的问题

在城市和区域空间结构规划中，解析现状、发现现状问题是规划的基础，往往需要回答以下这些问题：

（1）城市层面：公共中心在哪？公共中心等级排序？公共中心吸引辐射多大范围？哪些地区缺少公共中心？等；

（2）区域层面：城市之间如何联系？哪些城市联系紧密？哪些是中心城市？中心城市等级排序？中心城市吸引辐射多大范围？是否存在区域空间发展轴？等。

但是实践中经常因数据缺乏或精度不够，难以准确回答上述问题，容易对现状空间结构的理解出现偏差，影响规划方案的科学性。

本研究利用手机信令数据获取匿名个体时空轨迹数据，从人流联系视角解析空间结构，希望能为空间结构规划提供新的思路和方法。

2 城市层面

限于篇幅，本研究仅讨论就业空间结构。使用上海移动2011年连续5个工作日的2G手机信令数据，从1700万活跃用户中识别出680万用户的工作地和居住地。

首先通过核密度分析得到全市就业密度分布图（图1），再通过局部空间自相关分析将就业密度高值区识别为就业密集区。发现新城是郊区范围内就业活动的主要聚集区，中心城就业密集区面积最大值得深入探讨（图2）。

在中心城范围内，通过就业密度的局部空间自相关分析识别出19个就业中心（图3），这些就业中心以占中心城7.7%的面积集聚了33.8%的就业岗位。

分别从就业密度和通勤联系两个视角测度各中心能级：

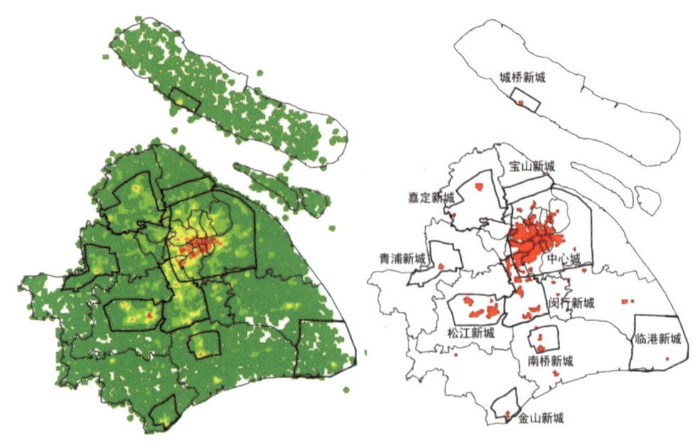

图1 就业密度分布图　　图2 就业密集区

单位面积吸引就业者越多，能级越高（图4）；与居住人口多的地区通勤联系越紧密，能级越高（图5）。发现：①两个视角的能级呈线性正相关；②从通勤联系来看，各中心发展较不均衡（图6）；③就业中心呈主中心强大的弱多中心体系。最终以两个视角能级的乘积表征就业中心能级（图7）。

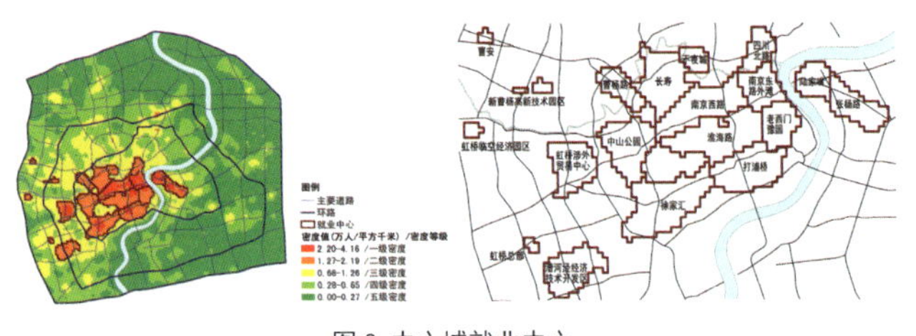

图3 中心城就业中心

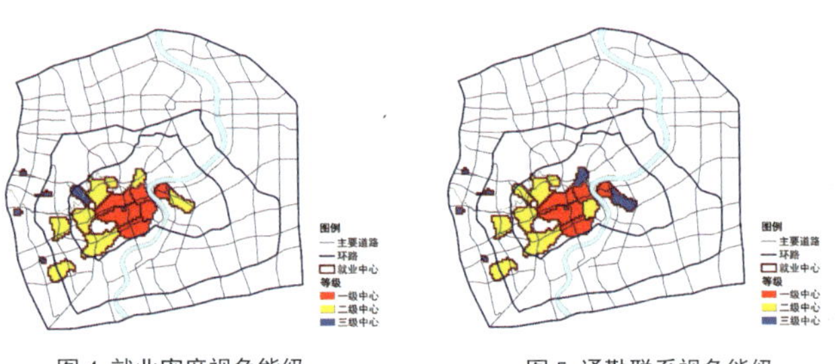

图4 就业密度视角能级　　图5 通勤联系视角能级

图6 两个视角能级比较　　图7 就业中心能级

将就业中心就业者居住地作为各中心腹地（图8），发现：①能级越高的中心吸引辐射范围越大；②各中心职住平衡比例总体上呈随能级下降而提高的趋势；③多数就业中心的平均通勤距离大于中心城（图9）。

将前往某一中心就业比例最高的栅格作为该中心的势力范围，把中心城划分为19个就业中心的势力范围（图10）。发现：①各就业中心自身就是其势力范围；②势力范围存在飞地；③黄浦江对势力范围的空间分隔作用较明显，浦西、浦东的就业中心基本被局限在各自范围内；④离就业中心较远的地区势力范围呈交替状；⑤在势力范围交替较显著的地区增加新的就业中心是构建就业多中心体系的有效手段，有助于促进这些地区的职住平衡。

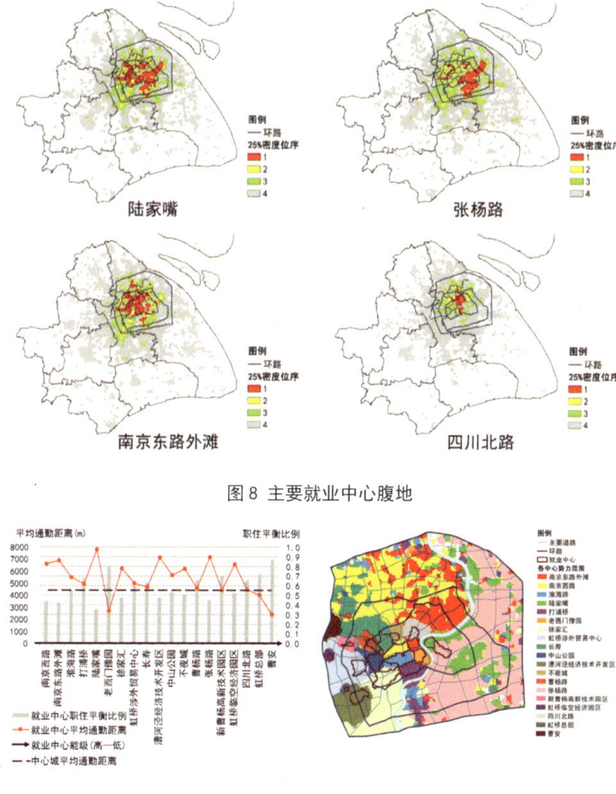

图 8 主要就业中心腹地

图 9 就业中心能级和职住平衡关系

图 10 就业中心势力范围

3 区域层面

该层面研究拟帮助上海同济城市规划设计研究院三所解决《南昌大都市区规划》编制中遇到的实际问题，由中国联通宽带在线有限公司提供数据支持，采集南昌大都市区涉及的 5 个地级市连续 37 天手机信令数据。从更大范围——昌九地区开展研究，为南昌大都市区规划提供支持。

从 139 万活跃用户中识别出 112 万用户在 37 天中产生的 1 423 万人次跨镇出行联系，得到 678×678 的镇空间单元人流联系量矩阵，作为研究的基础数据。

分别基于吸引人流量和网络联系度划分城市等级：吸引人流量越多，等级越高；作为每个城镇主要目的地城市数量越多，等级越高。根据现状城镇体系等级（图 11），建议规划应：①继续强化南昌市辖区的一级中心地位；②南昌县纳入南昌市辖区的发展框架；③明确抚州市辖区的二级中心地位；④丰城市、樟树市、高安市 3 个城市中选取发展条件和潜力较好的其中一个城市作为二级中心重点发展；⑤靖安县、安义县、奉新县应提升等级，使其作为发展极带动南昌大都市区西部发展。

汇总 37 天中途径各镇的人次，表征区域空间发展轴（图 12），途径人次越多的镇位于发展轴上。发现南昌大都市区范围内已基本形成以南昌市辖区为中心的南北向“人”字形发展轴，尚无明确的东西向发展轴，规划建议应：①在强化现有轴线的基础上规划东西向轴线；②在西部规划一条经由靖安县、安义县、奉新县接入昌九廊道和昌赣廊道的轴线。

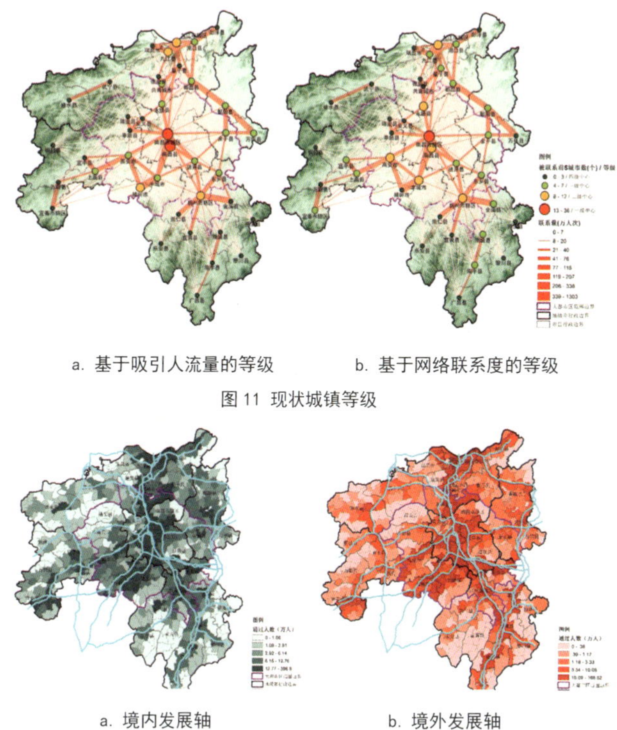

a. 基于吸引人流量的等级　　b. 基于网络联系度的等级

图 11 现状城镇等级

a. 境内发展轴　　b. 境外发展轴

图 12 区域空间发展轴

4 讨论

（1）手机信令数据只是从人流联系视角解析空间结构，作为传统方法的补充，并不否定传统数据和方法。

（2）手机信令数据只是分析空间结构的现状特征，为规划决策提供支持。在现状较弱、发展较差的地区规划定位较高意味着实施难度可能较大，实现规划目标需要投入的人力、物力、财力可能较多，有助于决策者理性选择规划方案。

（3）未来研究可利用多年数据对比研究发现空间结构的演变规律，分析影响因素，预测空间结构未来发展的方向。

当前利用手机信令数据支持规划尚处起步阶段，无论是数据处理还是空间分析都有很多内容尚待探索。本研究团队希望能形成一套规范化的数据处理和空间分析方法，为城市规划提供支持。

基于 POI 数据的城市生活便利度指数研究

崔真真　黄晓春　何莲娜　周志强
北京市城市规划设计研究院

1 研究背景与内容

随着世界经济和城市化的发展，人居环境问题引起了全世界的普遍关注。中国《宜居城市科学评价标准》主要内容包括：社会文明、经济富裕、环境优美、资源承载、生活便宜、公共安全六个方面。宜居城市应该是生活便利的城市，居民日常生活的便利度主要指居民日常利用公共和服务设施的便利度。

以往的生活便利度研究主要基于问卷调查数据开展，数据受样本少、范围小等缺点局限很难开展城市级别中观层面的生活便利度评价，也很难对不同城市的生活便利度进行比较。本文旨在利用开放数据——兴趣点（POI）数据获取城市范围内的公共服务设施现状数据，研究城市生活便利度指标评价体系及基于 POI 数据的城市生活便利度指数计算方法，评价城市居民的生活便利性，试图为各城市公共服务设施专项规划提供横向对比参考依据。

2 数据类型与分析方法

本研究充分利用以 POI 数据为代表的各类开放数据，综合应用于城市生活便利度的分析中，主要包括三类：兴趣点（POI）数据、开源地图（OSM）数据、道路交叉口检测历史记录数据，多项数据综合应用使数据范围及类型覆盖面能够充分满足研究需求。

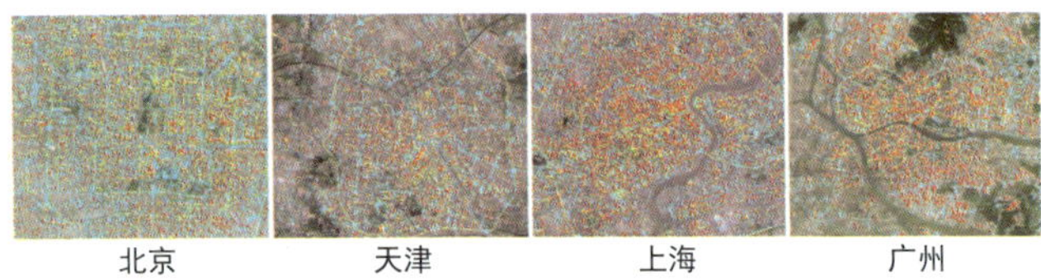

图 1 京津沪穗四城市生活便利设施分布图

本研究结合生活圈划分理论，结合满足日常生活所必需的基本的公共服务设施要求，确定了两套研究尺度，以便从不同角度分析问题：一是平均设定 1km 格网用来计算城市“平均”生活便利度指数；二是以居住小区为中心缓冲周边 500 米范围（即步行 5 分钟距离），用来计算城市“社区”生活便利度指数。

利用特尔斐法，通过 10 位专家及各专业规划师对各类公共服务设施对于生活便利度的重要性进行打分，得到所有公共服务设施的重要性排序。利用层次分析法（AHP）设定目标为计算宜居城市生活便利度指数，将此目标依据社区生活必需的公共服务设施分解为多指标的若干层次，共计八大类包括日常购物、教育设施、餐饮设施、交通设施、医疗设施、便民服务、金融服务和休闲娱乐，每个大类下又包含不同评价条件共计 25 个，通过定性指标模糊量化方法算出层次单排序和总排序，确定条件权重和因素权重。根据上述指标权重，本文设计了宜居城市生活便利度指数的计算方法。

（1）确定设施分布密度

利用 ArcGIS 软件叠置分析方法，计算设施分布密度，公式如下：

$$I_{ij}=P_{ij}/S_i \quad (i=1,2,3,4;\ j=1,2,3,\cdots,25)$$

其中，I_{ij} 代表第 i 个城市第 j 类设施分布密度；P_{ij} 代表第 i 个城市研究范围内第 j 类设施的总个数；S_i 代表第 i 个城市研究范围面积。

（2）分值区间归一化

$$Q_{ij}=I_{ij}/\max_{(k=i)}\{I_{kj}\} \quad (i=1,2,3,4;\ j=1,2,3,\cdots,25)$$

每个评价条件的分值区间 Q_{ij} 设为 0–1。四个城市中第 j 类设施平均密度最高者分值设为 1，其他三个城市的分值依据最高值进行标准归一化。

（3）确定宜居城市生活便利度指数

$$Q_i=\sum_{jk=1}^{n} Q_{ij}\times W_j^1\times W_{jk}^2 \quad (j=1,2,3,\cdots,25;\ k=1,2,3,\cdots,8)$$

其中，Q_i 代表第 i 个城市的宜居城市生活便利度指数；W^1 代表条件权重；W^2 代表因素权重。

3 结果对比与分析

（1）京津沪穗四城市平均生活便利度指数比较分析

最终计算四城市平均生活便利度指数分别为：上海 0.75，广州 0.68，北京 0.65，天津 0.61。

广州、上海两个南方城市的公共服务设施覆盖度高且集中，北京和天津两个北方城市的生活便利度指数较弱。这也许与南北方气候差异有关，北方天气制约夜晚活动较南方少，

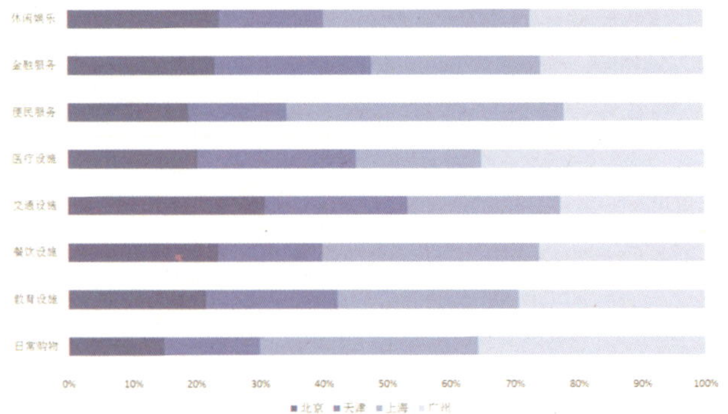

图 2 京津沪穗四城市生活便利设施密度分析图（单位：个 /km²）

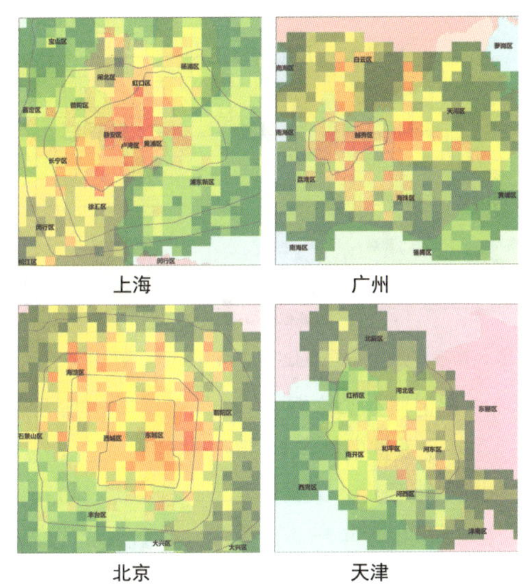

图 3 四城市生活便利设施密度分布图

所以相应设施，比如餐饮娱乐设施会相对减少。北京生活便利度指数较低究其原因主要在于 POI 数据，由于 POI 数据只能反映设施的空间位置与分布密度，无法反映设施的规模和等级。但北京市生活便利设施数量略逊于上海和广州，这说明北京作为首都，注重国家级大型公共服务设施的规模建设，但对于社区级公共服务设施的建设关注还不够。

（2）京津沪穗四城市社区生活便利度指数比较分析

最终计算城市社区生活便利度指数为：广州 0.75，上海 0.73，天津 0.70，北京 0.60。

从社区生活便利度计算结果来看，广州、上海两个南方城市仍然高于北京和上海，从图面上也可以看出，广州和上海两个城市的公共服务设施覆盖率的绝对数量高于北京和天津两个城市。但社区生活便利度指数与平均生活便利度指数相比，上海与广州对调了排名，北京与天津对调了排名。上海和北京两个国际都市的公共服务设施分布平均，覆盖面广，而广州和天津的生活设施在社区周边的聚集度更高，尤其对于居民生活关联度很高的便民服务、连锁超市、快餐、幼儿园、小学、社区医院、药店等社区周边设施密度来讲，广州和天津均分别高于上海和北京。

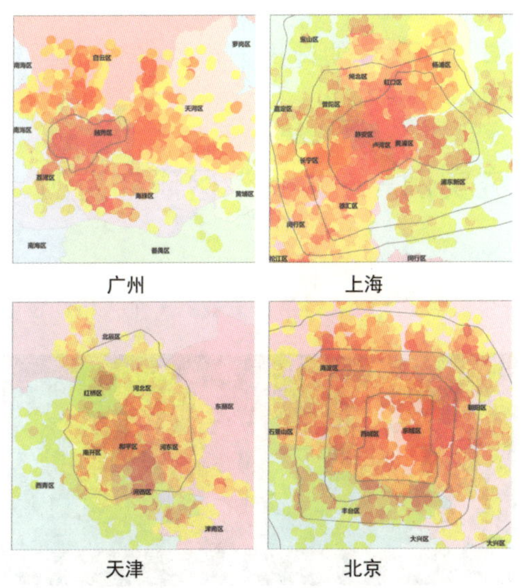

图 4 京津沪穗四城市社区生活便利设施密度分布图

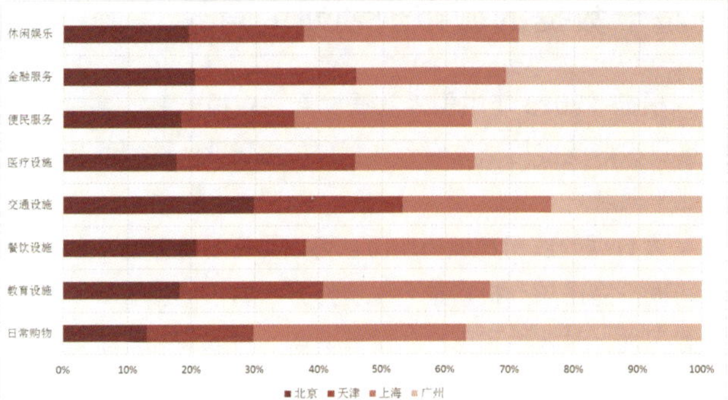

图 5 京津沪穗四城市社区生活便利设施密度分析图

4 结论与讨论

POI 数据以其分类详细，公共服务设施种类覆盖度高等特点辅助公共服务设施的相关调研与研究，可以有效补充传统数据带来的缺失。但 POI 数据仅以“点”的形式表达，无法反映设施的边界、规模、建设年代、使用状况等信息，故而进行更为深入的分析有难度。POI 数据对于反映设施空间位置及分布密度具有较强的优势，但对于城市空间的深入研究和探讨应进一步整合城市土地使用、人口、交通、环境等方面的数据进行综合分析。

总之，POI 数据范围覆盖全国，是一项城市间、区域间等对比研究的重要数据。本研究利用 POI 数据进行城市生活便利分析探寻了一条新思路和新方法，充分将城乡规划的思想与规划决策支持模型的理念，以及新的数据环境有效结合起来，为以传统数据为基础的规划决策支持模型提供了新的数据支撑，填补了基于新数据的规划决策支持模型的空白，为城市级公共服务设施专项规划提供了实际参考依据。

多元数据视野下的城市规划研究探索

高怡俊
上海复旦规划建筑设计研究院

1 基于数据的城市规划研究背景

根据《2015 年中国大数据发展调查报告》，目前，大数据已被广泛应用到政府公共管理、零售业、医疗服务、制造业等领域。

大数据的应用在城市层面，可以更客观地对当下的城市空间进行描述与分析，是一种“打开”城市的新方式。其具有客观性、时效性和可操作性等优势，可以弥补传统城市规划研究方法存在的主观性、时限性和片面性等局限。

2 多元数据类型

（1）数据获取方式

按照数据获取的方式，可以将数据分为基础数据、互联网开源数据和商业级数据。

图 1 数据分类与特点

（2）数据特点与适用方向

基础数据属于传统数据，是过去多年来用于描述城市现状的常规手段。互联网开源数据和商业级数据是近年来在城市研究中逐渐兴起和发掘中的新兴数据。

互联网开源数据主要通过公开网页获取，研究方向主要集中在反映城市结构性问题上。商业级数据大多是向具有数据沉淀的企业购买的数据，数据采集是企业的市场化行为。因此数据更新快，时效性强，精度高，可以研究精准的城市问题，但也伴随着数据获取成本高的特点。

3 建立城市规划研究体系

（1）与传统城市规划过程体系的对应关系

传统的城市规划是规划编制、实施、评估、反馈与修正这一过程体系的不断循环与提升。在数据分析的应用过程中发现，丰富的数据维度可以对传统城市规划过程体系中的多个重要环节进行客观分析与评价，进而影响规划决策，以数据驱动的形式促进规划编制的客观性，为规划的评估与修正

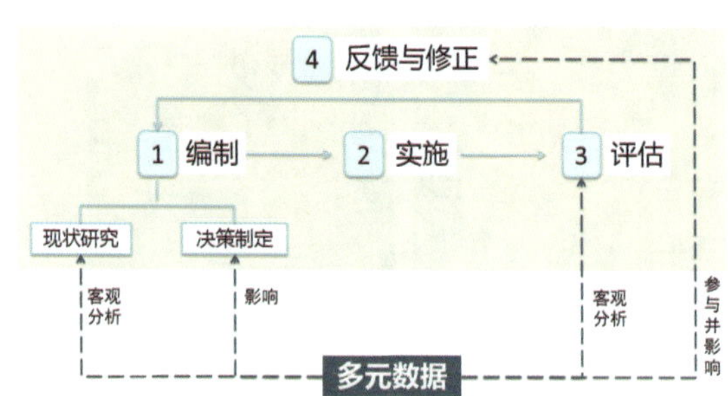

图 2 数据研究与城市规划过程体系中各个阶段的关系

提供具有一定说服力的依据。

（2）基于数据的城市规划研究框架

过往的数据研究，大都聚焦于一种数据在城市问题中的运用，数据维度比较单一。而现今，数据获取的广度与深度都有较大提升，有助于建立一个完整的，与传统城市规划编制体系中各个重要编制内容相对应的城市规划研究框架。

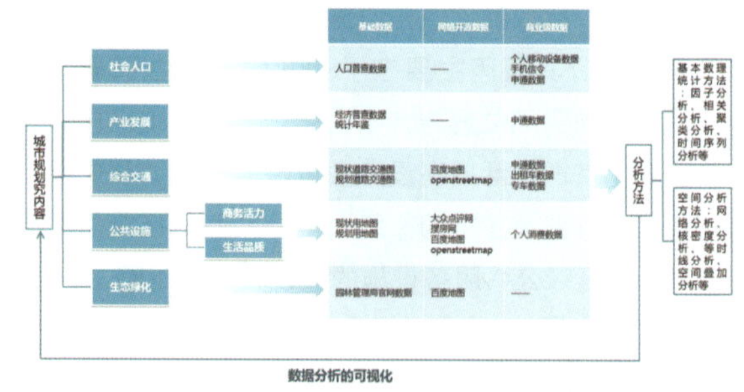

图 3 基于数据的城市规划研究框架

一方面，通过逐渐丰富的数据维度，尝试在城市研究的各个方面都能实现基于数据的客观评估。另一方面，也尝试在某个方向的研究中，利用多维度的数据进行相互验证，或者研究同一个问题不同时间段的表象，以达到客观描述城市空间变化发展的目的。

4 研究实例——以徐汇区研究为例

（1）人口职住空间

研究采用了人口与经济普查数据、个人移动设备数据、

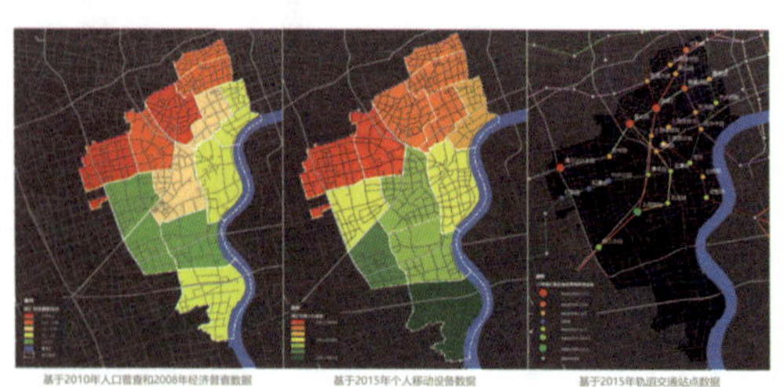

图 4 基于多元数据的徐汇区职住研究

轨道交通站点数据等三个维度的数据进行不同时间段的比较分析，来揭示近10年来徐汇区职住空间的变化情况。

通过不同数据源得到的2010年与2015年的职住关系分析，比较结果显示，在2010—2015年的5年间，徐汇区中部的产业发展势头明显，吸引了大量的劳动力前往就业。现状徐汇区整体的产业功能强于居住功能，北徐汇和中徐汇的产业功能都很强，南徐汇的居住功能强。

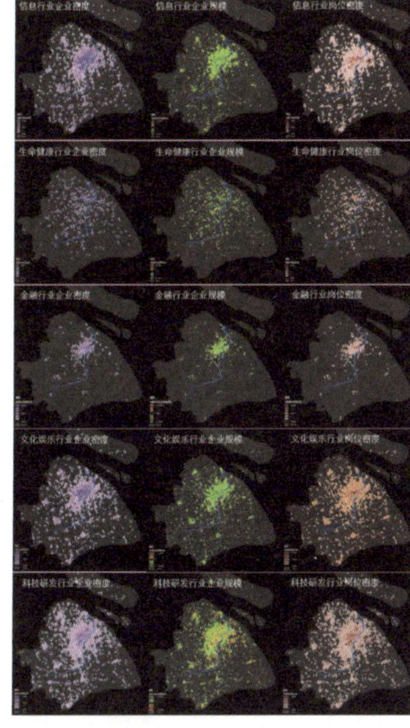

图5 基于二经普（2008）数据的徐汇区核心产业功能空间分布

（2）核心产业发展

徐汇区核心功能发展的研究基于第二次经济普查（2008）的数据以企业分布密度、企业规模、岗位分布密度进行空间分析。

总的来说，第二次经济普查数据能够显示出几个重点行业不同的空间分布特征。徐汇区的科技研发行业具有突出优势；信息行业、文化娱乐行业发展布局均衡；生命健康行业和金融行业仍有待发掘自身优势。

（3）生活品质空间

主要抓取徐汇区餐饮、购物、休闲娱乐、公园绿地等生活相关设施的互联网开源数据进行判断。将这些空间要素的现状空间数据叠合，形成生活品质空间活力热力图，呈现出南北部地区巨大的差异。北部地区，热力空间聚集；中部地区，仅在田林地区呈现一处较高的热力聚集区；而滨江以及南部广大地区都是生活品质空间缺失的地区。

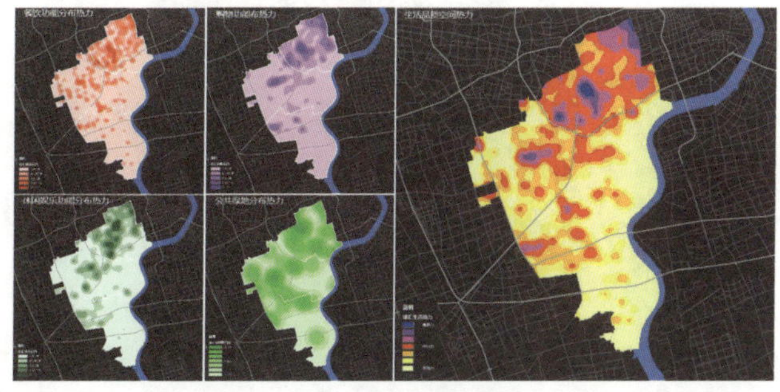

图6 徐汇区生活相关设施与生活品质空间活力热力分析

（4）综合交通

① 城市道路

城市道路的研究主要基于徐汇区现状道路网图，在ArcGIS中将底图划分为1km×1km栅格，通过ArcGIS的计算与可视化表达，可以直观地显示出徐汇区每1平方公里范围内的道路网密度和交叉口密度。

徐汇区整体的道路交通空间被铁路线割裂，南北不畅的道路交通劣势十分显著。道路问题不仅出现在中部地区，并且一直蔓延到整个南部地区。说明铁路以南地区的地块大，支路少，断头路多并不能全归因于铁路线，也是其自身用地混杂，用地遗留问题所造成的。

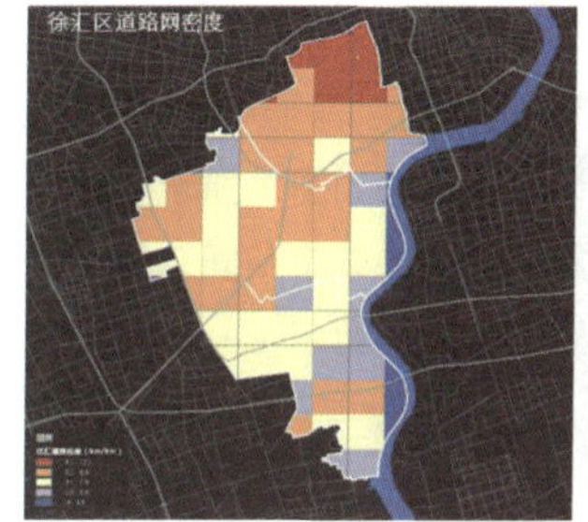

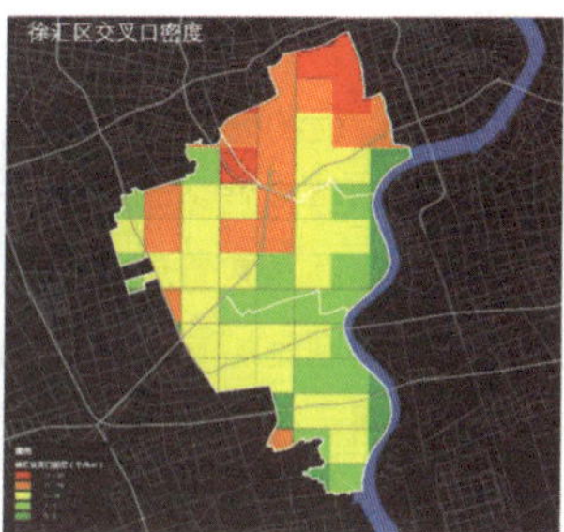

图7 徐汇区道路情况分析

② 轨道交通

以徐汇区现状居住用地为底图，用ArcGIS中路网分析的方法，测算轨交站点500米和1000米步行网络覆盖居住用地的覆盖率。可以更直观地看到轨道交通对于居民的服务效率：0.5公里能覆盖16.5%的居住用地；1公里能覆盖56.5%的居住用地。徐汇区中部以南的大部分地区，也是居住用地比较密集的地区，现状的轨道交通是无法覆盖到的。结合先前的职住分析表明，徐汇区的轨道交通对于就业人口的吸聚力很强，但对于内部居民，尤其是中南部居民的疏导服务力偏弱。

5 不足与提升空间

大数据在城市规划中的运用仍有待进一步探索。

在城市规划研究上，具有客观性、实效性和可操作性。但在城市空间预测上，存在一定的局限性，还需要各专业的配合，在方法应用论和数据选择上进一步探索，才能发挥更大的作用。

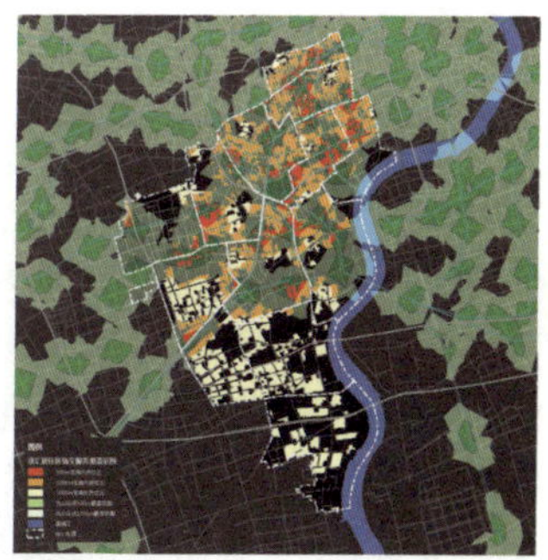

图8 徐汇区轨道交通覆盖居住用地的情况

基于“形”和“流”的城市多中心体系评估模型

殷　健　谭兴业
沈阳市规划设计研究院

1 引言

城市空间结构的多中心化是城市发展到一定阶段的必然选择，认清城市空间的多中心过程是统筹空间、规模、产业三大结构，统筹生产、生活、生态三大布局的重要前提。目前，城市空间多中心体系定量化研究多采用人口作为唯一的判别依据，尚缺乏一种行之有效的实证研究方法。本次沈阳市城市近期建设规划的编制过程中，综合考虑了城市中心的功能完善度和对外联系度，首次引入了影响人居环境的城市表层要素，同时汲取巴特莱特建筑学院 Michael Batty 教授和同济大学吴志强教授等人思想，尝试挖掘城市表层形态下隐含的流动要素，认识城市发展的深层次规律，改变了传统单纯基于人口特征的研究方法，创新性地提出了基于“形”和“流”的城市空间结构及多中心体系评估模型，如图 1 所示。该模型从静态和动态双重视角重新解读沈阳的城市空间结构与发展特征，为制定城市差别化的空间发展指引与空间政策提供了有力依据。

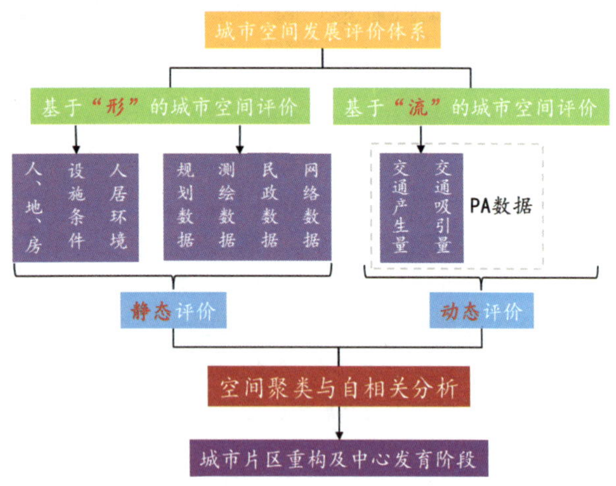

图 1 基于“形”和“流”的城市多中心体系评估模型

2 研究内容

基于“形”和“流”的城市多中心评估模型以“定位和定量”为标准，共采用人口、土地、建筑、交通、网络等 5 大类空间数据，形成了 3 大类，11 中类，27 小类的指标体系，充分将空间定量化数据与 GIS 空间分析方法相结合，全方位多视角揭示城市空间发育特征。

本模型中，“形”代表城市静态物质空间，由人口、用地、建筑、公共服务设施、基础设施等基本要素构成，反映城市的功能完善度。为了避免由于研究尺度过大造成分析结果的失真，精确反映城市物质空间特征，本方法以社区作为“形”研究的基本尺度，从构成城市物质空间的基本要素着手，构建了以“人地房、设施条件、人居环境”为主体的评价体系。利用 GIS 空间分析技术对要素的空间分布特征进行量化分析，综合各评价项得分，揭示城市空间的发育程度，结果如图 2（a）所示。

“流”代表流空间，包括城市内部的信息流、交通流、物流、人流、知识流等，是城市的动态测度，反映城市的对外联系度。因此，本模型引入“流”概念重在“量”的测度，而非“方向”。交通是城市内部流动性最直观的体现，通过人口、用地和建筑数据，结合交通出行调查，推算每个社区的交通出行量（PA）。为了消除社区面积的差异化影响，本文以密度作为“流”评价标准，根据社区单位面积的 PA 量确定“流”评价的得分情况，结果如图 2（b）所示。

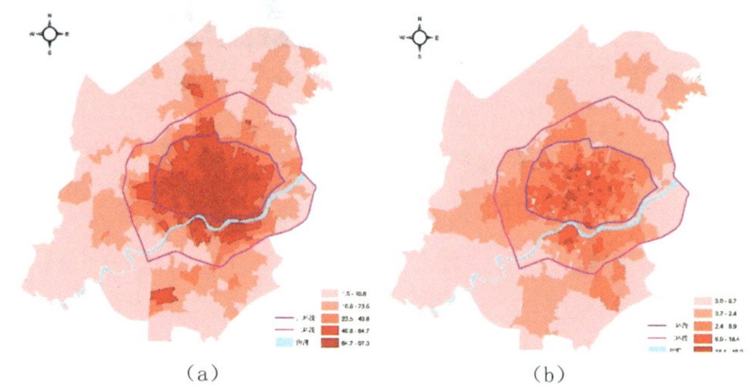

图 2 沈阳市中心城区“形”和“流”的分项评价结果

以各 50% 的权重综合“形”和“流”的评价结果，按照空间发展的均质特征、建设情况，同时参考行政区划界限，对中心城区进行了空间重构，如图 3 所示，形成了“4+4”的城市空间格局，即主城由浑北二环内、浑北二环外、浑南主城、浑南新城 4 个片区组成；副城由铁西、蒲河、浑河、永安 4 个外围新城组成。

图 3 沈阳市中心城区 8 大空间片区格局

为了客观、准确地分析城市中心体系的空间结构，以片区为基本单元，采用局部空间自相关方法，将发展情况相似的地区进行空间聚类，揭示城市发展的热点地区，从而实现城市多中心体系的识别以及发展状况的量化分析。

图4《沈阳市城市总体规划（2011-2020年）》中心城区公共中心规划

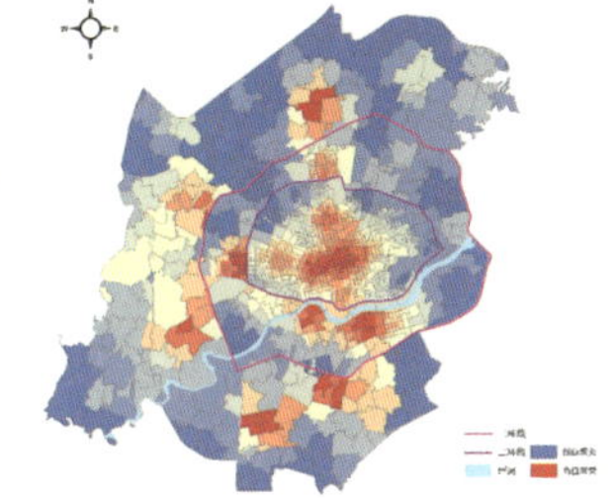

图5 基于片区“形”和“流”综合评价的空间聚类结果

3 研究结果

研究结果表明总规确定的多中心体系已初步形成，呈现由中心向外围扩散的圈层式分布特征，如图4、5、6所示。从发育状况上看，外围新城虽然出现中心性特征，但与成熟城市中心相比仍存在明显差距。中心城区8个片区发育程度总体呈现三阶段态势，如图7所示，即二环内地区处于发育成熟阶段，二三环间区域处于发展阶段，而外围新城仅处于起步阶段。

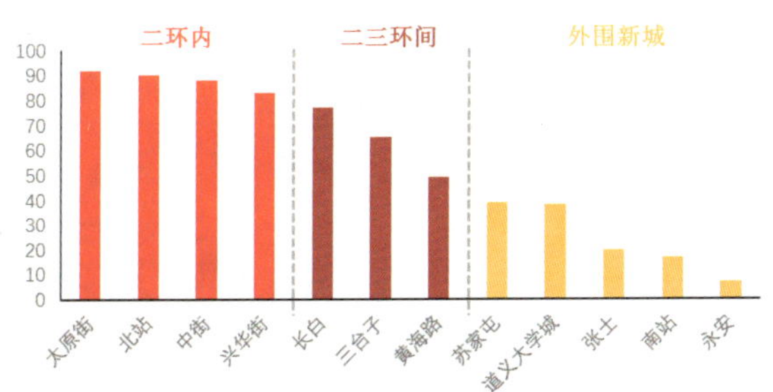

图6 沈阳市中心城区城市中心发育程度评价结果

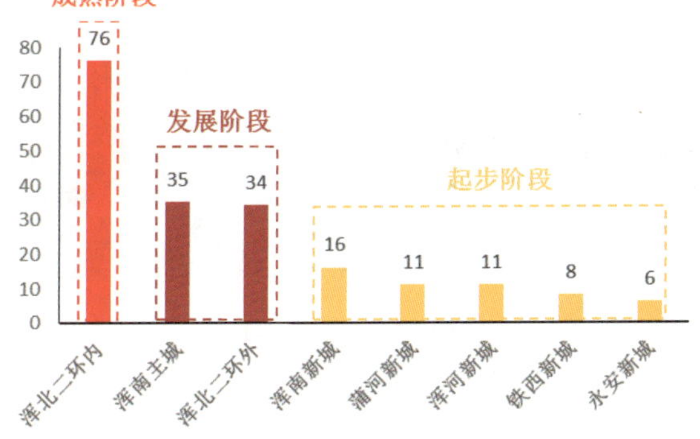

图7 沈阳市中心城区片区发育程度评价结果

4 研究应用

根据模型评估结果，针对片区发展状况的差异，将中心城区的八大片区分为品质提升、战略发展、优先拓展、环境完善和新城培养等5类功能区，如图8所示，从而制定相应的分区发展策略，实现城市发展的精确引导。

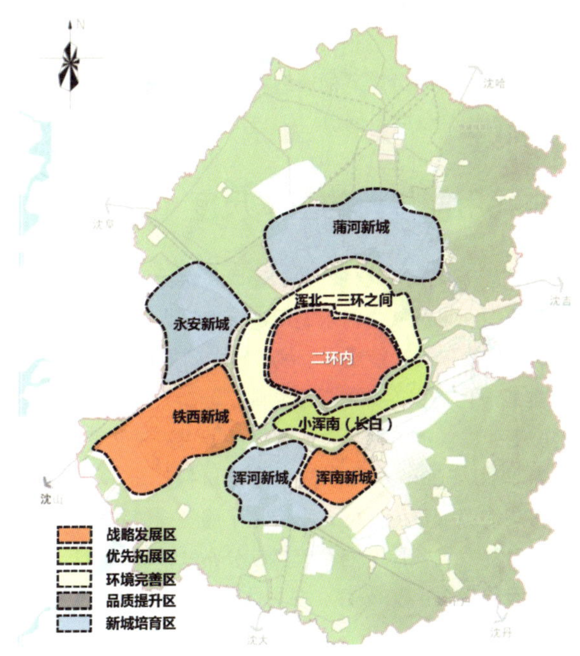

图8 沈阳市中心城区分区发展策略定位

5 研究创新

本次规划通过构建城市空间结构及多中心体系评估模型，实现了3个创新。

一是规划方法的创新，实现了由“中医号脉”式向“西医指标”式转变，真正做到城市发展的“空间定量化”认知，提升了城市规划的科学性。

二是规划思路的创新，改变了传统单纯基于城市形态的规划思维，实现由静态到动静结合的城市认知转变，逐步探索“以流定形”的规划实践。

三是方法应用的创新，研究结论对于城市各地区差别化发展具有积极的指导作用，以分区治理代替全市统一的发展策略制定方式，有利于实现城市因地制宜发展。

此外，本模型具有开放式数据架构，随着与大数据局和移动运营商的数据合作，将充分发挥该模型精确揭示城市问题的优势，真正实现精准规划。

分布式用能模式下的空间应对思考

欧阳恩一
上海同济城市规划设计研究院

1 分布式用能模式的界定

分布式能源是分布在用户端的能源生产方式，区别于公共电网集中生产、远距离传输的能源供应方式，具有清洁高效的优势。通常以天然气三联供系统作为主要供能来源搭配热泵、光伏等峰值调峰辅助方式供能。分布式用能模式即是基于需求导向的分布式能源使用方式，能源生产首先满足本片区的使用，也可实现分布式能源中心与公共电网的双向连接。公共电网可作为分布式能源的电力补充，在电力生产盈余时间段亦可传输公共电网。

2 分布式用能单元的基本尺度

分布式能源供能片区的高效运行除了供给侧有稳定高效的能源来源，要求区域内需求侧用户存在较大的用能需求，较大的用能密度以减少能量在管线传输中的损耗。

依据能源传输损耗效率最小原则，分布式能源单元存在一定的服务范围。服务半径上限根据能源供冷供热管线传输效率决定 :400~500m 供冷供热半径能量损耗最小；6 兆瓦以下分布式能源项目的并网许可决定了服务建筑量上限，结合已有项目开发经验值判断，天然气分布式能源高效运行的最佳服务面积在 50~60 公顷，总体体量在 80~100 万方。

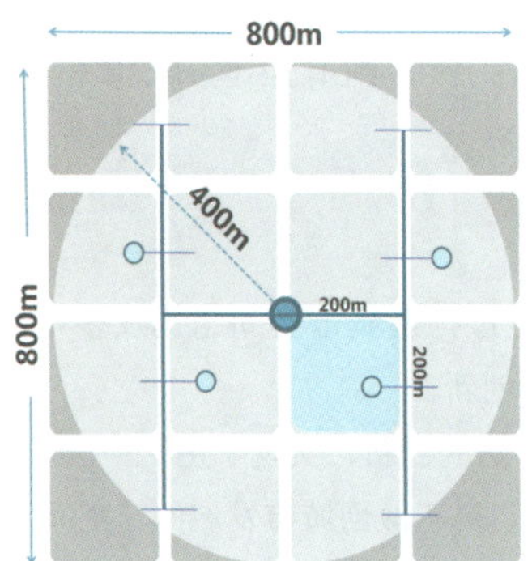

图 1 分布式用能单元的基本尺度

3 混合布局提高分布式用能单元运行效率

分布式能源中心高效使用需要在日运行及年运行的时长上存在连续性。而需求侧不同功能建筑能耗在时间上的异质性导致需求曲线无时无刻不在发生变化，各建筑叠加逐时能耗曲线如果波动过大，将导致需求侧与供给侧能源不匹配，波峰高于输出负荷则无法满足建筑能耗需求，波谷长期低于输出负荷则带来能源生产端的严重浪费。所以，使分布式单元内建筑的逐时叠加能耗负荷曲线趋于平缓，是发挥分布式能源高效运行优势的重要手段。在能源领域使用蓄能技术稳定需求侧用能结构，但限于蓄能技术发展水平及蓄能设备的高成本，目前可推广度并不高。

混合布局正是基于能源供给侧与需求侧匹配的思路，通过需求侧用能端的稳定时耗来确定分布式能源单元内部的各类型建筑功能配比。即通过建筑功能配比平衡能源使用波峰波谷，优化能源需求侧结构。具体的建筑功能耦合量利用能源模拟软件逐时负荷叠加，进行多情景分析比选得到最优能耗曲线，同时获取建筑功能混合量化结果。

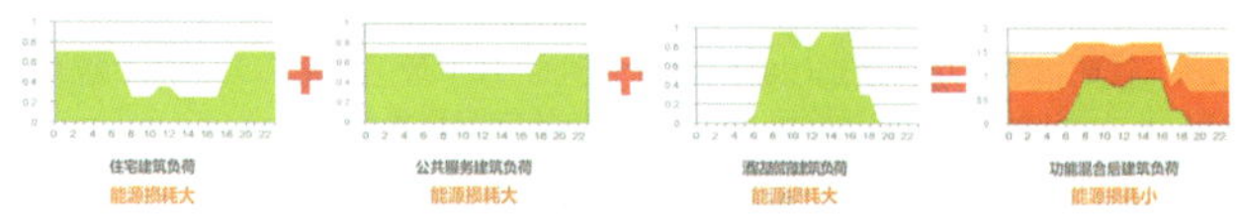

图 2 功能混合的削峰填谷能源曲线

4 实践案例：上海临港生态示范区城市设计

临港生态示范区位于临港主城，东联滨湖核心圈，西邻科创城、高教园，是临港实行智能制造和生态低碳区域性战略的核心载体，设计范围 50 公顷。低碳生态示范为本项目核心战略，落实临港低碳发展总体要求，以“中英临港碳谷”为特色，全面参照 BREEAM-community 标准，发展定位生态型宜居智慧社区。

图 3 临港生态示范区区位

项目选用分布式能源系统作为实现清洁生产及生态低碳的主要手段。本次研究聚焦空间混合布局与绿色能源方案耦合，通过对上海气候分区及临港地区资源综合评价，选择以冷热电三联供分布式功能系统为主、太阳能光伏作为辅助电源、热泵系统作为辅助热源、公共电网作为备用电源的能源综合利用方案。其中燃气分布式能源中心满足冷热电耗的基础负荷，电耗峰值负荷由太阳能光伏补充、峰值冷热耗由水源\地源热泵补充。

单元层面上，对上位分区规划居住单一功能进行重新布局，首先确定宜居住区及公建办公两大板块，并且不同的功能混合交叉确保每个地块皆为混合用地。对上海临港区域的酒店、商场、办公、住宅四种类型建筑进行逐时能耗模拟，住宅建筑与办公、商业、酒店等公建具有较高的用能时间耦合性。

利用 DEST 软件对公建住宅比进行多情境叠加模拟比较。通过调整建筑面积的比例评估能耗曲线峰谷变化，确定较为有利的建筑耦合比例。由图中曲线可知，在一天时段内，当住宅比例升高时，白天用能曲线峰值会有明显下降，当公建与住宅建筑量之比接近 3:7 上下区间值时处于较平衡状态。这表明，通过 DEST 能耗模拟软件分析得出在本地区公建与住宅建筑类型比在 3:7 峰值运行时段减少，负荷耦合情况较优，以此作为本单元公建与住宅建筑总量比例的规划依据。

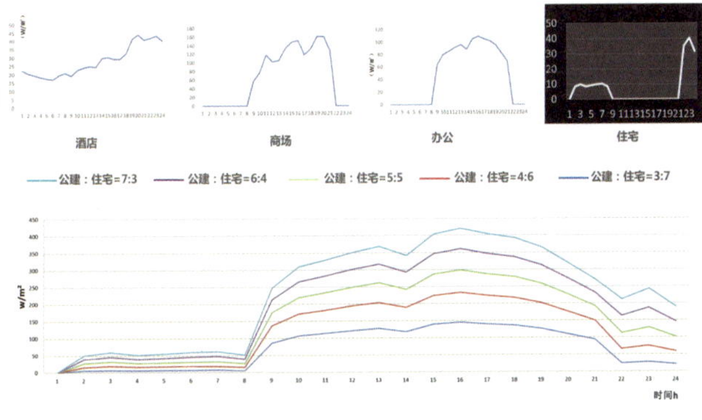

图 4 多情景能耗叠加模拟分析

地块尺度上，一方面利用可再生能源对峰值负荷地块进行补充：白天电耗曲线波峰区域配置太阳能光伏发电设施，热耗曲线波峰地块配置热泵。另一方面，规划确定每个地块均为负荷开发降低各地块间的能耗差异，减少能源在远距离传输时的能量损耗。经过地块混合前后的能耗对比分析，混合后的地块间能耗差异虽然存在，但明显小于混合前的能耗差异，利于减少能源的远距离传输，减少能量损失。

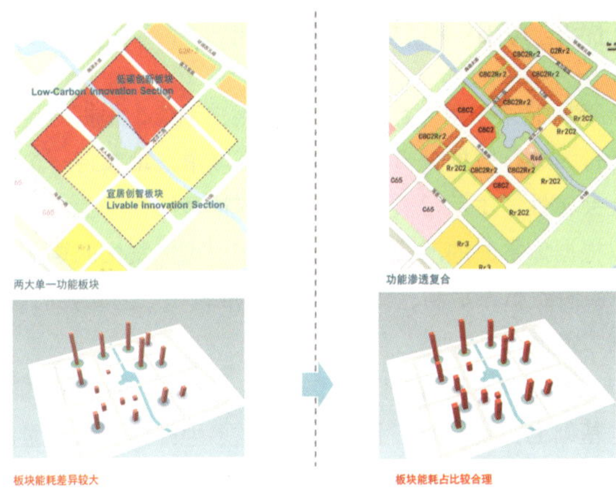

图 5 地块复合缩小地块间能耗差异

上海临港生态示范区项目实践通过空间规划提早介入能源规划，有效降低需求侧的能耗使用需求，最大化发挥分布式能源中心的运行效率。同时，利用能源模拟手段获得了建筑功能配比的量化数据。期冀在生态低碳发展大背景下，为有生态低碳开发诉求、混合开发诉求的分布式能源服务片区规划建设提供经验借鉴。

用产品经理的思维做规划研发

——以武汉产城融合项目为例

段心凯
国家发改委城市和小城镇改革发展中心

1 数据驱动的时代已经到来

电商网站京东用大数据的方式为用户画像，根据对用户的网购行为进行数据分析，京东可以高度精炼地掌握一个用户的社会属性、生活习惯、消费水平等诸多层面的信息，甚至可以根据你平时的消费习惯提前预知你可能发生的购买行为，从而做到私人定制、智能推荐、精准营销。因此我们说，懂数据才能懂人性。

城市规划行业同样进入到了一个新的时代：在传统的规划数据基础上，我们的行业研究越来越多地开始引入海量的开放数据、企业数据等新型数据，我们不仅可以更深入地探讨城市某个地块上精细评估街道网络、土地价值、用地功能，还能够将人的活动与空间属性、时间轴进一步整合，更为精细地刻画“用地画像”。规划已经演变为一种精细的跨界产品，我们说，懂数据才能懂时空关系。

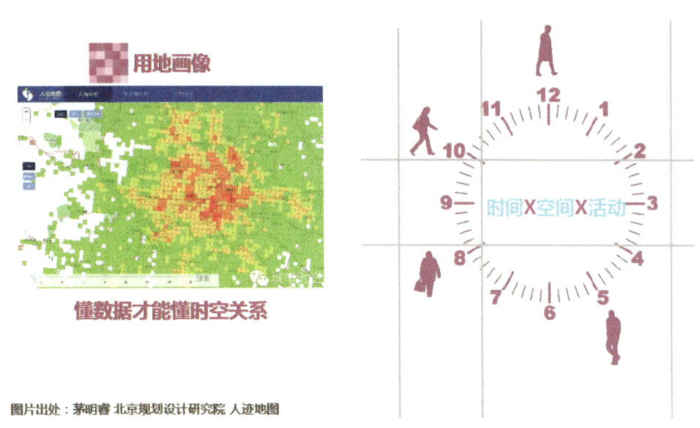

图 1 数据驱动的时代已经到来

2 新数据时代我们（发改委城市中心）的竞争策略？

我们都看过相扑和柔道的比赛场面。前者对抗激烈、充满力量，后者移动灵活、充满技巧。多年前一个美国人写过一本书叫作《柔道战略》，就是在探讨日语中这个意思为“柔之道”的格斗术带来的启示：我们该怎样掌握移动、平衡、杠杆借力原则，将柔道战术运用到企业战略之中？

国家发改委城市中心是一个在研究小城镇问题的浪潮中飞速发展，最终快速成长为今天在引领国家新型城镇化评估试点、多规合一、产业交通三要素协同发展等领域颇具特色的国家城镇化智库机构。对我们来说，最大的优势就是我们可以避开已经被大公司成熟产品和成熟技术覆盖的主流规划市场，转而投向敏捷开发新产品、新技术的新兴市场。

我们发现，价值高地的背后是价值网络，想要占据更好的价值高地战略点，就应该在技术上专注于创新技术研发，在思维方式上更换操作系统，比如，我们可以向处于价值高地的互联网行业学习如何运用产品经理的思维来做规划。

3 创新研发：以武汉产城融合评估项目为例（涉及项目具体细节的部分会省略，详见 PPT）

从产品设计到开发到运营，产品经理得不停地设计各种方案，解决各种问题。在不停做这样的循环：提出假设 > 确定目的 > 设计方案 > 分步实施 > 验证假设。这样一次循环的时间越短，到达胜利的彼岸的概率就越大。产品上线，只是百米加速跑的终点，更是马拉松长跑的起点。产品经理的研发创新，给了我们很多启示。于是我们提炼出规划师运用产品经理思维进行创新研发的七个大招，以下我会逐一展开。

3.1 理解产品研发方向：

1）追本溯源

甲方委托我们对武汉的产城融合问题进行精细评估，那么我们首先要追本溯源找到我国城镇化进程中产城脱节的根源在哪里（图 2）。

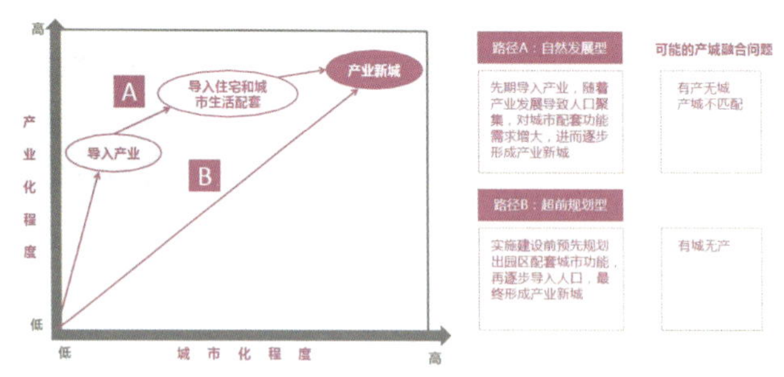

图 2 产业新城发展路径

2）归纳综述

我们查阅了近二十年来所有研究“产城融合”的相关论文，并对其在研究方法和研究视角上的特色进行归纳，得到了很多有帮助的启示，同时也发现了一些问题。（产城融合的定性研究综述 / 定量研究综述）。

3）定向突破

我们制定了整个课题的研究框架，并且将此次创新的点定位于：研发宏观、中观、微观尺度相结合的产城融合评估框架，在定量评估方面力求精细化、数据方式多样化、评估方法新颖化、最终成果可视化。

3.2 关注用户体验：

1）给他们最想要的

基于甲方对产城融合问题的定量研究这一块极为关注，我们在一开始就定下了要用可视化效果最直观的方式来展示对武汉四大开发区综合评价的结果，这个图同时也是我们此次课题的核心成果展示（图3）

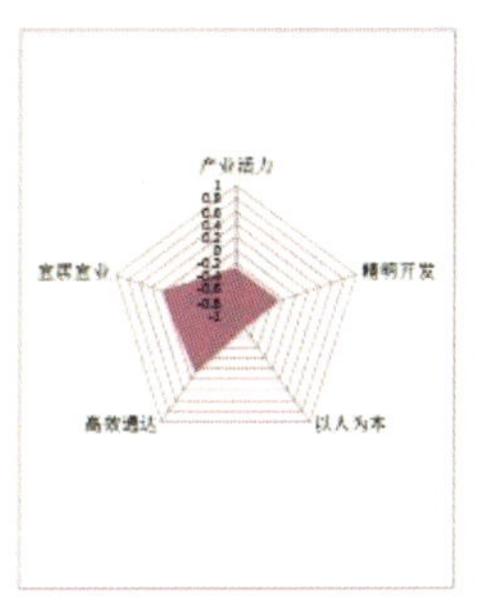

武汉经济技术开发区

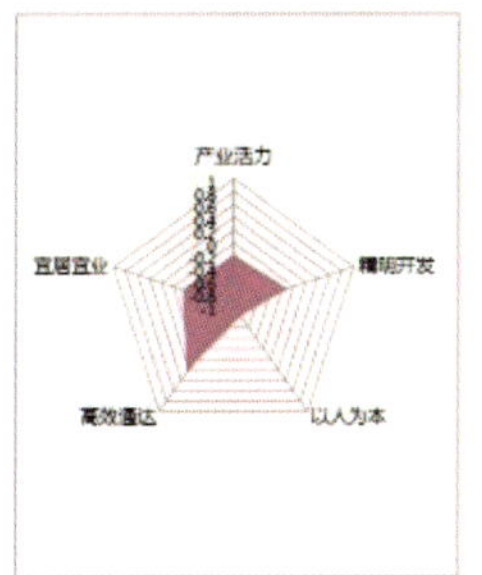

阳逻开发区

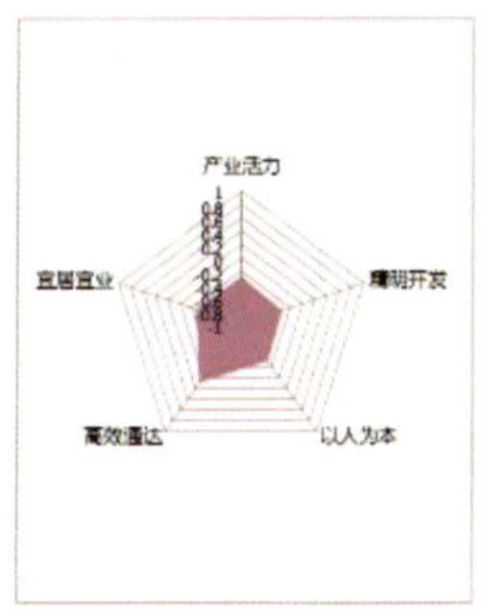

临空港经济技术开发区

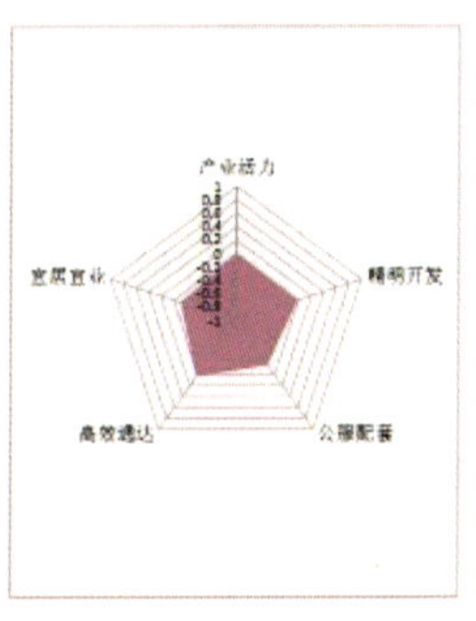

东湖高新技术开发区

图3 四大开发区综合评价对比

2）不能陷入极端

除了关注量化评估，我们也对武汉每个开发区所处的产城融合情境进行多种方式的定性评估，从很大程度上丰富了整体的评估方法。

3.3 快速迭代：小步快跑，勇于试错，及时反馈，不断修正

我们的研究在一开始也走了弯路，主要是在制定评估体系时，陷入了传统的目标导向思维，从传统的我们希望的产业发展、空间载体、公共服务、公共交通和生态环境产城融合结果入手，利用大量来源于统计年鉴的传统数据，建立了一个“目标导向型评估框架”。然而在实际评估过程中，我们很快发现这个框架无法反映各个区块产城融合的真实效果，于是我们全部推翻，从真实效能出发，重新设计整体框架，比如我们对公共服务设施的实际覆盖情况进行评估时，就不再借助于传统的千人拥有设施数量，而是利用百度、高德地图上的POI数据，也就是公共服务设施的实际地理位置信息，去看评估区域的每个地块到底拥有哪些公共服务设施，这些设施在实际中人们使用是否方便，也就是说不同的设施其实人们对于步行多久能够到达并使用的需求度是不同的，而产业开发区的人们能够真正充分地使用城市功能，才是真正的产城融合的一个表现，把这些因素都考虑在内才算是真正精细化的定量评估。当然后面我会展开具体介绍这一部分。

3.4 用新的技术破坏式创新

我们此次研究的一个亮点就是运用了传统规划评估项目较少使用的新型数据来增强评估过程，比如说，我们基于百度POI数据来对开发区的公共服务配套设施进行精细化评估，从数量、分布、步行可达性、对居民生活需求的满足程度等，对设施的真实“效能”进行评估。值得一提的是我们还应用了龙瀛博士新的关于POI信息熵的研究，来对用地的混合利用程度进行校正。这样我们就将整个评估框架中“精明开发”目标层下土地混合利用的指标，与“以人为本”目标层下公服配套设施覆盖的指标，进行联动。我们的每一个目标层在设计时都考虑了与其他目标层的协同关系。

3.5 精益制造：关注每个细节

我们在整个研究过程中对于产城融合的阶段矩阵设计、情境分析、规划引导、表达效果等细节都给与了关注

3.6 模块化生产与乐高式植入

在结束整个课题研究后，我们将评估框架在EXCEL中进一步进行了VBA开发，使其成为一套可以直接输入数据、输出评估的产城融合评估系统，使其像产品模块一样可以简单地应用于更多城市的产城融合评估，并在未来进一步迭代、修正。未来，我们还将以产城融合为单元，像乐高积木一样将其植入我们的城市诊断项目，用许多个模块搭建未来的定性与定量相结合、适应新数据环境的精细化规划评估体系。

3.7 产品线的开发是多层次链条

介绍未来的产品线开发

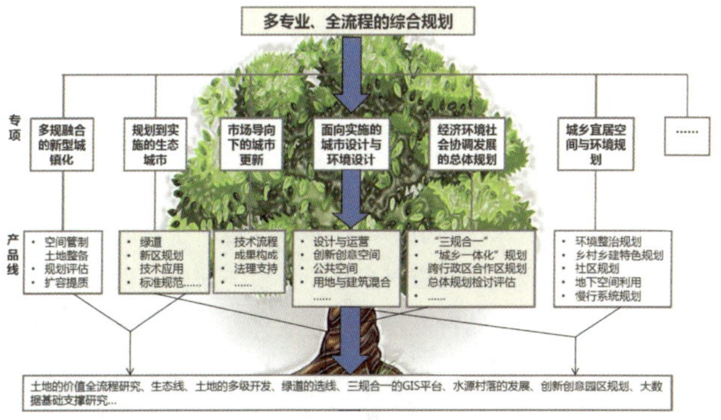

图4 产品线

语言学视角下多维土地利用分类体系研究

戚冬瑾
华南理工大学建筑学院

1 研究背景和目标

我国用地分类标准具有法定强制的地位，是作为规划调查、编制、管理的依据，由此也带来了一系列城乡规划工作中的困境。首先，混合维度的等级结构存在用地类别的局限性。其次，封闭固定的分类标准限制多样化的分类需求，主要表现在三方面：第一，无法描述和规定土地利用的多维属性；第二，限制规划目标的承载和政策传递；第三，与用地管理需求缺乏衔接。

如何突破我国用地分类结构的局限性？如何协调用地分类标准与城乡规划的关系？参考语言学的方法，以多维结构建构适应城乡规划工作各阶段的土地利用分类体系是本研究的目标。

2 多维土地利用分类体系的理论构建

2.1 土地利用分类的三种模式

从语言学的角度看，一个具体的人说话方式可以包含多重功能，比如我们说“火”这个字，它可以表达“这是火”，描述火这个现象。假如我内心很害怕火，它还表达了“小心火”这个含义。更进一步，如果我是急促地说出“火！”这个字，这是一种命令的语气，就是赶紧逃跑。

“规划”是一个概念，也是一个语言符号，美国规划师加顿伯格（Albert Guttenberg）在1960年代提出，规划作为语言的一种具体形态，也有三种目的，或称之三种模式，即“是什么”的指示模式——描述土地利用的现象；表达主观判断的评价模式——评价土地利用的效果；要求他人行动的规定模式——规范土地利用的方式。

由语言学推导出来的三种土地利用分类模式正好与格迪斯的“调查－分析－规划”方法对应，换而言之，可以用语言学理论解释规划理论。在这组关系中，调查是基础，即指示模式是规划的基础与关键，并且指示模式所描述的是现实的对象，为纳入新的事物，指示模式是可扩充的。分析是基于某个价值标准对调查对象进行评价与研究，评价模式的核心是价值，价值的特征是随评价主体和环境背景的变化而改变，因此评价模式也不是固定的。规划是在前两个阶段的基础上具体落实目标，规定模式是解决问题或实现目标的行动方法，不同类型、不同层次、不同背景的规划所面临的问题或构建的目标各不相同，因此具体采用的行动或控制手段通常是创设性的，即规定模式也是一个开放性的体系。

在一个循环的规划过程中，对前一次规划的实施效果进行监测可能会发现新的问题，为此需要重新检讨规划方案，并调整下一轮指示模式分类的对象（见图1）。比如前一轮规划是以功能分区的方式来保障居住的空间质量，但由此衍生了空间隔离、社会分异等问题，为了促进多样化的城市生活，在下一轮的指示模式中增加了新的维度——活动，通过对活动维度的调查、相容性评价，最后结合活动相容性的维度进行规定模式的分类。

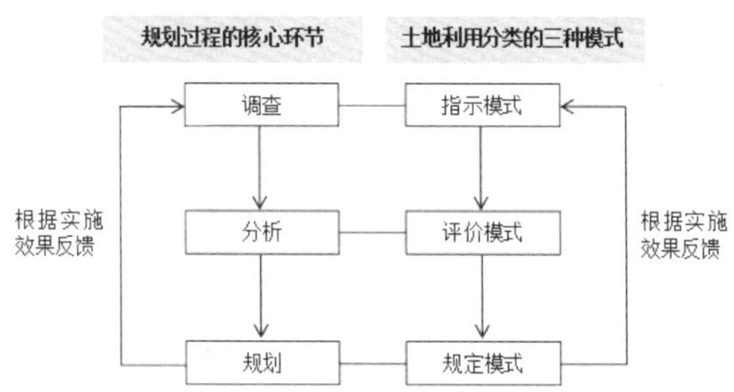

图1 “调查－分析－规划”过程对应土地利用分类的三种模式

由此，规划过程的三个关键环节为语言学的三种模式提供了逻辑性的对应关系。适用于城乡规划或作为城乡规划基础的土地利用分类体系应当包含上述的三种模式，不同的模式分类均具有开放性和可扩展性的特点，结合描述对象的多重属性以及规划目标的多元化表达，土地利用分类呈现出多样化的类型，而三种模式则为解释多样化的土地利用分类提供了一个系统的理论框架。

2.2 土地利用分类的多重维度

在这个理论体系中，除了模式，第二个关键字是维度。城市本身是一个综合而复杂的空间现象，因此土地利用分类存在多种划分维度。当前的国标以土地的“主要性质”作为分类依据，实际是杂糅了许多混合的维度。如果把土地利用常见的维度进行区分和辨析，可以大致划分出两类，即可见的要素（物质层面）和潜藏的要素（社会经济层面）。其中可见要素包含了场地的开发状态、建筑类型、活动、开发强度等维度；潜藏要素包含经济功能、所有权等维度。除此以外，当新的维度出现时，仍可继续划分。

2.3 土地利用分类的结构和空间层级

在具体应用分类学时，需要考虑到分类的结构。土地利用分类与其他自然科学领域的分类最大差别在于它承载了人的多样化目的，目的不同导致差异性的分类维度，这些不同的维度不存在等级上的差别，土地利用分类体系的建构更适宜采取多维度的平行结构，而不是采用混合维度的等级结构。

同时，分类体系适用于不同空间层次的城乡规划时，也需要辨析分类的尺度与层级，详细规划主要是规范和控制具体土地利用的开发建设，因此以宗地或街坊为对象进行土地利用分类；总体规划主要是对城市空间发展进行战略性的安排，分类的单元以城市片区为主。

结合土地利用分类的三种模式、分类的多重维度以及分类体系的平行结构和空间层级可构建出一个适应城乡规划的多维土地利用分类理论框架（表 1）。

表 1 多维土地利用平行分类的体系框架

分类的空间层级	分类的维度（基于问题与目标）	分类的目的——三种模式		
		指示模式	评价模式	规定模式
土地利用分区 适用于总体规划，面向片区。	（可进一步扩充）	（具体类别）	（具体类别）	（具体类别）
	社会			
	经济			
	环境			
	开发与保护			
	形态			
土地利用分类 适用于详细规划，面向宗地。	功能			
	场地开发			
	开发强度			
	建筑类型			
	活动			
	所有权			
	（可进一步扩充）			

3 完善我国土地利用分类体系的建议

3.1 建立开放性的多维土地利用分类标准

要解决当前分类体系的结构性困境，必须打破土地利用分类标准的封闭性和单一性，建立平行结构的多维分类标准（见表 2），并且把分类标准的地位由法定的工作规范转为规划工作的指引，从而为地方规划实践中新的分类创设提供弹性的空间。

3.2 结合多维理论改进规划实践中的土地利用分类

1）在规划调研阶段完善城市用地分类的科学描述

依据多维用地分类标准，每一块土地都可以具有若干项平行的属性，这些多维属性可以分别使用；也可以针对某类维度描述城市用地的混合特点；还可以把多维属性组合起来根据研究需要进行叠加分析或关联分析，从而支持不同研究目的的需求。

2）在规划评价阶段明确价值取向和不同维度的权重选择

表 2 多维土地利用分类标准构想

活动编码（代号 A）	活动描述	活动编码（代号 A）	活动描述
A1000	居住活动	A6000	大量人群集聚
A2000	购物、商业或贸易活动	A7000	休闲活动
A3000	工业及仓储相关的活动	A8000	与自然资源相关的活动
A4000	公共活动或基础设施相关的活动	A9000	未归类的活动
A5000	旅行或移动行为		
功能编码（代号 F）	**功能描述**	**功能编码（代号 F）**	**功能描述**
F1000	居住或短期居住功能	F6000	娱乐、康体与休闲
F2000	普通销售或服务	F7000	采矿和资源获取
F3000	制造业和批发服务	F8000	农业、林业、渔业和狩猎
F4000	教育、公共管理和公共服务、医疗卫生、其它机构服务	F9000	未归类的功能
F5000	交通		
土地覆盖物编码（代号 C）	**土地覆盖物描述**	**土地覆盖物编码（代号 C）**	**土地覆盖物描述**
C1000	居住建筑	C6000	公用设施和非建筑的构筑物
C2000	商业建筑和其他行业建筑	C7000	水域
C3000	公共聚集的建筑	C8000	农业设施及农林作物
C4000	公共机构	C9000	其他类型覆盖物
C5000	交通设施		
场地编码（代号 S）	**场地描述**	**场地编码（代号 S）**	**场地描述**
S1000	自然状态下的场地	S6000	已开发的场地：公园
S2000	正在开发的场地	S7000	已开发的场地：谷物、牧场和林场等
S3000	已开发的场地：:建筑	S8000	不能适用此维度（如地块数据收集时未包括该维度的信息）
S4000	已开发的场地：非建筑的构筑物	S9000	未归类的场地开发特征
S5000	已开发的场地：无建筑物和构筑物		
权属编码（代号 O）	**权属描述**	**权属编码（代号 O）**	**权属描述**
O1000	土地国家所有：以划拨方式获得建设用地使用权	O6000	土地国家所有或集体所有：用益物权被抵押
O2000	土地国家所有：以出让、转让方式获得建设用地使用权	O7000	土地国家所有或集体所有：其他用益物权
O3000	土地集体所有：宅基地使用权	O8000	不能适用此维度（如地块数据收集时未包括该维度的信息）
O4000	土地集体所有：生产和生活用地	O9000	未归类的权属特征
O5000	土地国家所有或集体所有：土地承包经营		

3）在规划编制阶段优化用地分类的维度

包括完善总体规划的政策维度和规定手段，建议简化功能分类，把对地块功能维度的具体规定转化为以功能为主题的片区政策指引。而在控规阶段建议补充复合维度分类和主从维度分类；允许创设和定义新的类型或混合类型；根据区域的差异有针对性地细化土地利用管理要求。

4）在管理阶段补充开发活动维度与相关管理手段

开发活动（例如建筑用途转换、建筑改造、广告设置、装修、设备安装等）是土地利用分类的一个维度，针对各种开发活动制定开发规则是规定模式在规划管理阶段的主要体现。我国目前对建成环境中的各种开发活动存在管理的真空，需要深入研究开发规则中开发活动的类型和开发控制的手段，并且明确开发控制的依据。

“行业新常态”下广东省城市设计编制技术革新的探索

李 鹏 吕 明
广东省建筑设计研究院

1 城市设计编制的“新常态”

（1）精明设计、“一体化”、“精细化”将会成为常态。

城市设计将要融合历史的多样性，并在此基础上重新组织城市空间发展模式；既是对上位城市规划的三维空间优化与引导，又对下位建筑设计提出整体城市空间营造的设计指引；城市设计使不同的景观空间、功能空间能够相互兼容，由此激发更多的活动。

（2）作为政策工具，自下而上为城市创造更大的价值。

今后城市设计将与社区营造相结合，城市设计将作为一种政策工具，介入社区自组织与社区营造，并以此融入国家治理体系现代化的进程；社区、乡村是天然的城市设计的场所，城市设计将与基层治理、乡村治理密切结合，自下而上共同推进规划革新；在设计要素适应城乡功能的基础上，最大程度塑造城市差异性，为城市创造更大价值。

（3）作为基于市场需要的规划全过程咨询服务。

在地方政府锁紧银根、土地财政难以为继等复杂背景下，城市设计将在一定程度上扮演咨询师的角色：通过技术手段、协商解决问题的能力，对公共部门和私有部门的开发者进行“规划－设计－建筑”全过程的咨询服务。

2 行业新常态下广东省城市设计编制存在的问题

（1）层次模糊，导致各地重视程度不一，地区失衡。

广东省各种类型的城市设计还不能在不同层面上形成一套基本完整的章法。地方主要依靠自由裁量权进行调控，具有较大主观性和偶然性。珠三角地区的城市设计在成果和政府法规及规范性文件上都远远多于粤东西北地区，不少粤东西北城市的城市设计仍处于缺位阶段。

（2）工作游离，衔接不佳，忽略乡镇及农村风貌。

广东省城市设计工作一直游离于各类村庄规划之外，缺乏城市设计理念与手法的村庄整治规划大规模展开，对村庄风貌带来严重的破坏。在城市建设过程中没有赋予“城”“乡”地域性表现，导致同质性景观向乡村蔓延。

（3）与各层次内容重叠程度高，自身作用不明显。

广东省城市设计成果内容庞杂繁琐，城市设计编制没有统一的标准明确刚性的编制内容。单独编制时，内容与各层次法定规划、专项规划如交通等专项内容重叠程度高，自身作用不明显，指导性差。

（4）“规划－设计－建筑”蓝图与实施脱节。

城市设计的空间语言与规划控制的管理语言之间难以“转译”，城市设计与规划结合的操作性不强，整合各个相关专业的协调性平台缺失。控制要素、控制效果亟待明确和提升。

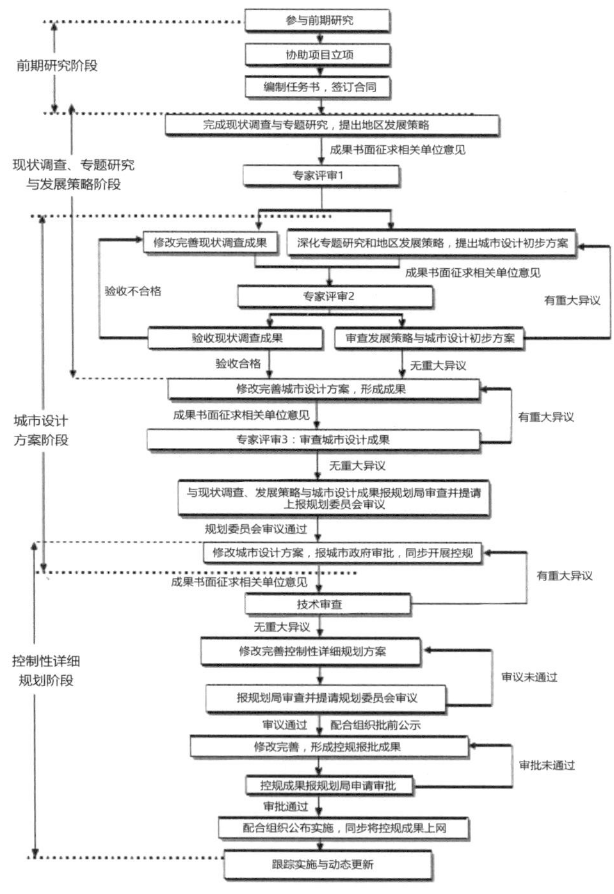

资料来源：广东省重点城市设计工作指引

图1 广东省城市设计流程与程序

3 广东省城市设计编制革新与探索

广东省城市设计编制从城市设计整体体系着手，从编制体系、编制重点、编制方法、编制标准4个方面、10个层面开展革新的探索，构建与规划体系相融合，与全域规划一体化相衔接的体系，并明确各个层级的主要内容与任务，做到刚弹结合。

（1）编制体系，从“体系不明”走向“分层明确”，确立与规划体系对应的五大层级城市设计体系。

城市设计分为总体城市设计、区段城市设计、地块城市设计、专项城市设计和乡镇城市设计。

（2）从“衔接不佳”走向“环环相扣”，让城市设计弹性融入现有规划体系

让城市设计衔接上现有的规划体系，回到“主线贯串”。注重对上层次核心内容的深化和落实，对下层次的指引和管控。并将城市设计的内容必须纳入城市规划体系，成为其中的一部分，同时加强与近期建设规划的衔接。

（3）从“地区失衡”走向“全省兼顾”，分区域区域让城市设计“从无到有，从有到优”。

区域上，进一步区分为重点城市与一般城市。粤东西北落后地区城市设计从“无”到“有”的飞跃。珠江三角洲发达地区城市设计加快城市设计机制创新研究，实现发达地区城市设计从有到优的进阶式发展。

根据城市分级，选择城市设计中的核心控制要素及提升型控制要素纳入法定控制内容。

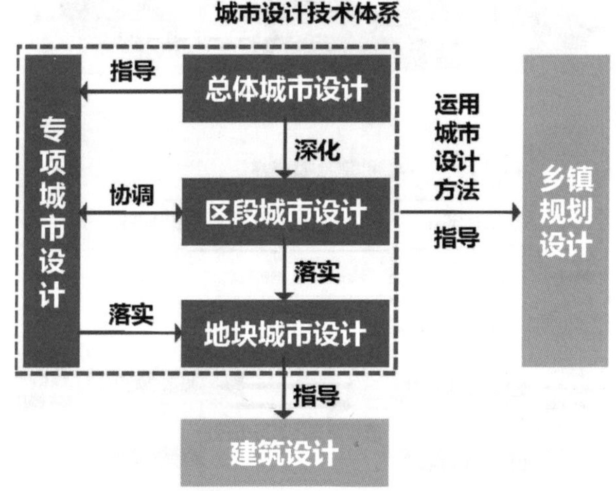

图 2 城市设计与规划体系的衔接关系框图

（4）编制重点，从“千城一面”走向“特色彰显”，规范核心要素。

研究建立一整套规范体系，将传统及现代建筑要素进行表达和呈现，在历史街区中局部插入一些新的要素，在现代建筑里面融入一些旧要素，使得建筑要素适应现代城市功能需要。

（5）从“重城轻乡”走向“城乡并重”，增加村镇城市设计。

增加村镇城市设计，让乡村空间重新回到城市设计体系。将村镇城市设计内容作为专题，纳入现行村镇规划。在塑造城市景观差异性的同时，减少对乡村差异性的损害。

（6）从“增量规划”走向“存量规划”，加强对城市更新的关注。

（7）编制标准，从“内容庞杂”走向“管放清晰”，重点突出城市设计刚性编制内容。

刚性编制内容强调精简内容，适度保留设计管控要求的调整幅度，以底线管理为目标导向的管控方法建立起来。将总体城市设计的内容通过区段设计、地块设计、专项设计等在空间单元上的分解进行逐级深化、细化，重点研究空间设计刚性内容的落实方法。

（8）从“五花八门”走向“统一有序”，制定城市设计工作指引，引导全省城设计成果规范化。

（9）编制方法，从“粗放低效”走向“精细管控”，多维及互联网 + 的一体化引导协调。

精确空间定位、明确空间效果控制目标、通过三维形式明确空间引导意向，编制精细化的城市设计导则并纳入地块出让条件强化城市设计，实现更加精细化的管控。

（10）从“空有概念”走向“技术落地”的编制导向。

将海绵城市、互联网 +、绿色建筑等新技术融入城市设计，通过指标要素进行落地控制，使绿色低碳、智慧城市的理念得到真正落地。

基于水工实验模拟的填海造地空间布局研究

张 赫
天津大学建筑学院

1 研究背景

随着沿海城市经济的快速发展和土地空间资源的逐步短缺，围填海工程作为一种生存空间的拓展方式已成为沿海各国的战略选择，我国正处于理论和实践的摸索阶段，各种围填海项目星罗棋布的散布在我国海岸沿线。合理的平面设计不仅可以减少项目对环境的破坏，而且能创造宜人的生存环境，提升其经济价值，因此如何对围填海工程平面设计进行评价具有很深远的意义。

2 研究内容

本期主要研究平面设计中的重要影响因素：岛屿形状以及组合方式。本期的研究主要为解决以下问题

（1）建立合理的水工实验模型

（2）岛形状对填海水域水动力影响

（3）组合方式对填海水域水动力的影响

3 填海造地规划的特殊性与传统规划方法的不足

1）填海造地项目的特殊性

（1）用地范围的刚性：

区域建设用海规划中对填海造地区域边界有强制性规定。一旦边界确定，下一步的空间规划在人工岛的数量、相对位置关系、形状上，都不能突破边界。

（2）空间区位的末端性：

区域建设用海中的大部分功能区均处于海岸带地区的最外圈层，其背后陆地也常常是沿海城市的边缘地带，大部分填海造地区域都处于城市空间的末端，周边往往缺乏成熟稳定的城市基础设施。

（3）海洋环境的未定性：

填海工程改变了区域海岸结构和潮流运动特征，影响潮差、水流和波浪，使得原有的水文动力环境发生改变。所以，其下位的空间规划，对区域建设用海规划平面设计的任何微调，都必须重新通过生态评估以做修正。

（4）刚性、末端性、未定性共同导致的平面修正性问题：

填海造地空间规划只能“减法”设计，不能“加法”变动，在边界之内，为了功能和景观需要，通常用水来进一步划分岛的形式，使得空间规划对平面设计的深化，往往体现在人工岛数量的增加、内凹形态的增加。减法改动不利于空间区位的分配和海洋水动力条件。填海造地空间规划对区域建设用海规划的微调，也必须通过再一次的空间或生态模拟，进行平面形态的修正，从而使其适应城市发展的需求及海域环境的变化。

2）传统规划方法与程序

3）规划布局研究的重要性与介入阶段

现有传统填海造地规划程序和方法在区域建设用海规划和城市规划阶段衔接并不紧密，导致了后期规划的冲突以及对海洋生态的影响。研究希望通过对填海造地空间布局的研究，得出一套定量化的系统评定方式，并在区域建设用海规划阶段给予辅助性评价依据，以避免后期城市空间类规划的冲突。

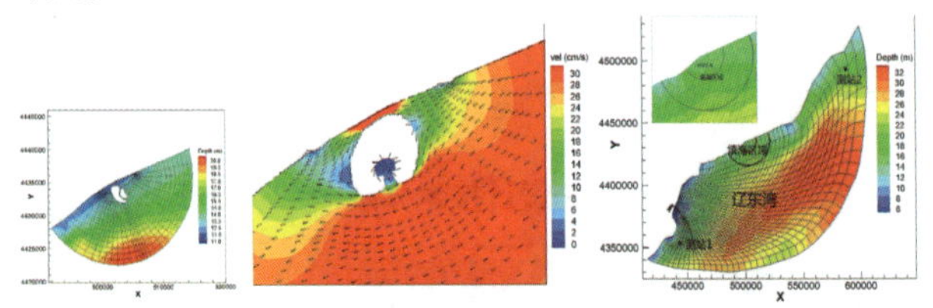

图 1 海洋生态评估

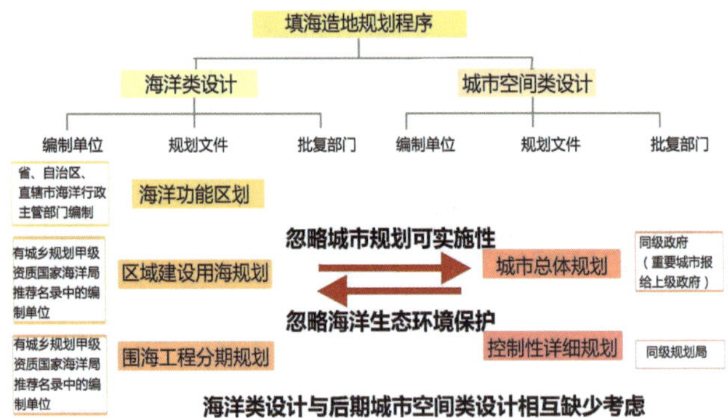

图 2 传统规划方法的弊端

4 基于水工实验模型的填海造地规划定量化模拟

1）水工实验模型的选定

2）模拟条件与工况的设定

模拟组一主要研究不同形状的岛屿对海域动力的影响，工况设置为 1-1 矩形、1-2 三角形、1-3 圆形、1-4 新月形、1-5 锯齿形、1-6 有机形；模拟组二主要研究不同的岛屿组合方式对海域动力的影响，工况设置为 2-1 串联式、2-2 并联式、2-3 放射式、2-4 散布式。

3）分析方面与计算方案

4）初步模拟结论

（1）岛形状对海域水动力的影响

通过对方案的流场、流速分布和水体交换能力的分析比较，以及综合考虑岛形状的六种方案对填海水域泥沙冲淤的影响，得出各方案的优劣依次为方案 1—1、方案 1—3、方案 1—2、方案 1—5、方案 1—6、方案 1—4。

（2）岛组合方式对海域水动力的影响

通过对方案的流场、流速分布和水体交换能力的分析比较，得出方案 2—1 最优，其次为方案 2—2、2—4 和 2—3。

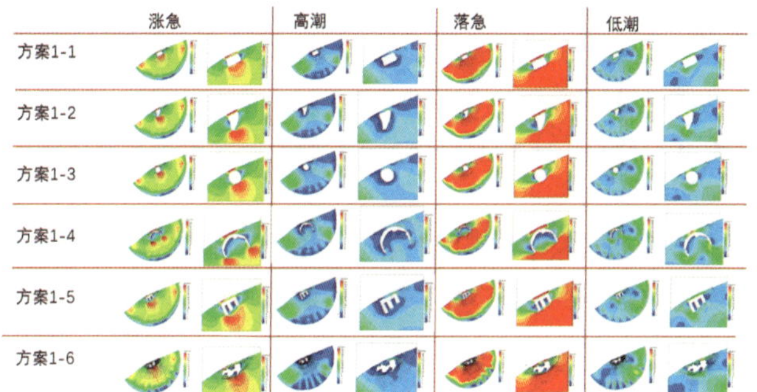

图 3 不同形状岛屿对海域流场的影响分析示意

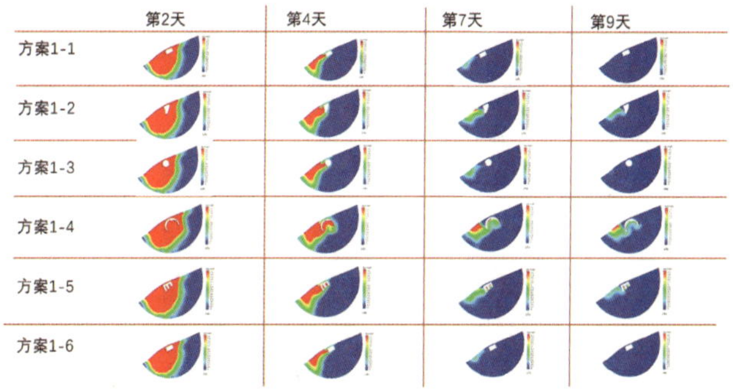

图 4 不同形状岛屿对水体交换能力的影响分析示意

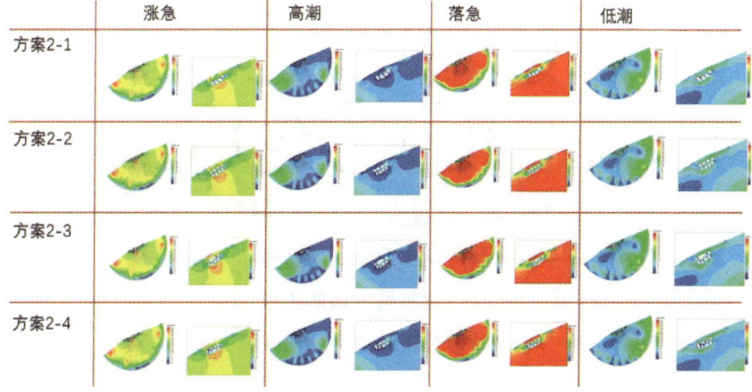

图 5 不同岛屿组合方式对水域流场的影响分析示意

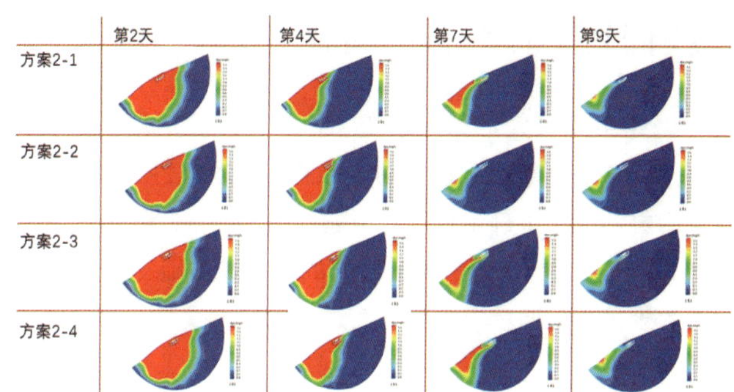

图 6 不同岛屿组合方式对水体交换能力的影响分析示意

5 填海造地空间布局规律总结

1）岛形状对填海水域动力的影响

岛形状对填海水域流场、流速分布及水体交换能力的影响较大。

岛岸线较复杂时，岛周围易产生半封闭水域，涨落潮时段，填海水域存在环流，局部区域水流流速较大，水域的泥沙淤积程度和泥沙冲刷程度均较大，且填海水域的水体交换能力较小。岛岸线较简单且岸线突变时，涨落潮时段，填海水域存在环流，水流流速较小，局部区域水流流速较大，填海水域的泥沙淤积程度和泥沙冲刷程度均较大，且填海水域的水体交换能力较差。岛岸线较简单且岸线较平滑时，涨落潮时段，填海水域水流较稳定，不存在环流，且填海水域的泥沙淤积程度和泥沙冲刷程度均较弱，且填海水域水体交换能力较好。

2）岛组合方式对填海水域动力的影响

组合方式对填海水域流场和水体交换能力的影响较小，对填海水域的流速分布的影响较大。

涨落潮时，填海水域岛通道处水流流速较小，易产生泥沙淤积；岛北侧与海岸之间区域以及岛南侧区域水流流速较大，易产生海床冲刷。岛组合方式越复杂，岛通道水域流速越小，越容易产生泥沙淤积；组合方式对岛附近区域的水体交换能力也有一定的影响，组合方式越复杂，水体交换能力越差，但对特定区域的水体交换率影响很小。

6 工作展望

（1）岛间距对填海水域动力的影响；

（2）岛岸距离对填海水域动力的影响；

（3）湖口宽度及湖长对填海水域动力的影响。

网络空间影响下的城市发展与规划响应

王纪武　刘妮娜　郑浩宇
浙江大学建筑工程学院

1 我们处于什么样的时代？

网络空间极大丰富或改变了社会性交互活动的实现方式，使城市的功能机制以及功能和空间的对应性关系具有了显著的灵活性和不确定性，并引起社会发展方式的转变。

既有的、运行良好的城市规划的前提或基础发生了变化，现有的规划也应逐步寻找到与其适应的技术模式。

2 我们如何认识网络空间？

“空间”本身并无任何特殊性和独立性，只是在与其他要素（包括人）发生关系是才有意义。

属性：互联网被认为是一种影响城市发展的物质基础，网络空间则是互联网的空间表述；网络空间是相对人而存在的，社会属性比技术内容更能体现网络空间的本质内涵；网络超越时空可无限延伸的特点促进了经济弹性发展，建立了全球性的动态领域。

影响作用特点：网络空间在社会活动的发生、发展过程中提供更多的可能性，通过社会活动所做出的具体选择构成对社会发展的影响作用；网络空间具有特殊性，它超越时空和即时共享的特点让集聚效应具有了新的表现形式，使城市功能和空间结构经历重构。

3 我们的城市面临着什么？

前网络的远程通讯技术阶段：远程通讯技术扩大了商业活动的范围并促成了新的空间集聚，城市开始从“单中心结构”向“多中心结构”转变，随着城市问题越来越严重，以多中心结构为特征的疏散发展成为欧美国家大城市空间演化的总体态势，且地理空间相近性的重要作用使多中心的城市结构具有了金字塔式的等级系统特征。

网络空间出现并迅速普及阶段：网络空间对城市功能布局起到了解构与再构的作用，促进了城市功能结构以片段化集聚为主要空间运动形式的去中心分散发展，其三个较为明显的特征为去中心化、片段化以及差异化，本质是现代城市结构向后现代城市结构转变的过程。

网络空间加速发展阶段：网络空间全面融入社会生活并不断强化社会活动实现的空间灵活性，对城市功能结构的组织机制起到了极为重要的再构作用。总体来看仍然符合后现代社会形态的空间构造特征，既是后现代城市发展的实际需求，又使城市功能结构具有网络空间特质的样貌特征。

4 城市规划要怎样去响应？

城市功能结构组织机制：技术性、经济性、社会性的动力机制的不同，使得城市组织逻辑发生改变。从传统的多中心等级系统结构发展到互联网时代具有片段化离散发展特征，地理空间关系有了新的表现形式。在互联网时代，地理空间关系依然重要，网络空间的组织逻辑（片段化、离散、去中心、全球化）将和地理空间逻辑（多样性、空间相近、规模集聚、地域化）相互影响、相互作用，共同构成驱动城市发展与空间结构演化的两股作用力。城市发展的样貌特征将是社会活动（或城市功能）在网络空间和地理空间中综合选择的结果。

重要问题探讨：①城市中心的去中心化问题。去中心化不能简单地理解为城市中心区功能的空间外移，“单中心”向“多中心”结构的转换具有新的动力机制，存量优化与去中心化密切相关；②建成区空间的片段化。网络空间的数字分化可能会加剧城市空间的片段化问题，使得社区隔离、阶层分化、发展不均衡等问题更为复杂。③新集聚点的全球化。网络空间的去中心化作用（离心力）和地理空间逻辑的集聚效应（向心力），相互作用、相互影响，主要在城市边缘区交汇并取得平衡。表现为具有全球化特征的信息密集型产业在城市边缘区的集聚。

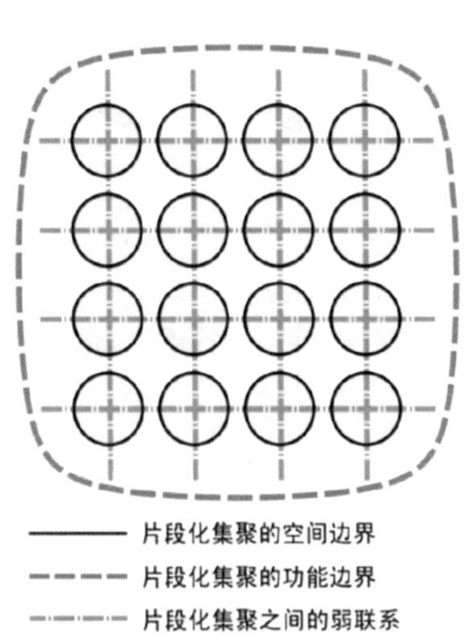

图 1 网络空间作用下的城市结构演化趋势示意

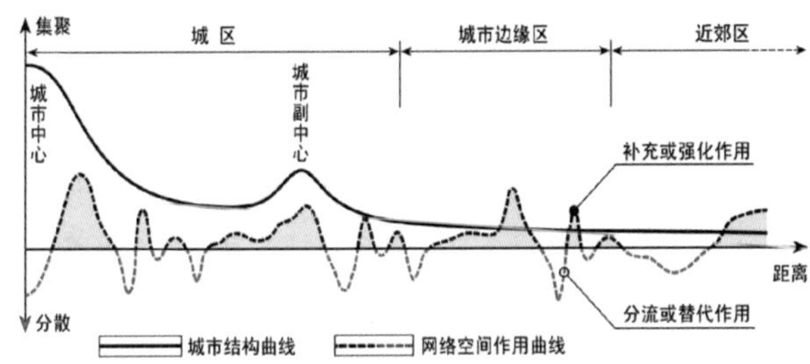

图 2 网络空间和地理空间对城市结构的综合作用机制示意

5 结语

在新的社会空间条件下，城市功能机制已具有了非传统的组织特征。

在网络空间和地理空间的综合作用下，城市功能结构具有新的样貌特征和组织机制。城市在内部进行功能细化、组织再构，并在潜在区域形成具有片段化、特定化的新型集聚点或片区。

在新的社会空间条件下，城市功能机制已具有了非传统的组织特征。

建设强度管控的方法创新

——以杭州市强度分区规划决策支持为例

薄力之
同济大学建筑与城市规划学院

当前我国大城市建设速度快、土地供需矛盾突出，高层建筑见缝插针，城乡风貌缺少差异已成为普遍现象。这些现象背后的原因与建设强度缺乏管控密切相关。分片编制的控制性详细规划是地块建设强度指标确定的主要依据，一方面各片区的控规容易与城市发展导向偏离，同时片区与片区之间容易出现不协调；另一方面，控规中强度指标的确定缺乏依据，调整频繁，各种评估流于形式，往往成为规划管理中的难点。

与国内“就地块论地块”的情况有所不同，境外城市通常采用城市整体层面的分区管控体系，不仅适应当时当地的自然条件、城市发展态势、法律体系、市民生活习惯等，同时随着社会、经济背景的变化，适度调整。这些方法与体系无法直接应用于国内。

进入21世纪，国内部分大城市，开始尝试强度分区管控，其直接的手段就是编制强度分区规划。各城市在近十年的不断探索中，分区管控的方法也在不断完善，但是总体而言仍然存在着不足。以上海为例，上海于2004年、2010年先后编制了两轮强度分区规划。通过调研，发现上海强度分区管控的“目标”、“手段”、“结果”之间存在一定程度的偏离。首先，“双增双减”政策很好地控制了容积率上限，但是并没有很好的控制平均容积率随时间的提升，造成了不同区位地块的强度指标差异性越来越小（越来越接近2.5）的“扁平化”与“城乡风貌倒挂”现象；其次，上海前后两轮强度分区规划中影响因子的选取随意性较强，2004年的分区模型采取了多项影响因子叠加的综合区位模型，2010年采取了轨道交通作为单一因子的主导因素模型，两种模型与现状实施规律都存在一定程度的偏离，且孰优孰劣缺少判断依据，很难作为其他城市直接效仿的样板。

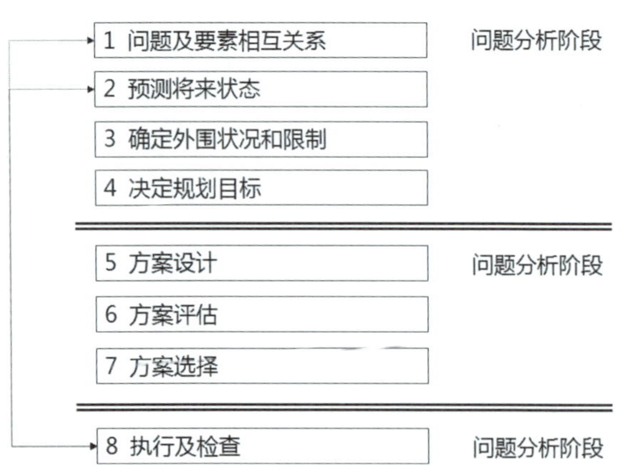

图1 有限理性决策模式

城市规划不仅仅是“空间蓝图”更是“公共政策”，目前强度管控中存在的问题很大程度上来源于缺乏基于政策分析的前评估。公共决策科学，作为一门专门针对政策制定的新兴学科，可以提供必要的理论与方法。

强度管控作为城市规划体系中的某一特定问题，具有与其他城市规划问题不同的特点：首先，强度指标本身没有好坏之分，很难说高强度发展是好还是坏，其对城市及个人的影响往往通过与其他系统的共同作用体现，而且在这些共同作用中，往往不具有主导性；其次，强度的高低与空间分布同时对多项城市系统产生影响，城市交通、环境、人口等多个系统都与强度分区存在千丝万缕的关联；最后，强度系统无法做到对所有系统的最优匹配，必然会顾此失彼，“优先匹配什么系统”成为划定强度分区的首要问题。因此，与普通的城市规划不同，强度分区规划的“目标”、“手段”、“结果”三者之间关系更为复杂：首先，“手段”是单一的，“目标”是多元的，这与传统公共政策正好相反；其次，“手段”是与强度密切相关的，而“目标”往往与强度无关，两者之间不存在直接的对应性，也就是无法直接从“目标”出发来导出“手段”；最后，作为强度管控“手段”的组成，各影响因子之间也存在很强的叠加替代关系，例如轨道交通服务水平与土地价值之间本身也存在正相关，直接将其叠加后产生的结果往往与“目标”出现一定程度的偏离。

基于公共决策科学的理论方法，强度分区管控是一种战略性、半结构半程序化、风险型多目标群决策，决策支持是处理此类问题的有效工具。此外，考虑到强度分区决策问题的特点，需要采用“逆序”的决策逻辑：“备选方案（手段）→（模拟）→强度分区实施结果→（检验）→规划目标→（检验）→城市发展总体导向（价值）。”和有针对性的决策分析方法：通过“模拟仿真”应对从属性、通过“多因子空间叠加分析”应对关联性、“多目标决策分析”应对矛盾性、“多外部环境下的方案模拟”以及“群决策分析”应对主客观两个方面的不确定性。

以杭州市为例，提出了面向我国大城市的建设强度管控新方法——强度分区规划的决策支持，其框架包括“前期准备、决策模拟、决策评价”三大阶段，以及“发现问题、确定目标、方案设计、结果模拟、目标评估、综合评价、群体选优、实施反馈”八项步骤，并依托此工具编制完成了杭州市主城区建设强度分区规划，结束了杭州市没有强度分区的历史。

与传统方法相比，采用决策支持的方法辅助划定强度分区有如下优点：由“被动影响”到“主动干预”、由“手段中心”到“价值中心”、由“设计蓝图”到“制定政策”、由“技术权威”到“价值中立”、由“完全理性”到“有限理性”、从“一步到位”到“循环接近”、从“精英决策”到“公众参与”、从“逐步磨合”到“快速应对”。

备选方案	基准方案	综合区位方案				主导因素方案			
		主推	平	高	低	主推	平	高	低
		A	B	C	D	E	F	G	H
一级强度	-	1.5	1.9	1.9	1.1	1.5	1.9	1.9	1.1
二级强度	-	2	2.2	2.4	1.6	2	2.2	2.4	1.6
三级强度	-	2.5	2.5	2.9	2.1	2.5	2.5	2.9	2.1
四级强度	-	3	2.8	3.4	2.6	3	2.8	3.4	2.6
五级强度	-	3.5	3.1	3.9	3.1	3.5	3.1	3.9	3.1

图 2 备选方案与基准方案

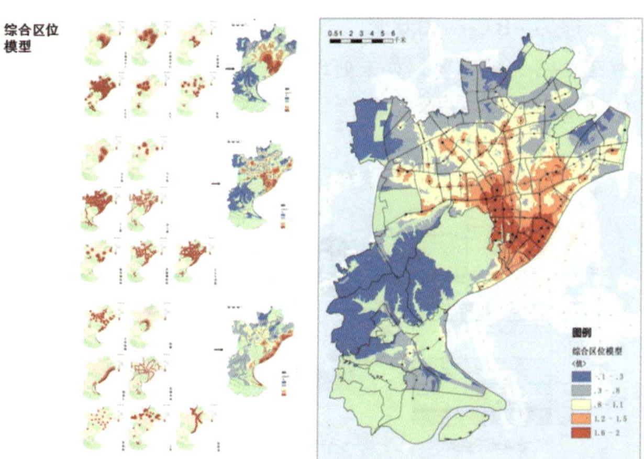

图 3 综合区位模型的因子构成

大类	居住权重 公共交通导向	商办权重 公共中心导向	中类	权重		小类	权重		影响半径及赋值 单位：米				
				居住	商办		居住	商办	5	4	3	2	1
服务水平	0.2	0.1	公共服务设施	0.5	0.7	汽车站	0.03	0			500	1000	1500
						机场	0.05	0.07			1000	2000	3000
						火车站	0.07	0.07			1000	2000	3000
						文化设施	0.05	0			500	1000	1500
						大学	0.05	0.06			500	1000	1500
						医院	0.1	0			500	1000	1500
						中小学	0.15	0			500	1000	1500
						市级商业中心	0.2	0			1500	3000	4500
						区级商业中心	0.3	0			1000	2000	3000
			道路支撑	0.2	0.2	主干路	0.6	0.6			200	400	600
						次干路	0.4	0.4			100	200	300
			景观	0.2	0.05	钱塘江	0.5	0.5			1000	2000	3000
						西湖	0.3	0.3			1000	2000	3000
						其他河流	0.1	0.1			100	200	300
						公共绿地	0.1	0.1			300	600	900
			环境	0.1	0.05	变电站	0.3	0.3			300	600	900
						铁路线	0.3	0.3			300	600	900
						工业	0.4	0.4			300	600	900
公共中心	0.3	0.6	公共中心	1	1	主中心	0.5	0.5	1000	2000	3000	4000	5000
						副中心	0.3	0.3	600	1200	1800	2400	3000
						次中心	0.2	0.2	300	600	900	1200	1500
公共交通	0.5	0.3	公共交通	1	1	枢纽地铁站	0.5	0.5			500	1000	1500
						普通地铁站	0.4	0.4			300	600	900
						公交专用道	0.1	0.1			200	400	600

图 4 影响因子权重构成表

子目标	基准	综合区位方案				主导因素方案				权重
		主推	平	高	低	主推	平	高	低	
		A	B	C	D	E	F	G	H	
1-1：可容纳的人口	1	1.08	1.08	1.19	0.96	1.10	1.09	1.22	0.99	0.1
2-1：轨交站点300米内新建住宅建筑比例	1	1.18	1.09	1.16	1.20	1.20	1.11	1.18	1.25	0.1
2-2：轨交站点800米内新建住宅建筑比例	1	1.05	1.02	1.04	1.06	1.04	1.01	1.04	1.05	0.1
3-1公共次中心1500米内新建住宅建筑比例	1	0.95	1.06	0.95	1.00	1.22	0.95	1.00	1.05	0.1
4-1住宅多样性	1	1.49	1.08	1.72	1.46	1.46	1.13	1.69	1.44	0.02
4-2公共绿地周边住宅建筑面积比例	1	1.05	0.97	1.02	1.03	0.93	0.98	1.02	1.02	0.02
4-3江湖景观新建住宅建筑比例	1	1.22	1.11	1.22	1.22	1.11	1.11	1.11	1.11	0.02
4-4滨河景观新建住宅建筑比例	1	1.09	1.06	1.09	1.09	1.06	1.03	1.06	1.06	0.02
4-5非环境不良地区新建住宅建筑比例	1	1.01	1.00	1.01	1.01	1.00	1.00	1.00	1.00	0.02
4-6中心至外围的容积率递减数值	1	2.75	1.63	2.75	2.75	2.00	1.19	2.00	2.00	0.05
5-1 非现有道路拥堵地区的人口比例	1	0.95	0.97	0.95	0.93	0.97	0.99	0.97	0.97	0.05
6-1 商业中心覆盖新建住宅建筑比例	1	1.26	1.15	1.22	1.30	1.15	1.07	1.11	1.19	0.04
6-2中小学覆盖新建住宅建筑比例	1	1.05	1.02	1.05	1.06	1.02	1.01	1.01	1.02	0.03
6-3医院覆盖新建住宅建筑比例	1	1.04	1.00	1.04	1.08	1.00	0.96	1.00	1.00	0.03
7-1容纳50万人口需要的非居住拆迁用地	1	1.00	0.93	1.25	0.72	1.31	0.89	1.27	0.75	0.03
7-2多层更新能容纳的人口	1	3.54	3.00	4.38	2.69	3.46	2.92	4.31	2.62	0.02
8-1生态敏感区周边新建住宅平均容积率	1	0.86	0.81	0.73	1.06	0.82	0.79	0.70	1.00	0.01
8-2历史保护区周边新建住宅平均容积率	1	0.66	0.71	0.58	0.76	0.66	0.71	0.59	0.76	0.02
8-3 重要高度控制区新建住宅平均容积率	1	0.59	0.63	0.52	0.68	0.57	0.61	0.51	0.66	0.02
9-1旧区更新的经济可行性	1	1.00	1.00	1.00	0.70	1.00	1.00	1.00	0.70	0.05
9-2与近年审批容积率的对接	1	2	2	0.5	0.5	2	2	0	0.5	0.05
9-3符合土地价值规律的用地面积	1	1.21	1.21	1.21	1.21	1.08	1.08	1.08	1.08	0.05
9-4是否可以规则化	1	1	1	1	1	2	2	2	2	0.05
总分	1	1.24	1.15	1.19	1.12	1.27	1.16	1.17	1.13	1

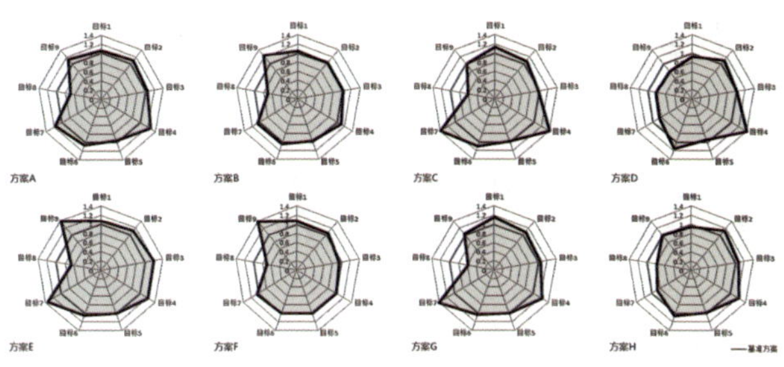

图 5 方案综合评分结果

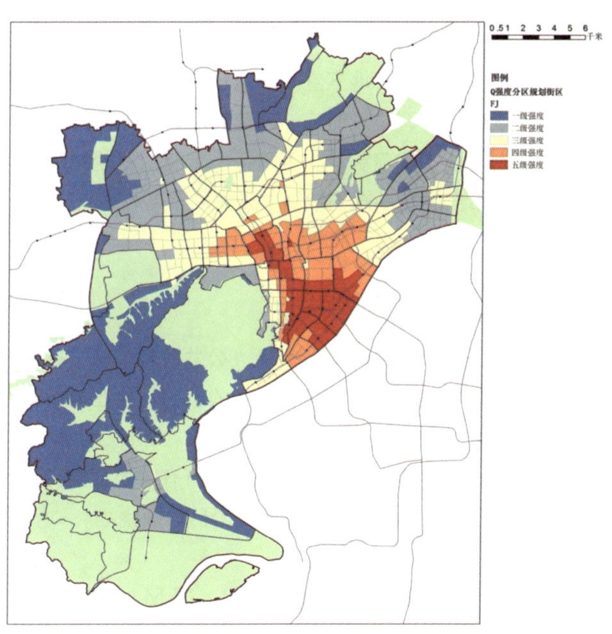

居住用地强度分区控制表

强度分级	一级强度	二级强度	三级强度	四级强度	五级强度
基础强度	1.0	1.5	2.0	2.5	3.0
基准强度区间	1.0-1.5	1.5-2.0	2.0-2.5	2.5-3.0	3.0-3.5
级内修正后最高	1.5	2.0	2.5	3.0	3.5

居住用地强度分区控制规则

- 居住用地强度分区以街区为单位。
- 居住用地强度分为5级，1.0，1.5，2.0，2.5，3.0为每一级的基础强度，同时每一级都有一个基准强度区间，分别为1.0-1.5,1.5-2.0，2.0-2.5，2.5-3.0，3.0-3.5。一个地块的具体强度值=基础强度+级内修正+级外修正。
- 级内修正体现了地块的属性特点，级内修正后总强度值不能超过基准强度区间的上限。级外修正体现了建设项目的属性特点，修正不受上限控制。
- 级内修正规则：地铁站点300米范围覆盖地块面积超过50%，容积率可以增加0.3；地块与两条，三条及以上城市道路相邻，容积率可以增加0.1和0.2。郊区地块100米范围内有公交站点，容积率可以增加0.1。
- 级外修正规则：纯商业房产项目建筑面积小于90平米的户型占总数70%以上，容积率可以上浮0.1；经济适用房、廉租房、公租房、拆迁安置房（含城中村、旧区改造），容积率可以上浮0.3-0.5；对于开发商主动或被动建设城市公共设施、绿地等的可以给予一定容积率奖励。在一定区域内，总建设量不变的情况下，符合一定要求，容积率可以适当转移。

图 6 最终实施方案：一图一则一表

城市中心区公共地下空间与地块地下空间有效衔接的规划创新与实践

任小蔚　方　舟
广东省建筑设计研究院

1 引言

城市中心区是地下空间开发功能和类型最多样、最复杂和最复合的地区。地下空间即承载了城市最基础的各类市政工程，又是城市交通、商业、公共服务、综合防灾等功能不可或缺的一部分。通过大量国内外案例分析，以及广州国际金融城起步区、番禺万博中心区、琶洲互联网创新集聚区等地下空间专项规划项目实际工作经验总结，发现“以围绕地铁站点的公共地下空间为骨架，衔接周边各地块地下空间，形成城市地下空间网络体系”是现代城市中心区地下空间开发的基础模式。而公共地下空间与地块的有效衔接，涉及用地权属、设计统筹、建设时序、运营管理等多方面的问题，需要在规划阶段就提前解决，否则将严重制约后期的建设与实施，是地下空间专项规划编制中最大的重点和难点。

2 存在问题分析

公共地下空间承载市政、交通、公共服务等城市基础服务功能，是地块建成后能够正常运营的基础，故在建设时序上应先于或与地块同步建设，因此就需要在保证公共地下空间自身体系完整的同时，能够与地块进行有效的衔接，这对于大规模地下空间网络系统开发是一个巨大的挑战。

2.1 公共地下空间疏散出入口、通风口等需要侵入地块用地红线问题。

城市中心区一般都呈现密路网、高强度的特征，道路与地块之间一般无独立的公共绿地。而位于城市道路下方的公共地下空间的疏散出入口、通风口等设施一般无法在道路红线范围内解决，需要占用道路两侧地块的空间这就在用地权属方面产生一定的问题。

而从整个城市景观和土地集约利用出发，该部分地下空间宜由地块进行开发，该疏散出入口、通风口等结合地块进行整体设计，并与公共地下空间进行无缝衔接，最大化的集约节约用地。在这种情况下，为保证公共地下空间在消防和疏散方面的完整性，该问题又涉及开发模式、建设时序、运营管理等方面的问题。

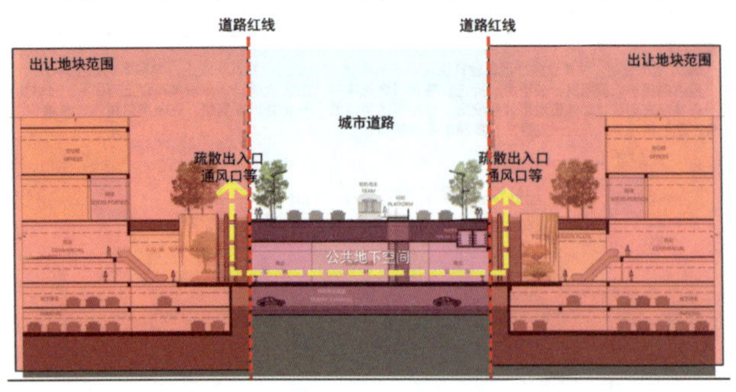

图 1 地下空间出入口入侵地块红线问题分析图

2.2 竖向标高衔接问题

城市公共地下空间由于需要解决市政管线的敷设、城市地下道路交通等问题，故在竖向功能布局上与地块地下空间开发存在较大的差异。公共地下空间地下步行空间的相对标高一般为 -8.0~-10.0 米，与地块地下负一层综合开发一般存在 2~3 米的高差，如未处理好竖向衔接问题，将对步行的舒适度会造成一定的影响。

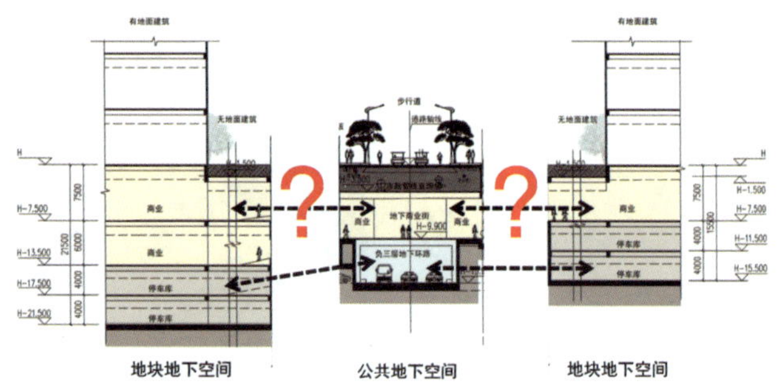

图 2 竖向衔接问题分析图

2.3 接口位置预留及衔接问题

地下空间开发具有不可逆性，公共地下空间与地块的衔接口需要与地块设计和建设充分协调，并在合适的位置进行充分的预留，并确保人行、车行、市政管线等接口妥善衔接。如，广州珠江新城花城广场地下空间，地下空间开发前期缺乏规划支撑，未预留足够的与周边地块衔接的接口，造成目前后续增加的接口为主在地下防水等工程等问题上无法解决。

3 规划创新与实践

为了高效利用城市土地，更好地将各地块的地下空间进行高效链接，在城市规划下空间规划控制管理中提出了地下空间缓冲区的概念。它是城市可建设用地中不同地块地下空间的过渡区域，往往是公共单建地下空间为满足的其基本功能需求，不得不把延伸空间占用相邻地块地下空间至地面层的部分权属用地的情况，该区域主要为地块与地块间的“退

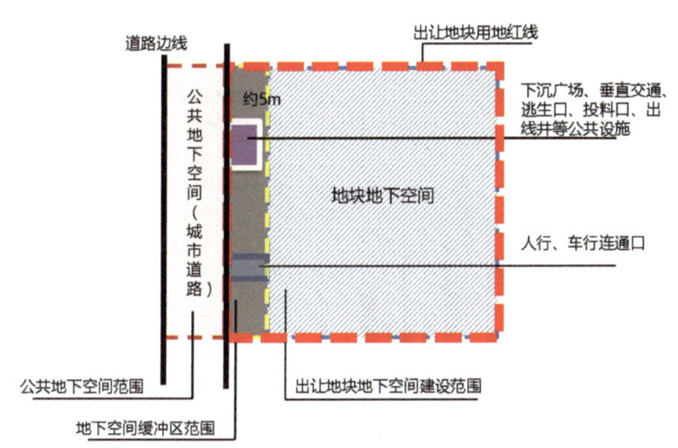

图 3 地下空间缓冲区示意图

缩缝”，作为公共人流疏散、道路交通、市政管线及相关附属设施的建设空间。

从空间维度划分，缓冲区主要设置水平方向和垂直方向两类公共设施，水平方向上包括人行、车行通道，垂直方向上包括地下直通地面的疏散出入口、逃生口、下沉广场、通风口、市政管线投料口等。除建设上述公共部分建设内容以外的缓冲区空间，可作为被占用地块按照原规划控制的经济指标与使用性质进行开发利用，同时也作为被占用地块可建空间的补偿。

地下空间缓冲区突破了现行规划控制以垂直投影划分的思路，通过精细化的规划控制，可以以分层规划控制图则形式对地下空间三维控制。地下空间缓冲区的使用同时也对土地权属、城市规划地面控制要求等提出了新的要求，应在一定适用范围内赋予其应有职能，避免在不具备实施条件区域盲目使用引起其它法规问题。

地下空间缓冲区权属归征地业主所有。由于地下空间缓冲带具有明显的公共利益性质，其规划及建设要求需由政府及相关规划部门提出，开发建设主体按规定遵守。地下空间缓冲区内建议用于市政管线、疏散出入口等公共用途，如附有商业功能，此部分增加的容积率指标计算在征地地块业主地块内。缓冲区的使用权与经营管理权由政府与地块业主协商确定。

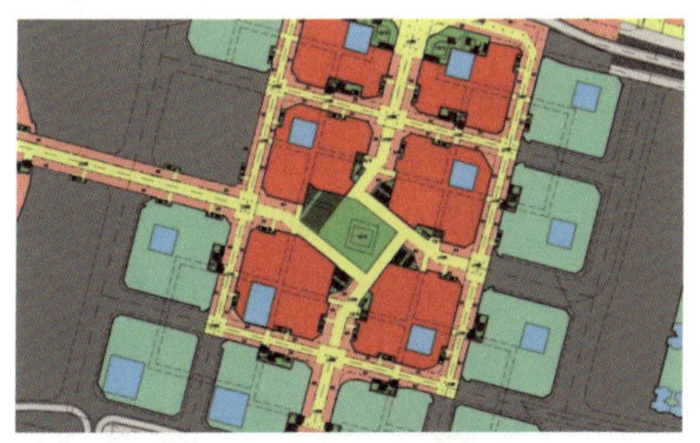

图 4 金融城起步区方公共地下空间接口预留

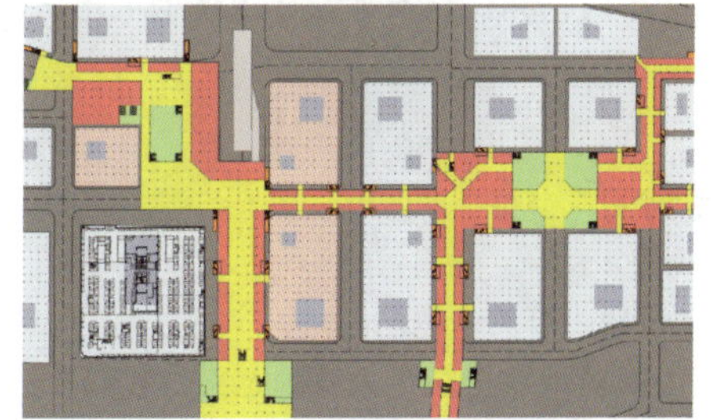

图 5 琶洲 A 区公共地下空间接口预留

4 结论

目前，国内还没有统一的标准去解决该问题，不同地区的做法也会存在一定的差异。

我们提出的地下空间缓冲区概念已得到广州相关政府部门的认可，并已在广州国际金融城起步区和番禺万博商务中心区地下空间开发中得到充分应用，有效解决了公共地下空间和地块的衔接问题，目前项目已经进入实施阶段。在这两个区域的建设中，缓冲区高效链接各开发地块，实现地下空间统筹规划与建设。

地铁里灰色人群的识别分析

王 良
北京市城市规划设计研究院

大数据的发展为城市规划带来了新资源、新机遇，互联网思维和跨界也频繁地被规划师提起。龙瀛利用公交刷卡数据分析北京职住关系和通勤出行，胡志赛等利用手机数据分析湛江市城市综合交通规划居民出行，龙瀛等利用公交一卡通刷卡数据评价北京职住分离的空间差异并极端出行进行研究。

1 工作开展形式

（1）地铁里灰色人群行为特征的思考

地铁乞讨、卖艺、发小广告等人群为了减少时间和费用上的开销，一般采用同站进出，站内滞留时间较长。由于在地铁中具有上述特征的人群还包括地铁公司工作人员以及交通协管员，而地铁公司工作人员使用的是员工卡，交通协管员进出站一般不刷卡，因此我们能够通过同一站进出以及站内滞留时长来识别灰色人群。我们使用的数据是 2014 年 8 月 11 日——8 月 17 日以及 2014 年 9 月 6 日——9 月 8 日共 10 天的 IC 卡刷卡数据。

（2）异常站点

首先我们给出地铁异常出行的定义：在同一站进出，且进出站时间超过 2 小时的普通卡用户定义为异常出行行为。在选定的 10 天中，异常出行记录为 22846 条，通过走访调查，我们得知在地铁中异常出行可能是由五种情况产生：

① 事先约好在地铁站内见面或者给别人送或取东西的城市居民；

② 来北京游玩的外地人通过坐地铁来体验北京便捷的交通并期待熟悉北京环境的；

③ 与某人约好在某地见面，进入地铁后由于一些原因中途取消约会原路返回的；

④ 进行出行调查的学生团体；

⑤ 地铁轧机故障。

考虑到上述情况出现的频率并不高，我们将异常出行记录中只出现一次的异常出行记录删除，计算得到异常出行总数占总出行记录的 0.013 67%，我们称之为总的异常出行比例。考虑到职业的行乞者等灰色人群会反复从居住地附近的同一站点进出，且据媒体报道这个群体有集聚、结伴情况，因此可以从异常出行记录中找到他们主要的活动站点，也就是异常站点。

我们给出异常站点的定义：异常出行比例大于总异常出行比例的两倍，且异常刷卡次数不小于 50 人次，由这个限定条件，找到以下 15 个异常站点，它们的异常出行量以及异常出行比例如图 1 所示。

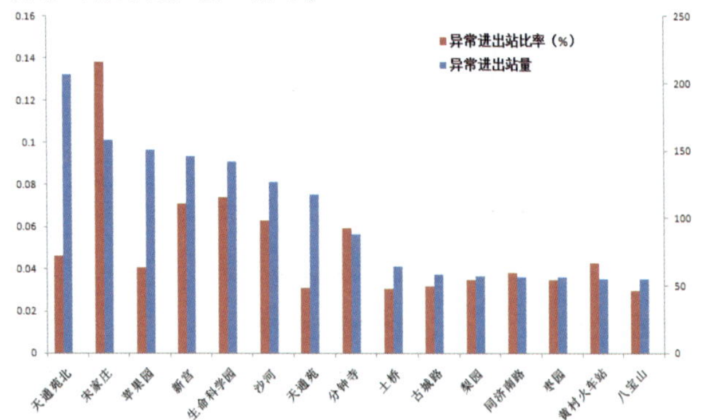

图 1 异常站点

通过观察上述 15 个异常站点的异常出行比例和异常出行量，发现异常出行比例和异常出行量均较高的四个地铁站：宋家庄、新宫、生命科学园和沙河站，他们的不同次数异常出行的人数如图 2–5 所示。

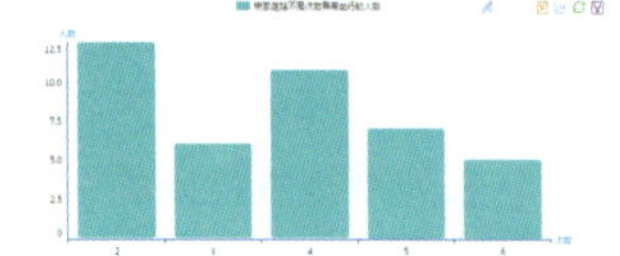

图 2 宋家庄站不同次数异常出行的人数

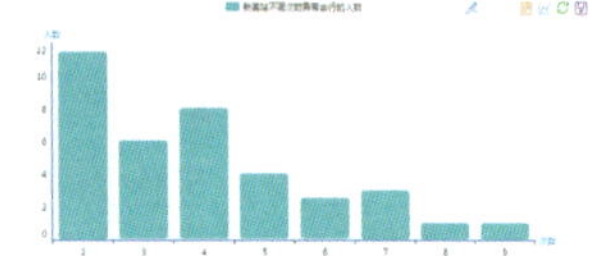

图 3 新宫站不同次数异常出行的人数

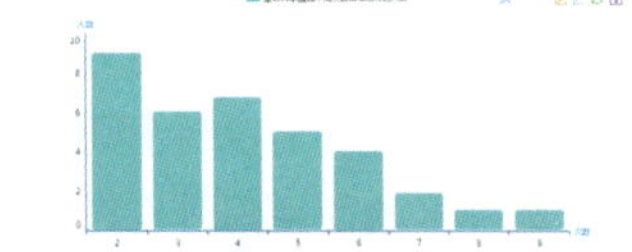

图 4 生命科学园站不同次数异常出行的人数

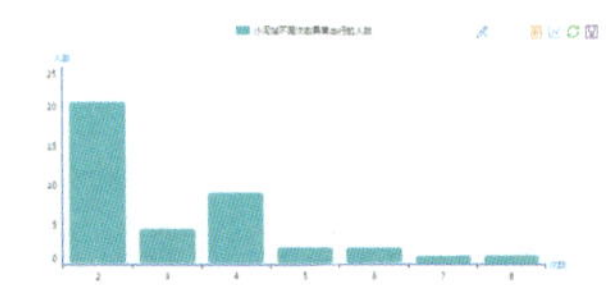

图 5 沙河站不同次数异常出行的人数

上述四个异常站点均满足一个普遍的、合理的趋势——异常出行的人数随着异常出行次数的增加而减少，他们还有一个共同点——异常出行的次数为 4 次的人数比异常出行 3 次的人数多，我们认为这种现象是由这些异常站点中灰色人群的比例较高导致的，由于灰色人群将地铁作为工作场所，他们必然保持着一定的频率进出地铁站。基于上述分析，我们形成了灰色人群的判定标准：同一站点进出，且进出站时间超过 2 小时，并保持有 4 次以上类似的出行行为的人群为地铁里的灰色人群。

2 结果分析

（1）灰色人群的人数

根据上面对地铁里灰色人群的定义，我们找到 10 天中共有 481 人。

通过观察图 7 可以看到灰色人群有以下几个主要分布特征：

① 该群体基本分布在中心城外围，边缘集团和绿化隔离地区的地铁站点周边；

② 其最主要集中在中心城各市区地铁线的终点站，比如 5 号线的北端——天通苑北、天通苑，南端——宋家庄站；1 号线西端苹果园站，八通线东端土桥站；6 号线西端海淀五路居站，东段草房站；4 号线南端新宫站、枣园等；这些站点大多既是市区线路的终点站，也是郊区线路与市区线路换乘的起点站；

③ 对于其在城北生命科学园、沙河、回龙观等区域的聚集地，茅明睿等研究表明该区域客流量较大、客流群体年轻且收入高、以外地来京大学毕业生为主，高消费群体的居住地如图 9 所示，这类地点能使他们更容易获得报酬；

④ 灰色人群集中的站点周边通常都有待改造的棚户区（图 6 中土黄色）或者城中村（图 6 中灰色），该地区能够为灰色人群提供廉价的住房。

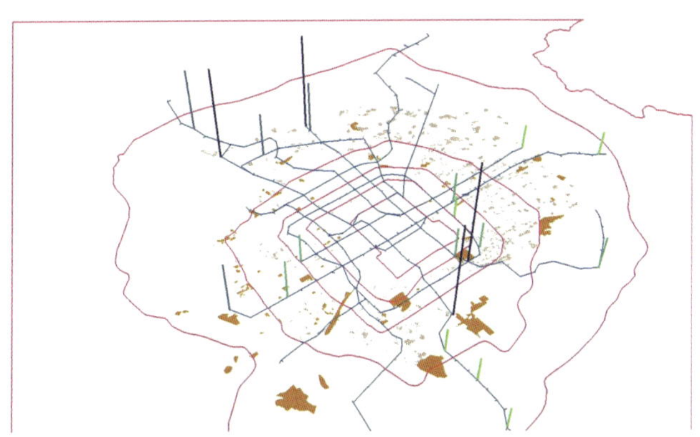

图 6 灰色人群进出站点的空间分布

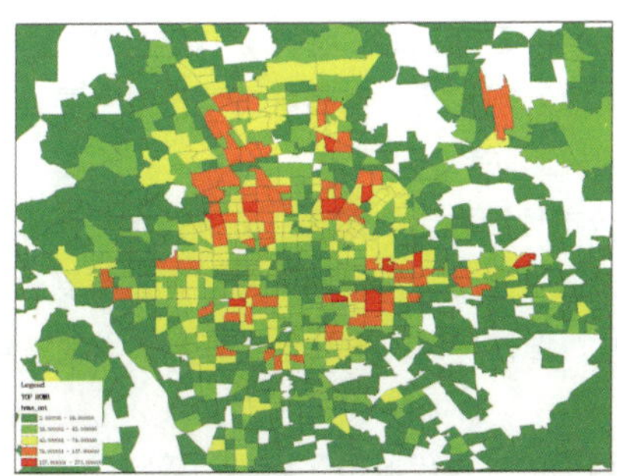

图 7 高消费群体的居住地

通过对灰色人群的“工作”时长分析表明：① 10 天中“工作” 4~9 次的灰色人群平均每次在地铁中“工作”近 10 小时，他们会在地铁内解决吃饭问题；② 10 天中“工作” 10~11 次的灰色人群每次“工作”时长近 4 小时。

（3）出行特征

通过分析地铁中的灰色人群的进出站时间，我们发现无论周末还是工作日，他们都会集中在 6 点半到 7 点半之间进站，而在 18:00 与 19:00 之间出站，而且他们周末也会“休假”。

北京市自 2014 年 12 月 28 日以后，公共交通的计费方式由以往的一票制改为分段计价方式，而且规定如果在地铁内停留时间超过 4 小时的将需补 3 元车费，我们利用 2015 年 1 月 7~13 日地铁刷卡数据，寻找地铁中灰色人群的行为变化。

① 人员及行为模式的变化

我们发现 481 名灰色人群中有 58% 的人（277 人）查不到他们的刷卡记录，除去其公交 IC 卡丢失等特殊情况，可以推测他们更换了其工作场所或已经离开北京，而剩下的 204 人中只有 8 人仍保留着原有的出行模式，即只有 4% 的人仍从事着以前的“工作”，为了避免由于在地铁中滞留时间超过 4 小时而被处罚，他们在地铁中的滞留时间由原来的 9.2 小时降为 3.2 小时。

② 灰色人群群体的变化

利用上述地铁里灰色人群的定义方法，我们从 2015 年的地铁刷卡记录中又出现了 84 位新的灰色人群，他们在地铁中的“工作”时间为 4.4 小时，而 8 位 2014 年与 2015 年相同的灰色人群，只有一位改变了活动站点。

3 思考

北京市于 2015 年 5 月 1 日起，正式实施《北京市轨道交通运营安全条例》，该条例规定在车站、车厢内乞讨卖艺，将据情节，被处 50 元以上、1000 元以下罚款。灰色人群是一个客观存在的群体，不在传统的城乡规划研究的范畴，不易通过任何调查方式所感知，利用公交 IC 卡刷卡数据可以感知到他们的存在，并掌握他们的出行模式，以此来评估经济手段、公共政策对该群体造成的影响。进一步，居民的日常行为轨迹和物理世界的动态变化情况正以前所未有的规模、深度和广度被数字世界所捕获，通过对他们的数字脚印进行分析和处理，从大量的数字脚印中挖掘和理解个人和群体出行模式和城市动态规律，并把数字脚印的信息利用到各种创新性的服务中，包括社会关系管理，公共安全维护，人类健康改善，城市资源和环境资源的管理与保护中。

城市规划与未来学

——浅谈未来学思维对城市规划理论发展的启示

安 悦
中国城市规划设计研究院

引言

2016 年 3 月 Google 人工智能 AlphaGo 战胜韩国围棋天王李世石，使人工智能（AI）成为街谈巷议的热点，加上虚拟现实、无人驾驶汽车等，未来学层面的新奇科技快速涌入我们的生活，也对传统城市和城市规划理念产生冲击。对于平日“沉醉”在写文本、赶图纸的规划师来说，似乎与未来“黑科技”关系不大。但很多人都忽略了，张庭伟等学者早就指出，城市规划本身就属于未来学领域。新技术和未来学很可能改变城市格局，也将激发城市规划的理论创新。

1 未来学的概念

“未来学”概念在1943年由德国学者弗莱希泰姆(OssiP Flechtheim)提出，作为研究人类社会未来的综合性科学，“以事物的未来为研究对象，通过研究科技和社会的发展动态，探讨选择、控制、改变或创造未来的途径”。

20 世纪 40、50 年代未来学家以社会科学为研究内容，带有明显的意识形态特征，到 60 年代转向社会经济研究，70 年代后以科学技术及对未来的改变为核心，覆盖社会、经济、科技、军事、全球等多领域。

未来学是一个极度开放的体系，70 年代罗马俱乐部成员米都斯（M. Meadows）所著《增长的极限》是影响力巨大的未来学著作，而奈斯比特、托夫勒（著有《第三次浪潮》）等畅销书作家也被认为是未来学者。随着信息技术和互联网兴起，尼葛洛庞蒂、比尔·盖茨、拉里·佩奇等也被纳入未来学家之列。

谈到城市规划的定义，除经济社会发展、土地空间利用等关键词外，对未来发展设定目标和空间安排也是重要一环，因此，城市规划也在未来学这个开放大系统之中。

近年来国内学界呼唤有中国特色的规划新理论，或许当今新技术发展和未来学思维能对规划理论研究产生启示。

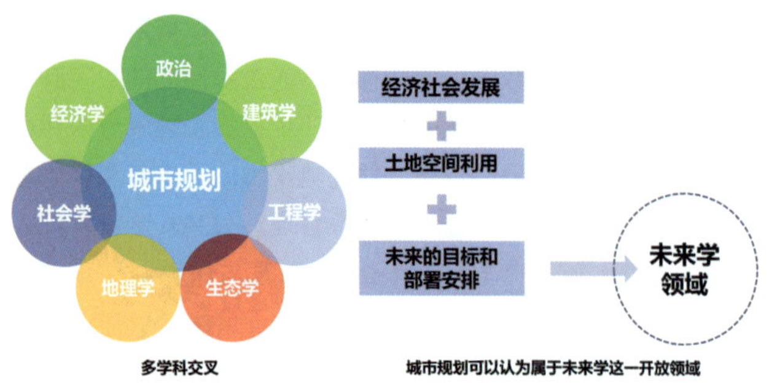

图 1 城市规划与未来学的关系

2 城市规划经典理论的未来学属性

人类对未来的研究与预测早已有之，回顾现代城市规划经典理论，我们惊喜地发现，这些理论中蕴含着极强的创造力和浓郁的未来学色彩。以霍华德“田园城市”理论为例，着重从“时代背景、破解问题、核心理念、技术运用”四个维度再次解读经典理论。

霍华德的“田园城市”理论

作为第一个现代城市规划的完整思想体系，田园城市理论来自霍华德 1898 年著作《明日：一条通向真正改革的和平道路》，书名有明显未来学色彩。

时代背景：19 世纪下半叶至 20 世纪初为第二次工业革命，人类进入“电气时代”，石油、电力、内燃机应用，大量科技发明涌现。

破解问题：英国经历高速工业化与城镇化，伦敦肮脏、拥挤、充斥贫民窟，工人生存状况不断恶化，与资产阶级矛盾加剧。

核心理念：

（1）土地公有，居民通过地租获得收益

田园城市理论产生于社会主义思潮，但不是激进的工人运动，强调民主与土地改革。

（2）人口向城市集聚来自“引力”，乡村地区也有价值和“引力”。

（3）充分认识和利用农用地（生态绿地）的价值。

（4）利用火车等技术形成快速交通线连接田园城市和中心城市。

技术运用：

当时的伦敦已有铁路、地铁、有轨电车等多种交通方式，内燃机汽车也刚刚发明。田园城市理论中主要通过铁路来实现城市间的快速联系。

田园城市理论融合“理念”、“技术”两点要素，对现实问题提出解决方案，并预测未来，并没有受政治环境和社会体制约束，理性严谨的同时也具有未来学属性。

柯布西耶的“现代城市”设想、赖特的“广亩城市”理论也是如此，没有体制上的思想束缚，有明确的理念（现代主义建筑思潮等），运用最新的技术（高层建筑技术、立交桥等工程技术、汽车的广泛使用等），提出的设想和理论鲜明、大胆、极具颠覆性，对后世有巨大影响。

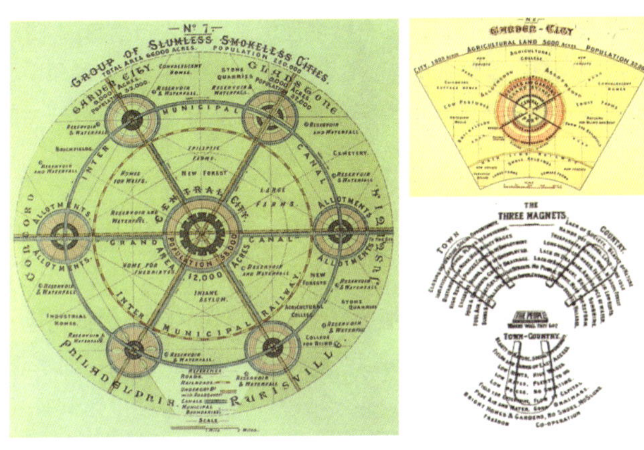

图 2 霍华德“田园城市”理论

图 3 柯布西耶“现代城市”设想

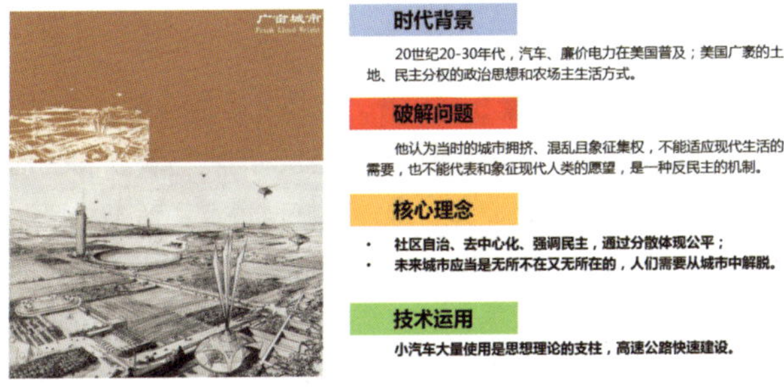

图 4 赖特“广亩城市”理论

3 通过未来学思维反思中国规划理论

有学者批判，当前中国规划界空有实践积累，而缺乏理论创新，而新理论的产生不是一件容易的事。

规划实践涉及四个层面内容：“政策战略、土地使用、系统构建、空间设计”，规划师做好四部分工作靠的是三点：政策体制、行业规范、已有经验，一个专业规划师的水平取决于对政策研究是否准确、行业规范是否熟悉、工作经验是否丰富，而不在于是否有理论突破的勇气和创造力。但是，体制、规范、经验对人思想的束缚也是不言而喻的。

已有规划理论多来自建筑学、经济学、社会学、地理学、生态学，是开放领域，是多学科思想在土地空间上的投射，邻里单元、新城市主义等理论虽没有明显的未来学特征，但对理念或技术的关注都是十分明显的。

当前，我们应再度研习经典理论，回归“未来学传统”，全球化和互联网背景下未来学者对新技术、新理念的关注是极为敏感和“贪婪”的，他们对未来趋势的判断不受体制因素限制，而相信技术和理念能改变世界。

看看 Google 在做什么：旗下的 DeepMind 开发出人工智能 AlphaGo，Sidewalk Labs 在推动智慧城市，Google X 实验室研制的无人驾驶汽车已经行驶 48 万公里，而 Calico 则在努力实现人类的长生不老，每一个新技术和想法都可能在不远的未来改变我们的生活和城市，也改变城市规划实践的规范和套路。

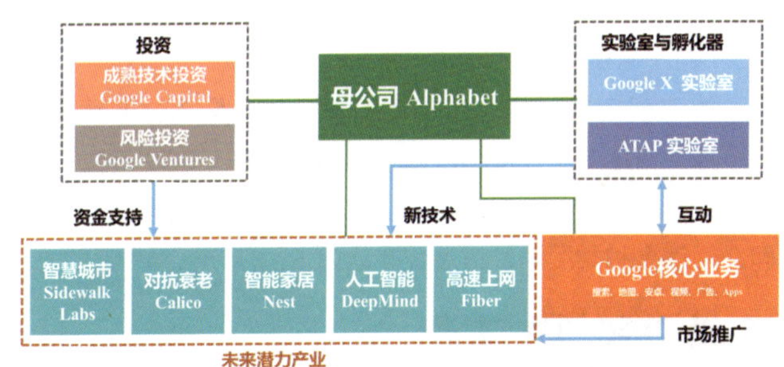

图 5 谷歌公司在未来潜力技术与产业上的发展格局

对新理论的期盼是规划学界、业界的共识，我们要解放思想、扩大视野、从既有思维框架中跳出，抛弃积累多次实践就能总结出新理论的幻想，去关注和思考全球最新的变化和技术，拥抱未来学。

POI 数据在城市现状分析中的应用

——以广州市中心城区为例

刘　钊
同济大学建筑与城市规划学院

1 POI

POI 是“Point of Interest”的缩写，可以翻译成“信息点”，一般来说，每个 POI 至少包含四方面信息：名称、类别、经纬度、类型属性等信息。可称为“导航地图信息”，导航地图数据是整个导航产业的基石。

百度地图 POI 即百度电子地图里面的各类标注信息，包括城市中各类商家、店铺、机构、社区以及道路等信息点的名称，类型和经纬度坐标等信息。其中，最重要的两个属性是地理坐标和类型属性，因为这二者直接可以在 GIS 中转化为空间和属性数据，这也是我们可以考虑在城市规划的现状分析中使用的一个直接原因。

2 数据准备

（1）百度地图广州市 POI

本文研究使用的广州市百度 POI 数据是来自于网络开放数据，包括 5.5 万条广州本地的 POI 数据（CSV 格式，获取日期：2015 年 12 月之前），具体属性基本包含两大类，即空间信息和类型属性信息，具体如下图所示：

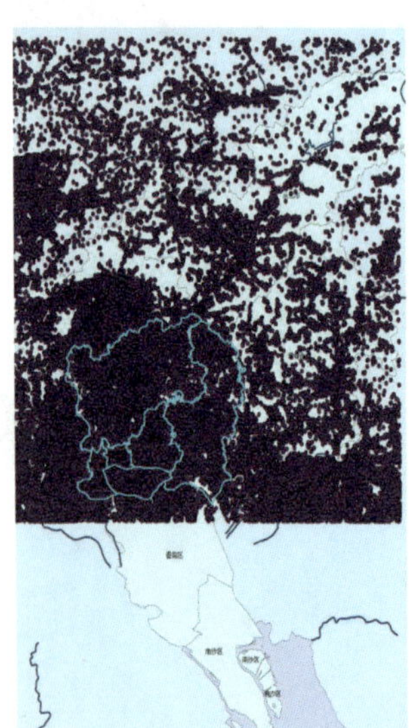

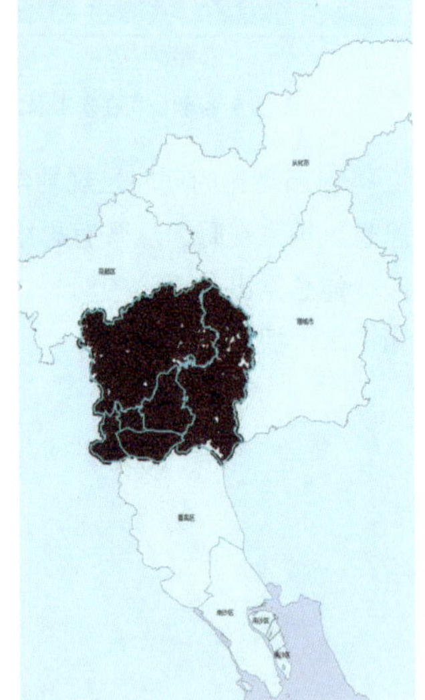

图 1 典型 POI 信息表导入 GIS 并区域化（限定为中心城区）

（2）广州市基础 GIS 数据

出于目的性考虑（本文仅作为研究方法的一个探讨），广州市 GIS 基础数据仅包括行政边界和基本的城市结构要素（实际项目中可无限叠加任何空间属性信息），具体包括但不限于：①区划信息；②自然地理信息；③人口信息；④社会经济信息；⑤用地信息；⑥道路交通信息等，项目操作中，可根据规划分析的深度需要和偏重以及实际的具体情况，综合确定。

3 分析思路

基本分析思路可以分为三个部分：数据获取；数据处理；数据分析。前两个部分可以统称为数据准备的过程，如本研究前两部分内容所述。

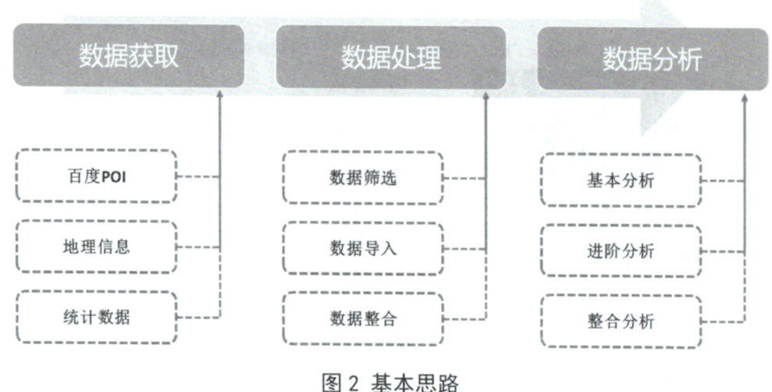

图 2 基本思路

4 基本分析

（1）数据筛选

原始 POI 数据总量 55.16 万，经初步筛选，保留 24.55 万，其中排在前四位的分别是公司企业、购物、餐饮和生活服务；倒数前四位的是山体、绿地、旅游景点和商务大厦。考虑到百度 POI 主要提供地点和路径服务，上下班通勤、购物、餐饮娱乐占据了数据量的主流，而公园绿地和旅游景点等其绝对数量本身在城市中就是非常少的。

（2）基本分析

将 POI 整体数据，以及按照不同属性划分的 POI 点数据分布在广州市的遥感图像上，可以发现有如下特点：①POI 整体分布与建设用地分布基本一致，基本上全面覆盖；②居住点相对于其他类型数据，更加集中于老城中心和滨水地带（越秀、天河、海珠三区）；③就业点的绝对数量最多，覆盖更加均衡，其他的诸如商业、餐饮、公共服务等与就业信息点的分布关联性要大于居住的分布，说明广州是一个以就业而非居住为主导的城市，各类商业和公共服务设施的服务对象是主要公司职员而非城市居民。

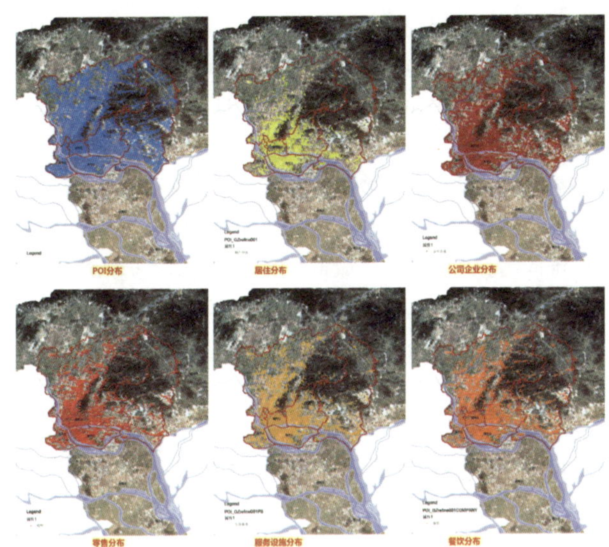

图 3 POI 整体及各类型的空间原始分布状态（叠加遥感影像）

5 进阶分析

从上述的基本分析过程，已经能够初步阅读城市的基本空间特征，并发现了一些有趣的现象，这些特征需要被精确化和量化表述，并进一步发掘内部联系，用于城市之间，或城市内部之间的对比研究。

（1）POI 密度分析

使用密度分析工具，分别对居住和零售的 POI 进行密度分析，如下图所示，可以发现：①居住和商业的空间分布具有明显的向心性，居住点的中心位于海珠区和越秀区交界的滨水区，商业点的中心以越秀区为中心呈现多中心的分散布局；②密度分析印证了初步分析的判断，但是更加精确，结合三维显示，空间关系表述更为清晰，同时有量化数据。

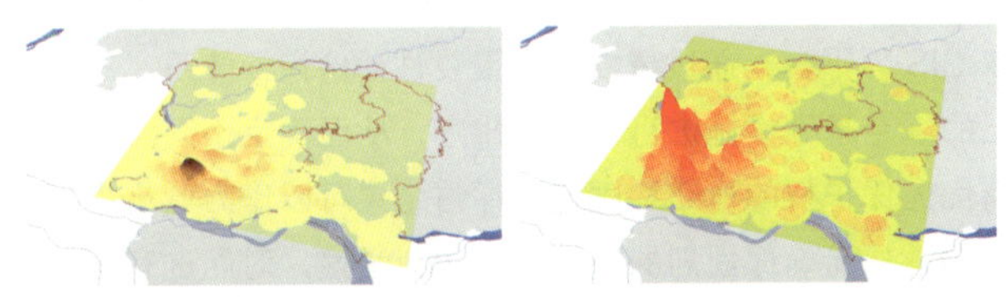

图 4 居住和商业 POI 密度分布 3D 显示

（2）POI 分区密度分析

在规划中，有时候需要对比每不同分区或者街道的密度数据，与统计数据进行关联性分析。以居住 POI 为例，分别计算每个分区的 POI 总量和每平方公里的数量密度，并与统计年鉴中的人口密度数据进行对比，二者基本吻合，可以证明居住 POI 数据就有较高的可信度（可进行关联度统计分析，考察数据的准确度）。

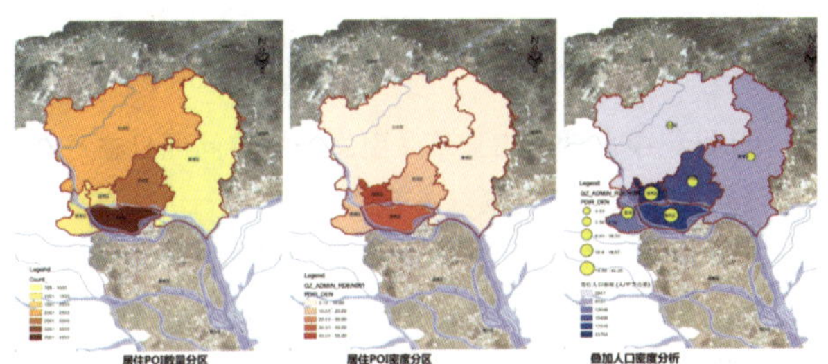

图 5 居住 POI 密度分区及与人口密度分区对比

（3）不同类型 POI 空间关联度分析

在规划中，有时候也需要对居住和服务设施的空间关联度进行分析，以便利店 POI 为例，考察便利店与居住小区的分布关系。结果如下图所示：①初步统计，距离便利店 500 米以上的小区有 1832 个，其中有 626 个小区距离便利店的距离超过 100 米；②这些不方便的小区大部分位于城市郊区；③整体小区距离便利店位置平均距离 265 米。

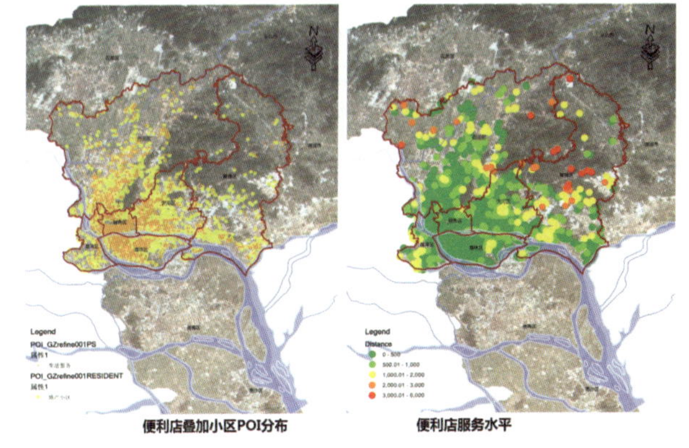

图 6 便利店服务水平示意图

6 小结

POI 数据在城市规划分析领域中具有非常切实可行的用途。具体而言，具有以下几个方面的优势：

（1）数据量大，接近全样本分析。以广州市为例，仅仅是中心城区数据量就有 25 万，市域可近百万，这是一般的规划研究或分析所不能企及的。这保证了分析结合在宏观方面更有可靠性。

（2）时效性强，获取速度快。POI 数据的获取是非常快的，同时时刻处于更新的状态，这也是传统的规划数据不能比拟的。

（3）格式统一，利于储存和转化。传统的规划数据由不同的公司、政府部门，甚至个人提供，格式上无法统一，需要花费大量的时间进行转换。而 POI 因为是独立公司提供的数据，格式相对统一，且电子地图与 3S 技术相对完善，转移到规划技术平台在技术上没有障碍。

基于绿色基础设施评估的城乡空间结构模拟与调整

郭　嵘　白玉静
哈尔滨工业大学建筑学院

1 引言

19 世纪中后期，工业革命引发的城市问题日益严峻，人们开始关注从生态角度对城市空间结构进行优化与调整，促进城市与自然融合，让城市发展的同时保证生态系统的安全。体现生态理念的城市空间结构探索，随着时代议题的转变和先哲智慧的挖掘，内涵逐渐丰富，包括城市公园运动、带型城市、田园城市、设计结合自然、生态基础设施、绿色基础设施、生态城市等。在当前我国城市病突出、城市发展面临困境的背景下，生态导向的城市空间结构研究依然是热点。正如在中央城市工作会议强调的“城市发展要尊重自然”，“合理布局生态空间，提升城市的宜居性”，可见，现今城市发展中生态保护思想仍然具有举足轻重的地位。其中，绿色基础设施作为近些年兴起的新概念，在国外的理论与实践发展中，其充分展现了在城市发展与生态保护方面的双重优越性，成为研究新宠。然而国内对绿色基础设施的研究集中于对国外理论与实践研究的梳理，真正落实到具体区域或城市的实践较少，对实际规划工作中绿色基础设施的作用重视程度不够。因此，论文探讨把绿色基础设施评估与空间结构的研究结合在一起，让绿色基础设施的优势作用在城市实际发展中得以真正体现。

2 概念与研究尺度

（1）概念

绿色基础设施(Green Infrastructure, GI)研究源于美国，并逐步扩展到加拿大、欧盟等地区，其概念侧重点在各国不尽相同。经历二十多年的发展，绿色基础设施的内涵逐渐丰富和完善，较全面的表述从两个层面展开：一方面指具有生态价值的资源，用于维护生态过程，实际规划中以保护和修复为主；一方面指灰色基础设施工程的生态化，实际规划中以工程建设和改造为主。

城市空间结构是城市经济、社会、文化、自然等要素在空间上的投影，也可理解为城市生产、生活和生态三大空间相互组合关系和空间分布特征，主要通过土地利用结构体现。城市空间结构一般可分为城市内部空间结构和外部空间结构，内部空间结构以主城区为主，研究城市土地利用演化和分布；外部空间结构以主城区及其周围郊区、卫星城、乡村腹地等为对象，研究市域范围内城乡统筹发展的空间结构。

（2）研究尺度

绿色基础设施的研究尺度广泛，可以适用于国家、地区、城市、乃至社区级别，适用范围较广。城市空间结构的研究尺度也比较广泛，包括城市群、市域、城市内部、城市边缘区等。考虑到与城市规划工作衔接（见图 1）、实现城乡一体化发展的目标和实际工作的复杂性、行政区域的限制，市域研究尺度既能保证城乡统筹发展又能从总体上对生态资源进行识别和保护，同时也能避免跨行政区域带来的实施与监管困难问题。主城区作为城市发展和建设用地扩张的主要区域，城市空间结构和生态环境的良性互动至关重要，因此，在总体空间结构研究的基础上，也应重点对生态导向的主城区空间结构进行研究，推动可持续城市和宜居城市的建设。

综上，对基于绿色基础设施评估的城乡空间结构研究较宜从市域和主城区两个尺度进行。

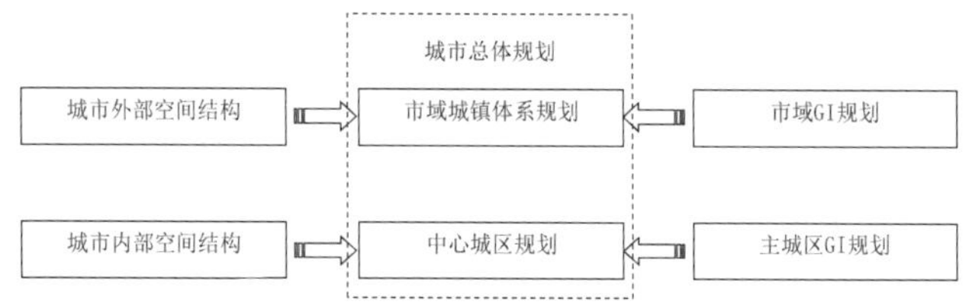

图 1 研究尺度与规划衔接示意图

3 绿色基础设施识别与评估

绿色基础设施的识别要根据各地区实际情况，分尺度进行识别。应采用资料收集（包括遥感数据、地形数据和各类专题数据的收集）和实地踏勘两种手段结合的方法，才能较准确的识别出各研究区具有生态价值的资源。通过枢纽（Hubs）和廊道（Links）的辨识，形成主城区和市域两个尺度的 GI 网络。

绿色基础设施评估是美国马里兰州首先提出并应用的，以 GIS 为平台，通过建立生态重要性评价指标体系，对识别出的绿色基础设施进行评价与排序，从而确定不同尺度下具有优先保护权的枢纽和廊道。评估结果可以作为城市规划的底图，从而确保规划的可持续性和科学性，对促进宜居城市建设和城乡统筹发展具有重大意义。

4 基于绿色基础设施评估的城乡空间结构模拟与调整框架构建

基于绿色基础设施评估的城乡空间结构研究框架构建有助于实现生态安全和城乡一体化发展的双重目标，对现阶段我国城市发展具有重要的理论与实践意义。框架的构建可以从两种思路（见图 2）进行，思路一：把绿色基础设施评估结果作为约束条件，进行参数化转换，建立约束性元胞自动机模型，对土地利用变化进行模拟，在模拟过程中实现调整城乡空间结构的目的，输出的结果即为保证生态安全的城乡空间结构；思路二：根据城市土地利用变化的规律建立元胞自动机模型，模拟出土地利用结构，将模拟结果依据绿色基础设施评估结果进行调整，确定城乡空间结构。以上模拟与调整分主城区和市域两个尺度进行，也可以对两种研究思路的结果进行比较，验证结果的合理性。

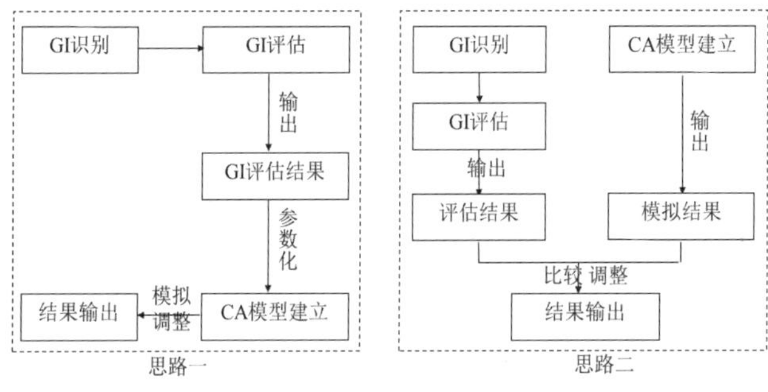

图 2 基于绿色基础设施评估的城乡空间结构模拟与调整框架

5 建议和措施

在各级城市规划工作进行之前应该先进行不同尺度的绿色基础设施规划，并以立法的手段进行监督和管理，以保证城市增长是在生态安全的前提下进行的。在绿色基础设施的规划中，不仅要识别出具有生态价值的资源，还能够通过灰色基础设施的生态化建设和改造工程增加城市的生态化程度。在此基础上的各种城市研究也就无法突破城市的生态底线而对城市发展造成负面影响。另外，对绿色基础设施规划手段可分建设用地和非建设用地区别对待，属于建设用地性质的绿色基础设施主要采用恢复和生态工程化的手段，属于非建设用地性质的绿色基础设施则主要采用恢复和保护的手段。

6 结语

绿色基础设施是精明增长和精明保护思想融合的体现，其对于可持续空间结构的形成意义空前，能够有效提升城市活力，引导城市良性发展。基于绿色基础设施评估的城乡空间结构模拟与调整研究正是端正城市发展指导思想的体现，对解决现阶段我国城市普遍出现的“城市病”具有理论与实践的双重意义。

基于城市生态安全的城市空间增长模拟研究

郭 嵘 高 野
哈尔滨工业大学建筑学院

在新时期的城镇化发展进程中，我国从 2009 年起城镇化率平均每年增长 1% 左右，但我国城镇土地年增长率却达到 3% 左右，大于城镇人口的增长速度。城市空间的快速增长带来的不仅仅是人类生产生活空间的增加，也带来了自然生态系统及人类生存环境的种种危机。2015 年 12 月 20 日，中央城市工作会议系统性提出了“一个尊重”和“五大统筹”的基本思想，“一个尊重”是确保城市发展顺应客观规律，遵循规律保证城市发展不走入歧途；“五个统筹”是保证规划工作为城市可持续发展筹谋，以规划手段为城市发展提供前瞻性的综合导引。城市空间增长应符合城市发展规律，至少不要损害到城市生态系统的协调发展。寻求科学的规划方法，建立有效的决策工具也成为了当下城市规划工作的迫切诉求。

城市生态系统的安全是实现可持续发展的基础，城市空间增长中应保证城市生态安全，统筹城市各方面的和谐发展，以确保城市空间增长不以牺牲城市可持续发展能力为代价。城市是一个复合的生态系统，由社会、经济、自然三个子生态系统构成，它们之间存在着紧密的联系和生态系统服务功能的流转与衰减，并共同支撑着城市发展（图 1）。生态系统服务功能作为表征区域可持续发展水平的综合指标度量，也可以表征城市生态安全状况。通过分析城市增长对生态系统服务功能的空间转移的影响（图 2），明确其对生态安全影响机制，建立“城市空间增长－生态安全－元胞自动机”模型，以此来模拟分析适宜的城市空间增长情景，为城市空间增长提供决策依据。

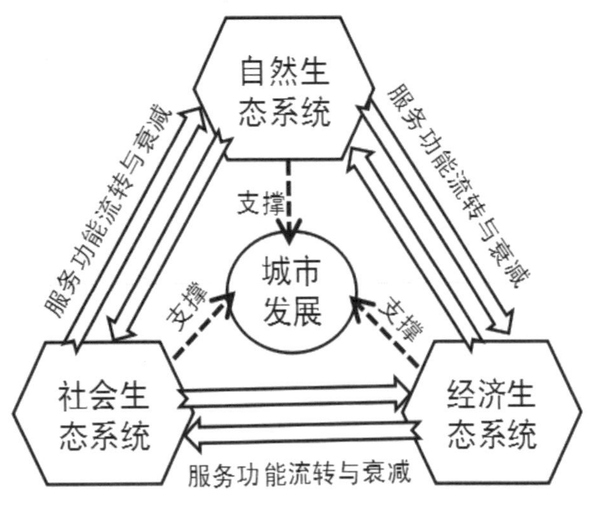

图 1 城市生态子系统示意图

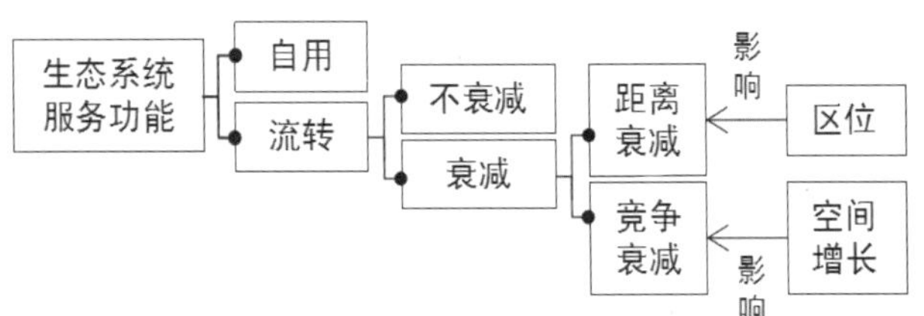

图 2 生态服务功能流转与影响示意图

研究主要包含四项内容（图 3）：第一，深入分析城市自然系统，经济系统和社会系统的生态服务功能，将城市用地分为 10 类（其中建设用地 8 类，特殊管控与及其他），根据其生态服务特点结合权重分析，构建含有 10 个子体系的城市用地的生态安全评价体系；第二，分析城市空间增长对城市每类用地的生态安全的影响机制，并划分城市生态安全等级（以 D 来表示，包含 D1 至 D3 这 3 个等级，其中 D1 生态安全等级最高，D3 最低），构建城市空间增长对城市生态安全的作用函数；第三，利用以上研究结果，构建“城市空间增长－生态安全－元胞自动机”模型；第四，对不同的城市空间增长情景进行模拟，分析模拟结果得到：①每个生态安全等级的城市用地面积比例，即生态安全等级比（SD1:SD2:SD3）；②落实于每类城市用地的城市生态安全等级分布图。通过对比这两项结果，确认多个情景中最佳城市空间增长情景。

图 3 基于城市生态安全的城市空间增长模拟研究路径图

其中，应用元胞自动机模型对城市空间增长进行模拟研究，首先构建以生态服务功能中的调节服务 (a)、供给服务 (p)、支持服务 (s) 和文化服务 (c) 四个方面为评价因子、包含 10 个用地子体系（n_1，n_2，…，n_{10}）的城市用地的生态安全评价体系（ES），即：

$$ES := ES\{f_n(a,p,s,c) : n = n_1, n_2, \cdots, n_{10}\} \qquad (1)$$

其次以城市空间增长区位（l）、城市空间增长面积（t）为相关变量，构建城市空间增长对城市生态安全的作用函数（F）：

$$F := F\{f_n(l,t) : n = n_1, n_2, \cdots, n_{10}\} \qquad (2)$$

将（1）和（2）纳入到元胞自动机模型，以 P_{i+1} 为下一时刻元胞状态，P_0 为邻域状态，P_i 为当前状态，得到“城市空间增长－生态安全－元胞自动机”模型：

$$P_{i+1}=P_0(ES_0,\ F_0)+P_i(ES_i,\ F_i) \qquad (3)$$

以 ArcGIS 为操作平台，应用该模型对不同的城市空间增长情景进行模拟，如图 4 所示，通过对模拟结果分析，得出:

（1）A、B、C 情景中的生态安全比分别为：6:13:9、10:12:6、10:12:6，情景 B 和情景 C 的生态安全比相等且高于情景 A;

（2）情景 C 中居住用地、公共管理与公共服务用地，绿地的生态安全等级相对情景 B 低，所以情景 B 为最优城市空间增长情景。

基于城市生态安全的城市空间增长模拟研究，以生态系统服务功能为城市生态安全等级的度量，利用模拟的方法研究城市空间增长的适宜性，是一种底线研究，以确保城市空间增长遵循城市发展规律，并且不会对城市发展造成不可修复的损害；也是一种统筹研究，将城市各个系统都纳入到一个体系中进行综合判定；还是一种从宏观到微观综合研究，将生态安全分析落实于每类城市用地研究城市空间增长，给予城市规划工作最直观的可视预警分析和决策依据。

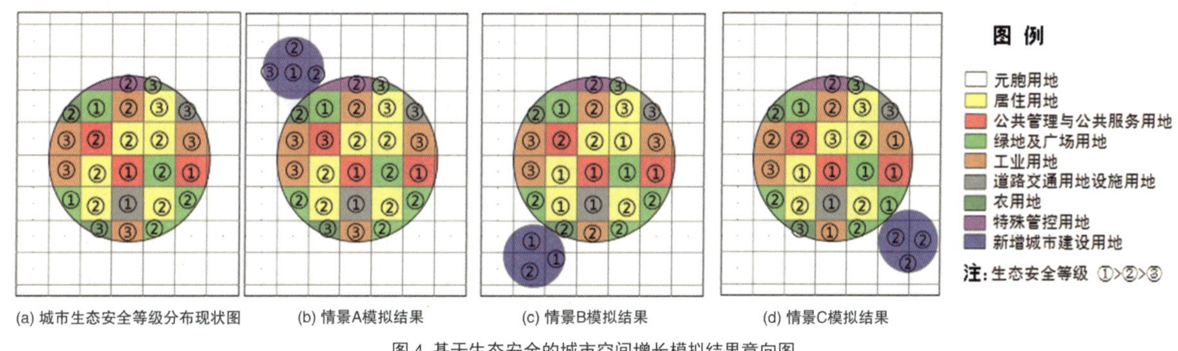

(a) 城市生态安全等级分布现状图　(b) 情景A模拟结果　(c) 情景B模拟结果　(d) 情景C模拟结果

图 4 基于生态安全的城市空间增长模拟结果意向图

长三角地区城市网络腹地的划分

——基于企业联系的视角

李　涛
复旦大学城市发展研究院

1 城市腹地的划分：从属性方法到网络方法

区域内中心城市的腹地划分，一直是经济地理和区域规划研究的热点领域。传统的腹地划分方法受中心地理论的影响较大，通常运用城市的属性数据（人口规模、GDP 等）和空间距离，通过引力模型、断裂点模型、场强模型等方法，来确定区域的中心与腹地的关系。这些方法秉承了传统城市体系理论的等级思想，具有明显的规模等级和空间临近性的特点。

在信息化、全球化的语境下，城市的影响力开始相互重叠，已经没有明显的空间边界，以传统、静态的属性数据为基础针对个别城市的研究正在面临巨大挑战。与此同时，关注城市之间相互联系的研究正在逐步兴起。城市体系不仅是地理上的相邻性，更重要的是经济上的关联性。越来越多的学者开始通过运用关系数据 (relational data) 来进行城市网络研究，其中一个重要的研究方向就是网络腹地的划分。区别于传统中心地理论中的“腹地”，“网络腹地”不受地理边界的约束，具有空间的重叠性。

2 方法与数据

基于企业关联网络的腹地划分有两种方法。一种是根据网络联系的关联强度 (Connectivity) 来界定网络腹地；第二种方法是依据网络联系的相对强度来界定网络腹地。本研究从城市关联网络的视角，以企业分支数据为基础，以长三角地区 16 个核心城市的区市县单元为研究对象，将两种网络腹地的划分方法——网络关联度法和相对关联度法进行实证分析和比较。图 1 直观地显示了两种测度方法的异同所在。根据网络关联度法，对城市 i 与其他所有城市的网络关联度（即纵轴 V_{ij}）进行层次聚类，处于前两个层级的城市 (*a*, *b*, *c*) 就是城市 *i* 的网络腹地。根据相对关联度法，对城市 *i* 与区域内其他城市 j 的网络关联度 V_{ij} 与这些城市自身的总关联度 N_j 做回归分析，V_{ij} 明显偏离回归值（标准残差大于 1）的城市 (*a*, *d*, *f*) 就是城市 *i* 的网络腹地。在数据来源方面，以 2010 年工商局注册公司数据库为基础，运用 access 和 Excel 软件，构建 88×88 个空间单元的关联网络矩阵，进而进行网络关联度的计算。

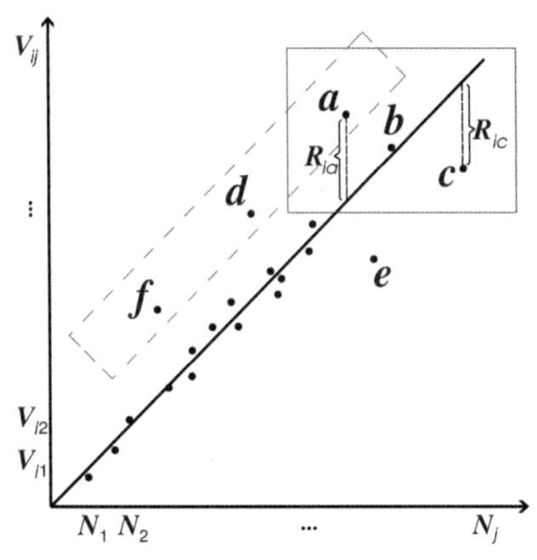

图 1　网络关联度法和相对关联度法的模型图示

3 实证结果

将两种测度方法得出的结论进行比较，可以发现明显的异同所在（图 2，表 1，表 2）。在相同点方面，不管是哪种方法得出的网络腹地，都具有很强的地域性特点，体现在两个方面：第一，行政区经济明显，各个空间单元的网络腹地单元大多分布在各自省域或市域范围内，与其他省市的空间单元的关联度往往相对不高。第二，地域邻近性较为明显，这在处于行政边界处的单元表现得尤为明显，例如崇明的网络腹地，用网络关联度法包括上海市区和嘉定，用相对关联度法则包括上海市区和启东，而这三个单元正是在空间上与崇明临近的单元。

在不同点方面：①上海市区的网络腹地，用网络关联度法得出的结果是所辖郊区单元和区域内主要市区单元，而用相对关联度法得出的结果则显示上海市区与郊区单元保持强关联，而与区域内其他市区单元保持弱关联；②杭州市区、南京市区同样也体现出以上特点，只不过相对关联度法得出的网络腹地中，增加了更多的郊区单元，同时也更能体现出省内行政区经济的特点，与此类似的，苏州市区、宁波市区等第三层级的单元也表现出类似特点；③处于行政区边界的空间单元，其网络腹地的跨区域特征在相对关联度法的结论中体现的更为明显，例如崇明与启东存在强关联，同样的例子还包括宁波市区与舟山市区、常州市区与江阴、昆山与太仓等。

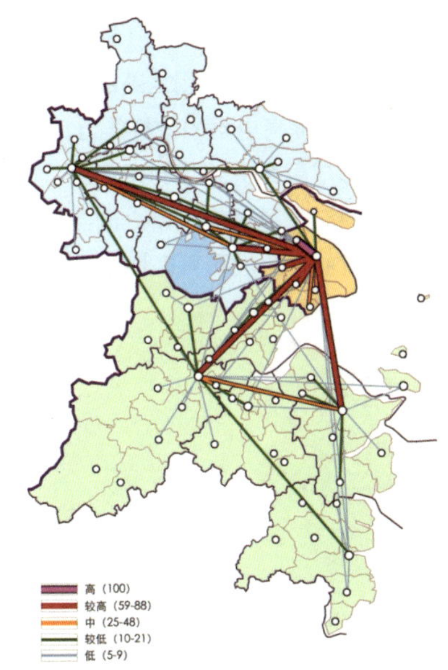

图 2 长三角区域城市网络图示

表 1 长三角地区的网络腹地划分（网络关联度法）

空间单元	网络腹地(网络关联度法)	
	第一层级关联单元	第二层级关联单元
上海市区	嘉定	松江、杭州市区、青浦、南京市区、苏州市区、宁波市区
嘉定	上海市区	杭州市区、苏州市区、南京市区
松江	上海市区	杭州市区、青浦、苏州市区、南京市区
崇明	上海市区	嘉定
南京市区	上海市区	苏州市区、江宁、栖霞、六合、无锡市区、常州市区、扬州市区、南通市区、杭州市区、镇江市区
苏州市区	上海市区	南京市区、昆山、吴江、无锡市区、常熟、张家港、杭州市区
无锡市区	上海市区	南京市区、江阴、苏州市区、宜兴
常州市区	南京市区	上海市区、无锡市区、苏州市区
昆山	上海市区	苏州市区、南京市区
杭州市区	上海市区	宁波市区、萧山、余杭、嘉兴市区、台州市区、绍兴市区、南京市区、湖州市区、苏州市区
宁波市区	杭州市区	上海市区、慈溪、余姚、宁海

表 2 长三角地区的网络腹地划分（相对关联度法）

空间单元	网络腹地(相对关联度法)	
	强关联单元	弱关联单元
上海市区	嘉定、松江、青浦、金山	南京市区、杭州市区、宁波市区、南通市区
嘉定	上海市区	南京市区、杭州市区、宁波市区、苏州市区、无锡市区
松江	上海市区	南京市区、杭州市区、宁波市区、苏州市区、嘉定、无锡市区
崇明	上海市区、启东	南京市区、杭州市区、苏州市区、宁波市区
南京市区	江宁、栖霞、六合、苏州市区、无锡市区、扬州市区、常州市区、浦口、镇江市区、高淳、南通市区、雨花台	宁波市区、杭州市区
苏州市区	昆山、吴江、南京市区、常熟、张家港、太仓、无锡市区	杭市区州、宁波市区
无锡市区	江阴、南京市区、宜兴、常州市区、苏州市区	杭州市区、宁波市区
常州市区	南京市区、无锡市区、金坛、溧阳、宜兴、江阴	杭州市区、宁波市区
昆山	苏州市区、上海市区、太仓	杭州市区、宁波市区
杭州市区	宁波市区、萧山、余杭、嘉兴市区、绍兴市区、台州市区、湖州市区、富阳	南京市区、南通市区
宁波市区	杭州市区、慈溪、余姚、宁海、奉化、象山、舟山市区	南京市区、苏州市区

由于两种测度方法各有优劣，本研究尝试将两种方法相结合（表 3）。可以发现：① A 类腹地单元是各个单元的主要网络腹地，由于得到了两种方法的确认，因此这些单元一定处于该单元的网络腹地中；② B 类腹地单元以区域内主要市区单元为主，由于以关联度的绝对值为衡量标准，因此更能体现跨省市的网络联系；③ C 类腹地单元则大多数是县、县级市或郊区，能够体现出绝对值不高，但是相对值较高的网络联系，行政区经济和地域临近性也有更明显的体现。

表 3 长三角地区的网络腹地划分

空间单元	A类腹地单元	B类腹地单元	C类腹地单元
上海市区	嘉定、松江、青浦	杭州市区、宁波市区、南京市区、苏州市区	
嘉定	上海市区	杭州市区、苏州市区、南京市区	
松江	上海市区	杭州市区、青浦、苏州市区、南京市区	
崇明	上海市区	嘉定	启东
南京市区	苏州市区、江宁、栖霞、六合、无锡市区、扬州市区、常州市区、镇江市区、南通市区	上海市区、杭州市区	浦口、高淳、雨花台
苏州市区	南京市区、昆山、无锡市区、张家港、常熟、吴江	上海市区、杭州市区	太仓
无锡市区	南京市区、苏州市区、宜兴、江阴	上海市区	常州市区
常州市区	南京市区、无锡市区	上海市区、苏州市区	金坛、溧阳、宜兴、江阴
昆山	上海市区、苏州市区	南京市区	太仓
杭州市区	宁波市区、萧山、余杭、嘉兴市区、绍兴市区、台州市区、湖州市区	上海市区、南京市区、苏州市区	富阳
宁波市区	杭州市区、慈溪、余姚、宁海	上海市区	奉化、象山、舟山市区

4 结论

网络关联度法强调以网络关联度的绝对值为度量指标，因此在其得出的结论中，区域内网络关联度较高的高层级市区单元则更有可能成为大部分空间单元的网络腹地；相对关联度法考虑了之于总关联度的相对关联度，更能够揭示出总关联度较低的空间单元的网络联系格局。与此同时，由于总关联度较低的空间单元往往是郊区、县或县级市单元，而且通常处于行政区边界，因而相对关联度法的结论也往往会更明显的体现出行政区经济特征和跨行政区边界的联系特征。这两种方法的差异实质上也体现出两者的优势和劣势。网络关联度法更能体现网络的主要联系方向和整体格局，有利于把握区域内主要空间单元的网络联系，但是却会忽略绝对值较小，相对值较大的网络联系。而相对关联度法则可以更为深入的揭示区域网络的地域性，尤其是那些总关联度较低的单元（郊区、县、县级市），其网络腹地单元会在前一种方法中被忽略。因此，两者方法互为补充，可以丰富我们对网络腹地的认识。

基于智慧城市的创新市政设施规划

——以浑南新城为例

张卉蕾
沈阳市规划设计研究院

1 前言

在演讲之前，我先给大家分享一个小故事。在一个明媚的午后，一位老奶奶正在准备下午茶，但是突然她心脏病发作倒在了上，不过很快急救医生和护士就赶到现场，并且迅速准确地成功抢救了奶奶。

医生的赶到是偶然吗？准确的对症下药是偶然吗？当然不是，是老奶奶手上的智能手环在奶奶身体不适时将信息传递给医生，并全程记录下奶奶患病的身体参数。正是这些信息帮助医生迅速准确的治疗。而这个故事发生在 10 年前，美国的一个智慧城市的先驱小镇。

2 概念及特点

智慧城市是什么？百度百科告诉我，智慧城市是运用信息和通信技术手段感测、分析、整合城市运行核心系统的各项关键信息，从而对包括民生、环保、公共安全、城市服务在内的各种需求做出智能响应。

而抛开这生硬的官方解释不谈，我想说，智慧城市，就是参照于人、服务于人的新兴城市体。

3 基于智慧城市的创新市政设施规划

智慧城市应该形成类似于人的“感知—判断—反应—学习”的智慧系统。

当今社会随着新兴信息技术与应用模式的涌现，云计算、物联网等技术模式快速的发展，从而使得全球数据量呈现出爆发式增长态势，大数据时代的到来不仅带来科技的革新，更改变了人们的生活、出行、休闲习惯，而以人为本的市政设施规划更应该基于大数据合理改变。

（1）智慧性—编织智能供电网络

譬如智慧电网规划，首先，通过收集供电网络中不同等级、不同路径、不同时间内的供给量、延续时间等数据，感知负责区域内不同用户在不同时间的用电量；之后，通过对数据科学的统计处理分析得出不同用户的使用规律；再后，根据计算出的不同用户用电习惯，及时改变不同用户的配电量；最后，通过一段时间的数据累积结合“感知、判断、反应”过程中的反思学习，不断完善供电网络，形成更贴近真实用电负荷的智慧供电系统。最终实现用电监控、负荷管理、线损分析，达到自动抄表、错峰用电、用电检查、负荷预测和节约用电成本等目的。

浑南新城规划供电系统将采用全新的智能电网，新建各级变电所全部智能化，提高电网的分析能力，建设储能系统，设置分布式电源，形成更为有效地利用能源，使浑南新城成为低碳环保城市的典范。通过变电所之间互相的联络，形成二路电源，提高供电的安全性和可靠性。

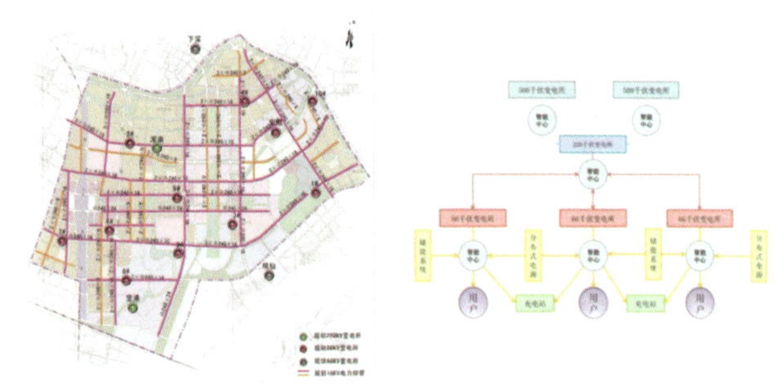

图 1 智慧供电网络规划示意

（2）及时性—敷设实时监控的综合管廊

而智慧城市的另一个名片就是综合管廊，地下综合管廊是保障城市运行和市民生产生活的重要载体，是一种现代化、集约化的城市基础设施，是城市赖以生存和发展的“生命线”。地下综合管廊也称共同沟，顾名思义是把市政管线中的电力、通信、给水等各种管线中的两种以上集于一体，在城市道路下方建造一个集约化的隧道进行统一规划。新型的市政规划将结合地下综合管廊建立智能的监控系统，实现现场录像、实时监控、及时反馈、远程巡视、远程访问、报警联动的目标。若管廊内发生危险气体泄漏事故，系统将自动通过气体探测器及实时监控画面智能分析，在管廊上准确判定具体部位，进行报警信息，智能视频分析系统采集到气体泄漏画面由工作人员手动触发报警装置，运行灵活使用方便。结合大数据的新型实时监控地下管廊的建立对于市政设施规划的决策系统、执行系统和反馈系统起到统筹兼顾作用，改变规划管理的滞后性和低效率，提高规划时效性。

浑南新城内敷设的综合管廊，累计总长度达到 24 公里，其中包括电力、电信两种管线。管廊内共布置 400 多个远红外线摄像头和 300 多个双鉴红外对射探测器，将管廊内的情况实时掌控，并反馈至控制中心的长 8 米，宽 1.8 米的大屏幕上，保证了发生火警、盗警、故障、水情等情况时，通过控制中心的大屏幕可以及时获取事故的准确信息，并通过远程操控进行预处理，通过预处理将事故控制在小影响程度中，然后再利用充分的时间进行定点定性的事故处理。借助实时监控的地下综合管廊系统可以避免管理不畅达所引起的市政方面的事故，实现高效的规划。

（3）民主性—建设基于微博、微信和手机 APP 的公众参与平台

而服务于人最重要的关键就是以人为本，如何做到了解民意、符合民意，也是智慧城市的一个突破。在传统的社会体制中，规划被认为是一个技术问题，参与其中的主要是政府部门和相关的技术人员，公众基本处于事后被告知的地位。随着社会主义市场经济体制的建立与完善，规划工作地位的日益提升，其公共政策的属性越来越强，这就要求规划制定和实施的全过程要有全社会的共同参与。让公众参与城乡规划，不仅有利于提高相关决策的民主化与科学化，而且有利于增强公众参与城乡建设的积极性，保证城乡规划更有效的实施，从而推动社会主义和谐社会的建设。在大数据环境下，规划应借助大数据的东风，通过微博、微信等新兴的、用户量大、受众面广的网络平台，收集处理民意数据，为规划确定符合民意的方向，体现民主与以人为本的核心价值观。

浑南新城在对基础设施的规划建设中，充分的考虑了民心民意，建设了基于微博、微信和手机 APP 平台的公共参与模式，充分体现了“以人为本”的规划理念。通过“智慧浑南”微博帐号、“智慧浑南”微信公众账号以及“智慧浑南”手机 APP 等平台的宣传方式，利用线上投票、线下交流的公众参与模式收集来自百姓的大数据，从而为城乡规划更有效的实施提供保障，为社会主义和谐社会的建设提供了前行的动力。

图 2 微博、微信和手机 APP 的公众参与平台

4 总结

智慧城市就像来自未来的迷人光景，基于智慧城市的市政设施规划，是信息时代的必然产物，是不可或缺的规划理念和管理模式。将改变基于简单数据统计、经验分析甚至直觉判断的传统规划管理模式，提高市政设施规划的有效性，加快市政设施大数据库的建设和空间分析的能力，建立更加开放透明公共参与平台和市民监督系统，推到市政设施规划有传统向智慧发展。

我们有理由相信，随着智能数据系统的迅猛发展，必将带动整个规划行业以一种高姿态、高要求进入智慧的世界，不断满足市场竞争需求。在不远的将来基于智慧城市的市政设施规划必将会取代过去，成为监控市场的主导者。

村庄规划中众筹模式探析

沈慧琳
上海同济城市规划设计研究院

自住房和城乡建设部发布《住房城乡建设部关于改革创新、全面有效推进乡村规划工作的指导意见》，表示至2020年，将通过改革创新，大幅提高乡村规划的易编性和实用性，力争实现乡村规划基本覆盖，结束农村无规划、乱建设局面后，我国展开了大面积的乡村规划建设。作为规划设计研究单位，在实际的工作中，却发现有大量的一般行政村，由于自身特色资源、交通优势不明显；现有产业发展动力不足；上属政府机构下发的建设资金额度有限；村民联合抵制拆迁、整改等问题，无法推进其对应的村庄规划建设落实。

现阶段如果依旧按照规划单位对村庄进行人口、空间、产业做基本研究，按照套路编制村庄规划，相关部门按照提交的成果进行政府立项建设实施的模式，那么必定导致规划至实施阶段的断层。

为了不让规划落空，为了让更多村庄得到平等的发展机会，规划思维方式的转变和创新就变得尤为重要。立足于解决村庄发展的实际问题；筹足建设资金；调动村民配合规划建设的积极性，笔者提出村庄规划的新型模式——“众筹”。以上级政府牵头，规划单位指导，村民以“众筹”模式参与在地的村庄规划建设，既避免了由开发商主导投资建设时，建设方向主要由开发商经济利益为主导，弱化了当地村民生活需求；又避免了由政府主导投资建设时，产生以经验数值配备基础服务设施、设置产业，加大了政府财政支出压力；或者规划产业与实际需求衔接不足的运营风险等种种问题。同时规划受益层面的改变，减少了规划建设改动中村民的抵触情绪；增加了村民对建设改革的参与感与责任心。本文以崇州市锦江乡下属的一个普通行政村，乌尤村作为规划案例对村庄规划“众筹”模式进行探析。

1 乌尤村现状简介

乌尤村全村面积4.27平方公里，住户共计971户、全村总人口3 398人。西侧临河、东侧临怀华公路，外部交通关系单一。村内有西河、沙沟河、黑石河，属都江堰、西河自流灌溉区域，属落尾水灌溉区。其主要产业为一产，以水稻、小麦、油菜、玉米为主要农作物，有部分生猪养殖、花卉苗木种植，第二产业为少量的水泥制品业、加工业等，现阶段基本无第三产产业。

2 众筹——筹智阶段

村庄现状分析的部分，为鼓励在地村民的参与，在村庄部分地区不通网络、少部分村民不识字的情况下，规划力求避开繁琐复杂、耗时耗力的网络调查或表格问卷调查，将现状问题“可视化”。由图纸形式，以“村民出行习惯”“村民居住意愿”等图纸，让村民直接勾画收集数据。

在这一阶段，通过对数据的分析收集，发掘了大量单通过政府数据、现状踏勘等发现不了的村庄问题。如道路交通方面，由于现有的水泥路，并未设置独立人行道，村内大型机动车、农用车出入非常容易擦挂碰撞行人，且其通达性较差，离各级居住组团均距离较远，导致居民宁愿走下雨就湿滑的组团土路、小路、甚至田坎出行。如空间功能方面，村民提出了不愿在公路沿线交通噪声、废气污染大的区域；村内有加工厂的区域；北侧硬化无植被的区域生活活动，亦希望规划居住地离自家农地、村上服务站等不要太远。如产业和文化方面，政府的意愿是，将村内现有的百年老宅，武状元遗址原址重建，成为旅游观光景点，发展古建筑观光旅游。村民的意愿是依托农耕发展农业观光旅游。但是在对周边邻近地区的三产发展分析中发现，在乌尤村半小时交通圈内，古镇旅游景点有六个，生态农业旅游、循环农业旅游、采摘体验园等农旅项目有数十个之多。而与此同时，乌尤村投资建设资金；可建设改造空间量；古建筑、古文化可挖掘特色

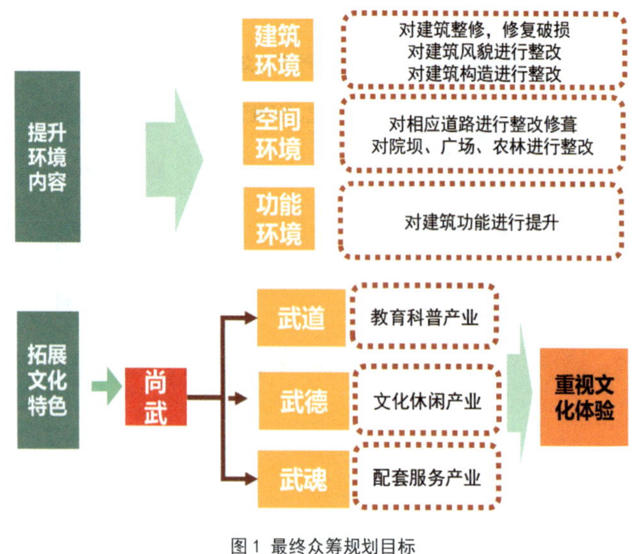

图1 最终众筹规划目标

在大环境里都不占优势。

那么对应的接下来的规划，则能有针对性的对其道路交通系统进行构建和改善；避免后期规划以退距、腾出更多建设土地指标、整合土地等因素来简单化规划原则，而能照顾村民需求来划分用地。最终形成既满足村民对生活生产环境的改善提升，又满足村庄整体产业创新，生活、生产融合创新、互不干扰的发展规划方案。

3 众筹——筹资阶段

介于规划一开始定位建设的资金来源主要为乌尤村在地村民集资众筹所得，那么必定规划建设筹集的资金必然数量不会非常巨大，且多次无回报的筹集到资金的可能性也较低。针对特点，规划把整个规划建设分为三大阶段，每阶段村庄运营收益资金需回笼循环使用，且村民都能得到直观的获益。

第一阶段，梳理出发展基底。内容包括针对道路交通系统的整改，对环卫设施添设，对村庄文化标示雕塑、构筑初步建设。

在这个阶段，规划将核心道路网、环卫建设点，按照建设计算需求资金总量；按照预计筹集率计算每户起筹资金金额。制作成表回复给政府单位，辅助其以村小组为单位公示、筹集建设资金。筹集建设的目的在于让村民直接感受到生活大环境的改善。

规划文化标识的建设，鼓励土地所有者配合政府放置雕塑，建设彩田。配合政府公示建设的面积、方式以及时间。目的在于为之后的旅游产业发展打造初级环境。

第二阶段，随着文化旅游的发展，将得到的回报收益部分分配到居民居住建筑风貌、建筑环境的改造上，并鼓励村民集资建设旅游服务点推动旅游消费。

在这一阶段，政府需要公示第一阶段运营收支统计表，规划则需要按照循环资金量，预测、制定用于现有建筑的破损整修、风貌整改以及建筑内部构造优化的实施方案；新建的商业、公共服务设施建设的修建方案、修建地点、运营方式、服务类型等，并需配合政府公示以上内容。建设目的在于让所有村民体会生活小环境、生活服务配套改善的同时，也让参与村庄产业运营的大部分村民得到资金上的获益。

第三阶段，政府统筹，村民合作，吸引开发商对村庄整体旅游进行竖向拓展拔高，建设以科普、酒店接待等高端的消费项目。

这一阶段，政府需要对第二阶段运营收支统计表进行公示，规划需要按照循环资金量，预测、制定用于现有建筑及场地空间合理的分配、调整功能用途的实施方案，引导政府控制招商引资项目类型，合作制定其修建方案、修建地点、运营方式等。建设目的在于进一步调整优化村庄功能环境，并让村民依托开发项目，得到更多的就业岗位、受科普教育机会。

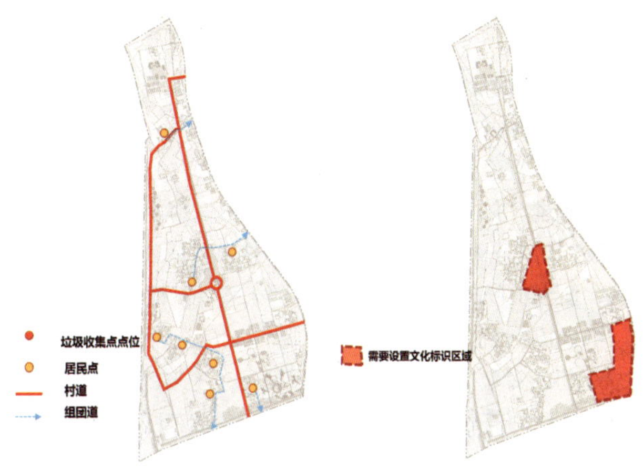

图 2 筹资内容公示

4 众筹——筹治阶段

村庄的基本完成建设内容后，村庄规划的关注点将逐渐放到整体的健康运营以及可持续发展上。村民需要按时间节点上报居住生活、产业运营中出现的问题，亦可向政府提出改进方式。政府需要出台相关的居住生活、产业运营的管理条例，统筹协调运营期间出现的问题矛盾。而这个时候的规划单位则只需要配合政府，给出一定的、与规划相关的建议和意见辅助管理条例以便实施。

5 小结

在村庄规划的整个“众筹”模式当中，规划单位以设计、引导、配合的步骤，逐渐放手的模式完成规划，村民则是以了解、参与、共治的步骤，逐渐深化融入规划当中，而其中唯一不变的定量，则是政府从头至尾对规划的统筹管理。只有规划不再拘泥于对空间形态，功能布局的研究，而是参与规划项目建设过程，辅助规划项目良好运营，才能推动本行业以更灵活的方式、更人性化的规划决断，来大幅提高城乡规划的实施性。

手机信令数据分析在城镇体系规划中的应用实践

——以南昌大都市区为例

张博钰
上海同济城市规划设计研究院

1 研究背景

（1）传统方法弊端

传统城镇体系规划依托社会经济统计数据。虽然能够反映区域城市各自发展特征，但不能反映区域城市之间的相互联系；按行政区划单元统计的数据，未必能代表网络化条件下的城镇发展状况；只局限在经济联系层面，但是不考虑人口流动联系。

（2）流的应用

通过挖掘城市之间“流”来认识城市网络，继而对城镇体系进行分析逐步成为区域研究的一个新方向。近些年来，有学者通过“交通流、信息流、商物流”来研究区域城市网络关联；这些分析方法突破了传统方法单纯依靠统计数据的局限，但也难以准确反映城市之间的人流联系情况。

（3）手机信令数据

手机信令数据是移动通讯运营商记录下来的手机在通信网络中活动的信号。手机信令数据具有覆盖范围广，安全性好，没有任何个人属性信息，用户无法干预调查结果，具有动态实时性和连续性的特点，更好的反映人流行为的时空规律，有利于获取居民在区域城市之间出行动态，为定量描述城市之间人流联系提供了可能。

2 案例研究

通过南昌大都市区规划案例来探索手机信令数据的实用方法和技术。研究范围是包括江西省中北部的南昌市、九江市、宜春市、抚州市四个地级市全部、上饶市局部，共 40 个县（区），面积约 7 万平方公里，总人口约 2 257 万人。

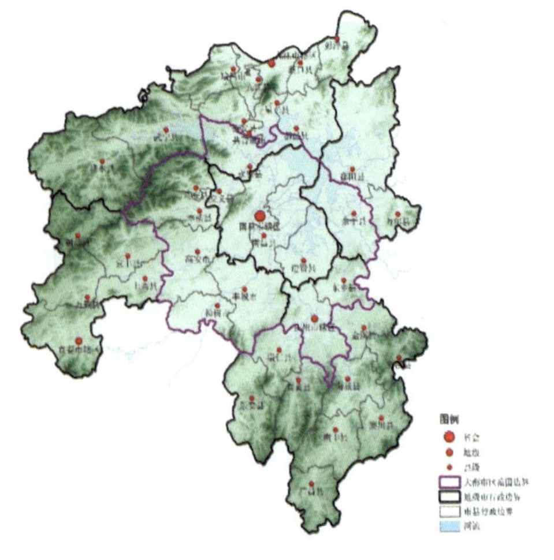

图 1 研究范围

（1）数据来源

数据通过中国联通获得，采集时间为 2015 年 10 月到 11 月间的 37 天，包括 26 个工作日和 11 个休息日。数据的内容主要包括用户匿名 ID、信令发生时手机连接的基站坐标、信令发生时间等内容。平均每日记录到约 156 万用户的 0.95 亿条信令记录，每位手机用户平均每日信令（轨迹点）约 60 条。

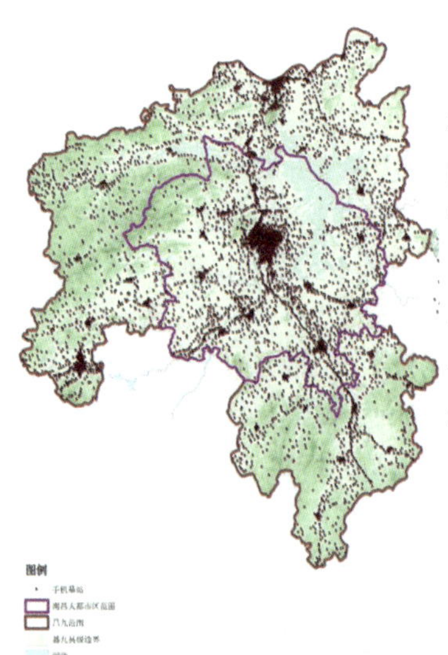

图 2 手机基站分布图

（2）联系强度计算

以乡镇为基本单元，将昌九地区分为 678 个空间单元。通过用户夜间经常所在的乡镇，识别到约 112 万个用户的常住地所在乡镇。以最远出行乡镇作为出行目的地，识别到 37 天内共有 1423 万人次用户的跨乡镇出行。考虑到联通手机用户在各城市占比有一定差异，为了反映实际人流联系量，依据镇常住人口数量对人流联系量进行校正。以校正后的人流联系量为依据，可计算城镇之间的联系强度和范围。

在上述数据基础上进行以下 4 个方面分析：评估城镇等级体系；界定中心城市发展腹地；识别区域发展廊道；识别游憩地客源，以此为城镇体系规划提供数据支撑。

（3）评估城镇等级体系

通过城市网络联系模型对都市区内跨县的手机用户流动轨迹数据进行汇总和统计分析，得到研究区域内城镇之间的联系方向和联系强度，大多数城市与其他城市的联系强度主要集中在前 5 位城市中，之后的联系强度大幅递减。因此本研究选择联系强度前 5 的城市作为被联系城市的主要联系方向。以主要联系城市数量评估城市在都市区内的城镇等级。即作为出行目的地，主要联系越多的城市是更高等级的城市，据此将区域内城市划分为 4 档。

（4）界定中心城市腹地

在城市网络联系体系中单独选取南昌、九江、抚州、宜春市辖区为中心城市，依据其他城市与中心城市联系强度进行比较，以 50% 为阈值确定各中心城市的腹地。

南昌市辖区的主要联系城镇多位于南昌都市区范围内，与都市区范围基本吻合，表明其都市区范围的合理性。

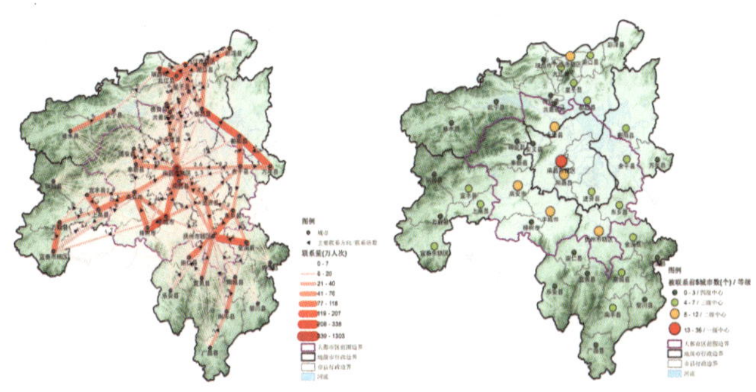
图 3 联系强度与联系范围图　　图 4 城镇等级体系结构

九江市辖区的主要联系城镇具有较强的趋边性，这与其位于昌九地区北部有一定的关系，对昌九地区的吸引辐射作用远小于南昌市辖区。

抚州市辖区的主要联系城镇位于抚州市域和南昌市域，在南昌大都市区内与较多城镇产生联系，表明抚州市辖区与南昌市和南昌大都市区均有紧密联系。

宜春市辖区的主要联系城镇位于宜春市辖区，对南昌大都市区的吸引辐射作用较弱。就昌九地区而言，其影响力远小于南昌市辖区和抚州市辖区。

（5）识别区域发展廊道

区域发展廊道可以通过人流量叠加法来模拟。该方法以乡镇为空间单元，汇总 37 天中每个镇通过的人流人次，统计累加各乡镇单元通过的用户数量。通过跨乡镇人次和连绵度识别区域发展廊道。进一步依据重复出现率区分区域内的本地手机用户和过境手机用户，将发展廊道分为本地和过境两种类型。

南昌大都市区范围内存在较明显的以南昌市辖区为中心的“人”字形发展轴与现状主要交通网络耦合，表明交通网络建设对区域发展轴形成有一定的支撑作用。

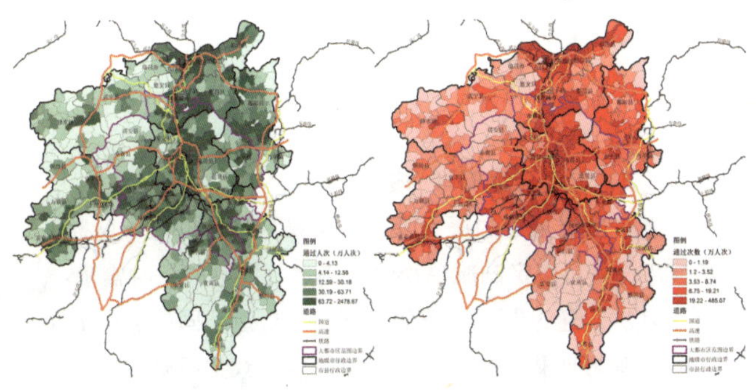
图 5 联系强度与联系范围图　　图 6 城镇等级体系结构

（6）识别风景区客源

筛选大都市区主要风景区，统计 37 天中来风景区旅游的游客数据。庐山风景名胜区的游客总量最多，远高于其他景区，其次是梅岭、明月山，庐山西海和修河也有较多的游客量。上述景区中庐山和明月山的游客以外地游客为主，其余都以本地游客为主。特别在南昌大都市区范围内的景区客源基本来自于昌九地区。庐山的本地游客主要来自于九江市和南昌市。明月山的游客主要来自于宜春市和南昌市辖区、九江市辖区。云居山、柘林湖的游客主要来自于景区周边地区级南昌市辖区和九江市辖区。

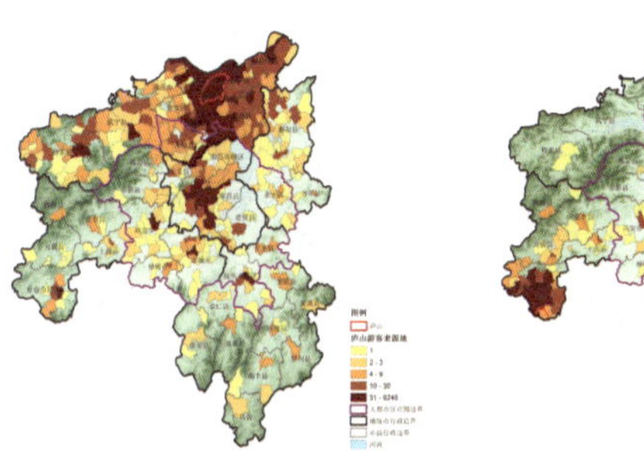
图 7 庐山风景名胜区

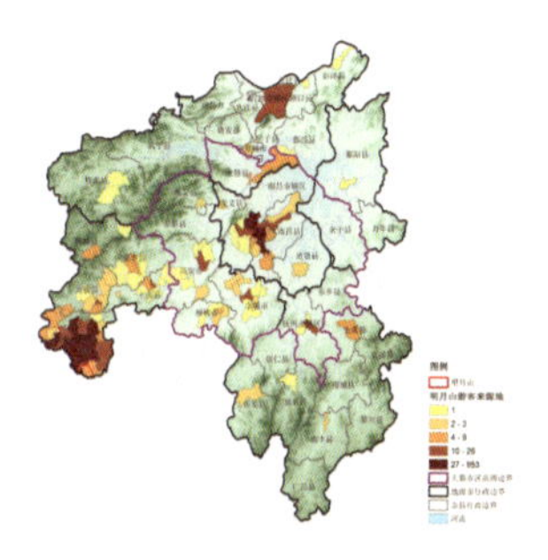
图 8 明月风景名胜区

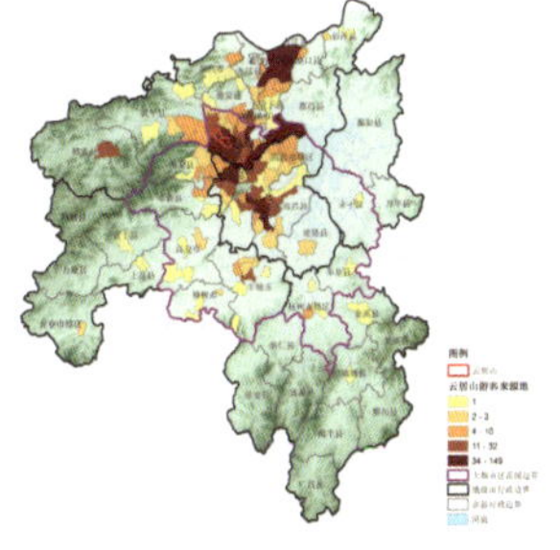
图 9 庐山西海国家级风景名胜区（云居山）

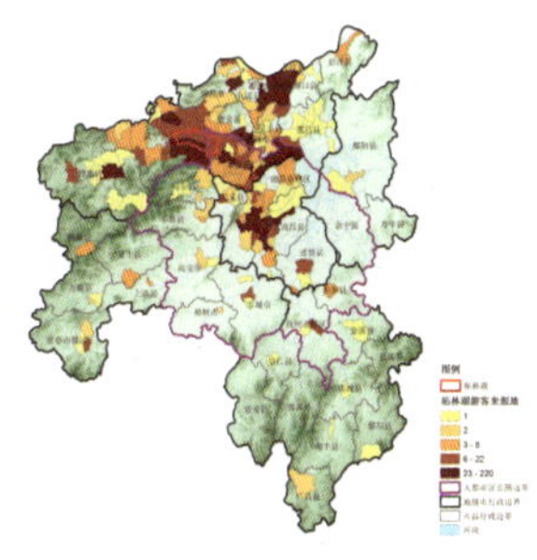
图 10 庐山西海国家级风景名胜区（拓林湖）

3 结论

手机信令数据为城镇体系规划提供了新的研究方法数据支持。在南昌大都市区规划中，将手机信令数据用于城镇等级体系、中心城市腹地、区域发展廊道三个方面的分析，探索了适用于规划实践的应用方法，但仍然存在一些客观存在的问题，如样本量的大小，时间段的选取，以及所在地基站的数量，移动或联动用户在总人口中的占比均会对结果产生影响。

基于“互联网”的规划师设计考察众包解决方案

查珊珊
上海同济城市规划设计研究院

引言

在互联网向个人生活和传统行业全方位渗透的大背景下，“互联网 + 城市，+ 城市规划行业，+ 城市规划师”的概念越来越被人熟知。其大背景下催生的“众包”理念也受到各行各业极大的关注。“众包”描述了一种商业模式，即一个公司或者机构把过去由员工执行的工作任务，以自由自愿的形式外包给非特定的（而且通常是大型的）大众网络的做法模式。众包也不仅仅是一种商业模式，其同样深刻地改变着公众生活。广义的说，大众点评网、维基百科都是公众耳熟能详的众包项目，Uber、Airbnb 也都是众包模式下应运而生的平台。

但是“众包”的理念在城乡规划与管理的应用还未被充分发掘。但是其在城市规划和城市研究中对众包的应用意义远不止其学术价值或某种程度的技术创新，其正在深刻的影响着城乡规划和规划管理。笔者认为主要体现在以下两个方面：

一方面，“众包”理念催生了海量自下而上的公共服务个性化需求与新型的公众参与。

另一方面，众包模式正在影响传统的城市规划工作模式。在未来，可能会有大量的规划师共同参与规划项目，形成一个创造性的多远的规划方案，甚至在规划行业跨界合作、学科交叉将成为必然。

1 “设计众拍”概念解析

针对“众包 + 城市规划”的模式，作者借助“云景观”微信公众号平台，提出“设计众拍”的活动项目，即通过互联网的方式，利用众包模式，搭建一个连接规划师与摄影师的平台，帮助规划师在足不出户的情况下进行项目考察，解决规划师没有足够的时间和财力去各地考察的难题，并提供在线整理和分享成果。

2 技术路线

“设计众拍”的项目一共分为 4 个步骤，依次是搭建远程工作平台，在线提交和评选名单，选择摄影师拍摄，整理和发布。

（1）搭建远程工作平台

首先在摄影论坛网罗一批有兴趣的摄影师，记录基本信息，让摄影师在本地等待任务的分配。其次参与者通过 worktile 平台（图 1）和微信群进行团队协作或者远程管理，团队中所有人都知道有哪些任务，别人在做什么，负责人甚至可以远程参与与协助。

图 1 远程工作平台

（2）在线提交表单和评选

第一步，建立考察名单提交平台，规划师通过扫码（图 2（a）)，利用任何客户端即可在线提交名单（图 2（b））；第二，利用互联网的关注和投票机制，即可评选出优秀的项目考察名单。

（a）　　（b）

图 2 考察名单评选过程

（3）选择当地摄影师进行拍摄

首先选择最近的摄影师进行实景拍摄，拍摄不仅提供静态照片，还可以定制航拍视频，满足规划师的各种需求。

其次，通过制定的守则（图 3）规范不同摄影师的拍摄成果，确保成果满足项目考察的需要。众拍细则主要规定不同项目类型的拍摄要点，如项目考察必须包括平面示意图、景观小品图、立面图等实景拍摄。

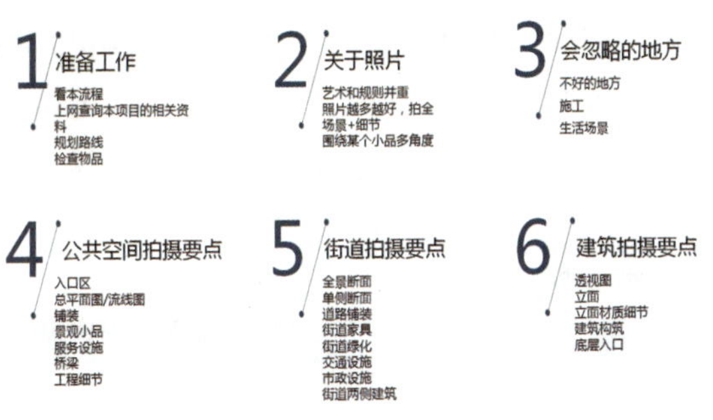

图 3 技术规划搭建示意

（4）整理和发布——利用云储存整理资料，借助微信公众号发布文章

团队选择部分考察照片以文章形式在云景观公众号上发布（图 4），如规划师对本项目感兴趣，提供百度云链接，可下载所有考察照片。

图 4 公众号文章整理和照片下载

3 总结

自 2015 年 7 月至今，活动已征集到 70 余名摄影爱好者，涵盖了 30 多个一二线城市；团队组织拍摄了 20 多个城市，100 多个项目；在云景观公众号上发布考察文章 30 余篇（图 5），项目已初见成效。未来希望有更多的设计师共同参与，不仅仅是提供考察名单，还可以贡献项目考察照片，共同打造庞大的考察项目库。

图 5 实例拍摄成果发布

后 记

第 5 届“金经昌中国青年规划师创新论坛”征稿采用单位推荐和个人报名的方式，得到相关单位的大力支持和青年规划师的踊跃参与，共征集到 95 份报名参加演讲的材料。论坛组委会组织同济大学建筑与城市规划学院教授、论坛主持人及相关策划人围绕各议题对所有提交材料进行了评议，筛选了 28 份参加青年创新论坛的讲演材料。演讲者的构成非常丰富，既有各大设计机构的青年规划师，也有来自高校和研究机构的青年教师、学者、在校研究生等。

受篇幅限制，组委会选择整理了 83 份研究材料，并组织专人对每篇材料进行适当编辑形成文集，如有不妥之处，敬请谅解。

提交参加第 5 届“金经昌中国青年规划师创新论坛”的讲演材料目录（按收稿时间排序）：

题目	作者	单位
探索原农村社区转型与规划实施的新路径——土地整备留用地划定研究及政策建议	兰 帆	深圳市规划国土发展研究中心
“多规合一”理念下的控规“非法定”运作——以上海东滩生态城控规修编为例	孟江平	上海实业东滩投资开发（集团）有限公司
城乡规划视野下多维土地利用分类体系研究	戚冬瑾	华南理工大学建筑学院
新时期城市写字楼发展研究——以天津为例	吴 娟	天津市城市规划设计研究院
绿色出行、欲行不难行	潘晖婧	江苏省城市规划设计研究院
一个游戏引发的思考	陈 宇	天津市城市规划设计研究院
拨开运动的迷雾：“多规合一”规划需要探讨的五个基本问题	桑 劲	广州市城市规划勘测设计研究院上海分院
老工业基地如何走出转型困境？——以泸州工业基地转型发展路径探索为例	余 妙	中国城市规划设计研究院西部分院
土地政策视角下上海边缘区空间形态演变特征与机制：以闵行区莘庄镇为例	冷方兴	同济大学建筑与城市规划学院
多元数据视野下的城市规划研究探索	高怡俊	上海复旦规划建筑设计研究院
供给侧改革背景下传统开发区社会化转型研究	陈宏胜	东南大学建筑学院
旧城更新中传统生活方式传承探讨	封振华　周有军	常州武进区城市规划局 上海同异城市设计有限公司
基于水工实验模拟的填海造地空间布局研究	张 赫	天津大学建筑学院
东莞水乡地区空间开发权转移机制研究	史懿亭	深圳蕾奥城市规划设计咨询有限公司
城市风貌规划中的特色梳理——以铜陵市为例	刘 泉	深圳蕾奥城市规划设计咨询有限公司
大都市边缘区违法建设治理的法律冲突及其破解——以广州市为例	刘晓兵	中国人民大学公共管理学院
历史文化名镇社会网络保护更新研究——以重庆宁厂镇为例	石亚灵	重庆大学规划设计研究院
长三角地区城市网络腹地的划分——基于企业联系的视角	李 涛	复旦大学城市发展研究院
利用手机信令数据支持城市空间结构规划——两个地区的实践	丁 亮	同济大学建筑与城市规划学院
城市区域化的规划响应——以天津市为例	高相铎	天津市城市规划设计研究院
范式 • 困境 • 方向：迈向新常态的城市设计	杨 震	重庆大学建筑城规学院
全域化、网络化、扁平化——创新驱动下杭州大都市转型发展的空间趋势特征 & 规划战略应对	赵佩佩	浙江省城乡规划设计研究院
基于“站城一体化”理念的沈阳地铁二期工程沿线优化规划探索	李晓宇　高 峰　朱庆余 郭大奇　刘福星	沈阳市规划设计研究院
网络空间影响下的城市发展与规划响应	王纪武　刘妮娜　郑浩宇	浙江大学建筑工程学院
地铁里灰色人群的识别分析	王 良	北京市城市规划设计研究院
人性化导向的中心区营造——基于前海新区业态需求调查的思考	邱凯付	中国城市规划设计研究院深圳分院
城市规划与未来学——浅谈未来学思维对城市规划理论发展的启示	安 悦	中国城市规划设计研究院
POI 数据在城市现状分析中的应用	刘 钊	同济大学建筑与城市规划学院
市场运作模式下的城市更新路径思考——基于《深圳城市更新专项规划（2016—2020）》编制的一点体会	缪春胜	深圳市规划国土发展研究中心
建筑遗产旅游可持续发展规划思路初探——英国牛津城堡重建项目案例分析	任 伟　赵士庆	英国牛津布鲁克斯大学建筑环境学院 河北科技师范学院艺术学院
复杂网络视角下的中国区域格局再探讨：基于迁徙流数据的分析	李 栋	北京清华同衡规划设计研究院有限公司
从园城分置到集合城市——《珠江三角洲全域空间规划》空间优化实例	陈 洋	广东省城乡规划设计研究院
九龙坡区八大功能板块规划研究	许 骏	重庆市规划研究中心
城市用地分类从深圳实践到理论构想	陈敦鹏	深圳市规划国土发展研究中心
总体规划空间约束与传导体系初探——以西咸新区为例	唐 龙　王晓涛　耿楠森　陈 健	陕西省城乡规划设计研究院
浅谈乡村现代规划的“原真性”重塑	张忆晨	陕西省城乡规划设计研究院
杨凌农业高新技术产业示范区社会均衡空间营造研究	王英帆　白婉秋	陕西省城乡规划设计研究院

续表

题目	作者	单位
英国乡村建设对陕西省美丽乡村建设的借鉴——以英国北安普敦郡安普敦村为案例	郝　敏	陕西省城乡规划设计研究院
西北地区川道城市门户空间“共融性”发展模式探讨——以延安南门户片区为例	刘　亮　王月英　杨　侃 韩　挺　王　景　苏子航	陕西省城乡规划设计研究院
浅析陕北黄土丘陵沟壑区城市空间拓展策略	李　佳　王月英　杨　侃　刘　亮	陕西省城乡规划设计研究院
陕西省佳县历史城市共生性保护方法研究	杨　侃　王月英　刘　亮 王　景　苏子航　石会娟	陕西省城乡规划设计研究院
沈阳市建设特色小镇的规划思路与发展策略	盛晓雪　高鹤鹏　李晓宇　刘福星	沈阳市规划设计研究院
探索应对深度老龄化的沈阳养老模式——以沈阳市养老设施布局规划为例	金锋淑　高　峰　郭　凯　林秀明	沈阳市规划设计研究院
基于“形”和“流”的城市多中心体系评估模型	殷　健　谭兴业	沈阳市规划设计研究院
基于智慧城市的创新市政设施规划——以浑南新城为例	张卉蕾	沈阳市规划设计研究院
构建 15 分钟社区生活圈的规划・实施・行动—解读《上海市社区规划导则》	李　萌	上海市规划编审中心
“行业新常态”下广东省城市设计编制技术革新的探索	李　鹏　吕　明	广东省建筑设计研究院
城市中心区公共地下空间与地块地下空间有效衔接的技术创新与实践	任小蔚　方　舟	广东省建筑设计研究院
基于绿色基础设施评估的城乡空间结构模拟与调整	郭　嵘　白玉静	哈尔滨工业大学建筑学院
基于城市生态安全的城市空间增长模拟研究	郭　嵘　高　野	哈尔滨工业大学建筑学院
绿色发展理念下城市与河流共生研究——辽宁“大浑太”生态流域城市连绵区建设实践	金锋淑　朱京海　李　岩 盛晓雪　林秀明	沈阳市规划设计研究院 辽宁省环境保护厅 辽宁远天城市规划设计有限公司
后发地区高铁沿线城镇空间发展应对与思考	梁印龙	江苏省城市规划设计研究院
利益主体视角下乡村居住空间重构与优化策略研究	范凌云	苏州科技大学建筑与城市规划学院
淮安市蓝道网规划	周　秦	江苏省城市规划设计研究
建设强度管控的方法创新——以杭州市强度分区规划决策支持为例	薄力之	同济大学建筑与城市规划学院
基于城市承载力综合评估的深圳市密度分区规划修编	孙　蕾	深圳市规划国土发展研究中心
新型城镇化背景下的乡村发展策略研究	赵　烨	东南大学建筑学院
后名城时期的历史城区整体保护探索	邓　巍	华中科技大学建筑与城市规划学院
用产品经理的思维做规划研发——以武汉产城融合项目为例	段心凯	国家发改委城市和小城镇改革发展中心
城市理想的构想与实践——从拉康的四种话语社会理论视角看“海绵城市”	王　川	英国爱丁堡大学建筑与景观建筑学院
地方语境下的县城城市空间特色发展思路探讨	周有军　封振华	上海同异城市设计有限公司 常州武进区城市规划局
分层规划 - 片区协同 - 事权下沉”三部曲助推珠三角专业镇群统筹发展——以中山市西北副中心总体规划为例	李建学	广东省城乡规划设计研究院
深圳市基本生态控制线：从粗放式管制走向精细化治理	陈柳新　杨成韫　黄伟坚　洪武扬	深圳市规划国土发展研究中心
基于 POI 数据的城市生活便利度指数研究	崔真真　黄晓春　何莲娜　周志强	北京市城市规划设计研究院
撤制镇必然会走向衰落吗？——来自浦东新区的观察与思考	罗　翔	上海市浦东新区规划设计研究院
第十二届全国美展与国家文化发展规划	潘　玥	西安美术学院
基于区划调整背景下的无锡市城中三区规划整合策略的研究	王　波	无锡市城市规划编制研究中心
探索多中心空间发展理念与战略优化——以上海都市区为例	魏旭红	上海同济城市规划设计研究院
香港工厂大厦活化的政策创新：以观塘地区为例	陈　浩	上海同济城市规划设计研究院
小城市开发边界划定探索	邢　箴	上海同济城市规划设计研究院
践行新型城镇化，村镇规划战场新思路探析	王石林	上海同济城市规划设计研究院
上海中心城生活圈空间布局规律研究	王　骏	上海同济城市规划设计研究院
多规合一推动下的县市域体系变革	王　阳	上海同济城市规划设计研究院
第三种生活——坝中那片理想天地	杨　阳	上海同济城市规划设计研究院
规划转型的探索——由精致城市建设规划服务项目想到的	吴　冠	上海同济城市规划设计研究院
分布式用能模式下的功能混合量化应对	欧阳恩一	上海同济城市规划设计研究院
让公园拥抱城市	吕圣东	上海同济城市规划设计研究院
历史街区复兴中打造文化触媒	吴晓雪	上海同济城市规划设计研究院
村庄规划中众筹模式探析	沈惠琳	上海同济城市规划设计研究院
手机信令数据分析在城镇体系规划中应用实践——以南昌大都市区的案例	张博钰	上海同济城市规划设计研究院
问题导向的控规层次城市设计控制及引导研究	杨　航	上海同济城市规划设计研究院
新形势下，中国养老地产的发展特征浅析	钱仁赞	上海同济城市规划设计研究院
基于互联网的规划师设计考察众包解决方案	查珊珊	上海同济城市规划设计研究院
共享经济时代城市公共空间新玩法	符陶陶	上海同济城市规划设计研究院
从被动到主动——新媒体时代下文化遗产保护的一些规划思考	周燕妮	上海同济城市规划设计研究院

续表

题目	作者	单位
MAKE IN INDIA 形势下的印度智慧城市发展新模式	于　璐	上海同济城市规划设计研究院
基于地域民族文化的城市更新研究——以新疆和田团城片区城市设计为例	胡天蕾	上海同济城市规划设计研究院
保障房的福利绩效研究——以上海为例	陈治军	上海同济城市规划设计研究院
科创城市背景下的人文思考——用爱做规划	卢潇潇	上海同济城市规划设计研究院
营造发生故事的场所——谈规划设计中的创意思维	陈娜姿	上海同济城市规划设计研究院
互联网 + 在社区管理和规划中的应用探索	夏慧怡	上海同济城市规划设计研究院
Rhinograsshopper 在城市设计应用的初探与思考	刘越扬	上海同济城市规划设计研究院
基于空间承载力分析的古城规划设计优化——以芜湖古城整治保护规划设计为例	王振南	上海同济城市规划设计研究院
富顺文庙 – 西湖片区项目改造和风貌塑造规划方案	张　瑜	上海同济城市规划设计研究院
底线与协同：区域规划的创新实践——“奎独乌”区域协调发展规划案例	姚　凯	上海同济城市规划设计研究院

参加推荐单位名单（排名不分先后）：

北京清华同衡规划设计研究院有限公司
北京市城市规划设计研究院
常州武进区城市规划局
重庆大学规划设计研究院
重庆大学建筑城规学院
重庆市规划研究中心
东南大学建筑学院
复旦大学城市发展研究院
广东省城乡规划设计研究院
广东省建筑设计研究院
广州市城市规划勘测设计研究院上海分院
国家发改委城市和小城镇改革发展中心
哈尔滨工业大学建筑学院
河北科技师范学院艺术学院
华南理工大学建筑学院
华中科技大学建筑与城市规划学院
江苏省城市规划设计研究院
辽宁省环境保护厅
辽宁远天城市规划设计有限公司
陕西省城乡规划设计研究院
上海复旦规划建筑设计研究院
上海实业东滩投资开发（集团）有限公司
上海市规划编审中心
上海市浦东新区规划设计研究院
上海同济城市规划设计研究院
上海同异城市设计有限公司
深圳蕾奥城市规划设计咨询有限公司
深圳市规划国土发展研究中心
沈阳市规划设计研究院
苏州科技大学建筑与城市规划学院
天津大学建筑学院
天津市城市规划设计研究院
同济大学建筑与城市规划学院
无锡市城市规划编制研究中心
西安美术学院
英国爱丁堡大学建筑与景观建筑学院
英国牛津布鲁克斯大学建筑环境学院
浙江大学建筑工程学院
浙江省城乡规划设计研究院
中国城市规划设计研究院
中国城市规划设计研究院深圳分院
中国城市规划设计研究院西部分院
中国人民大学公共管理学院

感谢所有作者对“金经昌中国青年规划师创新论坛”的支持！感谢所有参加推荐单位的大力支持！

第5届“金经昌中国青年规划师创新论坛”组委会
2016年7月

图书在版编目（CIP）数据

统筹城市发展和规划创新 / 金经昌中国青年规划师论坛组委会编 . -- 上海：同济大学出版社，2016.12
（金经昌中国青年规划师论坛）
ISBN 978-7-5608-6657-4

Ⅰ. ①统… Ⅱ. ①金… Ⅲ. ①城市化－中国－文集 ②城市规划－中国－文集 Ⅳ. ① F299.21-53 ② TU984.2-53

中国版本图书馆 CIP 数据核字（2016）第 288486 号

第 5 届金经昌中国青年规划师创新论坛

统筹城市发展和规划创新

Integrated Urban Development and Planning Innovation

金经昌中国青年规划师论坛组委会　编

责任编辑　荆　华　　责任校对　徐春莲　　装帧设计　朱丹天

出版发行　同济大学出版社 www.tongjipress.com.cn
（地址：上海四平路 1239 号　邮编：200092　电话：021 - 65985622）
经　　销　全国各地新华书店
印　　刷　上海安兴汇东纸业有限公司
开　　本　889mm × 1194mm　1/16
印　　张　12
字　　数　384 000
版　　次　2016 年 12 月第 1 版　　2016 年 12 月第 1 次印刷
书　　号　ISBN 978-7-5608-6657-4
定　　价　98.00 元